Zoë Ferraris
Wüstenblut

ZOË FERRARIS

WÜSTENBLUT

ROMAN

Aus dem Amerikanischen von Karin Dufner

Pendo   München   Zürich

Mehr über unsere Autoren und Bücher:
www.pendo.de

Von Zoë Ferraris liegt außerdem vor:
Totenverse

Die Originalausgabe erschien 2012 unter dem Titel »Kingdom of Strangers« bei Little, Brown and Company, a division of Hachette, New York.

ISBN 978-3-86612-375-5
© 2012 by Zoë Ferraris
© der deutschsprachigen Ausgabe:
Pendo Verlag in der Piper Verlag GmbH, München 2014
Satz: Fotosatz Amann, Memmingen
Druck und Bindung: Pustet, Regensburg
Printed in Germany

1

Der SUV blieb in der Sandverwehung stecken und stoppte schlitternd mitten auf der Straße. Die Mordermittler stiegen aus, vier Männer in Zivil mit zerknitterten Hemden und von der Sonne verbrannten Gesichtern. Einer von ihnen hatte daran gedacht, ein Tuch für den Kopf mitzunehmen, die anderen mussten sich mit ihren Sonnenbrillen begnügen.

Der Wagen der örtlichen Polizei hielt hinter ihnen an. Der Beduine, der die Leiche gefunden hatte, schloss aus den feinen Abstufungen in der Körperhaltung sofort, wer hier das Sagen hatte. Lieutenant Colonel Inspector Ibrahim Zahrani brauchte sich also nicht eigens vorzustellen. Der Beduine näherte sich schüchtern und beschrieb, wie sein Laster von der Straße abgekommen war. Eines seiner Schafe sei dabei von der Ladefläche geschleudert worden, woraufhin er gebremst habe. Als er losgegangen sei, um das Schaf zu holen, sei er auf die Leiche gestoßen. Die Polizisten folgten ihm über die Düne.

Auf den ersten Blick war nur schwer festzustellen, ob sie es mit einem Mann oder einer Frau zu tun hatten. Fünf Paar Stiefel bildeten einen Halbkreis um das entstellte Gesicht. Links waren Wange und Auge weggerissen – vermutlich war es die Austrittswunde eines Geschosses. Die umliegende Hautpartie war grau eingetrocknet und mit Sand verkrustet. Wegen des winzigen schwarzen Streifens, der aus dem Kragen hervorlugte, vermutete Ibrahim, dass es sich um eine Frau handelte.

Sein erster Gedanke war, dass irgendein Nomadenjunge seine Schwester erschossen hatte, wahrscheinlich wegen eines »Verbrechens«, bei dem es um die Familienehre ging. Welchen anderen Grund sollte jemand haben, hier eine Leiche zu verscharren? Die Stelle lag zu weit südlich, um noch zu Dschidda zu gehören, ein menschenleeres sandiges Gebiet im Landesinneren, gute zwanzig Kilometer von der

Hauptstraße entfernt, die nicht einmal eine richtige Schnellstraße war. Auf dem Weg hierher hatten sie sich zweimal verfahren und darauf warten müssen, dass die örtliche Polizei sie lotste.

Ibrahim musterte das Gesicht noch einmal gründlich. Es war nicht das Gesicht einer Beduinin. Trotz der Verletzungen war zu erkennen, dass er eine Asiatin vor sich hatte.

Er sah auf die Uhr: halb zwei nachmittags. Mit ein wenig Glück würden sie noch vor der schlimmsten Hitze des Tages fertig werden. Es war Frühherbst, eigentlich eher ein verlängerter Sommer. Die Hitze beschnitt bereits seine Gedanken wie ein ungeduldiger Zuhörer. Der Beamte von der örtlichen Polizei, Officer Hattab al-Anzi, wirkte nicht wie ein Mann, der häufig zu Einsätzen in die Wüste gerufen wurde. Sein teigiges Gesicht war schweißnass. Er betätigte die Hupe und fuhr davon, vermutlich um den Leichenbeschauer oder die Spurensicherungsexperten abzuholen. Denn zweifellos kurvten sie gerade auf denselben drei Straßen im Kreis herum, die Ibrahim und seine Leute fast in die Verzweiflung getrieben hatten.

Hinter ihnen blökten die Schafe auf der Ladefläche des Lasters. Die Straße war zur Hälfte mit Sand bedeckt und wurde wenige Meter vor ihnen, wo der SUV stand, unpassierbar. Es war sehr einsam hier. Wahrscheinlich wäre die Sandverwehung wochenlang niemandem aufgefallen.

»Haben Sie eine Ahnung, ob das erst vor Kurzem passiert ist?«, erkundigte sich Ibrahim bei dem Beduinen.

»Ja, wir hatten letzte Nacht einen Sandsturm. Einen ziemlich schlimmen. Bestimmt stark genug, um eine Düne über die Straße zu pusten.«

Bei dem Wort *Düne* deutete er in Richtung der Leiche. Ibrahim konnte nur eine riesige, hie und da von Gesteinsbrocken unterbrochene Sandfläche sehen. Er musste sich erst einen anderen Blickwinkel suchen und schwerfällig zurück zur Straße stapfen, um zu erkennen, dass das Gebiet rings um die Leiche ein wenig erhaben war. Dort hatte sich wohl eine Düne befunden, keine sehr hohe, sondern vermutlich eine Sicheldüne mit dem Rücken zum Ostwind.

Er beobachtete, wie die Männer von der örtlichen Polizei den Tatort zertrampelten, und hörte, dass Junior Officer Waseem Daher sie zurechtwies: »Zurück zur Straße! Sie vernichten hier Beweismittel!« Niemand hörte auf ihn, doch die Männer standen in seiner Nähe und drehten sich diensteifrig zu ihm um, als er das Wort ergriff. Daher ahnte noch nicht, welche Ausstrahlung er auf seine Mitmenschen hatte.

Die Sonne brannte auf sie hinunter wie Stöße aus einem Flammenwerfer. Als die Fahrzeuge schließlich eintrafen, erinnerte die Prozession an einen Trauerzug – Krankenwagen des Roten Halbmondes, der Transporter des Leichenbeschauers und zwei Yukons mit Spurensicherungsexperten an Bord. Hattab von der örtlichen Polizei bildete die Nachhut der Kolonne.

»So ein Idiot«, sagte jemand. »Könnte ihm jemand vielleicht mitteilen, dass es sinnvoller ist, voranzufahren, wenn man anderen den Weg zeigen will?«

»Der will nur sichergehen, dass er als Erster hier wegkommt, falls wir noch einen Sandsturm kriegen«, entgegnete Daher.

Wenig später wimmelte es am Tatort von Männern. Die Spurensicherungsexperten sperrten einen Bereich rings um die Leiche mit langen Stangen und blauem Flatterband ab, bis Ibrahim dazwischenging. Er wollte die ganze Düne sichern, woraufhin sie den Radius erweiterten und die Männer weiter zurückdrängten. Zwei jüngere Beamte begleiteten den Leichenbeschauer, der ebenfalls Ibrahim hieß, von allen aber nur Abu-Musa, Vater des Musa, genannt wurde. In Wahrheit lautete der Name seines Sohnes Kareem, weshalb er eigentlich Abu-Kareem hätte heißen sollen. Doch eines Nachmittags hatte er versucht, Chief Inspector Riyadh davon zu überzeugen, dass *musa*, der Name des Propheten Moses, auch die Artenbezeichnung für Banane sei. Und zwar deshalb, weil Moses' Mutter dem Baby eine Banane in den Mund gesteckt habe, bevor sie ihn in einem Binsenkörbchen auf dem Nil aussetzte. Die Banane sei nicht nur nahrhaft gewesen, sondern habe, was noch wichtiger gewesen sei, das Kind ruhig gehalten, damit die Ägypter es nicht umbrachten. Chief Riyadh, der nicht viel von solchen verschlungenen Gedankengängen und der Vermischung von historischen

Fakten und Mythen hielt, hatte nur an seiner Wasserpfeife gezogen. »Woher wissen Sie das, Abu-Musa?«, hatte er gefragt, und so war der Name hängen geblieben.

Ibrahim hatte noch nie mit Abu-Musa zusammengearbeitet, war aber über die berüchtigte Reizbarkeit und selbstgerechte Frömmelei des Mannes im Bilde. Im Moment wartete er darauf, dass die Kriminaltechniker den Torso der Leiche freilegten. Als zwei Männer vom Roten Halbmond sich anschickten, beim Aufbau der Absauganlage zu helfen, mit der die Kriminaltechniker den Sand entfernen würden, fing Abu-Musa an zu brüllen: »Finger weg! Fasst sie nicht an!«

»Sie ist tot«, entgegnete einer der Sanitäter.

»Niemand fasst sie an! Und jetzt verschwinden Sie.« Abu-Musa stieß den Mann beiseite. Seine Sorge war nicht, dass jemand Beweise vernichten könnte. Viel wichtiger war es ihm, ein Tugendverbrechen zu verhindern, also dass ein Mann den Körper einer Frau berührte und dadurch, selbst im Tode, ihre Ehre beschmutzte.

Das unverkennbare Knirschen von Reifen auf Asphalt und eine kleine Staubwolke kündigten das Eintreffen eines weiteren Geländewagens an, in dem Detective Inspector Osama Ibrahim saß.

Osama stieg aus, ließ die Szene auf sich wirken und ging direkt auf Ibrahim zu. Nachdem die beiden Männer einander die Hand geschüttelt hatten, entschuldigte sich Osama dafür, dass er Ibrahim bis jetzt noch nicht offiziell in der Dienststelle begrüßt hatte.

Alle verhielten sich höchst ehrerbietig. Ibrahim war nun seit zwei Wochen bei der Mordkommission und aus der Abteilung für verdeckte Ermittlungen hierher versetzt worden. Seine übergeordnete Stellung verdankte er nur der Tatsache, dass er mit seinen zweiundvierzig Jahren älter war als die meisten seiner Kollegen. Außerdem war er schon einmal, vor vielen Jahren, bei der Mordkommission tätig gewesen und hatte darüber hinaus verwandtschaftliche Beziehungen zum Königshaus. Allerdings war er sicher, dass die Demutshaltung bald die ersten Risse zeigen würde.

»Ein Beduine hat im Sand eine Frauenleiche gefunden«, sagte er. »Gehen Sie und werfen Sie einen Blick darauf.«

Osama machte sich auf den Weg.

Die Sanitäter vom Roten Halbmond schimpften auf Abu-Musa und besprachen einen Zwischenfall, der vor Kurzem in den Nachrichten gemeldet worden war. Eine Studentin am Lehrerinnenseminar in Qasim war erkrankt, worauf das College den Roten Halbmond verständigt hatte. Doch bei Ankunft der Sanitäter hatte die Collegeleitung den Männern verboten, die Kranke zu berühren. Man fürchtete zwar um ihr Leben, war offenbar aber in größerer Sorge um ihre Ehre, falls fremde Männer Hand an sie legen würden. Während noch über diese Frage debattiert wurde, war das Mädchen gestorben. Zu Ibrahims Erleichterung waren die beiden Sanitäter hier am Tatort empört über diese Angelegenheit und hatten außerdem Angst, selbst einmal in eine solche Situation zu geraten.

»Was glaubt der eigentlich, wer wir sind, verdammt, eine Horde von Zuhältern?« Der eine spuckte aus.

Osama kehrte mit verstörter Miene zurück. Ibrahim kannte diesen Gesichtsausdruck. Man hielt sich für gefeit gegen die Schrecken des Todes, wenn man erst einmal genug mit menschlichem Blut besudelte Zimmer gesehen hatte – und dann warf einen ein einziges Frauengesicht wieder um. »Meinen Sie, es war ein Streit unter den Ortsansässigen?«

»Vielleicht.« Ibrahim ließ den Blick über den Tatort schweifen. »Ist Ihr Rechtsmediziner immer so aufbrausend?«

»Nur, wenn das Opfer weiblich ist.«

»Aha.«

Plötzlich ertönte ein Knacken. Obwohl das Geräusch nicht sehr laut gewesen war, herrschte schlagartig eine seltsame Stille. Einer der Sanitäter war auf einen Sandhaufen getreten und mit dem Fuß auf etwas Hartes gestoßen, das daraufhin zerbrochen war. Ibrahim ging zu ihm hinüber. »Niemand rührt sich von der Stelle!«, rief er. Erstaunlicherweise gehorchten alle.

Der Mann hatte den Fuß bereits angehoben, und Ibrahim sah ihm sofort an, was er gefunden hatte.

»Das klang nach Knochen.«

»Richtig.« Die Grube, wo der Fuß des Mannes gerade noch gestanden hatte, füllte sich mit Sand. Ibrahim konnte einen Blick auf etwas erhaschen, was ein weiteres Gesicht zu sein schien.

Etwa fünf Meter trennten sie von der soeben gefundenen Leiche. »Jeder bleibt an seinem Platz!«, befahl Ibrahim laut. »Und Sie kommen her.« Er deutete auf den Fotografen. »Machen Sie ein Foto von allen, genau dort, wo sie jetzt stehen.« Hastig begann der Mann zu knipsen. Dann winkte Ibrahim Daher heran. »Sie sagen dem hiesigen Kollegen, er soll ein paar Spurensucher anfordern. Murrah, wenn möglich, und zwar so schnell es geht.« Daher rannte zum Streifenwagen, wo Hattab die kühle Luft der Klimaanlage genoss.

Ibrahim stand Wache. Seine warnenden Blicke sorgten dafür, dass keiner sich nur einen Millimeter bewegte. Wie Kinder bei einem Spiel standen sie steif und wie erstarrt da. Ihre Gesichter wirkten nicht mehr so erschöpft und erhitzt, sondern eher lebendig und erwartungsvoll, von einer seltsamen Freude darüber erfüllt, dann Anweisungen zu erhalten, wenn es tatsächlich zählte.

Seine Männer hatten das Gelände ziemlich zertrampelt. Auch nach der dritten Leiche konnten sie noch immer kein System erkennen.

Die Spurensucher vom Stamm der Murrah – ein Großvater und seine Neffen – verbrachten Stunden damit, das Gelände zu durchforsten, sich die Abdrücke von Stiefeln und Sandalen einzuprägen und jene der Polizisten mit einer ans Unheimliche grenzenden Treffsicherheit auszuschließen. Sie brauchten nicht einmal die Aufnahmen des Polizeifotografen zurate zu ziehen. Danach machten sie sich noch einmal ans Werk und hielten Ausschau nach Dingen, die nicht hierher gehörten. Stundenlang musterten sie – die Hände auf die Oberschenkel gestützt – den Boden, kauerten oder knieten sich hin und starrten, oft minutenlang, auf ein und dieselbe Stelle im Sand, damit ihnen auch nicht die kleinste Spur entging. Die nächsten sechs Leichen fanden sie mit bloßen Händen, indem sie wie Wünschelrutensucher geheimnisvolle Formen in der Luft über dem Sand ertasteten. Und schließlich trat allmählich ein System zutage.

Die Opfer waren alle weiblich und auf der Rückseite einer Sicheldüne beerdigt worden. Eine darunterliegende Felsformation verlieh dem Untergrund ein wenig Stabilität, sodass ein Mörder mit dem Hang, immer zum selben Begräbnisplatz zurückzukehren, diesen auch dann wiederfand, wenn ein Sandsturm seine Düne über die Straße gepustet hatte. Eine kleine Senke am Straßenrand sorgte dafür, dass sich der Sand immer wieder an genau dieser Stelle sammelte, ganz gleich, wie oft es auch stürmte. Im Laufe der Monate häufte er sich, vom steten Wind getrieben, zu einer Düne an. Und die schwappte beim nächsten Sturm auf die Straße wie eine Welle, die sich in Zeitlupe am Strand brach. Irgendwann wurde die Straße dann geräumt – bis der Sand nach einer Weile wiederkam.

Als die Anzahl der Leichen immer mehr zunahm, ließ Ibrahim eine Frage nicht mehr los: Warum ausgerechnet hier?

Sie mussten Wassertankwagen kommen lassen, und ein Restaurant vor Ort (nur zweiunddreißig Kilometer entfernt) lieferte riesige Platten mit Reis und Lamm wie für eine Hochzeit. Doch die Männer griffen, wenn überhaupt, nur zögernd zu, da die sengende Hitze allen den Appetit verdarb. Zwei Männer brachen zusammen und mussten in einem Krankenwagen des Roten Halbmondes zurück nach Dschidda gefahren werden.

Als Ibrahim sich über eine Leiche nach der anderen beugte, bohrte sich ihm die Hitze wie Haken in den Rücken. Er schwitzte so stark, dass seine Schuhe davon nass wurden. Nach einer Weile schienen sogar die Kräfte der Murrah nachzulassen.

Der Fundort entwickelte sich wie eine archäologische Ausgrabung, die sich immer mehr in die Wüste ausbreitete. Die mit Planen aus Leinwand und Stangen markierte Fläche wuchs und wuchs, und als die Sonne rot am Horizont versank, wurden Scheinwerfer aufgestellt. Insgesamt neunzehn Tote. Ibrahim erschauderte, als er hörte, wie der Rechtsmediziner diese Zahl aussprach. Zum ersten Mal an diesem Tag richtete Abu-Musa das Wort an ihn. Im Licht des Sonnenuntergangs sah sein faltiges Gesicht beinahe würdevoll aus.

»Haben Sie gehört, was ich gesagt habe? Neunzehn Leichen«, beharrte Abu-Musa. »Neunzehn. Wissen Sie, was das bedeutet?«

»Und neunzehn Wächter haben wir über sie gesetzt«, zitierte Ibrahim. Abu-Musa nickte zufrieden. Dieser Vers aus dem Koran, auf mysteriöse Weise aus dem Kontext gerissen, hatte im Laufe der Jahrhunderte viele Menschen zu den wildesten Thesen verführt, die sich alle um die Zahl Neunzehn rankten. Die jüngste Verschwörungstheorie stammte aus Amerika, und zwar aus Tucson, Arizona, wo ein ägyptischer Biochemiker namens Rashad Khalifa behauptete, der Erzengel Gabriel habe ihm im Text des Koran eine verborgene mathematische Formel offenbart, die man mithilfe der Zahl Neunzehn entschlüsseln könne.

Allerdings lieferte der nächste Vers des Koran eine viel einfachere Erklärung: *Und nur Engel haben wir über das Höllenfeuer gesetzt, und die Zahl derselben haben wir nur zur Prüfung der Ungläubigen bestimmt.*

Das hieß, dass neunzehn Engel die Hölle hüteten.

»Kann das nicht auch ein Zufall sein?«, fragte Ibrahim.

»Glauben Sie wirklich?« Abu-Musa lächelte herablassend. »Ich bin überzeugt, dass Sie hier draußen keine weiteren Leichen finden werden. Der Täter hatte seine Gründe.«

»Wie dem auch sei«, entgegnete Ibrahim. »Vielleicht sind es auch nur rein zufällig neunzehn.«

2

Katya Hijazi war gerade dabei, den jüngsten Aktenstapel hinunter in Inspector Zahranis Büro zu schleppen, als sie lautes Gelächter aus dem Konferenzraum innehalten ließ. Sie schlich den Flur entlang, weil sie wissen wollte, was bei einer Besprechung der Mordkommission denn so komisch sein konnte.

Die Sitzung löste sich gerade auf, und sie beobachtete durch die Türöffnung, wie die Männer debattierten. Diskussionen brachen aus, und es wurde gelacht und zustimmend genickt. Niemand schaute in ihre Richtung, denn alle Aufmerksamkeit galt Waseem Daher, einem der jüngeren Detectives. Obwohl Katya ihm erst zweimal begegnet war, gehörte er bereits zu den Leuten, die sie mit Vergnügen in einen möglichst großen Fleischwolf gestopft hätte. Erst vor einer Woche hatte Daher sie als Karrierezicke bezeichnet, die sich bei jedem Fall wichtigmache und offenbar zu viele Folgen von *CSI* gesehen habe, da sie glaube, dass der Großteil der Ermittlungsarbeit von der Spurensicherung erledigt werde. Wenn er sie auf der Türschwelle gesehen hatte, ließ er sich das nicht anmerken.

Fotos von den Gesichtern der Opfer bedeckten die meisten Whiteboards vorn im Raum. Katya war so im Labor beschäftigt gewesen, dass sie die Toten noch gar nicht gesehen hatte. Immer wenn sie nach unten kam, drängten sich in der Rechtsmedizin Vorgesetzte und Mitarbeiter des Innenministeriums. Noch nie hatten sie es mit so vielen Leichen auf einmal zu tun gehabt. Ja, die Kühlfächer in der Frauenabteilung reichten nicht, weshalb man einige Tote in die Männerabteilung des Gebäudes gebracht hatte und betete, dass in Dschidda niemand mehr sterben würde, bis man mit den Autopsien fertig war.

Die Bergung der Leichen hatte drei Tage in Anspruch genommen. Man hatte sogar einen Archäologen hinzugezogen, in der verzweifelten Hoffnung, es könnte sich um historische Skelette handeln. Doch den Untersuchungsergebnissen der Spurensicherung zufolge war das »historischste« aller Opfer vor zehn Jahren gestorben.

Katya hatte den Großteil der vergangenen vier Tage damit verbracht, die Kleidung der Toten einzutüten und zu beschriften und außerdem Blut- und Faserproben zu untersuchen wie eine Arbeitsbiene, ohne über den Gesamtzusammenhang im Bilde zu sein. Die einzigen Informationen über die Morde hatte sie Majdi, einem der Rechtsmediziner, zwischen Tür und Angel aus der Nase gezogen oder sie sich durch altmodische Methoden wie Lauschen oder das »Ausleihen« von Akten verschafft, die auf geheimnisvolle Weise niemals von selbst auf ihrem Schreibtisch landeten. Einige davon hatte sie im Moment bei sich, doch sie hatten sich als wenig nützlich erwiesen.

Sie wusste, dass die Ermittler noch keine der Frauen identifiziert hatten. Zum Großteil handelte es sich um Einwanderinnen: Philippinerinnen, Sri Lankerinnen, Indonesierinnen, die meisten davon Anfang zwanzig. Alle hatten zerstörte Gesichter, und es gab keine Fingerabdrücke. Die Spezialisten für Gesichtsrekonstruktion hatten gerade einige Zeichnungen erstellt, und hinter denen war Katya jetzt her.

Als die Männer auf den Flur hinaustraten, versteckte sie sich in einer Nische. Sie hatte keine Lust, in ihr Büro zurückzukehren und den restlichen Tag vor einem Gerät zu sitzen. Katya wollte Menschen befragen, die Straßen nach möglichen Zeugen durchkämmen und überhaupt all die Dinge tun, die diese Männer jetzt in Angriff nehmen würden. Einfach so und ohne auch nur einen Gedanken daran zu verschwenden, ob ihre Tugendhaftigkeit darunter leiden könnte. Nur sie durfte niemanden verhören. Vielleicht würden es die Männer ja für unsittlich halten, eine Frau zu vernehmen. Doch in diesem Fall würde sie einen männlichen Anstandswauwau brauchen. Jemanden, der die Macht hatte, die Zeugin zum Sprechen zu bringen. Natürlich hätte sie sich jederzeit zur Tür hineindrängen können. Aber es gab hinterhältigere Hindernisse als Türen, nämlich Fallgitter in den Köpfen, Sackgassen, enge Pfade und Labyrinthe, aus denen sich ganze Gedankenwelten zusammensetzten, in denen die Menschen sich verschanzten, gefangen in den dicken Steinmauern aus der Ära des Raschidunkalifats.

Katya legte die Akten in Zahranis Eingangsfach am Ende des Flurs und ging in die Rechtsmedizin. Die untere Etage hatte zwei Eingänge, einen für Männer und einen für Frauen. Sie nahm den vorgeschriebenen und setzte ihren Weg in den vorderen Teil des Gebäudes fort, wo sie Adara im Autopsiesaal für Frauen antraf.

»Ach, schön, dass du hier bist«, meinte Adara. »Zieh Handschuhe an und komm her.«

Katya gehorchte und versuchte, beim Anblick der fünf Leichen auf ihren Bahren entlang der Wand tapfer zu sein.

»Ursprünglich haben sie die Leichen nach dem Zeitpunkt ihres Auffindens nummeriert, doch das entpuppte sich als nicht sehr aufschlussreich. Also wollen sie es jetzt entsprechend dem Todeszeitpunkt tun, was heißt, dass das hier die zuletzt Gestorbene ist.« Adara wies mit einer Nadel auf die Brust, die sie gerade zunähte. »Sie haben sie erst heute Morgen eingeliefert.«

»Wie lange ist sie schon tot?«

»Schwer zu sagen, aber nicht mehr als sechs Monate.«

»Ich weiß gar nichts«, sagte Katya. »Ich teste nur Blutproben und schaue mir Fotos von ihren Gesichtern an.«

»Nun, ihre Gesichter erzählen mehr oder weniger die ganze Geschichte. Jede dieser Frauen wurde aus nächster Nähe in den Hinterkopf geschossen. Die Austrittswunde hat den Großteil des Gesichts verwüstet, doch es sind noch individuelle Züge zu erkennen.« Sie zeigte auf die Frau auf dem Tisch. »Was ich dir sonst noch mitteilen kann, ist, dass sie zwischen zwanzig und fünfundzwanzig Jahren alt war. Sie hat ein gebrochenes Schienbein und einen gebrochenen Oberschenkelknochen. Keine Hinweise auf sexuelle Gewalt. Und dann sind da natürlich noch die Hände.«

Als Katya die Arme der Frau betrachtete, wäre sie beinahe umgekippt. Die Hände fehlten – alle beide. Das erklärte, warum nirgendwo etwas von Fingerabdrücken stand.

»Das ist bei allen so«, fügte Adara hinzu.

»Allen?«

»Ja. Jedem Opfer wurden nach dem Tod mit einem einzigen Hieb beide Hände abgehackt.« Adaras Hände fingen beim Zunähen zu zittern an. Sie warf die Nadel hin, lief zum Waschbecken und übergab sich.

»Entschuldige«, nuschelte sie. »Schwanger.«

»Oh. Gratuliere.«

Adara wischte sich den Mund ab und spülte ihn mit Wasser aus, bevor sie zum Tisch zurückkehrte.

»Aber die Füße haben sie noch?«, fragte Katya.

»Ja.«

»Ich weiß, dass die Ermittler gerade ein paar Zeichnungen von den Gesichtsrekonstrukteuren bekommen haben«, meinte Katya. »Man hat vor, sie in den Konsulaten herumzuzeigen.«

»Und du glaubst …?«

»Dass sich das jahrelang hinziehen wird. Die Konsulate werden nichts dazu sagen können. Schau nur, wie schlecht sie sich um ihre lebenden Staatsbürger kümmern.«

»Nun ja, stimmt«, erwiderte Adara. »Ich denke, wir können annehmen, dass die meisten dieser Frauen Gastarbeiterinnen waren, vermutlich Hausmädchen.«

Der schwerste Schock für die Mordkommission war gewesen, dass ein einziger Mörder im Laufe vieler Jahre heimlich Frauen umgebracht hatte, ohne dass es jemandem aufgefallen wäre. Katya hatte bereits die Vermisstenakten durchforstet, doch offenbar war keine dieser Frauen als vermisst gemeldet worden. Vielleicht hatten ihre Arbeitgeber ja gedacht, dass sie weggelaufen wären, wie es so viele taten, um eine bessere Stelle zu finden oder vor Misshandlungen zu fliehen. So ein Hausmädchen wollte gar nicht gefunden werden – denn es riskierte eine Gefängnisstrafe.

Es war auch durchaus möglich, dass der Mörder diese Frauen selbst als Hausmädchen eingestellt hatte. Dass er sie, eine nach der anderen, eingesperrt und langsam gefoltert hatte, bevor er sie umbrachte. Dass niemand bis auf den Mörder von der Existenz der Frauen gewusst hatte, nachdem sie in dieses Land eingereist waren.

»Was kannst du mir über Serienmörder im Allgemeinen erzählen?«, fragte Adara.

Katya schüttelte den Kopf. »Nicht viel.«

»Nun, ich habe gerade gehört, dass sie einen Mann vom amerikanischen FBI hinzuziehen. Einen Experten für Serienmörder.«

»Das finde ich übertrieben«, meinte Katya. »Wir hatten doch schon früher solche Fälle.«

Adara betrachtete die an der Wand aufgereihten Leichen. »Offenbar glauben die, dass dieser hier anders ist. Eine neue Art Killer vielleicht. Immerhin treibt er schon seit zehn Jahren sein Unwesen. Chief Riyadh ist die Sache sehr peinlich. Alle fühlen sich gedemütigt. Sie haben keine Ahnung, wie es passieren konnte, dass sie zehn Jahre zu spät kamen. Die Polizei hat vier Jahre gebraucht, um den Serienmörder in Yanbu zur Strecke zu bringen. Riyadh wird nicht zulassen, dass es wieder so lange dauert.«

Auf dem Weg zurück zum Frauenlabor schaute Katya in Majdis Büro vorbei. Doch er telefonierte, und überall wimmelte es von Regierungsmitarbeitern. Also verschwand sie rasch wieder im Flur und machte sich aus dem Staub. Erst in dieser Woche hatten die Religionswächter eine Fatwa gegen Kassiererinnen herausgebracht, in der es hieß, es sei Sünde, wenn Frauen in der Öffentlichkeit arbeiteten, wo sie mit Männern in Kontakt kommen könnten. Vermutlich handelte es sich wieder um eine dieser schwachsinnigen Fatwas, die der saudischen Bevölkerung ein schlechtes Gewissen einreden sollten, aber von den meisten Menschen ignoriert wurden. Nur, dass der für die Fatwa zuständige Großmufti die Reichweite seines Richterspruchs womöglich ausdehnen würde, um Frauen nicht nur von den Ladenkassen, sondern auch aus allen anderen Berufen zu verbannen, in denen sie einem Mann über den Weg laufen könnten. Und an erster Stelle standen in diesen Fällen stets Arbeitsplätze bei den Behörden, insbesondere bei der Polizei. Katya hoffte, dass die Brüder des Königs oder der König selbst das Urteil rückgängig machen würden. Doch bis dahin würden alle Frauen in den Labors den Atem anhalten.

3

Er hatte mehr oder weniger damit gerechnet, dass bei seinem Sohn im allerungünstigsten Moment Alarmstufe Rot ausbrechen würde. Zakis Ehe war von Anfang an ein Himmelfahrtsprojekt gewesen. Ibrahim hatte drei qualvolle Monate lang beobachtet, wie sich der Druck aufbaute. Selbst sein Entsetzen wegen der neunzehn Leichenfunde hatte ihn nicht von dem unausweichlichen Sog in den Abgrund und der zerstörerischen Wucht seiner Familienkrise ablenken können.

Sein Lieblingssohn Zaki. Ibrahim saß im Gerichtssaal und hörte zu, wie der Junge zum wiederholten Male versuchte, es dem Richter begreiflich zu machen. Es sei ein Fehler gewesen, was leicht vorkommen könne, wenn man die Braut vor der Hochzeit nicht kenne. Sie – also alle beide – wollten sich einfach nur scheiden lassen.

Der Richter zeigte keine Reaktion. Allerdings schloss Ibrahim aus seinem Blick, dass er kein Wort glaubte und dass er so etwas schon von unzähligen Männern gehört hatte. Aber was hätte Zaki sonst sagen sollen? Dass er nie vorgehabt hatte, eine bigotte und frömmelnde Frau wie Saffanah zu heiraten, die fünfmal am Tag betete und einmal pro Woche von ihm verlangte, mit ihr nach Mekka zu pilgern? Der Richter hätte ihn wegen Missachtung des Islam aus dem Gerichtssaal geworfen.

Zaki schilderte es so, dass er jeden Morgen beim Aufwachen sein Gewand, sein Igal und sein Ghutra ordentlich auf dem Bett vorfand. Und Socken – sie legte stets ein Paar neben das Gewand, nur für den unwahrscheinlichen Fall, dass er tatsächlich zu den Idioten gehörte, die welche trugen. In der Küche stand sein Frühstück schon auf dem Tisch. Der Kaffee war eingeschenkt und gezuckert, das Brot ofenfrisch. Nach dem Frühstück fand er seine Brieftasche und seinen Schlüsselbund auf dem Flurtischchen vor. Saffanah sah er nur, wenn er ins Auto stieg und noch einen Blick zurück zur Wohnung warf. Dann stand sie hinter den Fensterläden und schaute hinaus auf die Straße. Zumindest nahm er an, dass sie die Frau unter der Burka war, denn sonst war ja niemand zu Hause. Er hatte keine Ahnung, was sie den ganzen Tag trieb, denn sie war zu fromm, um ein Mobiltelefon zu benutzen, in ihren Augen ein Instrument des moralischen Untergangs. Wenn er abends nach Hause kam, wartete sein Abendessen auf ihn. Sein Gebetsteppich war ausgebreitet, und eine saubere Garnitur Kleidung lag bereit. Sie versorgte ihn ausgezeichnet und verweigerte ihm gleichzeitig das, was ein Ehemann sich eigentlich von seiner Frau erwartete. Nachts im Schlafzimmer berührte sie ihn nicht. Er hatte sie noch nie nackt gesehen. Obwohl er wusste, dass er das Recht hatte, es einzufordern, wollte er sie zu nichts zwingen. Offen gestanden war er nicht mehr sicher, ob er sie überhaupt noch wollte.

Nur wenige Tage nach der Hochzeit, sogar bevor Zaki angefangen hatte, sich zu beschweren, hatte Ibrahim gespürt, dass da etwas im Argen lag. Obwohl ihm Saffanah niemals im Weg war, gingen ihre abweisende Art, ihr Schweigen und ihr Kadavergehorsam ihm allmählich auf die Nerven.

»Das«, hatte Zaki eines Abends gerufen, »ist genau der Grund, warum ich die Religion hasse!«

»Sag so was nicht«, hatte Ibrahim entsetzt erwidert. »Sie ist nicht der Islam. Sie ist nicht einmal eine gute Vertreterin.«

Sie hatten dem Richter bereits mitgeteilt, dass die Ehe nie vollzogen worden und dass Saffanah noch Jungfrau war. Zaki hatte diskret angemerkt, dass ein Arzt das bestätigen könne. Mit einem Protestschrei war Jibril, Saffanahs Vater, aufgesprungen. Der Richter hatte ihn mit einer Handbewegung zum Schweigen gebracht und Zaki mit einem ausgesprochen skeptischen Blick bedacht.

»Aber es stimmt!«, beteuerte Zaki.

Jibril war nicht um eine Antwort verlegen. Er entgegnete, was im Schlafzimmer vor sich gegangen sei, spiele keine Rolle. Saffanah sei nun seit drei Monaten verheiratet. Kein Mann in der Welt würde glauben, dass sie noch Jungfrau war, selbst wenn es stimmte. Ibrahim musste widerwillig zugeben, dass der Mistkerl recht hatte. Es würde für Saffanah schwierig werden, sich wieder zu verheiraten.

Sie saß auf seiner anderen Seite. An ihrem Körper war kein Zentimeter bloße Haut zu sehen. Die Burka war ein undurchdringlicher schwarzer Monolith, außerdem trug sie Socken und Handschuhe. Die Arme um den Leib geschlungen und den Kopf gesenkt, war sie auf ihrem Stuhl zusammengesackt. Saffanah – die Perle. Sie war unbeholfen, verlegen und verklemmt. Ihr Gesicht war verquollen und teigig. Nichts schimmerte. Doch sie war die schwärende Wunde in Zakis weicher Seele geworden.

Ibrahim sah die beiden nur zusammen, wenn sie Zaki sein Abendessen servierte. Sie aß nicht mit den Männern, weil sie fand, dass es sich nicht gehörte, wenn eine Frau ihre Mahlzeiten mit ihrem Mann einnahm. Was, wenn sie schneller aß als er? Dann wäre sie ja vor ihm fertig! Oder wenn sie womöglich sogar mehr aß! Dann würde sie sich, in ihren eigenen Worten, »wie ein Ehemann verhalten«, was ein Kapitalverbrechen sei. Ibrahim hatte versucht, ihr zu erklären, sich zu »verhalten wie ein Ehemann« sei der beschönigende juristische Ausdruck für Homosexualität. Doch sie hatte sich die Ohren zugehalten und angefangen, Gebete zu murmeln, denn das Wort an sich sei bereits Sünde. Sie hatte auch für Ibrahims Schutz gebetet, da er der Übeltäter war, der das verbotene Wort ausgesprochen hatte. Und als er sie aufgefordert hatte, diesen Unsinn zu lassen, hatte sie den restlichen Abend damit verbracht, die ganze Wohnung – natürlich wortlos – mit Weihwasser zu besprengen und Zwiesprache mit Allah zu halten.

Verglichen mit ihr war Zakis Mutter ja geradezu radikal modern.

Ibrahim wusste, dass es der schwerste Fehler seines Lebens gewesen war, sich nicht gegen seine Frau Jamila durchzusetzen. Sie hatte Zaki unter Druck gesetzt, Saffanah, mit zweiundzwanzig schon eine alte Jungfer, zu heiraten, denn diese hatte in der Angst gelebt, nie einen Mann abzubekommen. Schließlich hatte der Prophet gesagt, dass ein guter Muslim heiraten müsse. Zaki war neunzehn, keine Schönheit und außerdem der jüngere Sohn, der eine untergeordnete Position bekleidete, wie seine Mutter ihm immer wieder unter die Nase rieb.

Ibrahim hätte mehr tun können, um die Sache zu verhindern. Wozu die Eile? Doch Jamila war eine harte Nuss. Sie hatte alle Geschütze aufgefahren und mit Bazookas, Maschinengewehren und Atomraketen das Feuer auf ihn eröffnet. Ibrahim hatte einfach nicht die Kraft gehabt, sich zu wehren. Und nun bezahlte er den Preis, indem er Zaki und Saffanah durch diese monatelange Quälerei begleitete.

Ibrahim betrachtete das Paar. Beide starrten geradeaus und würdigten einander keines Blickes. Er fragte sich, was wohl geschehen würde, wenn Saffanah das Wort zu ihrer Verteidigung ergriff. Ihrer beider Verteidigung. Vermutlich würde sie alles verderben und dem Richter erzählen, ihr Ehemann sei ein Ungläubiger. Er rauche. Er bete nicht fünfmal täglich. Ja er bete eigentlich überhaupt nicht. Und er höre Musik. Wie Ibrahim plötzlich durch den Kopf schoss, war das Traurigste an der Sache, dass Zaki einmal eine Gitarre besessen und Ehrgeiz in diese Richtung entwickelt hatte. Er hatte sogar eine kleine Band gegründet. Und nun hatte er wegen seiner dummen und erdrückenden Mutter eine fremde Frau geheiratet, obwohl er eigentlich in der Garage irgendwelcher Freunde die Saiten zupfen und den Rest seiner Jugend hätte genießen sollen.

Saffanahs Vater Jibril auf der anderen Seite des Tisches grinste hämisch. Je länger sich das Schweigen hinzog, desto mehr wuchs seine Selbstzufriedenheit. Der Mistkerl hatte das Gesetz auf seiner Seite. Im Ehevertrag stand klipp und klar, dass Zaki im Fall einer Scheidung fünfzehn Millionen Rial würde zahlen müssen, damit Saffanah für den Rest ihres Lebens ein bequemes Auskommen hatte. Als geschiedene Frau und ohne Ernährer würde sie sonst bis in alle Ewigkeit ihren Eltern auf der Tasche liegen. Aber natürlich hatte niemand in der Familie so viel Geld. Wie auch? Ibrahim kannte genug Männer, die sich von ihren Frauen hatten scheiden lassen, ohne ihnen einen Pfennig zu bezahlen – oder zumindest nicht die Millionen, zu denen sie sich im Ehevertrag verpflichtet hatten. Also hätte es für den Richter eigentlich ganz einfach sein sollen. Zaki und Saffanah wollten die Scheidung. Schließlich stand im Hadith, dass ein Mann zu seiner Frau nur dreimal »Du bist geschieden« sagen musste, damit das Thema erledigt war. Aus und vorbei. Gab es denn etwas Leichteres? Nur, dass ihr Vater sich weigerte, sie zurückzunehmen.

Auch der Richter schien darüber verärgert. Er saß da, wechselte hin und wieder einen Blick mit Ibrahim, kratzte sich den bereits heftig gekratzten Bart und starrte auf sein Wasserglas, die Deckenventilatoren und die rissigen Fliesen, alles in dem Versuch, nachdenklich zu wirken, obwohl er eigentlich absolut ratlos war. Ibrahim merkte ihm an, wie es in seinem Gehirn ratterte. Die gute Seite sagte: *Sollen die jungen Leute doch ihre Scheidung haben!* Doch der Bürokrat in ihm rang noch mit der Frage des Vertragsbruches.

Als Jibril an der Reihe war, stand er auf und erklärte dem Richter, Zaki habe seine Tochter ruiniert. Solange er die im Vertrag festgelegte Summe nicht zahle, könne die Familie sie nicht zurücknehmen. Zaki rang sichtlich um Beherrschung, um nicht laut loszuschreien. Und Ibrahim ging es nicht anders. Es juckte ihn in den Fingern, dem Richter zu sagen, dass Jibril der König der Zuhälter war. Er hatte seine erste Frau verstoßen, ohne ihr Unterhalt zu zahlen, weshalb Saffanah und ihre Mutter bitterarm waren. Außerdem hatte Jibril sieben Exfrauen und vier aktuelle Gattinnen, von denen jede derzeit schwanger war und die ihm insgesamt schon zwölf Kinder geschenkt hatten. Wenn er im Schlafzimmer nicht so aktiv gewesen wäre, hätte er vielleicht die Möglichkeit gehabt, seinem ersten Kind, der armen Perle, und ihrer bedauernswerten Mutter mehr Großzügigkeit entgegenzubringen.

Währenddessen dauerte Jibrils Vortrag an. Sosehr er seine Tochter auch liebe, könne er sie doch nicht zurücknehmen. Saffanah sei bereits zweiundzwanzig, ihre Chancen auf Wiederverheiratung stünden praktisch bei null. Wie solle sie sich ernähren? Solle sie den Rest ihres Lebens ihren Eltern auf der Tasche liegen? Sollten *sie* etwa ihre Mahlzeiten, ein Dach über dem Kopf und die regelmäßigen Pilgerfahrten nach Mekka bezahlen? Und was, wenn er stürbe? Dann sei seine Tochter auf sich allein gestellt. Keine Kinder, kein Geld, kein Mann, keine Zukunft. Dann müsse doch der Staat für sie sorgen, oder? Und jeder wisse ja, wie wundervoll sich der Staat um seine unabhängigen Frauen kümmere! Sie würde als Prostituierte enden, daran bestünde kein Zweifel.

Nur, dass er nicht das Wort Prostituierte benutzte, sondern »unanständig«. Sie würde unanständig werden. Ja, Saffanah, die Frau, die zerknitterte Gebetszettel aus dem Müll fischte und sie glatt bügelte, würde auf der Corniche auf Freiersuche gehen. Ibrahim beobachtete, wie der Richter das schweigend auf sich wirken ließ. *Unanständig.* Ja, das war genau das Wort, das er brauchte, um in sich eine Entscheidung reifen zu lassen. Bis dieses Wort gefallen war, war das Problem kompliziert gewesen. Nun war alles ganz einfach. Denn nichts rechtfertigte, eine Frau zu einem Lotterleben zu verurteilen, ganz gleich, wie verzweifelt sie auch versuchte, ihrer derzeitigen Misere zu entrinnen.

Die Miene des Richters verriet Ibrahim alles: *Keine Scheidung, Kinder, tut mir leid.*

Ibrahim spürte, wie eine Ader in seiner Schläfe pochte. Erst letzte Woche hatte sich ein Mann in ebendiesem Gerichtssaal von seiner Frau scheiden lassen, weil sie sich ganz allein eine Nachrichtensendung mit einem männlichen Sprecher angesehen hatte. Sie war also mit einem fremden Mann allein im Raum gewesen. Wen störte es schon, dass dieser Mann nur auf einem Flachbildschirm vorhanden war. Dieser Idiot von einem Ehemann hatte die Scheidung trotzdem durchgesetzt – und Zaki nicht?

Triumphierend nahm Jibril wieder Platz und wandte sich an seine Tochter. »Ich liebe dich, Saffanah«, flüsterte er. »Doch das ist die Wahrheit, und wir wissen es beide.« Dann sah er Zaki an und lächelte tatsächlich.

Sie standen vor dem Gerichtsgebäude und blickten dem davonfahrenden Jibril nach. Zaki half Saffanah auf den Rücksitz des Autos. Sie tastete nach dem Sitz und schlug sich den Kopf an der Tür an. Ibrahim hatte diese Prozedur schon öfter miterlebt. Zaki mahnte sie stets, sich anzuschnallen. Schließlich kämen jährlich mehr Menschen wegen eines fehlenden Sicherheitsgurtes ums Leben als aus irgendeinem anderen Grund. Wisse sie das denn nicht? Doch sie schüttelte nur den Kopf – nicht, weil sie es nicht wusste, sondern weil sie es nicht akzeptieren wollte. Dann verschränkte sie die Arme, der Saffanah-Sicherheitsgurt, und blieb einfach sitzen, bis er den Wagen anließ. Saffanah lehnte Sicherheitsgurte ab, weil sie ihre Körperformen nachzeichnen könnten, und dann würde jeder Mann, der zufällig am Auto vorbeiging, ihre Figur sehen. Also kam es überhaupt nicht infrage.

»Könntest du dir nicht wenigstens eine Burka mit Sehschlitz besorgen?«, fragte Zaki, der Zeuge der Kollision mit der Tür geworden war.

Sie antwortete nicht.

Als Ibrahim auf dem Beifahrersitz Platz nehmen wollte, hielt Zaki ihn zurück. »Baba, bitte fahr du. Ich gehe zu Fuß.«

»Was?«, stieß Ibrahim hervor. »Nein. Komm mit nach Hause. Es ist zu heiß zum Laufen.«

Zakis Gesicht war bleich vor unterdrückter Wut. »Wenn es mir zu heiß wird, nehme ich ein Taxi«, entgegnete er. Mit einem letzten hasserfüllten Blick auf Saffanah marschierte er davon.

Ibrahim stieg ein und betrachtete Saffanah im Rückspiegel. Sie neigte trotzig den Kopf. »Schnall dich an«, sagte er, um den Vorschriften Genüge zu tun.

Er startete den Wagen. Er wusste, dass es nicht richtig von ihm war, wütend auf sie zu sein, aber er war machtlos dagegen. Dieses feindselige Schweigen, das nur darauf abzielte, dem Gegenüber Schuldgefühle einzuimpfen, kannte er nur allzu gut. Jamila war eine Meisterin darin, allerdings ohne religiösen Anspruch.

Drei Straßen vom Gerichtsgebäude entfernt, hörte er ein würgendes Geräusch vom Rücksitz. Als er sich rasch umdrehte, sah er, wie Saffanah am Türgriff zerrte. Sofort hielt er an. Sie schob die Tür auf und erbrach sich auf die Straße. Da sie immer noch nicht die Burka lüpfte, ergoss sich das Erbrochene auf den Schleier und die Vorderseite ihres Gewandes. Nur ein kleiner Teil landete auf dem Gehweg.

Ibrahim sprang aus dem Auto und rannte zu ihr hinüber. Doch als er sie erreicht hatte, saß sie schon wieder aufrecht. Der mit Erbrochenem durchweichte Schleier klebte ihr am Kinn. Niemals hätte sie ihn in der Öffentlichkeit abgenommen, nicht einmal im Auto und im beschmutzten Zustand.

»Warte hier«, sagte er. Er ließ das Auto in zweiter Reihe stehen und lief die Straße hinunter bis zu einem Kiosk an der Ecke, wo er Taschentücher, eine Wasserflasche und Kaugummi kaufte. Der Ladenbesitzer, Gott beschütze ihn, ein guter Mensch, hastete nach oben in seine Wohnung, stibitzte einen Gesichtsschleier seiner Frau und gab ihn Ibrahim. Als er zurückkehrte, legte er die Sachen neben Saffanah auf den Rücksitz. »Hier«, meinte er. »Jetzt kannst du dich sauber machen. Und eine neue Burka.« Er stieg ein und fuhr weiter.

Er nahm die Schnellstraße und war schon fast zu Hause, als er bemerkte, dass Saffanah sich mit den Taschentüchern das Gesicht abwischte. Sie beugte sich vor, damit niemand diesen Akt der Entblößung beobachten konnte, legte den schmutzigen Schleier ab und den sauberen an und steckte ein Stück Kaugummi in den Mund. Kurz darauf öffnete sie die Wasserflasche, schob sie unter den Schleier und trank einen Schluck.

Ibrahim atmete erleichtert auf und wandte sich wieder der Straße zu. Er hatte die Ausfahrt zu ihrem Stadtviertel verpasst und steuerte nun auf den südlichen Stadtrand zu. Es herrschte kaum Verkehr, und er konnte vor sich die Wüste sehen. Spontan beschloss er weiterzufahren.

Kurz darauf fing Saffanah an, aus dem Fenster zu schauen. Er wusste nicht, wie viel sie durch den Schleier und die getönten Scheiben sehen konnte, aber sie hatte offenbar bemerkt, dass sie nicht die übliche Ausfahrt genommen hatten. Ibrahim beschloss, sich die Erklärung zu sparen. Da es im Auto nach Erbrochenem roch, öffnete er das Fenster einen Spaltbreit und schaltete die Klimaanlage höher.

An einer Neubausiedlung bog er von der Straße ab. Er fuhr an leer stehenden Häusern vorbei und stellte sich vor, wie langweilig es sein musste, hier zu wohnen und nur fremde Leute als Nachbarn zu haben. Läden gab es hier noch nicht, nur unbewohnte palastähnliche Villen.

Er erkannte an Saffanahs Körperhaltung und ihrem geneigten Kopf, dass sie alles aufmerksam und neugierig beobachtete. Rechts von ihnen erstreckte sich ein großes Feld. Hinter einem Maschendrahtzaun standen einige Kamele. Daneben befand sich ein kleines Haus. Er stoppte den Wagen, parkte am Straßenrand und öffnete die rückwärtige Autotür, um ihr beim Aussteigen zu helfen.

Zu seiner Überraschung protestierte sie nicht. Seit sie im Auto saß, hatte sie keine einzige Frage gestellt oder überhaupt ein Wort gesprochen. Er gab sich Mühe, sie als seine Tochter zu betrachten, und das nun schon seit einigen Monaten, scheiterte jedoch immer an dem Gedanken, dass er einer seiner Töchter ein solches Benehmen niemals würde durchgehen lassen. Nie im Leben würde er diese frömmelnde Abschottung und dick aufgetragene Religiosität dulden – eine Spielart der Religiosität, die nicht die seine war. Aber als Saffanah ausstieg, bemerkte er erfreut, dass ihre Schritte schwungvoller geworden waren. Vielleicht brauchte sie ja nur Abstand von der Stadt.

Ein Beduine mittleren Alters kam aus dem kleinen Haus und sprach Ibrahim an. Währenddessen stand Saffanah ein Stück abseits und beobachtete die Kamele. Zwei von ihnen hatten sich dem Zaun genähert, beugten sich nun darüber und reckten die langen Hälse, um sie zu erreichen. Schüchtern machte sie einen Schritt auf sie zu, streckte die Hand aus und kraulte ein Kamel hinter dem Ohr. Das Kamel schmiegte schnaubend die Nase an ihren Hals. *Riecht es denn das Erbrochene nicht?*, fragte sich Ibrahim. Offenbar nicht, denn nun schnappte das Kamel mit den Zähnen nach dem Saum ihrer Burka. Als Saffanah sich zu befreien versuchte, wurde die Burka mit einem Ruck heruntergerissen. Rasch duckte sie sich zur Seite und verbarg ihr Gesicht vor dem Beduinen. Doch sie hätte sich keine Sorgen zu machen brauchen, denn der Beduine reagierte schnell. Sofort drehte er sich zu dem Kamel um, schüttelte lachend den Kopf und wollte ihm die Burka entreißen. Allerdings ergriff das Kamel die Flucht, sodass der Beduine es über die Koppel verfolgen musste.

Es dauerte einen Moment, bis Ibrahim klar wurde, dass Saffanah lachte. Als sie sich ganz langsam aufrichtete, stand immer noch ein Lächeln in ihren Augen, und als sie bemerkte, dass der Beduine sich höflich abgewandt hatte, wirkte sie sogar zufrieden.

»Du Schmutzfink«, schimpfte der Beduine leise sein Kamel. »Du alter Lüstling.«

Zwei andere Kamele standen noch immer am Zaun und schnupperten neugierig an Saffanahs Hals. Ibrahim betrachtete sie und hörte mit halbem Ohr hin, wie der Beduine sein Kamel tadelte. Plötzlich schmiegte Saffanah ihre Nase an die des Kamels. Es war nur eine ganz winzige Geste, die dennoch etwas Gewaltiges vermittelte: Bedürftigkeit, Trauer und die Sehnsucht, Trost zu spenden und zu empfangen. Es schwang etwas Flehendes darin mit: *Bitte verzeih mir.*

Vielleicht war es diese Geste, es konnte aber auch am Erbrechen gelegen haben, denn auf einmal schoss Ibrahim ein Gedanke durch den Kopf. *Sie ist schwanger.* Natürlich war das Unsinn. Saffanah war viel zu gläubig, um sich auf eine Affäre einzulassen. Es konnte einfach nicht sein. Allerdings hatte er in fünfzehn Jahren Polizeiarbeit gelernt, seinen Instinkten zu trauen. *Schwanger?* Er fühlte sich, als stiege alles Blut in seinen Armen in die oberen Hautschichten auf. Also steckte er rasch die Hände in die Taschen und umschloss mit einer sein Mobiltelefon. Seine Haut prickelte. Saffanah?

Eigentlich war er gar nicht wütend, sondern empfand eher Erstaunen und Bedauern. Wann hatte sie den Mann kennengelernt, der sie entjungfert hatte? Er war ziemlich sicher, dass es nicht Zaki gewesen war – dafür jammerte sein Sohn viel zu häufig über ihre Lustlosigkeit. Zaki hielt sich so selten wie möglich zu Hause auf. Mein Gott, sie hätte ausreichend Gelegenheit gehabt, sich mit anderen Männern zu treffen!

Ihr war seine veränderte Stimmung offenbar nicht entgangen, denn die Streichelbewegungen auf der Kamelnase wurden hektischer. Sobald der Beduine außer Hörweite war, trat Ibrahim näher an sie heran. Er entfernte ihre Hand vom Kopf des Kamels und hielt sie fest. Es war das erste Mal, dass er sie berührte.

»Saffanah, schau mich an.« Trotz seines freundlichen Tonfalls drehte sie sich zu ihm um, als hätte er ihr mit der Peitsche gedroht. Beruhigend drückte er ihr die Hand. »Du bist schwanger.«

Entsetzt und empört fuhr sie zurück.

»Das war keine Frage«, beharrte er und umfasste nun fester ihre Hand. »In welchem Monat bist du?«

»Ich bin nicht ...«

»Ich bin Polizist, Saffanah. Ich merke es, wenn jemand lügt. Sag es mir einfach. Ich werde es niemandem verraten. Ehrenwort.«

Sie stand nur da und starrte ihn an. Sie war ziemlich gut darin, Entrüstung vorzutäuschen. Ja, sie war überhaupt eine ziemlich gute Schauspielerin. Und sie war dickköpfig. Auf gar keinen Fall würde sie mit der Wahrheit herausrücken, und wenn er sie bedrängte, würde sie nur noch mehr auf stur schalten. Ibrahim seufzte.

»Meinetwegen«, sagte er und ließ ihre Hand los. »Ich dachte nur, weil du dich vorhin übergeben musstest ...«

Sie wandte sich wieder zur Kamelkoppel um. Die Kamele stupsten sie weiter an, und sie fuhr fort, sie zu streicheln, aber ihre Hände bewegten sich mechanisch.

Ibrahim wurde klar, dass sie sie nun niemals würden wegschicken können. Wenn ihr Vater dahinterkam, würde er Zaki zwingen, für den Rest seines Lebens für das Kind aufzukommen. Und falls Jibril je erfuhr, dass das Kind nicht von Zaki war, würde er seine eigene Tochter wegen Ehebruchs anzeigen.

Ibrahims Arme prickelten immer noch, und ihm wurde klar, dass er inzwischen um Saffanahs Sicherheit fürchtete. »Nun«, meinte er, »angesichts der heutigen Ereignisse ist es wohl das Beste, wenn du jetzt nach Hause gehst und Sex mit Zaki hast.« Bei dem Wort »Sex« erstarrte ihre Hand am Ohr des Kamels und streichelte dann langsam weiter. »Und nach einer Weile wirst du schwanger sein und ein Baby bekommen. Solltest du es anders anstellen, wird Zaki merken, dass das Kind nicht von ihm ist. Weiß meine Frau Bescheid?«

Sie bedachte ihn mit einem zutiefst entsetzten Blick.

»Gott sei Dank, wenigstens etwas«, murmelte er.

In diesem Moment entstand etwas zwischen ihnen, das Band eines gemeinsamen Geheimnisses. Sie hörte auf, die Kamele zu streicheln, schlang die Arme um den Leib und starrte auf den Zaun. Wenn sie seine eigene Tochter gewesen wäre – eine der Zwillinge zum Beispiel, denn bei Farrah war der Zug bereits abgefahren – und nicht bereits ein Kind erwartet hätte, hätte er ihr geraten, zuerst einen ordentlichen Beruf zu lernen, bevor sie ihre hübsche Figur mit Schwangerschaften ruinierte und sich vor lauter Langeweile dick und fett futterte, weil sie wie eine gute saudische Ehefrau den ganzen Tag zu Hause herumsaß.

Er hätte ihr empfohlen, arbeiten zu gehen, nur für den Fall, dass ihr Mann sich als Taugenichts entpuppte und sie mit den Kinden sitzen ließ. Er hätte versucht, ihr Kraft zu vermitteln, die entschlossene und willensstarke Würde, die – zumindest in seiner eigenen Familie – die wichtigste Eigenschaft einer Frau war. Allerdings ahnte er, dass Saffanah derartige Vorschläge entrüstet von sich weisen würde.

Als der Beduine die Burka zurückbrachte, bedankte sich Ibrahim bei ihm. Sie war nass vom Kamelspeichel und am Saum eingerissen. Doch Ibrahim beteuerte, alles sei in bester Ordnung. Saffanah nahm den Schleier dankbar entgegen und legte ihn sofort an.

Sie kehrten zum Auto zurück, wo Ibrahim sie dazu verdonnerte, auf dem Beifahrersitz Platz zu nehmen. Außerdem weigerte er sich, den Motor zu starten, ehe sie sich nicht angeschnallt hatte, was sie widerstrebend wie ein trotziges Kind tat. Sie sprachen kein Wort, obwohl er ihr anmerkte, dass sie etwas sagen wollte. Wahrscheinlich: *Du glaubst doch nicht wirklich, dass ich schwanger bin, oder?* Er war nicht in der richtigen Stimmung dafür.

Als sie die Hauptstraße erreichten, ging die Sonne unter und tauchte den Himmel in einen atemberaubend rosafarbenen Schein. Einen Moment fühlte sich Ibrahim wie in einem Bausch Zuckerwatte. Es erinnerte ihn an seine Kindheit, als sie abends auf den Rummelplatz gegangen waren. Er hatte mit seinen eigenen Kindern dieselben Rummelplätze besucht, auch wenn Jamila ihnen regelmäßig den Spaß verdorben hatte. Was sollte nun aus Zaki und Saffanah werden? Würden sie auf Rummelplätze gehen und einander offen anfeinden, und das noch mit einem Kind, das nicht Zakis war?

Er griff in die Seitentasche an der Tür, tastete nach seinen Zigaretten, zündete sich eine an und warf das Päckchen aufs Armaturenbrett. Er hatte ein leicht schlechtes Gewissen, weil er in Gegenwart einer Schwangeren rauchte. Aber der Tag sollte noch mehr Überraschungen bringen. Saffanah griff jetzt ebenfalls nach dem Päckchen. Da verschlug es ihm die Sprache. Saffanah rauchte? Sie riskierte nicht einmal einen schuldbewussten Blick in seine Richtung, bevor sie eine Zigarette anzündete und durch den Schleier inhalierte.

Ibrahim fiel es wie Schuppen von den Augen. Die Saffanah, die er bisher gekannt hatte, war nichts weiter als ein Trugbild. Ihre Frömmigkeit war nur Theater, um sich Zaki vom Leibe zu halten – vielleicht, weil sie einen anderen liebte? Verdammt, sie hatte versucht, sich gegen die ganze Familie abzuschotten. Er hatte keine Ahnung, wer sie in Wirklichkeit war.

»Du solltest nicht rauchen«, meinte er, nicht sehr originell. »Nicht, wenn du schwanger bist.«

Sie antwortete nicht. Als er zu ihr hinüberschaute, stellte er fest, dass ihr der Schleier am Gesicht klebte. Zwei feuchte Spuren rannen ihr die Wangen hinunter. Sie weinte.

»Oh, Saffanah.«

Ibrahim parkte an der Ecke, ein Stück entfernt vom Haus, um ihr Gelegenheit zu geben, sich zu fangen, bevor sie einem Mitglied der Familie in die Arme lief, das möglicherweise draußen herumlungerte. Die Straße war menschenleer. Wortlos saßen sie im Auto. Saffanah schaute hinaus auf die Straße, sah aber wahrscheinlich nichts. Es war dunkel, und er wusste aus Erfahrung, dass man mit einem Gesichtsschleier bei Dunkelheit praktisch blind war. Er hatte es eines Abends selbst ausprobiert und war mit seinem Bruder Omar, die Burkas ihrer Frauen vor den Gesichtern, auf der Straße hin und her gegangen. Das Experiment hatte dem Zweck gedient, einen Streit darüber beizulegen, ob Omars Frau Rahaf versehentlich gegen das Auto des Nachbarn hatte stoßen können. Dabei war nämlich die Alarmanlage ausgelöst worden, was den Nachbarn sehr in Rage versetzt hatte. Omar hatte darauf beharrt, sie habe es absichtlich getan, doch Ibrahim hatte widersprochen, dass man selbst dann fast nichts sehe, wenn die Burka Schlitze für die Augen habe. Deshalb deutete er Saffanahs abgewandten Kopf als wortlose Bitte um Ungestörtheit. Oder vielleicht um Verzeihung, da war er nicht ganz sicher.

Nachdem er die letzte Zigarette geraucht hatte, stiegen sie aus. Saffanah tastete sich durch die Dunkelheit. Ibrahim umrundete das Auto. »Geh neben mir her. Ich möchte nicht, dass du einen Autoalarm auslöst«, sagte er. Sie gehorchte. Ibrahim achtete auf jeden ihrer Schritte, damit sie nur nicht stolperte. Als sie vor dem Haus ankamen, hörte er die Stimme seiner Frau das Treppenhaus hinunterhallen. Der Inhalt des Geschimpfes war zwar nicht verständlich, doch er ahnte, was es zu bedeuten hatte. Sie beschwerte sich über etwas, vermutlich darüber, dass Ibrahim es nicht geschafft hatte, die Scheidung seines Sohnes durchzusetzen.

Saffanah weigerte sich, den Schleier abzulegen, bevor sie den Treppenabsatz im ersten Stock erreicht hatten. (Die Nachbarn von unten stellten eine ständige Bedrohung für ihre Sittsamkeit dar.) Er begleitete sie bis zu ihrer Wohnungstür. Bevor sie eintrat, warf sie ihm noch einen letzten ängstlichen Blick zu.

Zehn Minuten später befand sich Ibrahim auf der Rückfahrt in die Stadt. Er nahm die Corniche Road. Kreisverkehre mit Statuen in der Mitte funkelten im Licht der Autoscheinwerfer, Straßenlaternen, Flutlichter und Wohnungsbeleuchtungen. Die Straße erinnerte an einen Fluss aus Licht entlang der dunklen Wasserfläche des Roten Meers.

Wie immer parkte er vor Sabrias Apartmenthaus auf dem Stellplatz, der zu ihrer Wohnung gehörte und den sie vielleicht selbst benutzt hätte, wenn es ihr erlaubt gewesen wäre, Auto zu fahren. Falls die Nachbarn überhaupt auf ihn achteten, hielten sie ihn vermutlich für ihren Vater. Alt genug sah er ja aus. (Obwohl eine Nachbarin ihn einmal mit einem Fahrer verwechselt und ihn gebeten hatte, sie zu chauffieren.) Wenn ihn die Paranoia überkam, spielte er mit dem Gedanken, auf der Straße zu parken, damit niemand Verdacht schöpfte, Sabria könnte Herrenbesuch empfangen, doch Parkplätze waren hier Mangelware. Deshalb war eine reservierte Parklücke eine Erleichterung, denn je öfter er herkam, desto mehr wuchs seine Sehnsucht nach ihr. Anfangs hatte sie ihn mehr gebraucht als umgekehrt – im Bett, als Tröster und auch wegen seiner Hilfe bei so einfachen Dingen wie einem Arztbesuch. Obwohl sie nicht verheiratet waren, war sie im Grunde genommen seine Zweitfrau. In den letzten beiden Jahren war sie ihm wichtiger geworden, als er es je für möglich gehalten hätte.

Da er eine Frau in den Aufzug steigen sah, entschied er sich für die Treppe. Die Nachbarn waren zum Großteil Ausländer – ein indischer Arzt, einige ägyptische Ehepaare, also nicht die Sorte von Leuten, die sich groß den Kopf über Sabrias Familienstand oder den Mann zerbrachen, der sie jeden Abend besuchte und vor Morgengrauen wieder ging. Dennoch hielt er es für klüger, einen Bogen um sie zu machen.

Obwohl er zwei Stufen auf einmal nahm, war er nicht außer Atem, als er im dritten Stock ankam. Er ging sofort zu ihrer Tür. Als sie nicht aufmachte, spürte er plötzlich Enge in der Brust und musste ein paarmal tief Luft holen. Er hätte doch mit dem Aufzug fahren sollen. Er klopfte wieder. Nichts.

Ibrahim kramte den Schlüssel aus der Tasche. Sie hatte ihn ihm vor einem Jahr gegeben. Seitdem baumelte er an seinem Schlüsselbund, so unschuldig wie sein eigener Hausschlüssel. Doch er hatte ihn noch nie benutzt und wusste nicht einmal, ob er überhaupt passen würde. Aber er glitt ins Schloss, und die Tür öffnete sich.

In der Wohnung war es dunkel. Die Stille ängstigte ihn. Sonst spielte immer Musik, im Hintergrund lief der Fernseher, al-Dschasira ohne Ton, und auf dem Herd köchelte etwas. Ibrahim stand in der ruhigen Wohnung und schickte eine einzige Frage hinauf ins Universum: *Wo ist sie?*

Er fühlte sich seltsam und wie ein Eindringling, als er sich aufs Sofa setzte und ihre Mobilfunknummer anrief. Nach dem ersten Läuten sprang die Mailbox an, was hieß, dass es ausgeschaltet war.

Ibrahim ging nach nebenan zu den Nachbarinnen. Iman und Asma waren lesbisch, gaben sich aber als Schwestern aus. Ihre Wohnung grenzte an die von Sabria an, und wenn in stillen Sommernächten die Geräusche aus ihrem Schlafzimmer durch die dünne Wand drangen, lag Ibrahim da und fragte sich, ob man die beiden Frauen je erwischen und wer sie vermissen würde, wenn sie hingerichtet wurden. Sie schienen in ihrer eigenen Welt zu leben.

Sie waren die einzigen Nachbarinnen, die je die Wohnung betraten und mehr als ein gelegentliches Hallo mit Sabria wechselten. Asma öffnete die Tür und betrachtete ihn mit der Herablassung, die sie ihm gegenüber an den Tag legte, seit Sabria gesagt hatte, dass er Polizist war.

»Ich wollte nur fragen, ob ihr Sabria heute gesehen habt?«, begann er.

Sie schüttelte den Kopf. »Seit gestern nicht mehr.«

»Habt ihr vielleicht gehört, wie sie wegging?«

»Nein. Warum? Ist sie nicht zu Hause?« Selbst Asma schien das seltsam zu finden. »Vielleicht ist sie ja einkaufen.«

»Ich dachte, sie wäre da.«

Asma rief Iman, und die beiden Frauen grübelten darüber nach, wann sie Sabria zuletzt begegnet waren. Nachdem alle Einzelheiten geklärt waren, lautete das Ergebnis: vor zwei Tagen. Allerdings war Iman sicher, dass sie heute, am späten Nachmittag, Geräusche in Sabrias Wohnung gehört hatte.

»Es klang, als wäre sie zu Hause«, sagte Iman. »Der Fernseher lief.«

»Okay, danke«, erwiderte Ibrahim. »Wenn ihr sie seht, richtet ihr bitte aus, sie soll mich anrufen.«

Er kehrte zurück in die Wohnung. Als er am Abend zuvor mit Sabria gesprochen hatte, war sie gewesen wie immer. Froh, ihn zu sehen, hatte sie ihn mit Hühnchen, Reis und einer Schale *halawa* mit Sahne verwöhnt. Dann hatte sie sich in seine Arme geschmiegt, während er satt und zufrieden dasaß und sie betrachtete. Sie hatte ihn mit ihren warmen Händen und kräftigen Schenkeln erregt und sich schließlich auf ihn gesetzt.

Er sah sich noch einmal um. An Türstock und Schloss wies nichts auf einen Einbruch hin. Die Fenster waren verriegelt. Nur ihre Handtasche, die Schlüssel und das Mobiltelefon fehlten. Sicher war sie ausgegangen. *Es muss doch eine simple Erklärung geben.* Nur, dass ihm keine einfiel. Bei jedem Grund, den er verwarf, wurde er von einer vibrierenden Panik ergriffen, ein leichtes aufgeregtes Beben, während eine Idee nach der anderen havarierte. Es wunderte ihn, dass etwas einfach so passieren konnte. Wie konnte das, was einem im Leben am meisten bedeutete, so rasch und lautlos verschwinden?

4

Das Schlimmste war, dass er mit niemandem darüber sprechen konnte. Er lag wach und starrte auf das Fliegengitter vor dem Fenster des Männerwohnzimmers. Es war vor Morgengrauen, und der Muezzin hatte noch nicht einmal zum ersten Gebet gerufen. Und trotzdem war er vor Angst um Sabria aufgewacht.

In den fünf Jahren, die er sie nun kannte, war sie nie pünktlich zu einem Termin erschienen. Und dennoch hatte sie in den beiden Jahren, die sie inzwischen zusammen waren, niemals eine Verabredung ausfallen lassen. Nicht, dass sie sich ausdrücklich verabredet hätten. Sie trafen sich eben drei- bis viermal pro Woche. Wenn er nur seinem Bruder Omar hätte erzählen können, was geschehen war. Sein Bruder, der Inbegriff der Autorität, hätte sicher eine Antwort gefunden. Aber was sollte Ibrahim ihm sagen? *Ich habe seit zwei Jahren eine Geliebte, und jetzt ist sie verschwunden?*

Die Versuchung war groß, seine Angst auf die Entdeckung der Leichen zu schieben. Er kannte dieses Gefühl noch aus der Zeit, als er mit Ende zwanzig schon einmal bei der Mordkommission gewesen war. Bei jedem Mord war er in Panik geraten, wenn zu Hause etwas im Argen lag. Und nun war er mehr denn je darauf angewiesen, dass sein übriges Leben seine zerbrechliche Struktur auch hinter den Kulissen beibehielt.

Es musste doch jemanden geben, der wusste, wo sie war. Viele Freunde hatte sie nicht. Tagsüber arbeitete sie in einem Einkaufszentrum nur für Frauen. Ihre Kolleginnen waren für ihn ebenso anonym wie alle mit einem Nikab vermummten fremden Frauen. Ihre Familie lebte in Indonesien. Vielleicht war sie inzwischen ja auch in die Philippinen zurückgekehrt. Sie sprach nie über sie, nur über ihre verstorbene Mutter.

Sein Verstand raste durch die verschiedenen Möglichkeiten, überfuhr rote Ampeln, ignorierte Fußgänger und brauste über Schnellstraßen, die im Kreis um eine Zusammenballung von Problemen führten, die es bis gestern Abend praktisch nicht gegeben hatte. Hatte sie vielleicht genug von ihm? Hatte sie ihn wegen eines anderen verlassen? Warum dann keinen Brief zum Abschied? War sie entführt worden? Sie lebte doch ziemlich zurückgezogen. Wer hätte wissen können, dass sie in diesem Haus wohnte?

Ihm fielen einige Leute ein, die möglicherweise ein Interesse daran hatten, ihr zu schaden. Ihr ehemaliger Arbeitgeber, das miese Schwein, der sie vergewaltigt hatte, als sie Hausmädchen bei ihm gewesen war. Allerdings war besagtes mieses Schwein inzwischen ins schwarze Loch des Vergessens gefallen und wurde nicht mehr erwähnt. Außerdem hatte er keinen Grund, ihr nachzustellen. Wenn Sabria auch nur den geringsten Anlass zur Sorge gehabt hätte, hätte sie es Ibrahim doch sicher erzählt.

Es konnte natürlich sein, dass jemand aus ihrer Zeit als verdeckte Ermittlerin sich an ihr rächen wollte. Sie war vor fünf Jahren angeworben worden, und so hatten sie sich auch kennengelernt. Bevor sie zu Ibrahim versetzt worden war, hatte sie in einigen Fällen mit Ubayy al-Warra zusammengearbeitet. Ibrahim hatte damals gegen ein Netzwerk von Ladendiebinnen ermittelt und brauchte eine Frau, um sie dort einzuschleusen. Es war schwer genug gewesen, eine zu finden, geschweige denn eine, die sich für die Aufgabe eignete. Sabria hatte ihre Sache großartig gemacht.

Nach einer Weile hatte sie beschlossen, dass ihr dieser Beruf zu aufreibend war. Er kannte zwar die Fälle, in denen sie für ihn ermittelt hatte, doch über ihre beiden Jahre bei Warra wusste er praktisch nichts. Sie hatte kaum darüber geredet und nur gemeint, sie wären nicht sehr spannend gewesen.

Das Haus erwachte allmählich zum Leben. Ibrahim lehnte sich an die Wand und warf einen Blick auf sein Mobiltelefon. Keine Anrufe. Nur wenige Menschen hätten Verständnis dafür gehabt, dass er mit einer Frau schlief, ohne mit ihr verheiratet zu sein. Und diese wenigen, hatten eine zu enge Beziehung zu seiner Familie. Er konnte sich nicht darauf verlassen, dass sie sich nicht verplappern würden, und er mochte es nicht, wenn Leute gefährliche Geheimnisse mit sich herumtrugen. Sabria war die einzige Ausnahme von dieser Regel.

Er hatte sie deshalb nicht geheiratet, weil Sabria bereits verheiratet war. Ihr ehemaliger Arbeitgeber hatte sie dazu gezwungen, also derselbe Mann, der sie vergewaltigt und vernachlässigt hatte und der jetzt, in diesem Augenblick, zweifellos ein anderes junges Hausmädchen missbrauchte. Mahmoud Halifi. Er war vor über fünf Jahren verschwunden, kurz nachdem Sabria aus seinem Haus geflohen war. Ibrahim schoss durch den Kopf, dass sie vielleicht etwas Unüberlegtes tun könnte, falls sie Halifi jemals begegnen sollte. Sie hatte zwar stets Pfefferspray bei sich und beherrschte Kung-Fu, doch er war doppelt so groß wie sie, bestand nur aus Muskelpaketen und nackter Wut und war ausgesprochen brutal. Also wäre es ein Leichtes für ihn gewesen, sie zu überwältigen.

Halifi hatte Sabria immer wieder vergewaltigt, und als sie schließlich schwanger wurde, hatte er sie gezwungen, ihn zu heiraten. Die zweiminütige Trauung hatte in seinem Wohnzimmer stattgefunden, doch der Dreckskerl hatte die Ehe tatsächlich beim Standesamt angemeldet, damit sie offiziell wurde. Eine Woche später hatte Sabria eine Fehlgeburt erlitten. Um sich von ihm scheiden lassen zu können, hätte sie ihn erst einmal finden müssen, und dazu hatte ihr in den letzten fünf Jahren die Kraft gefehlt.

Dass sie und Ibrahim nicht heiraten konnten, störte sie weniger als ihn. Aber wenn er gründlicher darüber nachdachte, wäre die Folge vermutlich gewesen, dass seine Frau ihn entweder im Schlaf umbringen ließ oder dafür sorgte, dass seine Verwandten und Freunde für den Rest seines Lebens kein Wort mehr mit ihm sprachen.

Er stand auf, zog sich an und schaffte es, das Haus zu verlassen, ohne Jamila zu begegnen, auch wenn das hieß, auf das Frühstück mit den Zwillingen zu verzichten, die inzwischen zehn waren. Er schickte ihnen eine SMS, in der er versprach, dass er sie nach dem Abendessen sehen würde. Außerdem sollten sie auf gar keinen Fall vergessen, dass heute Donnerstag war, der Tag, an dem sie immer zusammen Eis essen gingen. Sie antworteten beide mit lächelnden Smileys.

Er fuhr zu Sabrias Wohnung und sah sich noch einmal um. Noch immer niemand da. Als er bei den Nachbarinnen läutete, berichteten diese, sie sei letzte Nacht nicht nach Hause gekommen. Also kehrte er in ihre Wohnung zurück, setzte sich an den Küchentisch und fing an, die Krankenhäuser abzutelefonieren.

5

Aus dem Büroklatsch wurde klar, dass man bei der Mordkommission sogar stolz darauf war, keinen Spezialisten für Serienmörder vorweisen zu können. Genau genommen war es eine Frage des Patriotismus, dass man so jemanden hier nicht brauchte. Dennoch zeichnete sich eine gewisse Neugier auf den Gesichtern der Männer ab, da bald ein Amerikaner hier hereinspaziert kommen würde, um ihnen etwas zu erklären, das nur ein Amerikaner wissen konnte. Und dann würden sie (Ibrahim merkte schon, wie es in ihren Intrigantengehirnen ratterten) den Spezialisten übertrieben höflich darauf hinweisen, dass es schließlich Amerika sei, das seine Gewalt in dieses jungfräuliche Land importiert habe. Ja, natürlich sei dieses Land auch nicht immun gegen Gewalt, habe jedoch noch nie einen Hannibal Lecter hervorgebracht. (Ibrahims Überzeugung nach ahnten einige Männer im Raum nicht, dass es sich dabei um eine erfundene Figur handelte.) Man brannte förmlich darauf zu sagen, gut, wir haben zwar Osama bin Laden, doch Ihnen verdanken wir das Jeffrey-Dahmer-Virus, das sich inzwischen auf der ganzen Welt ausgebreitet hat. Und offenbar besitzen nur Sie den Impfstoff.

»Glauben Sie, er wird über Ed Bundy sprechen?«, hörte Ibrahim jemanden flüstern.

»*Ted* Bundy!«, verbesserte Daher den Officer streng und versetzte ihm einen Klaps auf den Hinterkopf.

Es war ein langes Wochenende gewesen. Ibrahim hatte sich die ganze Zeit mit Sorgen über Sabria zermürbt. Als er nun sah, wie sich der Konferenzraum füllte, versuchte er, nicht an sie zu denken und sich auf den Fall zu konzentrieren.

Einige Kollegen fehlten, und die Hälfte des Spurensicherungsteams war noch draußen am Fundort. Inzwischen waren die Leichen alle geborgen und in die Rechtsmedizin gebracht worden. Doch in den letzten vierundzwanzig Stunden hatten die Kriminaltechniker noch etwas entdeckt: Der Mörder hatte eine der abgetrennten Hände in der Nähe des Opfers verscharrt, zu dem sie gehörte. Daraufhin hatten Spurensicherung und Grabungsmannschaften das Gebiet rings um die Leichen durchsucht und zwei weitere Hände unweit einer anderen Leiche gefunden. Mehr allerdings nicht.

Es wunderte Ibrahim, dass er noch immer für den Fall zuständig war. Riyadh hatte ihn hinaus in die Wüste beordert, da er nach zehn Jahren Abstand in Sachen Mord aus der Übung war. Und nun leitete er plötzlich die Ermittlungen in dem möglicherweise wichtigsten Mordfall des Jahrzehnts. Seiner Einschätzung nach würde das jedoch nur noch höchstens eine Stunde lang so bleiben. Im hinteren Teil des Raums rotteten sich die jüngeren Kollegen bereits zusammen: Osama, Abu-Haitham, der hochgewachsene, grobschlächtige Yasser Mu'tazz und zwei andere, deren Namen er vergessen hatte.

Allerdings legte sich die Vorfreude beim Eintreffen »des Amerikaners« schlagartig. Beinahe konnte Ibrahim das in Gedanken ausgestoßene »Mist!« hören, gefolgt von einem kollektiven Aufseufzen, als Dr. Charlie Becker hereinkam. Sie hatte zarte porzellanweiße Haut. Ihr durchgeknöpftes Hemd schien beinahe als Persiflage saudischer Männlichkeit gedacht: weiß und locker sitzend, allerdings an den richtigen Stellen anliegend. Sie trug nicht einmal ein Kopftuch, und ihr langes kastanienbraunes Haar hatte etwas Elastisches, sodass es beinahe lebendig wirkte, wenn sie den Kopf bewegte.

Im ersten Moment wirkte sie verwirrt, als sei sie ins falsche Zimmer im falschen Land geraten. Sie drehte sich zu ihrem Begleiter, Chief Riyadh, um, der vortrat und ihr väterlich zunickte, ehe er sich, eine bewusst strenge Miene im Gesicht, vor seinen Männern aufbaute.

»Meine Herren, ich möchte Ihnen Dr. Charlie Becker, FBI-Spezialistin für Serienmörder, vorstellen, die so freundlich war, von einem Kongress in Dubai hierher zu fliegen.« Man hörte Riyadhs Tonfall an, dass er von Dr. Beckers Geschlecht erst erfahren hatte, als sie bei ihm im Büro erschienen war. »Dr. Becker spricht kein Arabisch, doch Officer

Kazaz hat sich erboten, das Dolmetschen zu übernehmen.« Alle wandten sich zu Kazaz um, als sei er der frisch gesalbte König.

Ibrahim bemerkte Talib al-Shafi, den alten Murrah-Großvater, der die Spurensuche am Leichenfundort geleitet hatte, an der Tür. Er war ein zierlicher Mann, dessen dichtes graues Haar fast vollständig unter einem Turban verborgen war. Als Charlie hereinkam, musterte er ihren Gang und betrachtete ihre Füße, die offenbar Gnade vor seinen Augen fanden. Im nächsten Moment machte er kehrt und verschwand.

»Vielen Dank, dass Sie mich eingeladen haben«, sagte Charlie zur allgemeinen Überraschung. Sie konnte nicht ahnen, dass ihre kräftige, hohe Stimme von Wänden widerhallte, an denen sich schon seit vielen Jahren keine Frauenstimme mehr gebrochen hatte. Als sie die Wirkung ihrer Worte an den Mienen der Männer erkannte, errötete sie ganz leicht und fuhr fort: »Ich bin studierte Psychiaterin und beim FBI als Spezialistin für abweichendes Verhalten beschäftigt. Inzwischen befasse ich mich ausschließlich mit Serienmördern, und soweit mir bekannt ist, haben Sie derzeit mit einem solchen zu tun.«

Einige wenige Männer nickten. Doch die anderen waren von ihrer gleichzeitig selbstbewussten und zugänglichen Art so vor den Kopf gestoßen, dass es ihnen die Sprache verschlug. Auch ihr im Neonlicht auffällig schimmerndes Haar trug seinen Teil zur allgemeinen Verwirrung bei. Die meisten Anwesenden beherrschten das Englische gut genug, um zu verstehen, was sie sagte. Die Übersetzung diente lediglich der Absicherung. Ibrahim trat vor.

»Dr. Becker«, begann er. »Vielen Dank, dass Sie gekommen sind. Ich bin Inspector Ibrahim Zahrani und leite die Ermittlungen in diesem Fall. Offenbar haben wir es wirklich mit einem Serienmörder zu tun, und wir würden uns sehr freuen, wenn Sie uns weiterhelfen könnten.«

»Soweit ich weiß, hatten Sie noch keinen vergleichbaren Fall?«

Diese Frage führte, sobald sie übersetzt worden war, zu einiger Diskussion. »Natürlich hatten wir schon Serienmörder«, höhnte Daher auf Arabisch. »Hält die uns für völlig zurückgeblieben?«

»Erzählen Sie ihr von Yanbu«, verlangte ein anderer.

»Darüber ist sie schon informiert«, entgegnete der Übersetzer. »Sie hat speziell *diese* Abteilung gemeint. Hat jemand in diesem Raum schon einmal mit einem Serienmörder zu tun gehabt?«

»Klar«, rief Osama durch den Raum. »Der Lagerhausmörder.«

Kazaz übersetzte.

»Das war ein Amoklauf«, gab Charlie prompt zurück und beendete damit die Debatte. »Mit Amokläufern ist es etwas anderes. Diese Leute steigern sich in einen Blutrausch hinein. Serienmörder hingegen gehen um einiges planvoller und meistens auch vorsichtiger zu Werk.«

Ibrahim bemerkte, dass Katya Hijazi in den Raum geschlüpft war. Sie blieb an der Schwelle stehen und tat, als gehöre sie hierher. Charlie hatte sie ebenfalls gesehen und lächelte ihr zu. Dabei geriet sie ins Stottern, worauf alle anderen Anwesenden sich umdrehten und Katya anstarrten. Schließlich gab Charlie es auf. »Hallo«, sagte sie mit leicht mitfühlender Miene. Katya machte ein Gesicht, als hätte sie ihr am liebsten eine runtergehauen.

»Jedenfalls«, fuhr Charlie fort, »ist es bei Ermittlungen wie diesen das Wichtigste festzulegen, womit man es zu tun hat. Und das haben Sie schon zur Hälfte geschafft. Sie wissen, dass da ein Serienmörder sein Unwesen treibt. Bevor Sie nicht einige der Opfer identifiziert haben, ist es nahezu unmöglich, irgendwelche Feststellungen über den Täter zu treffen. Zum Beispiel, wo er diese Frauen kennengelernt haben könnte, in welchem Viertel er wohnt, was für einen Beruf er ausübt, ob er Familie hat und hinter welcher Fassade er sich öffentlich tarnt. Deshalb erläutere ich Ihnen jetzt die Erkenntnisse, die wir über Serienmörder gewonnen haben. Dann werde ich ein paar allgemeine Bemerkungen zu Ihrem machen, und zwar auf der Grundlage dessen, was wir über seine Vorgehensweise wissen.«

Nachdem der Übersetzer geendet hatte, war im Raum nur noch das leise Surren aus den Schächten der Klimaanlage zu hören.

»Bei den meisten Serienmördern fängt es mit einer Phantasie an«, begann Charlie. Jemand reichte ihr eine Wasserflasche, die sie öffnete, um einen Schluck daraus zu trinken. »Phantasien hat jeder, richtig? Man träumt davon, im Büro der Chef zu sein oder von seiner Frau mehr geliebt zu werden als jeder andere Mensch auf der Welt. Was absolut normal ist.«

»*Ayyyyyyyyywa.*«

Yessss, hörte Ibrahim jemanden neben sich zischen. Er hatte Daher in Verdacht.

»Die meisten Mörder töten aus logischen und nachvollziehbaren Gründen – Habgier, Zorn, Rache. Bei einem Serienmörder jedoch spielen sich diese Gründe nur in seinem Kopf ab, sind also rein persönlich und für Außenstehende meist unverständlich. Es handelt sich eher um Zwänge. Die Morde befriedigen ein tiefes inneres Bedürfnis, das Ausagieren einer Phantasie, die der Täter für gewöhnlich schon seit langer Zeit mit sich herumträgt. Seit der Kindheit. Diese Phantasien sind brutal. Zumeist geht es dabei um Sadismus, sexuelle Gewalt und Verstümmelung. Verstümmelung spielt auch in Ihrem Fall eine Rolle.« Sie drehte sich zum Whiteboard um, wo die Fotos von neunzehn zerschmetterten Gesichtern ordentlich aufgereiht waren. »Doch das Wichtigste an diesen Phantasien ist, dass sie wie Süchte wirken. Mir ist klar, dass Spielsucht, Alkoholismus oder gar Drogenabhängigkeit bei Ihnen nur selten vorkommen, aber Sie haben sicher schon davon gehört oder hatten damit zu tun. Normalerweise soll Alkohol ein Problem oder einen Schmerz betäuben, und genauso funktioniert das mit Phantasien. Also benutzt der Täter seine Phantasien, um zu erreichen, dass er sich besser fühlt. Er wird diese Phantasien jahrelang hegen und pflegen, bis er, wie bei allen Süchten, an einen Punkt kommt, an dem er mehr braucht, um den Rausch aufrechtzuerhalten. Von einem Bier wird ein Alkoholiker nicht mehr betrunken, deshalb muss er bald zehn oder zwanzig haben. Und bei einem Mörder heißt das, dass er seine Phantasie in die Tat umsetzen muss.«

Charlie ließ den Blick durch den Raum schweifen. Inzwischen war sie selbstbewusster, ihre Befangenheit war wie weggeblasen. »Haben Sie eine Frage?«, wandte sie sich an Daher, als sie seine Miene bemerkte.

Er schüttelte den Kopf.

»Nein, nur zu«, sagte sie, »Mr. ...?«

»Daher.« Er räusperte sich. »Waseem Daher.« Es war ein Spaß, ihn so verlegen zu erleben. »Ich habe nur überlegt. Der Typ muss doch verrückt sein, oder? Er findet es richtig, wegen seiner kranken Phantasien andere Leute umzubringen. Warum?«

»Guter Einwand. Psychologen haben solche Menschen lange als Psychopathen oder Soziopathen bezeichnet, eine Unterscheidung, die von bestimmten Faktoren abhängt. Heutzutage gehen wir jedoch eher davon aus, dass sie an einer sogenannten antisozialen Persönlichkeitsstörung, kurz APS, leiden. Zusammengefasst bedeutet es, dass die Betroffenen, im Gegensatz zu Ihnen oder mir, kein Gewissen haben. Häufig sind sie unfähig zu lieben, was bedeutet, dass sie keine dauerhaften Beziehungen eingehen, solange kein offensichtlicher Vorteil wie Sex oder Geld für sie herausspringt. Sie sind impulsiv und aggressiv. Doch der wichtigste Aspekt ist, dass ihnen jegliches Schuldbewusstsein fehlt.«

»Also ist ihr Verhalten gegenüber anderen Menschen gestört?«

»Nun«, meinte sie, »sie fühlen nicht so wie Gesunde, besitzen aber eine erstaunliche Menschenkenntnis und sind deshalb in der Lage, selbst nahestehende Personen wie Familienmitglieder oder Kollegen zu täuschen. Und das gelingt ihnen genau deshalb, weil sie wissen, wie sie ticken. Für gewöhnlich sind sie sehr gute Lügner. Und hochintelligent.«

Daher nickte beklommen.

»Sollen wir in alten Fallakten nach unserem Mörder suchen?«, fragte Ibrahim.

»Ja«, erwiderte Charlie. »Das sollten Sie unbedingt. Allerdings könnte es sein, dass Sie nichts finden. In manchen Fällen haben Serienmörder bereits mehrere Gewalttaten auf dem Kerbholz. Doch sie sind ausgesprochen geschickt darin, sich nicht erwischen zu lassen. Wenn Sie nach bestimmten Straftaten Ausschau halten, nehmen Sie sich die Brandstifter und Stalker vor. Das sind die typischen Einstiegsverbrechen für solche Täter.«

Ibrahim nickte.

»Fachleute sprechen von sechs Phasen des Mordens«, fuhr Charlie fort. »Hierbei handelt es sich um psychische Stadien, die, wissenschaftlichen Erkenntnissen aus den Achtzigerjahren zufolge, von den meisten Serienmördern durchlaufen werden. Der Täter beginnt mit einer Phantasie. Phase eins. Er zieht sich in seine eigene Welt zurück und baut diese Phantasie aus. Phase zwei fängt an, wenn er sich auf die Suche nach einem Opfer macht. Die meisten Mörder tun das auf ihrem vertrauten Terrain, wo sie sich sicher fühlen. In ihrer Lieblingsstraße, einem Café in der Nachbarschaft. Das kann Wochen oder Monate dauern, denn das Opfer muss zu der Phantasie passen.

Die nächste Phase kommt dann häufig recht schnell. In Phase drei bemüht sich der Mörder um das Vertrauen des Opfers. Phase vier: Der Mörder entführt das Opfer und offenbart ihm, wer er wirklich ist. Fünf: Er bringt die Person um. Sechs: Der Kater setzt ein, weil der Rausch abklingt. Also stellen wir uns mal ein Beispiel vor: Ein Mörder sitzt neben einer Frau am Tresen.«

Daher schüttelte stirnrunzelnd den Kopf.

»Ach, richtig«, sagte Charlie. »Also kein Tresen. Bei Ihnen gibt es ja keine Kneipen. Ein Restaurant vielleicht?«

Wieder ein Kopfschütteln von Daher.

»Ja, Mr. Daher?«

»So etwas könnte hier nicht passieren. Männer und Frauen sitzen in Restaurants in verschiedenen Bereichen.«

Charlie nickte. »Okay. Wo dann könnte ein Mann hier einer Frau begegnen? In der Öffentlichkeit?«

Die Männer wechselten Blicke. Offenbar hatte diese Frau keine Ahnung von Saudi-Arabien.

»Er könnte sie auf der Straße ansprechen«, verkündete eine Stimme. Es war Katya, die noch immer in der Tür stand. »Aber das heißt nicht, dass sie antworten würde. Vermutlich eher nicht.«

»Unter welchen Umständen würde sie denn antworten?«, erkundigte sich Charlie.

»Wenn sie ihn kennt.«

»Aber aller Wahrscheinlichkeit kennt sie ihn nicht. Der Mörder will ein Opfer, das eine Fremde ist.«

»Okay«, meinte Katya. »Vielleicht würde sie ja mit ihm reden, wenn er Hilfe braucht.«

Daher hatte das Gespräch mit finsterer Miene verfolgt. »Wie Ted Bundy«, sagte er nun.

»Guter Einwand«, entgegnete Charlie, ohne den Blick von Katya abzuwenden. »Also hat er sie möglicherweise angelockt, indem er ihr Hilflosigkeit vorgespielt hat. Wo könnte ein Täter sonst noch eine Frau finden?«

»Nun, sie könnte sein Hausmädchen sein«, schlug Daher vor.

»Auch eher unwahrscheinlich«, erwiderte Charlie, »zumindest passt es nicht ins Bild. In Phase zwei, wenn er Ausschau nach einem passenden Opfer hält, tut er das aus der Entfernung. Er beobachtet das Opfer auf Anzeichen, dass es der Frau aus seinen Phantasien entspricht. Und je besser man jemanden kennt, desto weniger Phantasien löst derjenige aus. Deshalb achtet er auf äußerliche Dinge, normalerweise körperliche Merkmale. Ted Bundy zum Beispiel bevorzugte Frauen mit Mittelscheitel.«

»Tja«, witzelte Daher mit einem Auflachen. »Unser Killer ist eindeutig nicht nach der Haarfarbe gegangen.«

Charlie grinste ihm spöttisch zu und wandte sich wieder an Katya. »Richtig. Nach den Gesichtszügen vielleicht?«

»Mag sein«, sagte Katya. »Oder einfach … nach der Körperform.«

»Ausgezeichnet. Handelt es sich ausschließlich um zierliche Frauen? Oder um hagere?«

»Alle Opfer waren zwischen eins achtzig und eins neunzig groß«, ließ sich Riyadh vernehmen, der seitlich an der Wand lehnte. »Alle waren Einwanderinnen, hauptsächlich aus asiatischen Ländern.«

»Also ziemlich groß.« Nachdem Charlie Katya verschwörerisch zugelächelt hatte, wandte sie sich wieder an die anderen. »Große Frauen sind bei manchen Bevölkerungsgruppen nicht weiter ungewöhnlich. Also wissen Sie nun eines über ihn: Er hat eine Vorliebe für hochgewachsene Asiatinnen. Seine Opfer fallen aus der Norm. Ihr Hauptproblem ist es nun, herauszufinden, wie Ihr Mörder seine Opfer kennengelernt und entführt hat. Wie hat er ihr Vertrauen gewonnen? Und es gibt im Zusammenhang mit Serienmördern noch einen wichtigen Aspekt, den Sie unter die Lupe nehmen sollten, und das ist die Planmäßigkeit. Wie systematisch geht er vor? Oder, um es anders auszudrücken, wie genau plant er seine Phantasie und setzt sie in die Tat um? Einen Mord zu planen kostet Zeit und Kraft. Einige Mörder töten ihre Opfer sofort. Das sind die unorganisierten, die zur Schlamperei neigen. Außerdem richten sie meistens ein Blutbad an und sind besonders gewalttätig. Organisierte Täter machen es anders. Sie ziehen die Phase des Tötens, also Phase fünf in unserer Reihenfolge, tagelang oder sogar wochenlang hin. Normalerweise bringen sie ihr Opfer nicht sofort um, und wenn sie es doch tun, beseitigen sie die Leiche nicht auf der Stelle. Sie genießen es, die Qualen ihres Opfers zu beobachten, und wollen, dass die Phantasie so lange wie möglich dauert. Erst wenn sie genug haben, hören sie auf. Dieses Kriterium wurde von unserer Abteilung für Verhaltensforschung entwickelt und bezieht sich auch auf Tatorte. Ein unorganisierter Mörder lässt auch einen, sagen wir mal, unordentlichen Tatort zurück. Doch ein organisierter Mörder geht systematisch vor und überlegt sich für gewöhnlich ganz genau, wie er die Spuren seines Verbrechens tarnt. Nur mit einer Ausnahme: das Totem.«

»Was ist das?«, fragte Kazaz, der Dolmetscher.

»Ein Totem ist ein Souvenir von der Tat, häufig ein Körperteil, es kann aber auch etwas anderes sein. Es ist so etwas wie eine Trophäe, die ihn an die Erfahrung erinnert, sodass er sie immer wieder mit Vergnügen oder Stolz in Gedanken durchspielen kann.«

»Die Hände«, meinte Ibrahim.

Charlie sah ihn an und richtete ihre Aufmerksamkeit auf ihn wie einen Scheinwerfer. »Ja, er hat den Opfern die Hände abgetrennt. Alle beide, richtig?«

»Richtig«, bestätigte Ibrahim. »Er hat allen Frauen die Hände abgeschnitten. Allerdings haben wir erst gestern drei davon gefunden. Sie waren in der Nähe der Leichen vergraben.«

»Nur drei?«

»Ja.«

Charlie überlegte einen Moment. »Dann sind die Hände vermutlich seine Trophäen. Es bleibt die Frage, warum er nur drei davon vergraben hat. Vielleicht liefern diese drei Hände Ihnen Hinweise darauf, warum er die Hände überhaupt abgeschnitten hat. Möglicherweise kommen Sie erst dahinter, wenn Sie ihn haben. Doch wenn Sie die Hände richtig deuten, können sie Ihnen wichtige Tipps geben.

Natürlich müssen Sie noch mehr herausfinden. Doch anhand dessen, was Sie jetzt schon über diesen Kerl wissen, gehe ich von einem sehr organisierten Täter aus. Er hat sich die Zeit genommen, die Leichen zu beseitigen. Und nach ihrem Zustand zu urteilen – die fehlenden Hände und die zerschmetterten Gesichter – und auch wegen des abgelegenen Fundorts ist anzunehmen, dass er systematisch arbeitet. Das letzte Opfer ist seit drei Monaten tot?«

»Nicht länger als sechs«, erwiderte Ibrahim.

»Ich sage das zwar nur sehr ungern, aber er wird wahrscheinlich bald wieder zuschlagen. Im Moment plant er vermutlich gerade den nächsten Mord. Also lautet die wichtigste Frage, wie er sich Zugang zu den Frauen verschafft. Wo begegnet er ihnen, und was haben sie gemeinsam? Sie haben noch ein gutes Stück Arbeit vor sich, die Opfer zu identifizieren. Außerdem wird er bemerkt haben, dass Sie auf die Stelle gestoßen sind, wo er seine Opfer verscharrt hat, und wird seine Methoden dementsprechend ändern. Er wird sicher nicht an denselben Ort zurückkehren, um mit seinen Opfern in Kontakt zu treten. Allerdings ist er nur ungern bereit, sich auf einen anderen Opfertyp zu verlegen.«

Nach diesen Worten herrschte betretenes Schweigen.

»Nun«, meinte Daher auf Arabisch, »dann sollten wir damit anfangen, dass wir unsere Frauen anweisen, zu Hause zu bleiben.«

Als Charlie Kazaz fragend ansah, verzog dieser nur das Gesicht.

Niemand gab ein Wort von sich, und Ibrahim konnte ein leichtes Unbehagen ausmachen. Ein ganzer Raum voller Polizisten, die es nicht gewohnt waren, sich von einer Frau etwas sagen zu lassen.

»Ich denke, das genügt für den Moment«, verkündete Chief Riyadh. »Dr. Becker hat sich freundlicherweise einverstanden erklärt, sich im nächsten Monat zur Verfügung zu halten, um Ihre Fragen zu beantworten. Also werden wir das Thema noch einmal eingehender erörtern, wenn die Berichte der Rechtsmedizin und der Kriminaltechnik vorliegen.«

Langsam zerstreuten sich die Anwesenden. Charlie und Riyadh standen vorn im Raum und unterhielten sich, während Daher und seine Freunde die Köpfe zusammensteckten. Katya schlüpfte hinaus.

Auf dem Flur traf Ibrahim Talib, den Spurensucher vom Stamm der Murrah.

»Sie sind früh gegangen«, stellte Ibrahim fest.

»Nun, ich wusste, dass sie es nicht war.« Er wies mit dem Kinn auf Dr. Becker.

»Gott sei Dank. Aber Sie sagten doch, Sie hätten keinen Fußabdruck des Mörders entdeckt.«

»Oh, wir haben etwas gefunden«, entgegnete Talib. »Nicht deutlich genug für ein Foto, aber genug für uns. Es reicht, um ein Gespür für ihn zu bekommen.«

»Warum haben Sie mir das nicht schon am Tatort erzählt?«

»Es hat lange gedauert, alle Männer auszuschließen, die dort herumgelaufen sind.«

»Gut«, räumte Ibrahim ein. »Es ist also eindeutig ein Mann?«

»Ja.«

»Und wo wohnt dieser Mörder?«

Talib schmunzelte. »Was für eine komische Frage. Warum glauben Sie, dass ich sie beantworten kann?«

Ibrahim zuckte die Achseln.

»Er wohnt in der Stadt. Keine Rückenprobleme. Er ist viel größer als ich und vermutlich auch dicker.« Talib wölbte die kleinen Hände vor seinem winzigen Bäuchlein.

»Können Sie mir erklären, wie Sie darauf kommen?«, erkundigte sich Ibrahim.

»Er belastet den rechten Fuß anders als den linken. Und das bedeutet, dass er entweder verletzt ist oder häufig Auto fährt. Der rechte Fuß ist an der Sohle und auch am Knöchel beweglicher und dreht sich beim

Gehen ein wenig zur Seite. Außerdem ist es sein stärkeres Bein. Und er ist wahrscheinlich Rechtshänder.«

»Und es ist ein Mann, weil …?«

»Weil nur Männer Auto fahren.«

Ibrahim grinste und lachte dann auf. »Ja, natürlich. Schön, dass wenigstens einer hier logisch denkt.«

Der Beduine vollführte eine höfliche Handbewegung, die *Ich bin sicher, dass Sie viel logischer denken als ich* besagen sollte.

Ibrahim schloss die Tür seines Büros auf und verabschiedete sich von Talib. Er hatte kaum das Licht angemacht, als schon die anderen Männer hereinkamen. Der Erste war ein junger Polizist namens Shaya, gefolgt von Daher und seinen Anhängern. Ibrahim sah etwas Schwarzes über den Flur huschen und fragte sich, ob Katya wohl auch mit ihm sprechen wollte.

Das Büro war klein. Zwei Tische und ein Schreibtisch, das Beste, was die Dienststelle so kurzfristig zu bieten hatte, und absolut ungeeignet für Sitzungen. Die Männer ließen sich auf Hockern und Tischkanten nieder, und ihm wurde klar, dass sie auf seine Anweisungen warteten. Ibrahim nahm Platz.

»Nun, die Amerikanerin war eine große Hilfe«, meinte Daher. »Es gibt doch nichts Besseres als eine Frau, um den Verstand auf Trab zu bringen.«

»Ich glaube, bei dir war es weniger der Verstand«, spöttelte ein anderer.

»Nein, nein«, protestierte Daher. »Ich habe jetzt eine ganz klare Vorstellung davon, was wir tun sollten. Wir sollten in einem Konferenzraum sitzen und auf ein weißes Hemd starren.«

Die Männer testeten ihre Grenzen aus, seit Ibrahim bei der Mordkommission angefangen hatte. Inzwischen war ihnen klar, dass er ihre Frotzeleien mit Humor nahm. Auf der Fahrt in die Wüste, bevor sie die Leichen gefunden hatten, hatte Daher Nachrichten auf seinem Mobiltelefon gelesen. »Meine Herren«, hatte er plötzlich gerufen. »Es wird Zeit, dass wir nach Malaysia ziehen!«

»Oh nein.« Shaya verdrehte die Augen.

»Oh ja! Und wisst ihr, warum? Weil Malaysia den revolutionären Schritt unternommen hat, *BHs zu verbieten.* Ja, wirklich. Es handelt sich dabei nämlich um – ich zitiere den Scheich, der das Gesetz erlassen hat – ›Kissen des Teufels‹. Keine gute Muslima sollte so ein Ding tragen, da es die Form und Kurven der Brüste betont.« Grinsend ließ er das Telefon sinken. »Stellt euch das nur vor, eine ganze Nation ohne BHs!«

Ibrahim hatte zwar mitgelacht, doch mittlerweile ging es ihm auf die Nerven.

»Wir sollten uns schämen«, meinte er. »Dieser Mann mordet seit über zehn Jahren, und wir sind erst jetzt dahintergekommen.«

Es wurde still im Raum.

»Ich bin sicher, dass jemand das Verschwinden der Frauen bemerkt hat«, fuhr er fort. »Doch diese Leute haben sich nicht an uns gewandt. In zehn Jahren ist kein Mensch bei uns erschienen. Das liegt daran, dass die Angehörigen vermutlich am anderen Ende der Welt leben und deshalb nicht hier vorsprechen *können.* Sie haben keine Möglichkeit dazu.«

Er hoffte, dass er nicht zu weit gegangen oder seine eigene Angst verraten hatte. Sie mussten den Täter finden. Und er musste diese Bande von Riesenbabys geschickt an der Leine führen, obwohl er dazu viel zu wenig wusste. Dabei wollte Sabria ihm nicht aus dem Kopf. Nichts Besseres als eine Frau, um den Verstand auf Trab zu halten.

»Also ist es im Grunde genommen unsere Aufgabe, so viel wie möglich herauszukriegen, denn eines Tages werden wir all die Leute, die die Opfer vermisst haben, ausfindig machen und ihnen erzählen müssen, was geschehen ist.«

Er ließ den Blick durch den Raum schweifen. Sie alle kannten die Situation: Die Mordkommission hatte eine Aufklärungsquote von neunzig Prozent. Dass diese Zahl ein wenig dadurch geschönt wurde, dass die diensteifrigen Beamten Verdächtige mit allen ihnen zur Verfügung stehenden Mitteln zum Geständnis »ermutigten«, war da nicht so wichtig. Es änderte nichts an der Tatsache, dass die Abteilung einen Ruf zu verlieren hatte. Und Ibrahim war zehn Jahre außer Übung.

»Glauben Sie, dass die uns den Fall lassen werden?«, fragte Daher.

»Bis ich etwas anderes höre, ist es unser Job, den Täter zu finden.«

Er kramte in seinem Gedächtnis nach längst vergessenen Arbeitsabläufen, doch zehn Jahre waren einfach zu viel Zeit, um sich noch zu erinnern. Hinzu kam, dass sich die Regeln geändert hatten. In der Kriminaltechnik hatte man große Fortschritte gemacht, und außerdem wurde jetzt alles mit dem Computer erledigt. Die Aufgabe eines Ermittlers bestand darin, all diese Prozesse zu überwachen. Doch eines war gleich geblieben: die Angst.

»Warum trifft es immer die Hausmädchen?«, fragte Shaya. Er war zwar im gleichen Alter wie die anderen, besaß aber nicht ihren jugendlichen Überschwang, dafür jedoch jede Menge Naivität.

»Schau dich doch nur um, Mann«, erwiderte Daher. »Wir haben zu viele Ausländer hier. Pakistanis, Inder, Afrikaner. Und bei diesen Massen ist ab und zu auch mal ein fauler Apfel dabei.«

»Ihre Kriminalitätsrate ist wirklich überdurchschnittlich hoch«, antwortete Shaya.

»Das liegt daran, dass sie arm sind«, entgegnete Daher. »Hast du schon mal einen dicken Ausländer gesehen? Nein. Weil bei den meisten der Verdienst nicht zum Leben reicht. Da ist es doch verständlich, dass sie anfangen, zu stehlen und sich gegenseitig umzubringen.«

»Sie begehen Straftaten«, unterbrach Ibrahim. »Aber Diebstahl und Mord sind zwei völlig unterschiedliche Dinge. Außerdem sind meistens ihre Arbeitgeber die Verbrecher. Und die sind Saudis.«

Niemand sagte etwas.

»Wie lauten die neuesten Ergebnisse der Kriminaltechnik?«

»Die haben noch nichts Interessantes«, erwiderte Daher.

Ibrahim betrachtete seine Männer und dachte an Sabrias Haar, das viel dichter und glänzender war als Charlies. Es war schwer. Wenn sie sich auf ihn hockte und es über sein Gesicht breitete, hatte er den Duft von Shampoo und Sex in der Nase.

»Wir kennen die Größe, das Gewicht und das geschätzte Alter unserer Opfer. Und wir haben die Phantombilder des Polizeizeichners. Also fangen wir damit an. Daher und Ahmad, Sie beide fahren heute ins philippinische und ins indonesische Konsulat. Wenn nötig, schauen

Sie die Unterlagen selbst durch. Shaya, Sie setzen sich mit der Vermisstenabteilung in Verbindung. Das gleiche Spiel. Die anderen gehen runter ins Archiv und durchsuchen die Computerdateien der vermissten Personen, und zwar die landesweite Datenbank.«

»Was ist mit einem Täterprofil?«, erkundigte sich Shaya.

Ibrahim fuhr sich mit der Hand übers Gesicht und fragte sich, ob der Junge auch nur ein einziges Wort von Dr. Beckers Ausführungen verstanden hatte. »Genau das machen wir ja gerade«, entgegnete er.

Die Männer trollten sich, begleitet von Stöhnen, Seufzen und freundschaftlichem Schulterklopfen. Ibrahim schloss die Tür hinter sich, machte das Licht aus und setzte sich an seinen Schreibtisch. Vielleicht zog Riyadh ihn ja deshalb nicht von dem Fall ab, weil er zu sehr mit seinen Vorgesetzten beschäftigt war. Es war nur eine Frage der Zeit, bis die Sonderermittler des Ministeriums sie alle zur Seite schieben würden. Was dann geschehen würde, wusste nur der Himmel. Möglicherweise würde man die Polizei ja vollständig übergehen.

Doch noch wichtiger war im Moment Sabrias Verschwinden. Er brauchte einen Plan, denn er konnte kein Bataillon losschicken, das sich auf die Suche nach ihr machte. Sie lag in keinem der Krankenhäuser, die er abtelefoniert hatte, obwohl sie natürlich auch anonym hätte eingeliefert werden können. Um das herauszufinden, würde er alle Krankenhäuser abklappern und ein Foto von ihr herumzeigen müssen. Doch selbst dann konnte ein Arzt eine Patientin behandeln, ohne jemals ihr Gesicht gesehen zu haben. Es war eine kaum zu bewältigende Aufgabe.

Er betrachtete das Telefon und überlegte, ob er die Vermisstenabteilung anrufen sollte. Aber er wusste, was dann geschehen würde. Der übliche Ablauf. Sobald sie dahinterkamen, dass Sabria als verdeckte Ermittlerin gearbeitet hatte, würden sie Omar, den stellvertretenden Leiter der Abteilung für verdeckte Ermittlungen, anrufen. Dieser würde der Sache sicher auf den Grund gehen wollen, was bedeutete, dass man mit den ausgefeiltesten kriminaltechnischen Methoden der Welt ihre Wohnung durchkämmen würde. Und dabei würde man auf Spuren von Ibrahim stoßen. Er stünde dann als Ehebrecher da – zumindest so lange, bis er geköpft wurde. Daraufhin würde man die Ermittlungen einstellen. Warum Zeit mit der Suche nach einer Prostituierten verschwenden? Und während dieser ganzen Zeit lag sie vielleicht bewusstlos in einem Krankenhaus. Oder war womöglich einfach gegangen. Also war es das Risiko nicht wert, jetzt schon die Pferde scheu zu machen. Er würde sie selbst finden müssen.

6

Ihr Mobiltelefon in der Hand, trat Amina al-Fouad auf ihren Balkon im zweiten Stock mit Blick auf die Straße. Es war hell draußen, und sie legte sich ganz automatisch ein schlichtes Tuch über Mund und Nase. Dann hielt sie auf der Straße Ausschau nach dem Wagen, konnte aber nichts entdecken bis auf die Nachbarskinder, die in eine Seitengasse stürmten, und ein paar streunende Katzen. Sie schloss die Augen und horchte auf das laute Dröhnen des neuen SUV, den ihr Mann ihrem Sohn Jamal leichtsinnigerweise geschenkt hatte. Als sie ein vertrautes Geräusch hörte, sah sie erwartungsvoll hin, denn ein Geländewagen bog in die Straße ein. Es war nicht seiner.

Sie klappte ihr Mobiltelefon auf und versuchte noch einmal, ihn anzurufen. Niemand meldete sich. Wenn sie ihrer Tochter richtig zugehört hätte, hätte sie ihm jetzt eine SMS schicken können, aber es war einfach zu kompliziert. 10 Uhr 40. Sie musste in den Lebensmittelladen, ins Blumengeschäft und in die Kunsthandlung und außerdem noch das Geburtstagsgeschenk für ihre Nichte besorgen. Die Feier begann um ein Uhr, und sie hatte versprochen, Limonade, Servietten, Luftschlangen und Ballons mitzubringen. Sie rief Jamal ein drittes Mal an – mit demselben Ergebnis.

Inzwischen war sie ziemlich verärgert. Im nächsten Moment sah sie zwei Frauen die Straße entlanggehen. Sie waren gerade aus einem Taxi gestiegen. Wenn sie sich beeilte, würde sie es vielleicht noch anhalten können. Also riss sie Handtasche und Abaya von einem Haken hinter der Tür und rannte die Treppe hinunter.

Das Taxi stand noch da. Es parkte an der Ecke und ruhte sich aus wie ein Tier nach einer Verfolgungsjagd. Der Fahrer war ausgestiegen, um im Laden an der Ecke Zigaretten zu kaufen. Als er Amina auf sich zuhasten sah, öffnete er die Tür und lud sie zum Einsteigen ein. Sie bedankte sich und bat ihn, sie zum Jamjoom Center zu fahren, und schon waren sie unterwegs.

Ihr Mann Rashid konnte es nicht leiden, wenn sie Taxis nahm. Es sei gefährlich, zu einem fremden Mann ins Auto zu steigen, insbesondere, wenn es sich um einen Ausländer handelte. Wenn sie von Freundinnen begleitet würde, ginge es gerade noch an, doch allein sei es ihr streng verboten. Und nun saß sie hier, unbequem auf dem Rücksitz, während der Fahrer das ganze Auto mit Zigarettenqualm verpestete und sich weigerte, das Fenster zu öffnen, weil er nicht wollte, dass heiße Luft hereinkam. Die Klimaanlage war zu schwach, um auch den Rücksitz zu erreichen. Amina schwitzte, doch jedes Mal, wenn sie das Fenster öffnete, machte der Fahrer es wieder zu. Sie überlegte, was wohl geschehen würde, wenn Rashid dahinterkam, und beschloss, es ihm lieber zu verschweigen. Dann versuchte sie es noch einmal bei Jamal und hinterließ ihm diesmal eine Nachricht: »Ich fahre gerade mit dem Taxi zum Jamjoom Center. Wenn du mich nicht in zwei Stunden dort abholst, erzähle ich es deinem Vater, und der nimmt dir dann das Auto weg.« Rashid würde ihm niemals das Auto wegnehmen. Er hatte den Jungen in seinem ganzen Leben noch nicht bestraft. Allerdings würde Jamal vielleicht verhindern wollen, dass sie Ärger mit seinem Vater bekam, weil sie mit dem Taxi gefahren war.

Zwei Stunden später stand sie, gewaltige Einkaufstüten zu ihren Füßen, vor dem Jamjoom Center. Die Limonade hatte sie nicht gekauft, aber sonst alles gefunden, was sie brauchte, auch drei Geschenke für ihre Nichte, inzwischen in geblümtes Papier mit einer goldenen Schleife verpackt. Außerdem hatte sie noch einige andere Dinge gekauft, die sie eigentlich gar nicht hatte kaufen wollen, und beschlossen, die restlichen Erledigungen auf später zu verschieben. Von Jamal fehlte jede Spur. Sie rief ihn zweimal an, doch er meldete sich nicht.

Wie kann er nur so rücksichtslos sein?, dachte sie und warf einen Blick auf die Schlange am Taxistand. Sie wollte ein Taxi nehmen und hatte auch das Geld dafür schon parat. Allerdings würde Rashid bei der Geburtstagsfeier sein, und sie befürchtete, dass er sehen könnte, wie sie aus einem Taxi stieg. Oder, beladen mit Einkaufstüten, zur Tür hereinkam, während Jamal durch Abwesenheit glänzte. Also versuchte sie es bei ihrem Neffen. Allmählich wurde es eng. In einer halben Stunde musste sie bei ihrer Schwester sein, und allein die Fahrt dorthin würde so lange dauern. Auch ihr Neffe meldete sich nicht. Was war nur los mit diesen Jugendlichen? Schließlich waren sie die mobile Generation und hatten ständig das Telefon am Ohr. Aber wenn man sie anrief, gingen sie nicht ran.

Sie versuchte es wieder und wieder. Ihre Schwester wollte sie lieber nicht anrufen. Johara war sicher hektisch und mit den Vorbereitungen für die Feier beschäftigt. Sie würde jemand anderen mit der Lösung des Problems beauftragen, und dann würde Rashid davon erfahren.

Kochend vor Wut stopfte Amina das Telefon in ihre Handtasche, griff nach den Tüten und steuerte auf die Warteschlange zu.

7

Katya saß in einem gewaltigen Sessel und hatte Mühe, nicht darin zu versinken, während sie darauf wartete, dass die Filialleiterin der Bank erst ein Gespräch, dann ein Telefonat und schließlich ihr ewiges Tippen am Computer beendete. Katya beobachtete sie nun schon seit zwanzig Minuten durch die Trennscheibe aus Glas. Die Filialleiterin würdigte die sechs leidgeprüften Kundinnen im Wartebereich keines Blickes. Als eine aufstand und sagte, sie sitze nun schon seit vierzig Minuten hier und würde sich freuen, noch irgendwann in diesem Jahrhundert bedient zu werden, starrte die Filialleiterin sie nur an, als habe sich noch nie ein Mensch ihr gegenüber eine solche Frechheit erlaubt.

»Woher soll ich denn wissen, wie lange Sie schon warten?«, herrschte sie die Kundin an. »Sie müssen sich gedulden, bis Sie an der Reihe sind!«

An der Theke debattierten Kundinnen über Einzahlungen, Kreditsummen und verspätete Zahlungseingänge. Die Wandschirme waren ein Witz, denn sie boten auch nicht die Spur von Privatsphäre. Katya konnte alles hören – selbst die Kassiererin in der Ecke, die beim Abzählen der Geldscheine ein Lied von Nancy Ajram vor sich hin summte. Im nächsten Moment öffnete sich die Eingangstür, sodass ein heißer Luftstoß die fleischigen Blätter der Topfpflanzen anhob und Abayas die Körper umwehten. Eine Frau kam herein. Ihre hohen Absätze trommelten ein zorniges Stakkato auf den gebohnerten Marmorboden, als sie schnurstracks ins Büro der Filialleiterin stolzierte, wo sie mit übertriebener Unterwürfigkeit begrüßt wurde. Die Filialleiterin lief los, um Kaffee und Datteln zu holen, während die Frau eine protzige Handtasche von Dior auf den Schreibtisch knallte. Einige Frauen im Wartebereich begannen zu murren, und eine seufzte entnervt auf.

Ging es in den Banken für Männer auch so quälend langsam und bürokratisch zu? Katya war nur einmal in einer Bank für Männer gewesen, und zwar als ihre Mutter (möge sie in Frieden ruhen) in einem Wutanfall über den miserablen Service in der Frauenbank über die Straße marschiert war und sich an den Sicherheitsleuten vorbeigedrängt hatte, um mit dem viel zitierten »Herrn Vorgesetzten« zu sprechen. Offenbar konnte in der Frauenabteilung der Bank ohne ihn nichts entschieden werden. Ihr Eintreten hatte zu dröhnendem Schweigen in der riesigen Schalterhalle geführt. Fünfzig Männer hatten sich umgedreht und sie, kalten Hass im Blick, angestarrt. Katya war ihr nachgelaufen und hatte versucht, sie am Arm zurückzuziehen. Doch ihre Mutter war, so kurz vor ihrem Krebstod, nicht bereit nachzugeben, bevor sie den Filialleiter nicht gesprochen hatte.

Saudische Frauen hatten es immer noch schwer, Arbeit zu finden, selbst wenn sie eine Ausbildung vorweisen konnten, ihre Ehemänner und Väter ihnen den Kontakt zu fremden Männern erlaubten, sie im Besitz eines Ausweises waren und über einen Fahrer und ein Kindermädchen verfügten. Dieses reiche Land, das alles importieren konnte, was es brauchte, importierte auch neunzig Prozent seiner Arbeitskräfte in der Privatwirtschaft. Katya hatte von den Protesten gegen Einwanderer in anderen Ländern gehört. Europa wollte seine Muslime nach Hause schicken, und Amerika schlug den Mexikanern die Tür vor der Nase zu. Nur Saudi-Arabien hatte zugelassen, dass es zu einem Königreich der Fremden wurde. Es hieß die Einwanderer willkommen, weil sie die Saudis in dem Glauben wiegten, dass sie sich Dienstpersonal leisten konnten. Außerdem waren die Ausländer als Haushaltshilfen, Müllmänner und Taxifahrer tätig, Arbeiten, die die meisten Saudis nicht mit der Kneifzange angefasst hätten, sodass ohne die Einwanderer alles zum Stillstand gekommen wäre.

Die Bankmitarbeiterinnen hier waren jedoch alle Saudis, Ergebnis einer Reformbewegung aufgeklärter Firmen, die saudischen Frauen den Zugang zum Arbeitsmarkt ermöglichen wollten (wenn auch nur in reinen Frauenbanken). Wenn das die »Saudifizierung« der Arbeitswelt sein sollte, dachte Katya, stand ihrem Land noch eine böse Überraschung bevor.

Sie lehnte sich zurück und schloss die Augen. Wahrscheinlich war es das Beste, wenn sie das Warten aufgab und nach Hause ging. Allerdings war heute der erste Tag seit einem Monat, den sie, frei von irgendwelchen Verpflichtungen, ganz allein für sich hatte. Sie hatte sich bis jetzt vor einem Moment wie diesem gedrückt, denn nun hatte sie keine Ausrede mehr, nicht über den Heiratsantrag nachzudenken. Der Mann, von dem sie hoffte, ihn lieben zu können, harrte geduldig am Rande ihres Lebens aus. Und hinzu kam die zermürbende Angst, sie könnte ihre Stelle verlieren.

Wenn du nicht heiratest, dachte sie, *WIRST du deine Stelle verlieren.* Sie hatte gelogen und behauptet, dass sie verheiratet sei, um den Posten in ihrer Abteilung zu ergattern. Nur Osama hatte die Wahrheit herausgefunden. Bis jetzt hatte er ihr noch nicht gekündigt, doch die Drohung hing über ihr wie ein Damoklesschwert. Sie war auch der Hauptgrund für ihre Abneigung gegen Daher, der sie einmal spätnachts im Büro ertappt hatte. »Sie verhalten sich nicht wie eine verheiratete Frau«, waren seine Worte gewesen.

Sie wusste genau, wie er das gemeint hatte: *Sie verhalten sich wie ein Mann.* Dennoch war es ihr kalt den Rücken hinuntergelaufen, und er war es, der ihr die größte Angst machte. Würde er herausfinden, dass sie nicht verheiratet war? Dazu brauchte er nur hinunter ins Archiv zu gehen und eine Suchanfrage zu starten.

Doch eine Hochzeit konnte sich durchaus als eine idyllische, von Bäumen gesäumte Sackgasse zum Ende ihrer Träume entpuppen. Sie dachte an Nayir und versuchte, die Sehnsucht nach ihm wachzurufen. Doch Furcht hatte die Begierde im Keim erstickt. Nayir gehörte nicht zu den Männern, die es gerne sahen, wenn ihre Frau so viele Überstunden machte. Und was war, wenn sie Kinder bekam? Wie sollte sie arbeiten und Kinder großziehen – und den Haushalt führen und kochen und ihren Ehemann liebevoll verwöhnen? Er hatte ihr vor einem Monat einen Antrag gemacht. Eine ziemlich lange Zeit, einen Mann warten zu lassen, denn sie hatte ihm noch immer nicht geantwortet.

Weil sie die Antwort nicht kannte.

Sie musste sich noch eine Stunde gedulden und sich danach weitere fünfzehn Minuten herumstreiten. Die Bank hatte versehentlich ihr Girokonto geschlossen, auf das sie vor Kurzem ihren Gehaltsscheck eingezahlt hatte. Die Filialleiterin hatte keinerlei Aufzeichnungen darüber, dass Katya überhaupt je Kundin dieser Bank gewesen war. Selbst der Einzahlungsbeleg, den Katya aus ihrer Handtasche zutage förderte, konnte sie nicht beeindrucken. Die Filialleiterin musterte Katya und fragte sich offenbar, ob sie eine ausgekochte Betrügerin vor sich hatte. In dem für sie typischen Arbeitstempo trank sie zuerst eine Tasse Kaffee, tippte dann zehn Minuten nutzlos auf ihrem Computer herum und stand schließlich auf, um mit ihrer Chefin zu sprechen, die offenbar die *wahre* Filialleiterin der Bank war. Eine halbe Stunde später kehrte sie zurück, eröffnete das Konto wieder und versicherte Katya, dass alles in Ordnung sei. Doch nichts war in Ordnung, solange der eigene Lebensunterhalt von den Launen einer Maschine abhing. Als ob dieser Lebensunterhalt nicht schon von zahlreichen viel größeren Mächten bedroht gewesen wäre, die alle darauf aus waren, ihn ihr wegzunehmen.

Er redete gerade mit einem Nachbarn. Als er das Seil aus dem Wasser zog, sah er, vorgebeugt, auf ein Knie gestützt und den Kopf in einem seltsamen Winkel nach oben gebogen, wie ein Mann aus, der die Unterseite eines Kamels inspiziert. Der Stoff seines Hemdes spannte sich am Rücken. Selbst aus fünf Metern Entfernung sah sie seine Muskeln – eine weite Landschaft aus weich geschwungenen, anmutigen Dünen. Normalerweise hätte sie den Blick abgewandt, doch sie ließ ihn noch eine Weile auf seinem Rücken ruhen. *Ich könnte ihn berühren*, dachte sie. *Wenn wir verheiratet wären. Dann könnte ich in seinen starken Armen einschlafen.* Allerdings war ihr Bild von ihm, so kräftig seine Gestalt auch wirken mochte, wechselnden Winden unterworfen.

Sie war selbst überrascht, wie erleichtert sie sich fühlte, als er aufstand und sie sah. Auf seinem Gesicht breitete sich ein freudiges Strahlen aus, was selbst dem Nachbarn auffiel, der sich daraufhin verabschiedete. Nayir rollte den letzten Rest Seil zusammen und ließ ihn auf den Boden fallen, eine Geste, die eindeutig besagte, dass er alles für sie stehen und liegen lassen würde. Und einen Sekundenbruchteil waren ihre unzähligen Zweifel wie weggeblasen.

Im nächsten Moment schalt sie sich für ihre Albernheit.

»*Sabah al-kayr*«, sagte sie. Guten Morgen.

Er wandte den Blick ab und begrüßte sie mit einem schlichten »Guten Morgen«. Sie trug keinen Schleier. Das tat sie auch in der Arbeit nicht. Warum also sollte sie sich hier draußen frömmer geben, als sie war?

Sie hatten zwar miteinander telefoniert, doch es war ihr erstes Wiedersehen seit dem Abend des Heiratsantrags. Er trug sein abgewetztes blaues Lieblingsgewand. Da er die Kopfbedeckung abgenommen hatte, schimmerten seine schwarzen Locken in der Sonne. Seine leicht geröteten Wangen, die Sandschicht auf seinen Sandalen und die selbstbewusst gestrafften Schultern verrieten ihr, dass er vor Kurzem in der Wüste gewesen war. Er veranstaltete Wüstentouren mit Familien, die mit ihren beduinischen Wurzeln in Berührung kommen oder einfach nur die Wildnis erleben wollten. Hin und wieder beteiligte er sich auch an Such- und Rettungsaktionen.

»Hoffentlich komme ich nicht ungelegen«, begann sie.

»Natürlich nicht.« Ein Blick über die Schulter, der ihr sagte, was ihn eigentlich bewegte: *Wer hat dich herbegleitet? Ist er einverstanden, dass wir miteinander reden?*

»Mein Cousin Ayman hat mich mit dem Auto mitgenommen«, erwiderte sie. »Er ist nur Zigaretten kaufen gegangen.«

Nayir nickte. Vielleicht kam er, nun, da der Heiratsantrag auf dem Tisch war, besser mit der ungehörigen Situation zurecht, mit ihr allein zu sein. Er steuerte auf sein Boot zu. Es war zu heiß, um in der Sonne herumzustehen.

»Tut mir leid, dass ich nicht angerufen habe«, meinte sie. »Ich musste Überstunden machen. Ein wichtiger Fall.«

»Oh«, antwortete er. Wenn ihm ihr Schweigen Sorge bereitet hatte, ließ er es sich nicht anmerken. Er wirkte eher locker und strahlte etwas aus, das sie auf einen Ausflug in die Wüste zurückgeführt hatte. Doch es konnte genauso religiöse Gründe haben.

Als sie ihm aufs Boot folgte, stellte sie überrascht fest, dass er über der Holzbank auf dem Oberdeck einen großen Strandsonnenschirm angebracht hatte. Offenbar hatte er alles geplant: Katya würde zu ihm aufs Boot kommen, und er konnte sie ja schlecht in die Kajüte bitten, wo sie allein und außer Sicht sein würden. Die Nachbarn könnten es bemerken und zu reden anfangen. Sie setzte sich unter den Schirm und fühlte sich seltsam zufrieden, während Nayir sich bückte und die nächste Überraschung zutage förderte: einen kleinen batteriebetriebenen Ventilator. Er schaltete ihn ein, und kühle Luft wehte über ihren Schoß. Sie lächelte.

»Das ist aber sehr rücksichtsvoll von dir.«

Er entschuldigte sich kurz, stieg die Leiter hinunter und kehrte kurz darauf mit einer kleinen Kühlbox voller Eis, Wasserflaschen und Limonade zurück. Katya nahm sich eine Pepsi. Er setzte sich ihr gegenüber und drehte sich leicht zur Seite, um ihr nicht direkt ins Gesicht zu starren. Sie trank einen Schluck Cola.

»Offenbar hast du in der Arbeit viel zu tun«, begann er.

Ja, hätte sie am liebsten geantwortet. *Und ich habe keine Ahnung, wie ich heiraten, Kinder bekommen und Ehefrau und Mutter sein soll, wenn ich zwölf Stunden am Tag im Büro verbringe.* Außerdem wusste sie nicht, wie sie ihm erklären sollte, dass ihr die Arbeit im Labor allmählich zu langweilig wurde. Dass sie versuchte aufzusteigen, um stärker in die Ermittlungen einbezogen zu werden. Dass sie letzte Woche sogar den kühnen Schritt gewagt hatte, sich um einen Platz an der Polizeiakademie für Frauen zu bewerben. Wie würde er *darauf* reagieren?

»Es tut mir leid«, meinte sie. »Ich wollte schon früher vorbeikommen. Aber ja, ich hatte sehr viel zu tun.«

Er nickte. »Eigentlich kommst du genau zum richtigen Zeitpunkt. Ich bin erst seit gestern Abend zurück.«

»Hattest du einen Auftrag?«

»Ja. Ich war mit einer Familie in der Rub al-Chali.«

»Da war ich noch nie«, erwiderte sie.

»Es ist wunderschön. Und auch nicht gefährlich, wenn man die richtige Ausrüstung hat.« Er sah sie an, was sie ziemlich kühn von ihm fand, doch im nächsten Moment schaute er wieder aufs Meer hinaus. Ihr wurde klar, dass sich etwas in ihm bewegt hatte, als ob sich tektonische Platten knirschend verlagert und schließlich wieder gesetzt hätten.

Plötzlich wurde sie von Panik ergriffen. Sie war neunundzwanzig und hätte eigentlich darauf brennen sollen, endlich zu heiraten. Doch stattdessen hatte sie Todesangst. Sie sah die Enttäuschung ihres Vaters so deutlich, als ob er vor ihr gestanden hätte. Und wenn ihre Mutter noch leben würde, hätte sie sicher geweint, weil Katya in diesem Alter noch ledig war.

»Hast du über meinen Antrag nachgedacht?«, fragte er.

»Ja.« Sie waren zu schnell auf den Punkt gekommen. Katya hatte das Gefühl, dass sie auf eine Katastrophe zusteuerten.

»Aha«, sagte er.

Sie konnte nicht mehr klar denken und wusste nur, dass sie ihm unbeschreiblich wehtun würde, wenn sie ablehnte.

»Ich habe mich an der Polizeiakademie beworben«, platzte sie heraus.

Er musterte sie einen Moment, was sie als ziemlich beunruhigend empfand. Dann betrachtete er seine Hände, und sie stellte fest, dass ein Lächeln um seine Lippen spielte. »Das ist ein großer Schritt«, meinte er.

»Ja.«

Er setzte sich neben sie. Fast sah es aus, als würde er nach ihrer Hand greifen, aber er hielt sich zurück. »Bist du sicher?«

»Ja«, entgegnete sie rasch. »Ich bin sicher.«

»Gefällt es dir im Labor nicht mehr?«

»Nein.«

»Aber wie willst du es anstellen, als Polizistin zu arbeiten?«, fragte er.

»Ich weiß nicht. Ich will zur Mordkommission. Ich will Detective werden.«

Als er ihr in die Augen schaute, stieg wieder Panik in ihr hoch. »Ich habe es schon öfter gesagt. Du sollst wissen, dass wir immer einen Weg finden werden, ganz gleich, was auch passiert.«

Sie nahm seine Hand und stellte fest, dass ihre eigenen Hände zitterten. Er bemerkte es ebenfalls und drückte sie. Dabei wandte er die Augen nicht von ihrem Gesicht ab, und ihr Ausdruck flehte. *Sag einfach Ja, Ja, Ja ...*

»Ja«, sagte sie.

»Heißt das, du willst mich heiraten?«

Sie nickte. »Das ist meine Antwort – ja.«

Noch nie hatte sie ihn so lächeln sehen. Es war ein breites, überglückliches Grinsen. Er fuhr sich zwar mit der Hand übers Gesicht, um es zu vertreiben, aber es rutschte stets wieder zurück wie eine störrische Haarlocke. Sie lächelte ihn an.

Ausgerechnet in diesem Moment kam ein Nachbar aus seinem Boot. Nayir ließ ihre Hand los und stand auf. Der Nachbar hatte die beiden kaum bemerkt, doch für Nayir hätte er auch Gott persönlich sein können, der über ihr unzüchtiges Verhalten in der Öffentlichkeit zu Gericht saß.

Enttäuscht erhob Katya sich ebenfalls. »Tja«, meinte sie. »Dann gehe ich wohl am besten wieder zur Arbeit.«

༂ 8 ༃

Inzwischen war es wie ein Zufluchtsort, an ihrem Computer zu sitzen und die Dateien zu ordnen. Sie war fest entschlosssen, nicht über das nachzudenken, was sie gerade getan hatte. Sie würde sich nicht eingestehen, dass sie sich bereits wie erstickt fühlte. Um sie herum türmte sich Treibsand auf, und sie unternahm keine Anstalten, sich zu befreien.

Sie erkannte Inspector Zahrani, sobald er das Labor betrat. Die drei Frauen hinter ihr bedeckten sofort ihre Gesichter wie ein Schwarm Hennen, die vom großen Bein eines Menschen aufgeschreckt werden. Doch Katya hatte beschlossen, sich diesen Reflex abzugewöhnen.

Sie wusste nicht viel über Zahrani, nur genug, um zu ahnen, dass es ihn einen feuchten Kehricht interessierte, ob eine Frau ihr Gesicht bedeckte. Bei ihrer ersten Begegnung hatte er ihr sogar die Hand geschüttelt, um sich für das rasche Bearbeiten der Beweisstücke zu bedanken. Er hatte einen leichten Akzent, ein Hinweis darauf, dass er Levantiner war – vermutlich Palästinenser. Doch sein Gesicht war eindeutig das eines Beduinen, dunkle Haut, lange Nase und riesige mandelförmige Augen. Er war erst seit Kurzem bei der Mordkommission und aus Gründen, die niemand kannte, aus der Abteilung für verdeckte Ermittlungen hierher versetzt worden. In den letzten beiden Wochen hatte er in zwei Fällen ermittelt, beide aus dem Archiv für ungelöste Kriminalfälle. Er hatte keinen davon aufklären können. Nun leitete er die Ermittlungen gegen den Serienmörder. Offenbar ließ Chief Riyadh Ibrahim freie Hand.

Normalerweise kam er nicht ins Labor, doch das lag daran, dass Katya ihre Ergebnisse lieber selbst nach unten brachte. Das gehörte zu ihrem Plan, sichtbarer und dadurch stärker einbezogen zu werden.

»Miss Hijazi«, sagte er. Er hatte ein halbes Dutzend Akten bei sich.

»Guten Tag, Inspector Zahrani«, erwiderte sie. »Wie ich sehe, haben Sie die Akten.«

»Ja«, antwortete er und legte sie auf ihren Schreibtisch. »Und nennen Sie mich bitte Ibrahim. In Ihrem Bericht gibt es eine Stelle, die ich nicht ganz verstehe …«

Die Frauen hinten im Raum stellten ihre Gespräche ein.

»Ich schaue es mir gern noch einmal an«, meinte sie.

»Wissen Sie …« Er blätterte in den Akten. »Offenbar habe ich eine Akte unten vergessen. Würde es Ihnen etwas ausmachen …?«

»Nein, natürlich nicht.« Katya loggte sich aus dem Computer aus und stand auf. »Ich begleite Sie nach unten.«

»Wunderbar.« Er sammelte die Akten wieder ein.

Sobald die Tür des Labors hinter ihnen ins Schloss gefallen war, blieb er stehen und drehte sich zu ihr um. Der Flur war menschenleer, was aber sicher nicht lange so bleiben würde. »Ich muss Sie um einen Gefallen bitten«, begann er. »Es ist sehr wichtig.«

Sein verändertes Verhalten brachte sie kurz aus dem Konzept. »Ich höre«, erwiderte sie dann.

»Unter vier Augen«, sagte er und sah sich um. »Wenn es Ihnen nichts ausmacht.«

Er winkte sie zur Damentoilette. Katya zögerte. Was, wenn es eine Falle war? Allerdings wirkte seine Anspannung echt. Nachdem sie eingetreten war, schloss er die Tür hinter ihnen ab.

»Eine Freundin von mir ist verschwunden«, sagte er. »Ich mache mir große Sorgen um sie.«

Katya wartete auf eine Antwort auf die offensichtliche Frage, warum er ihr das erzählte.

»Ich kenne nicht viele Frauen«, fuhr er fort. »Und ganz sicher keine, der ich diese Information anvertrauen könnte. Die meisten Menschen wissen nicht einmal, dass ich noch Kontakt zu dieser Frau habe.«

Das war es also. Er hatte eine Geliebte. Sie war zwar ein wenig überrascht, dachte sich aber, dass so etwas vermutlich häufiger vorkam, als sie glaubte. »Also haben Sie sie nicht als vermisst gemeldet.«

»Nein. Es könnte ja auch sein, dass sie … einfach gegangen ist.«

»Ich verstehe«, erwiderte Katya. »Was soll ich für Sie tun?«

»Sie arbeitet in einer Boutique im Chamelle Center. Kennen Sie es? Es ist ein Einkaufszentrum nur für Frauen.«

»Ja, ja, das in al-Hamra.«

»Ich kann da natürlich nicht hinein, und ich muss wissen, ob sie in letzter Zeit zur Arbeit erschienen ist.«

»Haben Sie nicht versucht, dort anzurufen?«

»Schon seit einigen Tagen. Man muss eine Nachricht hinterlassen, und manchmal rufen sie einen zurück, wenn man reich ist und vorhat, eine große Summe auszugeben. Aber meistens tun sie es nicht. Außerdem wissen sie nichts von mir, und ich möchte, dass das auch so bleibt.«

»Ich verstehe.« Katya versuchte, ihre Spiegelbilder nicht anzusehen. Sich auf der Dienststelle mit einem Mann in der Toilette einzuschließen konnte sie auf der Stelle den Job kosten. Sie überlegte, wie sie den Raum unbeobachtet wieder verlassen konnten. »Also soll ich ins Chamelle Center fahren und fragen, ob sie bei der Arbeit war.«

»Ja, aber die Sache ist heikel. Ich kenne ihre Kolleginnen zwar nicht, doch sie hat mir erzählt, dass sie Snobs sind. Außerdem hat die Inhaberin die Arbeitspapiere noch nicht unterschrieben, und ihr Visum ist abgelaufen. Also dürfen Sie auf gar keinen Fall den Eindruck erwecken, dass Sie wegen eines Visumsvergehens hinter ihr her sind. Am besten verraten Sie nicht, dass Sie bei der Polizei arbeiten, sondern geben sich als Freundin aus.«

»Einverstanden«, sagte sie. »Ich erledige das gerne, allerdings erst später am Abend. Ich habe bis sechs Dienst.«

»Das wäre wunderbar.« Er hatte sich in aufkommender Panik über sie gebeugt. Nun wich er aufatmend zurück. »Vielleicht ist es ja viel Lärm um nichts«, meinte er. »Doch ich habe ein ungutes Gefühl.«

Katya nickte. Sie wollte ihn fragen, ob er schon ihre Freunde und die Krankenhäuser angerufen hatte, befürchtete aber, belehrend zu klingen. »Ich gehe gleich nach der Arbeit hin.«

»Ich fahre Sie«, schlug er vor. »Wäre das in Ordnung?«

»Nein, mein Cousin fährt mich. Er würde es seltsam finden, wenn ich zu spät käme, und mein Vater soll besser nichts davon wissen. Mein Cousin fährt mich sicher gern zum Einkaufszentrum.«

Sie tauschten Telefonnummern aus, und sie versprach anzurufen, sobald sie etwas herausgefunden hatte.

»Ich gehe zuerst raus«, sagte er und streckte die Hand nach der Tür aus. »Wenn Sie gefahrlos nachkommen können, klopfe ich einmal. Wenn nicht, lenke ich sie ab, und Sie halten die Tür verschlossen.« Er war draußen, bevor sie widersprechen konnte. Eine Sekunde später klopfte er.

Seine forsche Art, das Verlassen des Raums zu regeln, erfüllte sie gleichzeitig mit Bewunderung und Zorn. Männer verloren viel seltener wegen unsittlichen Verhaltens die Arbeit als Frauen. Und wenn sie an die ständige Angst ihrer Kolleginnen im Labor dachte, bei diesem oder jenem erwischt zu werden, nahm sie an, dass Frauen auch nicht so sittsam waren, wie sie immer taten.

9

Das erste Opfer hieß Amelia Cortez. Sie war eine der beiden Frauen, deren Hände im Massengrab gefunden worden waren. Laut Aussage des Rechtsmediziners war sie als Erste umgebracht worden und inzwischen seit schätzungsweise zehn Jahren tot. Die Kriminaltechnik hatte sie anhand ihrer Fingerabdrücke identifiziert.

Amelia war vierundzwanzig und, nach dem von der philippinischen Botschaft geschickten Passfoto zu urteilen, eine Schönheit gewesen – hohe Wangenknochen, reine Haut, unschuldig und mit hellbraunen Augen. Man hatte sie in Manila angeworben und ihr eine Stelle als persönliche Assistentin einer angesehenen Journalistin versprochen. Amelia hatte selbst Schriftstellerin werden wollen. Doch bei ihrer Ankunft in Dschidda hatte ihr der »Sponsor«, ein Mann namens Sonny Esposa, eröffnet, dass nur Arbeit als Kindermädchen zu haben war. Ihr wurde keine Wahl gelassen. Um wieder auszureisen, hätte sie Sonnys Erlaubnis gebraucht, und außerdem hatte er ihr den Pass weggenommen.

Hinzu kam, dass sie einen Vertrag unterschrieben hatte, in dem sie sich verpflichtete, ihn für seine Dienste zu bezahlen. Seine Gebühren waren viel höher, als sie es sich leisten konnte. Also sollte sie ihm jeden Monat eine kleine Summe geben und den Betrag so abstottern. Anstatt sechshundert Rial im Monat zu verdienen, arbeitete Amelia für zweihundert und musste dafür fünf Kinder, alle jünger als zehn Jahre, betreuen. Das hieß, dass sie sechs Jahre brauchen würde, um den Anwerber auszubezahlen. An die Polizei konnte sie sich nicht wenden, denn die hätte nur auf Einhaltung des Vertrags bestanden. Und so war Amelia davongelaufen. Ihre Arbeitgeber beschwerten sich, denn sie hatten ein Jahr im Voraus bezahlt, doch auch Sonny war spurlos verschwunden. Niemand wusste, was aus Amelia geworden war, und niemand interessierte sich genug für sie, um sie zu suchen. Ihre Familie aus den Philippinen schrieb zwar immer wieder ans Konsulat, aber vergeblich.

Ibrahim übernahm es selbst, die Familie zu befragen, die Cortez beschäftigt hatte. Er nahm Daher und Shaya mit. Er sprach auch mit den Konsulatsmitarbeitern, die zwar eine Akte über den Fall geführt, allerdings nicht die Polizei verständigt hatten. Es war immer die gleiche alte Leier: Die Frau war weggelaufen. Doch ganz gleich, was die Arbeitgeber einem auch erzählen mochten: Normalerweise liefen Hausmädchen deshalb weg, weil sie eine bessere Stelle suchen oder sich aus einer Missbrauchssituation retten wollten. Das kam ziemlich häufig vor, und solange es keine Leiche gab, hatte die Polizei nur wenig Möglichkeiten, ein Verbrechen zu beweisen. Die Suche nach Sonny Esposa, der Cortez angeworben hatte, verlief ergebnislos. Er war vor langer Zeit untergetaucht.

Ibrahim arbeitete sein Pensum ab wie ein Roboter und konnte seine Panik während der Befragungen, der Autofahrten und der hastigen Gespräche mit seinen Männern kaum unterdrücken. Er sah Sabria in jedem Wohnzimmer, Konsulatsbüro und Konferenzraum der Polizei. Er hatte ein klares Bild von Cortez vor seinem geistigen Auge, wie sie die Straße entlangging. Vielleicht erledigte sie ja etwas für ihre Arbeitgeber – *wären Sie so gut, beim Bäcker Brot zu holen und im Laden an der Ecke Milch zu kaufen?* Und schon im nächsten Moment schob sich Sabria dazwischen. Sabria mit langem Gewand und Schleier, wie sie in das falsche Taxi stieg, mit der Waffe bedroht wurde und vor Angst erstarrte. Es war Sabria, die in die Wüste gefahren und mit Chloroform betäubt wurde. Und dann wurde sie geschlagen, verstümmelt und ihr in den Kopf geschossen.

Er hatte keine Ahnung, wie der Täter seine Opfer überwältigte, und auch noch keine genauen Vorstellungen von dem Grauen, das er ihnen zufügte. Doch einige Einzelheiten standen für ihn inzwischen fest. Chloroform. Plastikhandschellen. Eine halb automatische Waffe mit Schalldämpfer. Ein kleines Schwert zum Abschlagen der Hände. Er wusste, dass es falsch war, sich auf der Grundlage von Mutmaßungen und persönlichen Ängsten Bilder auszumalen, und dennoch liefen sie ab wie ein Stummfilm. Er versuchte sich einzureden, dass eine Frau wie Sabria, die Männern gegenüber äußerst misstrauisch war, unmöglich von jemandem entführt worden sein konnte, nicht einmal mit vorgehaltener Waffe. Und ebenso unwahrscheinlich war es, dass der Mörder Ibrahim so kurz nach dem Auffinden der Leichen anvisiert und dann seine Geliebte aufgespürt hatte. Es war nun einmal das finsterste Vergnügen des Egos, sich als Mittelpunkt des Universums zu fühlen.

Die Chamelle Plaza war ein Einkaufszentrum nur für Frauen und bestand aus der Art von Designerboutiquen und Schönheitssalons, bei deren Anblick sich Katya stets fühlte wie eine mittellose indonesische Straßenkehrerin, die rings um den Königspalast leere Flaschen aufsammelte. Fünfzehn Minuten vor dem letzten Gebet des Tages wimmelte es hier von Hausmädchen aus Sri Lanka, die Kinderhorden beaufsichtigten, während die Mütter zwischen Kosmetikerin und Nagelstudio hin und her hetzten, um noch alles zu erledigen, bevor die Läden zur Gebetszeit schlossen. Die Luft war kühl und sauber, und Katya blieb mitten im Atrium stehen und wartete, bis ihr Gesicht nicht mehr vom Schweiß glänzte und der Überwurf nicht mehr an den Kleidern klebte.

Ihr erster Gedanke war, dass Ibrahims Freundin, wenn sie hier arbeitete, aller Wahrscheinlichkeit nach mit einem reichen Geschäftsmann oder sogar einem Prinzen durchgebrannt war. Nicht, dass sie ihn im Einkaufszentrum hätte kennenlernen können. Doch sie gehörte sicher zu den Frauen, die eine alte Handtasche gegen eine protzigere austauschten, wenn der richtige Zeitpunkt gekommen war. Ihr Spaziergang, vorbei an den überteuerten Läden mit den arrogant wirkenden Verkäuferinnen in Armani, trug nicht gerade dazu bei, sie von diesem Vorurteil zu befreien.

Bevor sie das Labor verlassen hatte, hatte sie die Datenbanken nach der Vermissten abgesucht. Vermutlich war es vergebliche Liebesmüh, denn Ibrahim hatte das bestimmt schon erledigt, aber schließlich musste man auf Nummer sicher gehen. Sie stellte fest, dass das Visum von Miss Sabria Gampon tatsächlich abgelaufen war. Sie war nicht abgeschoben worden, zumindest nicht offiziell. Manchmal dauerte der

Papierkrieg eben eine Weile. Sie fand auch heraus, dass Sabria früher selbst in der Abteilung für verdeckte Ermittlungen gearbeitet hatte.

Katya hatte die Boutique, La Mode Internationale, rasch entdeckt. Sie befand sich zwischen einem Juweliergeschäft und einem gut besuchten Café. Sie schob die Glastür auf und marschierte selbstbewusst durch den riesigen Raum mit dem weißen Marmorboden, in der Hoffnung, inmitten von so viel abgehobener Eleganz nicht unangenehm aufzufallen. In die Wände waren kleine rot beleuchtete Nischen eingelassen. In jeder davon prangte eine Handtasche, die eher an einen Kindertragekorb mit Metallbeschlägen erinnerte. Eine Frau trat auf sie zu und begrüßte sie mit einem gekünstelten Lächeln und einer aufgesetzten Fröhlichkeit, wie Katya sie gerne in der Bank erlebt hätte. Hier jedoch empfand sie diese eher als bedrückend.

»Guten Abend«, sagte die Frau. Sie war eine Philippinerin mittleren Alters und hatte eine unnatürlich hohe, mädchenhafte Stimme. Ihr Lippenstift war so rot, dass man einfach hinstarren musste. Auf ihrem Namensschild stand »Chona«. »Was kann ich für Sie tun?«

»Ich suche eine Freundin«, erwiderte Katya. »Sie hat mir schon oft von dieser Boutique erzählt. Jetzt war ich endlich einmal in der Nähe und dachte, ich schaue mal herein und kaufe etwas.«

»Oh, wie nett«, antwortete Chona. »Und wie heißt Ihre Freundin?«

»Sabria Gampon.«

Chonas Gesicht erstarrte, und sie gab sich keine Mühe, ihren Widerwillen zu verbergen. »Ich fürchte, Sabria arbeitet nicht mehr bei uns.«

»Oh?« Katya machte ein trauriges Gesicht. »Ich dachte, sie wäre letzte Woche noch hier gewesen.«

Chona schüttelte den Kopf und sah sich nervös nach den beiden anderen Frauen hinter der Kasse um. »Die Inhaberin hat Sabria schon vor drei Monaten gebeten zu gehen«, sagte sie mit leiser Stimme. »Seitdem haben wir sie nicht mehr gesehen.«

»Ach herrje«, entgegnete Katya. »Das tut mir aber leid.«

»Ja«, meinte Chona. »Aber da Sie nun schon einmal hier sind – können wir Ihnen vielleicht weiterhelfen?«

»Nein, nein«, antwortete Katya. »Hat Sabria ... ich hoffe, es war nicht ...«

»Es tut mir leid. Schließlich ist sie ja eine Freundin von Ihnen.«

»So gut kannten wir einander auch nicht«, sagte Katya. »Und jetzt stellt sich heraus, dass ich sie offenbar gar nicht kannte.«

Chona schürzte die Lippen. »Wir haben entdeckt, dass sie Handtaschen aus dem Lager gestohlen hat.«

»Oh nein!«

»Doch.« Sie schüttelte den Kopf. »Ich habe gleich gewusst, dass wir mit ihr Probleme kriegen würden. Immer kam sie zu spät, und manchmal erschien sie überhaupt nicht. Wenn sie da war, verbrachte sie viel Zeit auf der Toilette und behauptete, ihr sei übel. Als wir herausfanden, was sie da trieb, war sie seit sechs Wochen hier beschäftigt. Manche Leute können einen wirklich täuschen.« Als eine der anderen Frauen auf sie zusteuerte, wechselte Chona rasch das Thema. »Könnte ich Sie nicht für eine unserer Handtaschen interessieren?«

»Nein«, erwiderte Katya, »vielen Dank.«

Im Gehen warf sie einen letzten Blick auf einige der abstrusen Handtaschen im vorderen Teil des Ladens. Eine davon kostete die Hälfte ihres Monatsgehalts. Da sie Ibrahim weder vom Auto noch von zu Hause aus anrufen konnte, ohne dass ihr Cousin oder ihr Vater mithörten, setzte sie sich auf eine Bank ins überfüllte Atrium, als gerade zum Gebet gerufen wurde. Einige Frauen schlenderten zu einem Gebetsbereich, doch die meisten blieben sitzen und tranken ihren Kaffee, ohne auf die erzwungene Maghriben-Meditation des zu achten.

Ibrahim hob beim ersten Läuten ab. »Katya«, sagte er atemlos. »Danke, dass Sie anrufen.« Sie hörte im Hintergrund Straßenlärm. »Was haben Sie herausgefunden?«

»Ich weiß nicht, ob es Ihnen gefallen wird, doch die Frau in der Boutique behauptet, Sabria habe schon seit über drei Monaten nicht mehr dort gearbeitet.« Es herrschte Schweigen, unterbrochen vom gedämpften Klang einer Autohupe.

»Haben Sie auch gesagt, dass Sie nicht wegen des Visums da sind?«, hakte er nach.

»Nicht direkt. Ich habe mich als Freundin ausgegeben.«

»Ich wusste, dass es nicht klappen wird«, murmelte er, wie zu sich selbst. »Ihre Freundinnen schützen sie.«

»Sie schienen keine sehr guten Freundinnen zu sein«, wandte Katya ein. »Sie haben mir gesagt, sie hätten sie von Anfang an nicht leiden können. Sie sei immer zu spät gekommen und sei faul gewesen. Außerdem habe man sie nach sechs Wochen dabei ertappt, wie sie Handtaschen aus dem Lager gestohlen habe. Offenbar waren sie gar nicht mit ihr zufrieden. Und mein Bauchgefühl sagt mir, dass die Frau, mit der ich gesprochen habe, das nicht nur alles erfunden hat.«

»Nein«, protestierte er. »Ich habe sie oft zur Arbeit gefahren. Und zwar zum Einkaufszentrum.«

»Vielleicht hat sie Ihnen ja verschwiegen, was vorgefallen ist, und ist sonst irgendwo hingegangen. In einen anderen Laden.«

»Nein«, entgegnete er mit Nachdruck. »Sie hätte mich nie belogen. Sie sagte, es sei dieser Laden.«

Katya hatte Mitleid mit ihm und fragte sich, wie es Sabria wohl gelungen war, ihn so übel hinters Licht zu führen. Die Lüge, was ihren Arbeitsplatz betraf war nicht weiter schwierig gewesen. Doch ihm die ganze Zeit über bewusst etwas vorzumachen erschien ihr nahezu unmöglich. Dann aber fiel ihr ein, dass Sabrias letzter Geldgeber die Polizei von Dschidda gewesen war. Sie hatte zusammen mit Ibrahim verdeckte Ermittlungen durchgeführt. Also hatte sie in Sachen Wahrheitsschönung vermutlich Erfahrung. Doch Ibrahim zu belügen? Wahrscheinlich war er ihr so verfallen gewesen, dass er die Warnsignale seines Instinkts überhört hatte.

»Ich weiß, dass Sie mich jetzt für völlig vernagelt halten«, sagte er. »Aber ich kenne sie. Ich kenne sie besser als jeder andere. Und Sie haben recht. Möglicherweise hat sie in diesem Einkaufszentrum etwas anderes durchgezogen. Auch wenn ich keine Ahnung habe, was das gewesen sein könnte. Alles ist möglich. Doch von den Diebstählen hätte sie mir erzählt. Mir ist klar, dass das seltsam klingt, aber Sie müssen mir vertrauen. Sabria hat mir vertraut. Und ich bin absolut sicher, dass sie jeden Tag in dieses Einkaufszentrum gefahren ist.«

»Also gut«, erwiderte Katya. »Haben Sie ein Foto von ihr? Ich habe in der Visumsdatei keines gefunden.«

»Sie haben das Visum überprüft?«

»Ja.«

»Okay. Danke. Und ja, ich besorge Ihnen ein Foto.«

Katya ging nach draußen auf den Parkplatz, wo Ayman sie erwartete. Es wunderte sie, wie erschüttert sie war. Schließlich war die Tatsache, dass eine Frau ihren Liebhaber belog, kein Grund, um schockiert zu sein. Vermutlich geschah so etwas öfter, als man glaubte. Doch in Ibrahims Stimme hatte der Brustton der Überzeugung mitgeschwungen. Er war wegen Sabrias Verschwinden nicht gekränkt, sondern machte sich Sorgen. Er wusste, dass etwas im Argen lag.

10

Jamila stand in der Tür des Madschlis. Sie quoll förmlich über vor Fettwülsten, und das enge Kleid betonte ihren Bauch und ihre breiten Hüften noch. Am Halsausschnitt, wo ein normales Hauskleid mit einer zart bestickten Borte besetzt gewesen wäre, ragte ein großes quadratisches Stück Kunstpelz heraus, das an der einen Seite einen unanständig langen Zipfel hatte. Er nannte es ihr Gorillakleid.

Eigentlich war es zu früh am Morgen dafür, doch sie war offenbar schon unterwegs gewesen. Sie trug noch die schwarze Abaya über dem Kleid, das Gewand war weit offen, und ihr Kopftuch saß ebenfalls schlampig und hing schief an ihrem Hinterkopf, sodass ihr dünnes strähniges Haar zu sehen war. Es war leuchtend violett und rot, eine kühne Mischung aus Henna und Karkade, einem aus Hibiskus hergestellten Farbstoff. Er fragte sich, wo sie so früh an einem Montagmorgen wohl gewesen sein mochte.

»Zeig deinem Vater, was der Scheich getan hat.« Sie schleppte ihre älteste Tochter Farrah ins Zimmer und schob sie vorwärts. Farrah geriet ins Stolpern. Ein leichtes Lächeln stand auf ihrem Gesicht.

»Die Rückenschmerzen sind weg«, verkündete sie.

Farrah litt schon seit Jahren an Rückenschmerzen, die sich durch vier Schwangerschaften nicht unbedingt gebessert hatten. Seit Zakis Hochzeit stritt Ibrahim schon deshalb mit Jamila herum. Während er Farrah nach Kairo zu einem besseren Arzt hatte bringen wollen, beharrte Jamila darauf, sämtliche medizinischen Möglichkeiten seien ausgeschöpft, sodass es nun an der Zeit sei, sich spirituellen Rat zu holen. Einhunderttausend Rial für Arztrechnungen seien Beweis genug dafür, dass Farrah nicht einfach nur krank sei – sie sei von einem Dschinn besessen, und bevor der nicht ausgetrieben sei, würde sie auch nicht gesund werden.

»Ich kann mich bewegen«, sagte Farrah und wirbelte mit ausgebreiteten Armen im Kreise herum.

»Und wie hat er das geschafft?«

Sie drehte sich um und hob den Hemdzipfel. Er hielt ihn fest, während sie den Verband entfernte. Bei dem grotesken Anblick, der sich ihm bot, hätte er sich beinahe übergeben. Die weiche Haut an ihrem Rücken sah aus, als hätte sie jemand mit einem Brandeisen bearbeitet. Ein zweieinhalb Zentimeter tiefer Striemen, rot an den Rändern, schwarz in der Mitte, befand sich dicht über ihrem linken Hüftknochen.

»Was zum Teufel haben die denn mit dir gemacht?«

»So haben sie den Geist ausgetrieben«, erwiderte sie und wickelte sich den Verband wieder um. »Der Schmerz von außen nimmt den Schmerz von innen weg. Verstehst du, was ich meine?«

»Verstehst du selbst überhaupt, was du meinst?«

»Es hat gewirkt«, entgegnete sie nur und flüchtete sich wieder unter die Fittiche ihrer Mutter.

Er musste die vulkanisch lodernde Wut zurückdrängen, die sich hinter seiner Stirn aufbaute und seine Augen mit schwarzer Lava füllte, bis er den Raum nur noch verschwommen wahrnahm.

»Das ist die richtige Medizin«, verkündete Jamila und deutete auf Farrahs Rücken, während sie sie aus dem Zimmer führte.

Er verweigerte die Antwort und ging ins Bad, um seine Waschungen vorzunehmen. Kaltes Wasser. Warmer Fliesenboden. Hände glühend heiß vor Wut. Sein Gebetsteppich war vom jahrelangen Knien völlig abgewetzt. Sein Gesicht zeigte in Richtung Balkontür. Ohne nachzudenken, sprudelten die Gebete aus ihm hervor, und sein Verstand spulte sie automatisch ab, um das wahre Gebet zurückzudrängen, das sich Gehör verschaffen wollte, denn es tat einfach zu weh: *Bitte, Gott, gib mir Sabria zurück.*

Er war noch nicht fertig, als Jamila vor der Wohnzimmertür Posten bezog. Offenbar verärgert über sein Schweigen, fing sie an, die Treppe zu fegen. Und dann begann das Genörgel. Etwas mit den Zwillingen, die ganz allein ihre Hausaufgaben hätten machen müssen, und dass sie die beiden lieber nicht mit zum Exorzisten hätte nehmen sollen, nicht dass sie sich auch noch einen Dschinn eingefangen hatten. Doch ihr Vater sei ja nie zu Hause, also sei ihr ja nichts anderes übrig geblieben. Allerdings sei sie nicht weiter überrascht. Offenbar verheimliche er ihr etwas. Außerdem habe er es nicht einmal geschafft, die Scheidung für seinen Sohn durchzusetzen, obwohl das doch nur ein paar Minuten hätte dauern sollen. Wie lange brauche man denn, um dreimal in Gegenwart von zwei Zeugen »Du bist geschieden« auszusprechen? Wenn er schon von dieser einzigen Aufgabe der Woche überfordert gewesen sei, wie wolle er da sonst etwas auf die Reihe bekommen?

Der einzige Ausweg war, sich der Tirade durch Flucht zu entziehen.

Ibrahim marschierte einfach an ihr vorbei und die Treppe hinunter und trat auf die stickig heiße Straße hinaus.

Vor etwa zwanzig Jahren hatte sein Bruder Omar aus Gründen, die Ibrahim bis heute nicht verstand, seine gesamten Ersparnisse in bar abgehoben. Ibrahim erinnerte sich noch an die Bank. Sie befand sich in einer belebten Ladenzeile mit einem großen Parkplatz, der ständig belegt war, weil es hier ein Restaurant gab, wo man das beste Curry in der ganzen Stadt servierte. Sein Bruder hatte dreißigtausend Rial in einer Plastiktüte auf den Vordersitz seines Wagens gelegt und war ein Curry essen gegangen. Bei seiner Rückkehr eine halbe Stunde später hatte er festgestellt, dass er vergessen hatte, die Fenster hochzukurbeln und die Türen abzuschließen. Das Geld lag noch auf dem Sitz, die Banknoten lugten verführerisch aus der Tüte. Kein einziger Rial fehlte. Omar erzählte diese Geschichte manchmal, um zu beweisen, dass die saudische Sitte, Dieben eine Hand abzuhacken, ein wirksames Abschreckungsmittel sei. Doch Ibrahim teilte diese Auffassung nicht. Seiner Ansicht nach war Ehrlichkeit ein Ergebnis des Bedürfnisses, von seinen Mitmenschen gemocht zu werden. Leider galt das auch für das Lügen. Sein Bruder hatte an diesem Tag einfach nur Glück gehabt.

Omars Haus stand gleich neben dem von Ibrahim und sah genauso aus wie alle anderen Häuser auf dieser Straßenseite: eine glatte Betonfassade, zurückversetzte Balkone und eine Dachterrasse mit einer hohen Mauer. Die Leute frotzelten – es war ein ausgesprochen schlechter Witz, er hielt sich aber schon erstaunlich lange –, dass sie identische Häuser gekauft hätten, weil sie beide als verdeckte Ermittler arbeiteten. Und falls einmal jemand hinter einem von ihnen her sein sollte, würde er so die Adressen verwechseln.

Als Omar im Madschlis erschien, wirkte er ziemlich zerzaust.

»Weißt du noch, wie du die Tüte mit dem Geld im Auto liegen gelassen hast?«, fragte Ibrahim.

»Natürlich. Warum?«

»Damals hast du Glück gehabt, aber Bruder …«

»Verschon mich damit. Ich will es nicht hören. Ich bin noch nicht richtig wach.«

»Deine Glückssträhne ist zu Ende«, fuhr Ibrahim fort.

»Oh, ist sie das?« Omar zog die Augenbraue hoch.

Ibrahim bemerkte eine leichte Ungeduld in der Miene seines Bruders. »Was ist los?«

»Ich ziehe in dein Gästezimmer.«

»Schon wieder Jamila?«

Ibrahim nickte.

Omar stieß ein kehliges Geräusch aus, das man als entnervtes Brummen oder Auflachen deuten konnte. »Lass uns ehrlich sein. Du hast schon seit fünfundzwanzig Jahren Pech mit den Frauen.«

»Ich beklage mich nicht.«

»Das solltest du aber.« Omar schüttelte den Kopf. Die Männer schwiegen. Sie standen kurz vor einem schon häufig wiederholten Gespräch, das sie immer wieder in einen Dschungel gefährlicher Gefühle führte – das Thema Zweitfrau. Genauer gesagt: Sollten sie mit ihrer jahrelangen Familientradition brechen, sich auf eine Ehefrau zu beschränken? Früher war Ibrahim ein Befürworter gewesen und hatte sich sogar nach Alternativen umgeschaut (das Internet erleichterte vieles). Omar war absolut dagegen, nicht nur wegen der Tradition, sondern weil er es für unsittlich hielt. Und außerdem für eine Gemeinheit gegenüber der eigentlichen Ehefrau, ganz gleich, wie sehr man sie auch verabscheute. Der Streit war hochgekocht. Ibrahim hatte seinem Bruder vorgeworfen, er sei inzwischen Sklave der Megäre, mit der er verheiratet sei – eine Anschuldigung, die Omar ihm sofort mit gleicher Münze heimgezahlt hatte. Anschließend hatten sie eine Woche nicht miteinander gesprochen, für zwei Brüder eine Ewigkeit.

Im Grunde genommen lief es auf ein viel grundlegenderes Thema hinaus, das sie schon vor langer Zeit erkannt, aber nie erörtert hatten: Beide Männer waren in ihren Ehen todunglücklich. So etwas konnte man zwar offiziell verheimlichen, doch kaum vor der eigenen Familie.

»Ich muss dich um einen Gefallen bitten«, sagte Ibrahim.

»Hoffentlich geht es nicht um Jamila.«

»Nein, um etwas Berufliches.«

Omar war überrascht. Sie hatten zwar in derselben Abteilung gearbeitet, doch stets darauf geachtet, Dienst und Privates nicht zu vermischen. Omar war zur Abteilung für verdeckte Ermittlungen versetzt worden, als Ibrahim bereits die Hälfte der Karriereleiter zum Chief hinter sich gebracht hatte. Im Laufe von drei Jahren hatte Omar ihn jedoch überrundet und war nun Assistant Chief.

»Du willst doch nicht etwa weg aus der Mordkommission?«, fragte Omar.

»Nein, nein, mir gefällt es dort. Es ist nur, dass ich gerade an einem Fall arbeite, der vielleicht mit einem von früher zusammenhängt, in dem Warra ermittelt hat. Deshalb würde ich mich freuen, wenn du mir die Akten von Warras alten Fällen besorgen könntest.«

»Warum holst du sie dir nicht einfach aus dem Archiv?«

»Ich will kein Aufsehen erregen. Das könnte die Ermittlungen gefährden.«

Omar lehnte sich mit einem Brummen zurück. Ibrahim wusste, dass er ihn gleich der Lüge bezichtigen und nachhaken würde, was in Wahrheit dahintersteckte. Doch offenbar merkte er Ibrahim die Panik an, denn er schwieg.

»Eine der Akten könnte geheim sein«, fügte Ibrahim hinzu.

Omar beugte sich wieder vor und betrachtete seine Hände. »Worum geht es?«

»Ich würde es dir ja gern erzählen, aber ich darf nicht.« Ibrahim kauerte sich auf die Fersen. »Wirklich nicht. Du musst mir einfach vertrauen.«

Omar musterte ihn.

»Bis jetzt habe ich dich noch nie um so etwas gebeten.«

»Deshalb finde ich es ja so seltsam …«

»Und ich würde es nicht tun, wenn es nicht wichtig wäre.«

Omar seufzte auf. »Also gut. Ich schaue, was ich machen kann.«

Als er am Nachmittag das Parkhaus der Polizei verließ, läutete sein Telefon. Es war Katya.

»Ich bin heute in der Mittagspause mit dem Foto, das Sie mir geschickt haben, noch einmal im Einkaufszentrum gewesen«, begann sie.

»Ich bin beeindruckt.«

»Nun«, fuhr sie fort, »ich wünschte, ich hätte gute Nachrichten für Sie. Ich habe das Foto einigen Ladeninhabern gezeigt, doch niemand hat sie erkannt. Also habe ich es riskiert, noch einmal in den Laden zu gehen, wo sie gearbeitet hat. Dort hat man sie auch nicht erkannt.«

»Was?«

»Die Frau, die den Verkäuferinnen als Sabria Gampon bekannt war, sah der Frau auf dem Foto überhaupt nicht ähnlich. Nicht im Geringsten. Alle drei haben mir das bestätigt. Überhaupt keine Übereinstimmung.«

»Das glaube ich nicht.«

»Tut mir leid. Sie haben für mich sogar die Personalakte herausgesucht.«

»Haben Sie gesagt, dass Sie Polizistin sind?«, fragte er.

»Nein, ich habe mich als Privatdetektivin ausgegeben, die in einer Diebstahlsache bei einer anderen Firma Nachforschungen über sie anstellt. Tut mir leid, vielleicht war das ein Fehler, aber so habe ich sie zum Reden gebracht. Jedenfalls haben sie mir eine Kopie ihres Bewerbungsschreibens gegeben, das Sie sich vielleicht ansehen wollen. Möglicherweise können Sie ja die Handschrift identifizieren … oder auch nicht.«

»Ja, sehr gut. Können Sie es zu mir ins Büro bringen?«

»Ich habe es schon in Ihren Posteingang gelegt.«

»Danke«, erwiderte er. »Ich weiß Ihre Diskretion wirklich zu schätzen.«

»Keine Ursache«, antwortete sie. »Ach, und noch etwas. Ich habe die Bewerbung mit ihren Angaben auf dem Visumsantrag verglichen. Die Person, die das Formular ausgefüllt hat, kannte die richtige ID-Nummer des alten Visums.«

»Okay«, sagte er. Ihm schwirrte der Kopf. »Also hatte die Frau, die sich als Sabria ausgegeben hat, Zugriff auf ihre Daten bei der Einwanderungsbehörde.«

»Genau.«

Zwanzig lange Minuten saß er im Auto und starrte auf sein Lenkrad. Sabria war gar nicht Sabria? Aber selbstverständlich war sie es. Sie war schon immer Sabria gewesen. Schließlich hatte die Abteilung für verdeckte Ermittlungen sie vor der Einstellung gründlich überprüft. Natürlich war sie bei ihren Einsätzen in verschiedene Rollen geschlüpft, doch soweit er informiert war, hatte sie niemals jemanden damit beauftragt, ihre Identität anzunehmen. Und genau das musste hier passiert sein. Denn seine Sabria hätte sich niemals eine Stelle in einer Boutique besorgt, Handtaschen gestohlen und sich nach sechs Wochen vor die Tür setzen lassen, ohne es ihm zu erzählen. Katyas neueste Erkenntnisse unterstützten diese Theorie: Sie war auf dem Foto nicht erkannt worden. Sicher wusste Sabria von dieser anderen Frau, die ihre Stelle angetreten und ihre Arbeit übernommen hatte.

Plötzlich erschien es ihm möglich, dass Sabria gar nicht davongelaufen war, sondern ihre eigenen verdeckten Ermittlungen durchführte, so streng geheim, dass nicht einmal Ibrahim davon erfahren durfte. Und dass aus unerklärlichen Gründen etwas Schreckliches geschehen war.

11

Sie hatten jede Datenbank vermisster Personen im ganzen Land durchforstet und einen Treffer gelandet, der mit den Porträtzeichnungen eines der verbliebenen achtzehn Opfer übereinstimmte. Und ein Treffer war ja immerhin etwas. Die Frau hieß Maria Reyes und war in Dschidda verschwunden. Vor drei Jahren war sie mit einem Hadschvisum eingereist und hatte die zweiwöchige Aufenthaltsdauer offenbar überschritten, denn nichts wies darauf hin, dass sie das Land je wieder verlassen hatte. Sie war mit einer Pilgergruppe gekommen, die sich ausschließlich aus Frauen von den Philippinen zusammensetzte. Solche Gruppenreisen stellten für viele Muslimas aus Übersee die einzige Möglichkeit dar, ohne männliche Begleitung den Hadsch anzutreten. Laut Reiseleiter war Reyes zwei Tage vor dem Ende der Reise untergetaucht. Der Reiseveranstalter vermutete, dass sie sich freiwillig aus dem Staub gemacht hatte, um sich eine illegale Beschäftigung zu suchen. Niemand hatte je wieder etwas von ihr gehört.

Drei Jahre waren eine lange Zeit. Ibrahim nahm an, dass die Mitarbeiter des Reiseveranstalters Dar al-Hijaz inzwischen gewechselt hatten. Doch der Inhaber Benigno Dimzon erinnerte sich noch an Reyes, da es sehr ungewöhnlich war, dass Frauen während seiner Reisen verloren gingen. Das Unternehmen achtete penibel auf weibliche Reisende ohne männliche Begleitung, brachte sie sogar abends zu ihren Hotelzimmern und postierte einen Wachmann vor dem Hoteleingang, damit sich keine davonmachen konnte.

»Wie hat sie es dann geschafft?«, erkundigte sich Ibrahim.

Sie saßen in Dimzons Büro, einem kleinen hellen Raum, in dem es nach Lufterfrischer fürs Auto roch. Es war Dienstagmorgen, kurz nach dem zweiten Ruf zum Gebet. Grelles Sonnenlicht strömte durch die Lamellen der Fensterläden herein und beschien das Gesicht des Mannes. »Keine Ahnung, wie es passiert sein kann«, sagte Dimzon. »Wir bieten den Frauen auf unseren Touren auch die Möglichkeit, ein paar kleine Einkäufe zu erledigen. Natürlich nur für den persönlichen Bedarf. Dazu bringen wir sie zum Einkaufszentrum und bleiben die ganze Zeit in ihrer Nähe. In sieben Jahren hatten wir kein einziges Mal ein Problem. Die meisten Teilnehmerinnen unserer Gruppenreisen kommen nicht aus armen Verhältnissen. Sie wollen hier keine Arbeit finden. Sie sind gute Muslimas, machen ihren Hadsch und fahren wieder nach Hause. Wir verlangen ziemlich hohe Preise und außerdem eine beträchtliche Kaution, die sie zurückbekommen, sobald sie wieder auf den Philippinen sind. Also gibt es normalerweise keine Schwierigkeiten.«

»Ich bin sicher, dass Sie einen ausgezeichneten Ruf genießen«, erwiderte Ibrahim. »Ich würde nur gern wissen, wie genau sich Miss Reyes' Verschwinden abgespielt hat.«

»Nun, ja.« Dimzon lehnte sich zurück. Er war ein gedrungener Mann mit einem beweglichen Gesicht und strahlenden Augen, in denen sich nun Bedauern abzeichnete. »Die Frauen waren im Einkaufszentrum zwar alle verschleiert, hatten aber ihr Gesicht nicht bedeckt. Wissen Sie, wir wollten sie in der Öffentlichkeit auseinanderhalten können und haben sie deshalb gebeten, ihre Gesichter frei zu lassen. Denen, die ein Problem damit haben, geben wir ein kleines Band, das sie sich hier an die Schulter heften können.« Er zeigte auf seine linke Schulter. »Auf diese Weise erkennen wir, wer zu unserer Gruppe gehört und wer nicht. Maria trug eines dieser Bänder. Ich habe sie selbst im Auge behalten, und außerdem stand sie dicht neben mir. Ich habe mich umgedreht, um mit einem Kassierer zu sprechen, und als ich wieder hingeschaut habe, war sie weg.«

»Das haben Sie sofort bemerkt?«

»Ja. Ich dachte, sie hätte sich in der Kassenschlange angestellt. Aber als ich die Schlange entlangging, war sie nicht da. Offenbar hatte sie das Bändchen abgenommen und sich verdrückt. Sicher hat sie es geplant.«

Ibrahim hatte den Eindruck, dass er die Wahrheit sagte.

»Ich habe gleich alle gefragt«, sprach Dimzon weiter. »Haben Sie

Maria gesehen? Niemand hatte beobachtet, wie sie wegging. Eine Frau meinte, sie habe sich vielleicht ganz hinten angestellt, doch es hätte auch irgendeine andere Frau sein können, da Maria ja das Gesicht bedeckt hatte. Aber die Frauen haben miteinander geredet und in der Warteschlange ihre Schnäppchen begutachtet. Soll ich das wirklich kaufen? Ist das nicht süß? Sie kennen es ja. Kein Mensch hat richtig hingeschaut.«

»War da sonst niemand? Ich meine, irgendwelche Fremden? Jemand, der offensichtlich nicht zur Gruppe gehörte?«

»Niemand, der mir aufgefallen wäre. Natürlich waren viele Leute im Einkaufszentrum. Es war eine Menge los.«

So einfach war das. Sie hatte nur ihr Gesicht und die Hände bedecken müssen. Abaya und Schleier erledigten den Rest. Eine in Schwarz gehüllte Frau konnte wie ein Schatten verschwinden und in einer dunklen Seitengasse untertauchen. Selbst wenn Dimzon sie gesehen hätte, hätte er Schwierigkeiten gehabt, sie zu verfolgen. Es hätte eine Verwechslung sein können. Und wenn er in Verdacht geraten wäre, in aller Öffentlichkeit fremde Frauen zu belästigen, wäre die Hölle los gewesen.

Ab dem Moment, als Maria Reyes das Einkaufszentrum verließ, war sie anonym und frei. Hatte sie sich wirklich erlöst gefühlt? Hatte sie die Gelegenheit beim Schopf gepackt? Nun konnte sie sich in eine x-beliebige philippinische Arbeitskraft verwandeln, wenn auch in eine illegale. Philippinische Hausmädchen waren sehr gefragt. Oder war sie aus Angst und Verzweiflung spontan geflohen? Laut Rechtsmediziner war Reyes etwa sechs bis acht Monate nach ihrem Verschwinden gestorben. Offenbar war sie nicht an dem Tag entführt worden, an dem sie sich in Luft aufgelöst hatte, auch wenn es nicht auszuschließen war. Der Mörder hätte sie kidnappen und sie monatelang gefangen halten können, bevor er sie tötete. Das Einkaufszentrum befand sich nicht in der Nähe des Ortes, wo Cortez, das andere identifizierte Opfer, zuletzt gesehen worden war. Ibrahim wusste, dass es nicht leicht werden würde, einen Zusammenhang zwischen den beiden Fällen nachzuweisen. Nur eines stand fest: Sie brauchten mehr Informationen.

12

Vielleicht lag es ja daran, dass sie Nayirs Heiratsantrag angenommen hatte, denn Katya wagte kaum in Ibrahims SUV einzusteigen. Die Furcht fühlte sich anders an als früher, wenn sie ein Taxi genommen hatten oder, ganz selten, mit Osama im Streifenwagen gefahren war. Die Frage lautete nicht länger »Was, wenn mein Vater es herausfindet?«, sondern »Was, wenn mein Verlobter es erfährt? Wenn er zornig oder argwöhnisch wird und die Hochzeit absagt?«. Hinzu kam noch das Problem: »Was, wenn Ibrahim herausfindet, dass ich in Wahrheit gar nicht verheiratet bin? Wird er mich bei Chief Riyadh anschwärzen? Werde ich dann meine Stelle verlieren, so wie Faiza im letzten Monat?«

Deshalb senkte sie den Schleier und nahm auf dem Rücksitz Platz, ehe Ibrahim protestieren konnte. Vor einer Woche hätte sie so etwas noch lächerlich gefunden, schon allein deshalb, weil sie sich dadurch in eine untergeordnete Position begab und sich der Geschlechtertrennung beugte. Doch wenn sie nun ertappt wurden, konnte sie wenigstens darauf verweisen, dass sie, anständig verhüllt, auf dem Rücksitz gesessen hatte.

Beim Einsteigen machte Ibrahim ein überraschtes Gesicht. Er drehte sich um und starrte sie an. »Mich stört es nicht, wenn Sie vorn sitzen«, sagte er.

»Schon gut, danke.«

Er wies auf den Parkplatz. »Niemand sieht uns.«

»Alles in Ordnung.«

Sie merkte ihm an, dass er gekränkt war. War es zu fassen, dass sie dieses Spiel gerade mit dem liberalsten Mann in der gesamten Dienststelle trieb? Er startete den Motor und fuhr los.

»Ich habe bei der Abteilung für verdeckte Ermittlungen mit Frauen zusammengearbeitet«, begann er. »Zunächst einmal ist es schwierig, überhaupt Frauen zu finden, die sich für diesen Beruf eignen. Sie müssen Polizeierfahrung haben. Und außerdem haben die meisten Frauen Ehemänner, die es nicht gerne sehen, wenn ihre Partnerinnen einige Monate lang eine andere Identität annehmen und sich in Gefahr bringen. Hinzu kommt, dass die Männer sich dann um die Kinder kümmern müssen. Wir mussten sogar einmal eine Frau von einem Fall abziehen, weil ihr Mann damit überfordert war, seinen Sohn zum Arzt zu bringen.«

Katya schnaubte leise. »Haben Sie Sabria so kennengelernt – bei verdeckten Ermittlungen?«

»Ja.« Er betrachtete Katya im Rückspiegel und sah ihr direkt in die Augen. »Wir haben zusammengearbeitet. Unsere Beziehung fing erst später an, nachdem sie gekündigt hatte.«

Ibrahim hatte Katya am Morgen angerufen und sie gefragt, ob sie bereit sei, alle Spuren, die sie finden konnte, in Sabrias Wohnung sicherzustellen. Es war Mittwoch, und es war wichtig, das vor Donnerstag, dem Wochenende, zu erledigen, wenn die meisten Nachbarn zu Hause sein würden.

Sie sagte sich, dass sie nur mitfuhr, weil sie sich schuldig fühlen würde, falls Sabria etwas Schreckliches zugestoßen war, während sie die Hände in den Schoß gelegt hatte. Doch der wahre Grund war, dass Ibrahim die Ermittlungen gegen den Serienmörder leitete, und wenn das der nötige Schritt war, um in den Fall einbezogen zu werden, musste es eben sein.

Neben ihr auf der Sitzbank stand eine Reisetasche, die eigentlich ein mobiler Spurensicherungskoffer war. Wochenlang hatte sie die schwarze Tasche liebevoll bestückt und sie mit unbenutzten stapelbaren Plastikbehältern, Tüten, Spritzen und vielen anderen im Labor stibitzten Gerätschaften gefüllt. Eigentlich war die Tasche für den Notfall gedacht, wenn sie endlich einmal zu einem Tatort gerufen werden würde. Doch stattdessen fand der Debütantinnenball heute Morgen statt.

»Hatten Sie schon Zeit, sich Sabrias Bewerbungsschreiben anzusehen, das ich Ihnen ins Postfach gelegt habe?«, fragte sie.

»Ja«, erwiderte er. »Es sieht aus wie ihre Handschrift.«

»Also hat sie das Formular ausgefüllt«, meinte Katya, »und eine andere Frau hat dann die Stelle angetreten?«

»Das ist die einzige Erklärung, die mir einfällt«, erwiderte er. »Obwohl ich mir keinen Grund dafür denken kann.«

Daran, wie er in den Stellplatz vor ihrem Haus einscherte, erkannte sie, dass er es schon Tausende von Malen getan hatte. Er erbot sich, die Tasche zu tragen. Aber sie tat es selbst. Sie fuhren mit dem Aufzug in den dritten Stock.

»Ich finde immer noch, dass Sie sie als vermisst melden sollten«, sagte Katya. »Anonym.«

»Die Polizei kann auch nicht mehr tun als ich.«

»Warum lassen Sie sich denn nicht helfen?«

»Ich habe doch Hilfe«, erwiderte er.

Ibrahim schloss die Tür auf. Sabrias Wohnung war klein und mit reinweißen Teppichen und schlichten Möbeln ausgestattet. Sofort fiel Katya auf, dass persönliche oder nostalgische Gegenstände fast völlig fehlten. Keine Fotos von Familienangehörigen oder Freunden. Keine Bücher, keine Dekoobjekte. Nichts als ein Paar Zweisitzer und ein Fernseher auf einem Schränkchen. Auf dem Couchtisch standen einige leere Tassen. Katya ging in Küche, Schlafzimmer und Bad. Größer war die Wohnung nicht, und bis auf einige Kosmetika und die Kleider im Schrank war hier nichts Bemerkenswertes zu entdecken. Jede x-Beliebige hätte hier wohnen können.

»Hatte Sie denn gar keine Fotos oder persönliche Sachen?«, fragte Katya.

Sie standen in der Küche. Ibrahim sah sich um, als bemerke er das Fehlen dieser Dinge zum ersten Mal. »Sie besaß nicht viel«, erwiderte er. »Und die Fotos hatte sie im Computer.«

»Und wo ist der?«

Er begleitete Katya zurück ins Wohnzimmer und öffnete das Schränkchen unter dem Fernseher. Es enthielt einen zusammengefalteten Gebetsteppich, eine Parfümflasche und einige alte Videokassetten.

»Er ist weg.«

»War es ein Laptop?«

»Ja.« Mit bestürzter Miene richtete er sich auf.

Katya setzte sich aufs Sofa und fing an, die Kaffeetassen mit Fingerabdruckpulver zu bestäuben.

»Sabria hatte nicht viel, als sie nach Dschidda kam«, erklärte Ibrahim. »Und das wenige, was sie besaß, musste sie zurücklassen, als sie vor ihrem ersten Arbeitgeber floh.«

»Und wer war das?«

»Sie hat ein Jahr lang als Hausmädchen gearbeitet. Sie wurde missbraucht. Also ist sie davongelaufen.«

»Aber das ist doch schon ein paar Jahre her, oder?«

»Etwa fünf Jahre.«

»Dann hätte sie genug Zeit gehabt, neue Sachen anzuschaffen«, stellte Katya fest.

»Wie ich schon sagte, hatte sie keinen Spaß am Einkaufen.«

»Wie hat sie denn die Wohnung bezahlt?«

»Ich habe sie bezahlt«, antwortete Ibrahim. »Ich bezahle alles. Auch die Telefonrechnung und das Essen und … was sie sonst noch braucht, was nicht viel ist.«

Katya nickte.

»Was denken Sie jetzt?«, fragte er. »Warum sie gearbeitet hat, obwohl ich sie versorge?«

»So ähnlich. Die Sache ist nur, dass sie gar nicht gearbeitet hat. Zumindest nicht dort, wo sie angeblich beschäftigt war. Allerdings haben Sie angenommen, dass sie die Wahrheit sagt. Was also, glauben Sie, hat sie mit ihrem angeblichen Gehalt gemacht? Sie hat nie etwas gekauft. Fanden Sie das nicht seltsam?«

Er zuckte die Achseln. »Ich dachte, sie spart eben.«

»Haben Sie sie nie danach gefragt?«

»Nicht wirklich.« Er kehrte in die Küche zurück, während sie weiter die Tassen auf dem Couchtisch mit Fingerabdruckpulver behandelte und an ihren Vater dachte, der sich, wenn es heikel wurde, stets in die Küche flüchtete und etwas Essbares suchte.

»Es ist noch Milch im Kühlschrank«, sagte er, als er ins Zimmer zurückkehrte.

Sie blickte auf.

»Ein ganzer Liter. Sie hat jeden Tag Milch getrunken. Wenn sie weggewollt hätte, hätte sie keine Milch gekauft.«

»Ahnt niemand in Ihrer Familie, dass Sie ein Verhältnis mit ihr haben?«, erkundigte sich Katya.

Sie bemerkte ein leichtes Zögern. »Richtig.«

»Sind Sie ganz sicher?«

»Ja.« Nun war er ganz der aufgebrachte Familienvater. »Glauben Sie mir, wenn es jemand wüsste, wäre mein Leben inzwischen ruiniert.«

»Was ist mit Freunden oder Kollegen?«

»Wir haben sehr darauf geachtet, es vor allen geheim zu halten.« Er sah sie finster an. »Es ist ja nicht unbedingt legal.«

»Was ist mit Nachbarn?«, fragte Katya.

»Die kümmern sich nicht darum.«

»Wie lange treffen Sie sich schon mit ihr?«

»Seit zwei Jahren.«

»Und warum haben Sie sie nicht geheiratet?«

»Weil sie schon verheiratet ist, und zwar mit einem Mann, der sie regelmäßig vergewaltigt hat und den sie nie mehr wiedersehen will.«

Katya nickte langsam.

Ibrahim setzte sich aufs Sofa. »Ich weiß, was Sie jetzt denken: *Was, wenn sie einfach gegangen ist?*«

»Sie müssen einräumen, dass das trotz der Milch möglich ist. Manche Menschen entscheiden eben spontan.«

»Klar.« Da er auf dem Sofa offenbar keine bequeme Sitzposition fand, stand er auf und ging zum Fenster. Er stand am Fensterbrett und spähte durch die Ritze, wo der Fensterladen nicht ganz mit dem Rahmen abschloss. »Wir haben nie die Fenster aufgemacht«, meinte er und wies auf die Fensterläden. »Wir haben sie einbauen lassen, und sie blieben immer zu. Wir sind auch fast nie essen gegangen und nur manchmal an einen Privatstrand. Außerdem haben wir einander so selten wie möglich angerufen und dann immer falsche Namen benutzt. In meinem Telefon ist sie als ›Muhammed‹ eingespeichert. Ohne Nachnamen. Wir waren wirklich *vorsichtig*.«

Die bloße Vorstellung löste in Katya Beklemmungen aus.

»Also ja«, fuhr er fort. »Vielleicht hatte sie genug. Es hat ihr in Saudi-Arabien sowieso nie gefallen. Sie sagte immer, als sie herkam, sei ihr das Verhalten der Menschen rätselhaft erschienen. Sie ist als Muslima aufgewachsen und hatte sich bis dahin immer für gläubig gehalten. ›In diesem Land befindet sich zwar Mekka‹, meinte sie immer, ›aber die Leute leben eine andere Religion als ich.‹ Das hat sie sehr beschäftigt.«

Katya war mit den Fingerabdrücken fertig und stand auf. »Ich schaue mich jetzt im Schlafzimmer um.«

Ibrahim stellte sich ihr in den Weg. »Ich habe nachgedacht. Immer wieder und wieder habe ich darüber nachgegrübelt. Ich dachte, ich könnte sicher sein, dass ihr etwas zugestoßen ist. Das hat mir mein Bauchgefühl gesagt, und normalerweise irrt es sich nie. Ich verlasse mich darauf. Aber jetzt … ich weiß nicht.«

»Wir haben eines noch nicht in Erwägung gezogen«, meinte Katya.

»Glauben Sie mir, ich habe alles in Erwägung gezogen.«

»Dann sicher auch, dass es etwas mit dem Fall zu tun haben könnte?«

»Dem Serienmörder?«

»Ja.«

Ibrahim räusperte sich. »Okay, ja, ich habe daran gedacht.« Er schüttelte den Kopf. Sie merkte ihm an, dass er müde wurde und sich nicht mehr richtig konzentrieren konnte. »Was, wenn sie gegangen ist?«

Sie sah sich im Schlafzimmer um, das ebenso spartanisch eingerichtet war wie der Rest der Wohnung.

Auf dem Weg nach draußen bemerkte sie einen funkelnden Gegenstand, der aus dem Flurteppich vor der Wohnungstür lugte. Es schien ein Nagel zu sein. Als sie sich bückte, entdeckte sie eine Schliere daran. Rasch öffnete sie ihre Tasche und holte einen Tupfer heraus.

»Das ist Blut«, stellte sie fest. Er ging in die Knie, um einen Blick darauf zu werfen. Der Nagel steckte im Boden, und jemand hatte sich offenbar daran den Fuß verletzt. Katya pflückte ein kleines Stück Plastik von der Unterseite des Nagels. Es sah aus, als stamme es von Flipflops oder billigen Sandalen. »Das muss von jemandem sein, der bei ihr in der Wohnung war«, sagte sie. Sie befanden sich am anderen Ende des Flurs, wo es keine anderen Wohnungstüren gab.

»Wahrscheinlich ihr Blut«, meinte er.

»Hat sie Sandalen getragen?«

»Ja. Immer.«

Sie richteten sich auf. »Nur für alle Fälle«, sagte sie, »brauche ich Ihre DNA.«

Er nickte und öffnete den Mund, damit sie einen Abstrich nehmen konnte.

೫ 13 ೫

Nach dem Besuch in Sabrias Wohnung fuhr Ibrahim nach Kandara im Süden und parkte unter der Sitteen Street Bridge, einer klotzigen Straßenüberführung, unter der sich ein belebter Busbahnhof befand.

Dort, auf dem breiten Gehweg aus Beton, bekam sie Einblick in ein Elendsviertel, wie Katya es bis jetzt nur aus Nachrichtensendungen kannte – und selbst dann behandelten diese Meldungen stets arme Entwicklungsgebiete wie die brasilianischen Slums oder gescheiterte Staaten in Afrika, wo ein Menschenleben weniger wert war als das eines Tieres. Aber hier, in einer der reichsten Städte Saudi-Arabiens?

Die meisten Einwohner von Kandara waren Frauen und stammten, nach ihren Gesichtern zu urteilen – der Großteil von ihnen war nicht verschleiert –, hauptsächlich aus Indonesien und den Philippinen. Auch ein paar Afrikanerinnen, Inderinnen und andere Asiatinnen waren dabei. Es waren mindestens tausend, vermutlich mehr, die sich viele Häuserblocks weit im Schatten an die Mauern lehnten. Hin und wieder hatte jemand aus Wellblech eine Hütte oder einen Unterstand aus Pappe gebaut, um sich vor der Sonne zu schützen. Mütter hatten ihre Kinder auf dem Schoß. Hier und da lag ein Mann auf einem Stück Karton.

Obwohl die Polizei keine Statistiken über die verschiedenen Stadtviertel führte, war allgemein bekannt, dass die Zustände hier am schlimmsten waren. Da sich das philippinische Konsulat nur wenige Häuserblocks entfernt von der Hochstraße befand, hatten die Menschen schon vor Jahren begonnen, sich hier zu versammeln, um auf eine Ausreisegenehmigung zu warten.

»Angeblich haben die meisten dieser Leute ihre Hadschvisa überzogen«, sagte Katya.

»Ja, so sind einige von ihnen ins Land gekommen, aber schauen Sie sich die Leute mal als Gruppe an. Was fällt Ihnen zuerst auf?«

»Es sind fast nur Frauen«, stellte Katya fest.

»Richtig ...«

»Und für eine Frau ist es schwierig, ohne männliche Begleitung zum Hadsch zu kommen.«

»Genau. Die meisten dieser Frauen sind geflüchtete Hausmädchen«, erwiderte Ibrahim.

Er schwieg so lange, dass Katya sich die Frage nicht verkneifen konnte. »Woher wissen Sie, dass es Hausmädchen sind?«

»Wir haben Sabria hier gefunden.«

»Es gab diese Zustände schon vor fünf Jahren?«, entsetzte sich Katya.

»Ja, aber es war noch nicht so schlimm.« Sie betrachteten die Frauen in den vorderen Reihen der Menschenmenge. Frauen in zerlumpten schwarzen Umhängen, unter denen die Kleidung deutlich zu sehen war.

Es gehörte nicht viel dazu, um auf der Straße zu landen. Hausmädchen, Straßenkehrer und Gärtner, alle auf der Suche nach einem besseren Leben, hatten sich stattdessen als Leibeigene wiedergefunden. Ein Anwerber brachte gegen eine Gebühr von zehntausend Rial und mehr Arbeitskräfte ins Land, ein Preis, der so hoch war, dass ein Arbeiter mit seinem Lohn bis zu zehn Jahre gebraucht hätte, um die Schulden zurückzuzahlen. Also beglich der Arbeitgeber die Gebühr, und das Hausmädchen war verpflichtet zu bleiben, bis alles abgegolten war.

Doch was, wenn man es an seinem Arbeitsplatz nicht mehr aushielt? Wenn der Arbeitgeber einem plötzlich die Mahlzeiten verweigerte? Wenn er einem verbot, das Haus zu verlassen, die eigene Familie anzurufen oder sogar mit dem Anwerber zu sprechen, der einen hergebracht hatte? Was, wenn eine Frau vergewaltigt und geschlagen wurde? Es gab nur wenige Gesetze, die die Arbeiter schützten – die meisten vertraten die Interessen des Arbeitgebers, der sie gekauft hatte. Also war die einzige Möglichkeit, sich unter die Sitteen Street Bridge zu flüchten und das Konsulat um einen neuen Pass oder wenigstens eine vorübergehende Bescheinigung und ein Flugticket nach Hause anzuflehen. Man stand Schlange und wartete auf die drei jämmerlichen

Busse, die einige Male pro Woche unter der Brücke erschienen und einen zu der von den Saudis finanzierten Passstelle brachten, um das Durcheinander zu ordnen.

Man kämpfte um einen Platz im Bus, und selbst wenn er voll war, prügelte man sich trotzdem, denn wer von der Polizei für einen Störenfried gehalten wurde, wurde vielleicht als Erster nach Hause geschickt. Wer nicht genug Ärger machte, bekam nur eine Geldstrafe wegen Überziehung seines Visums und landete in einer Gefängniszelle, wo er den Rest seines Lebens verbringen konnte, sofern der König keine Amnestie erließ. Man konnte nur zu Gott beten, dass man nicht in eine Hafteinrichtung des Konsulats wanderte, wo man einfach in ein Zimmer gesteckt und vergessen wurde. Erst vor wenigen Wochen waren fünf Äthiopier gestorben, die man in eine fensterlose Toilettenkabine gesperrt und morgens erstickt aufgefunden hatte.

Zum Glück verteilten die Moscheen täglich Lebensmittel und Wasser in Kandara. Dass die Busse alle paar Tage wiederkamen, war kein Trost, denn der Bevölkerungszustrom unter der Brücke war wie ein Wasserhahn, der sich nicht zudrehen ließ. Ganz gleich, wie viele Eimer man auch unterstellte, das Wasser floss immer weiter. Sobald ein Bus abfuhr, rückten schon wieder die nächsten nach.

»Glauben Sie, dass sie hier ist?«, fragte Katya.

»Nein. Das hier ist ein Drecksloch. Die Polizei hat letzten Monat zweimal einen Prostituiertenring auffliegen lassen. Interessant ist nur, dass etwa die Hälfte aller in Dschidda vermissten Personen sich entweder hier aufhalten oder von hier verschwunden sind.« Er holte einen Ordner aus dem vorderen Fußraum, entnahm ihm einige Papiere und reichte Katya einen Teil davon. Es waren die Porträtskizzen der Opfer aus der Wüste. »Ich glaube, es ist am besten, wenn wir uns hier nach unseren restlichen Opfern umhören. Ist das für Sie in Ordnung?«

»Ja, natürlich.«

Als Ibrahim ausstieg, folgte Katya ihm auf die andere Straßenseite. Zuerst fiel ihr der Geruch auf, ein fauliger, muffiger Gestank nach ungewaschenen Körpern, verdorbenen Lebensmitteln und den Kothaufen in den kleinen Gräben entlang des Randsteins, die in der Hitze goren.

Sie legte sich den Schleier über die Nase und versuchte, möglichst flach zu atmen, doch der Geruch war so übermächtig, dass es ihr die Tränen in die Augen trieb. Unter der Brücke war es zwar ein wenig kühler, aber da sich kein Lüftchen regte, legte sich der Gestank über alles.

Zwei endlose, von Hitze, Schweiß und Enttäuschung geprägte Stunden lang klapperten sie die Menschenmenge ab. Ibrahim blieb zwar immer in Sichtweite, doch es gelang Katya nie, Blickkontakt zu ihm aufzunehmen. Mitten in einer Ansammlung provisorischer Zelte stieß sie auf eine Frau, die sich über ein Kleinkind beugte.

»Verzeihung, aber ich suche diese Frau.«

Die Angesprochene warf einen kurzen Blick auf das Bild. »Nie gesehen. Versuchen Sie es bei Aunie.« Sie wies auf eine Frau am Rand des Gehwegs. Aunie war eine zierliche Asiatin mit schwarzem Pagenschnitt. Sie lag seitlich in einem einsturzgefährdeten Rattansessel, vermutlich das am besten erhaltene Möbelstück hier. Bekleidet war sie mit einer gewagten kurzärmeligen Bluse und einer auf Kniehöhe abgeschnittenen weiten Hose. An den Füßen hatte sie Flipflops aus Plastik.

Sie rührte sich nicht, als Katya näher kam.

»Verzeihung«, sagte Katya. »Ich suche diese Frauen.« Als sie Aunie die Zeichnungen hinhielt, richtete diese sich langsam auf.

»Sind Sie von der Polizei?«

»Mordkommission.«

Die Frau nickte. »Also sind sie tot.«

»Kennen Sie sie?«

Die Frau schwieg, griff in einen abgewetzten Plastikbeutel zu ihren Füßen und begann, darin zu wühlen. Katya beobachtete, wie sie ein schmutziges Stück Stoff hervorkramte und sich damit den Schweiß von Gesicht und Hals wischte.

»Nehmen Sie mich jetzt fest?«, fragte sie.

»Nur, wenn Sie das möchten.«

Aunies Lächeln wirkte eher herausfordernd als amüsiert. »Ich habe sie noch nie gesehen«, erwiderte sie und wollte sich wieder hinlegen.

»Könnte eine Tasse Kaffee Ihrem Gedächtnis vielleicht auf die Sprünge helfen?«

Die Frau musterte sie.

»Oder ein Mittagessen?«

Nach einiger Überlegung richtete Aunie sich wieder auf. »Nein«, entgegnete sie. »Heute habe ich schon gegessen. Aber ich brauche Geld, um mir morgen etwas zu kaufen.«

Katya nickte. »Sagen Sie mir die Namen.«

Die Frau schaute genauer hin und griff nach der Zeichnung in der Mitte, die sie stirnrunzelnd studierte. »Das könnte Mahal sein.«

»Hat Mahal auch einen Nachnamen?«

Aunie schüttelte den Kopf. »Hab ich vergesen. Sie ist Philippinerin.« Als sie Katya die Zeichnung zurückgeben wollte, nahm diese sie nicht an.

»Wissen Sie, ob sie Arbeit hatte?«

»Nein.« Aunie schnaubte höhnisch. »Arbeit? Hier? Glauben Sie, das hier ist ein Hotel?«

»Ich meine, bevor sie zur Brücke kam«, hakte Katya ein wenig ungeduldig nach. »Wissen Sie, was sie davor gemacht hat?«

»Nein.«

»Was halten Sie von einem Mittagessen für morgen und übermorgen?«

Aunie schnaubte wieder. »Gut, vielleicht war sie ja Hausmädchen. Ich kann mich nicht erinnern. Bei irgendeiner Familie, der öfter mal die Hand ausgerutscht ist.« Sie machte eine wegwerfende Handbewegung.

»Und warum war sie unter der Brücke? Ist sie geschlagen worden?«

»Natürlich ist sie geschlagen worden«, erwiderte die Frau, doch zum ersten Mal klang sie, als würde sie lügen. »Sie ist vor ihnen davongelaufen. Vor allen!«

Mit einem Nicken nahm Katya die Zeichnung wieder entgegen. »Und Sie?«, fragte sie. »Warum sind Sie hier?«

Aunie schloss die Augen und lehnte sich zurück, sodass der Sessel gefährlich ins Schwanken geriet. »Die meisten Leute hier haben dasselbe Problem.«

»Keinen Pass«, stellte Katya fest.

»Doch!« Aunie beugte sich vor und öffnete die Augen wieder.

»Einen Pass haben sie schon. Aber ihre Arbeitgeber erlauben ihnen nicht auszureisen. Dazu braucht man nämlich eine Genehmigung, und wenn man davongelaufen ist, kriegt man die nie. Es sind also die Saudis, die dieses Problem verursachen! Ohne ein Empfehlungsschreiben von seinem Arbeitgeber kann man kein Flugticket kaufen. Der Arbeitgeber muss einem erlauben zu gehen? Was für ein verrücktes Land ist das denn hier?«

»Also hatte Mahal keine Erlaubnis von ihrem Arbeitgeber?«

»Nein, hatte sie nicht. Wenn jemand sie umgebracht hat, dann ihr Arbeitgeber. Dafür lege ich meine Hand ins Feuer.«

»Und Sie wissen nicht, wer das war?«

»Ich kann mich nicht erinnern. Hier hört man so viele Namen. Wie soll ich mir die alle merken?«

Katya holte einen Zwanzigrialschein aus ihrer Handtasche, faltete ihn zusammen und steckte ihn in Aunies Plastikbeutel.

Katya war erschöpft. Ibrahim hatte keine der Frauen identifizieren können, und auch mit dem Namen Mahal konnten sie nichts weiter anfangen, als ihn an die Kollegen weiterzugeben, die die Konsulate abklapperten.

Auf dem Rückweg ins Büro hielten sie an einem achteckigen, mit leuchtend blauen Pepsi-Logos verzierten Kiosk, um Fruchtsaft zu kaufen. Ibrahim ging die Getränke holen, während Katya im Auto wartete, denn sie hatte noch immer eine Höllenangst davor, dass jemand sie erkennen könnte. Deshalb duckte sie sich so nah wie möglich an den Luftschacht der Klimaanlage und ließ sich den Wind direkt auf die Burka wehen. Ibrahim kam mit zwei kleinen Plastikbehältern mit vorgeschnittenem Obst zurück und reichte ihr einen.

»Danke.« *Vater*, hätte sie am liebsten hinzugefügt. Er erinnerte sie immer mehr an die Freunde ihres Vaters – die wenigen, die sie persönlich ansprachen und die sie wirklich mochte. Sie hatten so eine Art, ein mögliches erotisches Knistern mit einer lässigen, väterlichen Art zu überdecken, die in ihr immer ein steifes und verlegenes Gefühl auslöste.

Anstatt ins Büro zurückzukehren, bog er in Richtung Corniche ein. Sie dachte, dass er vielleicht noch einmal in Sabrias Wohnung wollte, doch stattdessen fuhr er weiter nach Süden bis zu einem verhältnismäßig menschenleeren Parkplatz am Strand. Er stoppte mit der Kühlerhaube zum Meer und ließ den Motor laufen, damit die Klimaanlage weiter die Hitze vertrieb. Dann öffnete er seinen Behälter mit Obststücken und begann zu essen.

Katya folgte seinem Beispiel und schob ein Stück Wassermelone unter ihre Burka.

»Vielleicht haben Sie ja recht«, sagte Ibrahim. »Ich sollte sie als vermisst melden.«

»Das finde ich auch.«

»Doch zuerst muss ich sämtliche Spuren von mir aus ihrer Wohnung entfernen. Wie hoch schätzen Sie meine Chancen ein, das zu schaffen?«

»Sie müssten jemanden damit beauftragen. Einen Profi, meine ich. Es ist eine Menge Arbeit.«

Sie verspeisten weiter ihr Obst. Katya wusste, dass sie beide das Gleiche dachten. Wenn Ibrahim Sabria als vermisst meldete, würde er wegen Ehebruchs angeklagt werden. Das hieß, wenn die Polizei den Fall wichtig genug nahm, um Kriminaltechniker zu ihr nach Hause zu schicken. Und da Sabria selbst bei der Polizei gewesen war, standen die Chancen hoch, dass man gründlich ermitteln würde.

»Ich werde mir jemanden suchen, der sauber macht«, sagte er. Er sammelte Plastikbehälter und leere Flaschen ein, warf alles aus dem Fenster und ließ den Motor an.

»Danke, dass ich Ihnen bei diesem Fall helfen darf«, erwiderte sie. »Mit dem Serienmörder, meine ich. Ich möchte gern weiter daran arbeiten.« Sie hoffte, dass sie den richtigen Ton getroffen hatte und nicht zu aufdringlich klang.

Er nickte. »Ich werde neue Aufgaben für Sie finden, sobald ich kann. Aber im Moment muss ich darauf achten, in der Dienststelle nicht aufzufallen. Ich muss meine Männer auf Trab halten – zumindest, bis der Chief mir den Fall wegnimmt, was immer noch im Bereich des Möglichen liegt. Natürlich lässt mich Sabrias Verschwinden nicht mehr los und steht derzeit bei mir an erster Stelle. Einen Mörder zu erwischen kann sehr lange dauern. Eine vermisste Person aufzuspüren ist viel dringlicher. Ich kann mit niemandem darüber sprechen, und vielleicht ist es ja egoistisch von mir, aber es ist die Wahrheit.« Kurz schloss er die Augen und sah sie dann an. »Es tut mir leid. Ich weiß, dass Sie gern mit von der Partie wären, und ich befürworte es absolut. Allerdings muss man dabei einiges bedenken.«

»Klar«, antwortete sie und hoffte, dass man ihr die Enttäuschung nicht anhörte. »Ich verstehe.«

»Ich weiß Ihre Hilfe wirklich zu schätzen.«

☙ 14 ☙

Das Wochenende – Donnerstag und Freitag – schleppte sich quälend langsam dahin. Als Ibrahim am Samstagmorgen kurz nach dem Fadschrgebet ins Büro kam, war das Gebäude beinahe menschenleer. Sein eigentlicher Plan war gewesen, endlich die Papierstapel auf seinem Schreibtisch in Angriff zu nehmen, doch er stellte fest, dass Omar ihm Warras Akten aus der Abteilung für verdeckte Ermittlungen geschickt hatte. Sie mussten geliefert worden sein, nachdem er am Mittwoch Feierabend gemacht hatte. Die Akten waren in Papier gewickelt und steckten in einem Versandbeutel aus Plastik, der die Aufschrift »abgeschlossene Fälle« und »Mordkommission« trug, damit sie keinen Verdacht erregten. Ibrahim riss das Päckchen auf und verbrachte den ganzen Morgen damit, die Akten zu lesen.

In der Abteilung für verdeckte Ermittlungen wurde oft gewitzelt, dass man – wenn man bei einem Einsatz nicht jemandem in die Arme gelaufen war, dessen Cousin dritten Grades einen von der Hochzeit des Onkels seines Nachbarn wiedererkannte – seine Zeit vermutlich damit verbracht hatte, sich in der Wüste einen runterzuholen. Es waren schon so viele Kollegen aufgeflogen, dass man eine Weile nur Männer aus anderen Städten hatte einsetzen können. Und selbst dann waren einige Aktionen daran gescheitert, dass es in Dschidda offenbar unmöglich war, nicht immer wieder Bekannten zu begegnen, ganz gleich, wie schnell die Stadt auch wuchs.

Ibrahim neigte zu einer eher pessimistischen Einstellung und vermutete, dass es in den meisten dieser Fälle einfach nur Pech gewesen war. Der leichte Verfolgungswahn, der oft mit anhaltenden Pechsträhnen einhergeht, hatte ihn eine Weile fast um den Verstand gebracht. Und so war er auf den irrwitzigen Gedanken gekommen, eine Aktion zu planen, die so verrückt war, dass sie vermutlich nie von Erfolg gekrönt sein würde – selbst wenn der Abteilungsleiter seine Zustimmung dazu gab. Sie würden eine Bande von Ladendiebinnen infiltrieren.

Ibrahim und zwei weitere Kollegen hatten es wirklich nicht leicht gehabt, ihren Vorgesetzten zu überzeugen. Selbst nachdem sie ihm klargemacht hatten, dass es tatsächlich ein Netzwerk aus wohlhabenden Frauen gab, die sich verbündet hatten, um in teuren Kaufhäusern hochwertige Luxuswaren zu stehlen (Diamantarmbänder waren besonders beliebt), dauerte es Wochen, sich eine Erfolg versprechende Strategie zurechtzulegen. Sie würden jemanden in die Bande einschleusen und genügend Beweise sammeln – und was dann? Ein Dutzend wohlhabende Mütter ins Gefängnis werfen? Von denen mindestens die Hälfte zum fraglichen Zeitpunkt schwanger sein würde? Die alle wenigstens vier Kinder hatten? Die meisten waren mit Bürokraten aus der oberen Mittelschicht verheiratet, Männern, die glaubten, dass all die neuen Kleider und der Schmuck, mit denen ihre Frauen protzten, natürlich vom großen Familienernährer finanziert worden waren, mit dessen Beamtengehalt einem die Laufstege von Mailand offenstanden. Sie ahnten nicht, dass ihre Frauen nicht aus Armut stahlen, sondern weil sie zornig und machtlos waren, und dass ihnen vermutlich der Lebensinhalt fehlte.

Als Ibrahim das Thema seinem Vorgesetzten gegenüber angesprochen hatte, war dieser sehr still geworden. Dann hatte er Ibrahim angesehen, als hätte dieser ihm gerade einen gewaltigen Pferdeapfel auf den Schreibtisch gelegt und das als traditionelle Begrüßungsgeste der Beduinen ausgegeben. Ibrahim hatte sofort gewusst, was er dachte: Dass wir eine Gruppe wohlhabender Mütter festnehmen, kommt überhaupt nicht infrage.

Rasch hatte jemand den Vorschlag gemacht, man könne ja anstelle der Frauen deren Ehemänner verhaften. Niemand würde Anstoß daran nehmen, wenn sie für das Verhalten ihrer Frauen geradestehen mussten. Ein anderer Kollege hatte gewitzelt, auf diese Weise würde man die armen Frauen von diesen Schwachköpfen befreien. Das wäre ja wie bei den Abteilungen gegen häusliche Gewalt, die es in anderen Ländern gebe und wie sie angeblich auch in Dschidda existierten, wenn man den Politikern Glauben schenken könne.

Anfangs hatte der Chief nichts mit der Sache zu tun haben wollen. »Kümmern Sie sich lieber um den Drogenmissbrauch!« Aber sie hatten ihn bearbeitet und Momente abgepasst, wenn er in zugänglicher Stimmung war, weil sie die Drogendelikte satthatten. Obwohl sie es niemals zugegeben hätten, hatten sie Lust auf eine Herausforderung. *Eine in sich geschlossene Gruppe von Frauen infiltrieren.*

Irgendwann hatte sich der Chief dann breitschlagen lassen, denn selbst ihn hatte der Diebstahl von Diamanten im Wert von dreihunderttausend Rial im al-Tahila-Juwelenzentrum am helllichten Tag beeindruckt. Offenbar hatten die Frauen die Sicherheitsvorkehrungen des Ladens genau ausgeforscht. Sie wussten, wie man das weibliche Wachpersonal ablenkte und die Schmuckvitrinen öffnete. Und all das, ohne sich um die unzähligen Videokameras zu scheren, die rund um die Uhr, auch nach Ladenschluss, liefen. Und warum? Weil ihre Gesichter verhüllt und ihre Körper in formlosen schwarzen Säcken vermummt waren.

Einer der Techniker hatte den Vorschlag gemacht, es mit einer neuen Software namens unDress zu versuchen, die einem Menschen digital die Kleider ausziehen könne. Manchmal könne man auf diese Weise einer formlosen Burka ein Gesicht verleihen. Allerdings war diese Idee sofort von einem Vorgesetzten abgeschmettert worden, den es empörte, dass seine Männer Frauen mit dem Computer entkleiden und das als Polizeiarbeit bezeichnen wollten.

Die Gruppe bestand aus sechs Frauen, was allerdings schwer mit Bestimmtheit festzustellen war, weil sie immer Burkas trugen. Außerdem war es nahezu unmöglich, eine Frau wegen Ladendiebstahls festzunehmen, wenn ihr Mann nicht dabei war und sein Einverständnis zu einer Durchsuchung gab. Also konnte man diesen Frauen nur durch Tipps von anderen Frauen – Freundinnen oder Verwandten – etwas nachweisen. Und deshalb musste man einen Weg finden, sich Zugang zu den Häusern dieser Frauen, ihrem Privatleben und ihren Geheimnissen zu verschaffen. Und die einzige Methode, die Ibrahim einfiel, war der Einsatz von Hausmädchen. Es gab bei der Polizei zwar Frauen, darunter waren allerdings nur wenige Asiatinnen und Einwanderinnen, die als einzige Bevölkerungsgruppen glaubhaft als Hausmädchen durchgingen. Die einzige Person, die damals infrage kam, war Sabria.

In den Akten, die Omar geschickt hatte, ging es um ihre Jahre bei der Abteilung für verdeckte Ermittlungen, bevor sie die Ladendiebinnen auffliegen ließ. Und alle ihre Aussagen über die Täterinnen entsprachen der Wahrheit: Es gab keine ungewöhnlichen Erkenntnisse, nichts, was Ibrahim in Zusammenhang mit ihrem Verschwinden hätte bringen können.

Im Fall der Ladendiebinnen hatte Sabria vier Monate lang verdeckt ermittelt. Dabei hatte sie sich als ausgezeichnetes Hausmädchen entpuppt und sich so eng mit der Familie angefreundet, dass Salima, die Mutter, selbst als man ihr nach ihrer Verhaftung eröffnete, wie sie enttarnt worden war, kein böses Wort über Sabria verlor. Miss Gampon, sagte sie mit widerwilligem Respekt, sei von Kopf bis Fuß ein Profi. Damals war Ibrahim nicht sicher gewesen, ob er das positiv sehen sollte. Er hatte Sabria drei Monate freigegeben, doch schon nach einer Woche war sie erschienen und hatte um einen neuen Auftrag gebeten. Er hatte abgelehnt, sie brauche Zeit, um sich auszuruhen und wieder in ihr alltägliches Leben zurückzufinden. Daraufhin war sie brav gegangen, doch ein Vierteljahr später kam sie wieder und fragte nach einem neuen Einsatz. Äußerlich hatte sie sich nicht verändert. Also hatte er sie wieder zu einer Operation eingeteilt. Und wieder schien es sie überhaupt nicht zu berühren. Sie erledigte ihre Arbeit mit einer Effizienz, die ihn inzwischen ängstigte, und stürzte sich mit Leib und Seele in ihre Aufgabe. Alle glaubten ihr. Sie konnte jeden davon überzeugen, dass sie ehrliche Absichten hatte.

Als er die Akten wieder in der Tüte verstaute, fiel sein Blick auf Sabrias Bewerbung bei der Boutique im Chamelle Center. Sie lag noch auf seinem Schreibtisch, verfasst in verräterischer Handschrift. In all der Zeit ihrer Zusammenarbeit hatte er sie nicht gekannt. Er war mit ihr umgegangen wie ein distanzierter Vorgesetzter, den ungebührliches Verhalten gegenüber einer Kollegin die Stelle kosten konnte. Erst später, nachdem sie gekündigt hatte, hatte er festgestellt, wie sie wirklich war. Und inzwischen stand sein Bild von ihr unverrückbar fest. Die echte Sabria würde nur jemanden damit beauftragen, sich für sie auszugeben, wenn es um eine wichtige Sache ging. Wenn jemand Hilfe brauchte. Allerdings hatte er noch immer keine Erklärung dafür, warum Sabria es ihm verheimlicht hatte.

Es war schon nach dem Mittagsgebet, als Ibrahim den Wagen am Ende der Seitengasse stoppte. Er und Daher stiegen aus. Inzwischen drängten sich bereits sechs Streifenwagen in der Straße. Die uniformierten Kollegen hatten die Straße in beide Richtungen über zwei Häuserblocks hinweg abgesperrt und verscheuchten gerade die letzten Fußgänger vom Gehweg.

Ibrahim, der am liebsten losgerannt wäre, zwang sich, ein wenig langsamer zu gehen. Er kam an dem Straßenkehrer vorbei, der den Fund gemacht hatte. »Chef, das ist der Mann…«, hörte er Daher noch sagen, als er den Müllcontainer umrundete und das Flatterband sah. Er duckte sich darunter hindurch und steuerte auf den zerknüllten Stoffhaufen zu, der auf dem Gehweg lag. Es war der Umhang einer Frau. Ohne seine Trägerin. Und daneben befand sich eine abgehackte Hand.

Sub-hanAllah. Bism'Allah, ar-rahman, ar-rahim. Das Gebet schoss ihm ganz automatisch durch den Kopf. Die Erleichterung war so heftig, dass es schmerzte.

Er schlüpfte wieder unter dem Band hindurch. »Sie haben von einer Leiche gesprochen?«

»Ist es keine Leiche?« Daher stand nervös neben ihm, versuchte auszusehen, als würde er hier gebraucht, und schickte die Streifenpolizisten auf die andere Seite des Absperrbandes.

»Nein, es ist eine Hand.« *Ich hätte in der Abteilung für verdeckte Ermittlungen bleiben sollen.* Ibrahim kauerte sich unter einer Ladenmarkise in den Schatten und stützte den Kopf in die Hände.

»Daneben wurde noch das hier entdeckt.« Daher stand vor ihm und reichte ihm eine Damenhandtasche. Ibrahim nahm sie und schaute hinein. Sie enthielt ein Portemonnaie mit einem Ausweis. *Amina al-Fouad.*

»Sorgen Sie dafür, dass das an die Spurensicherung geht«, sagte Ibrahim. Er war so durcheinander, dass ihm kaum auffiel, wie unwirklich die Falasteen Street am helllichten Tag ohne Passanten und Autos aussah. Außer den uniformierten Kollegen und einigen Ladeninhabern stand nur noch der magere Straßenkehrer da. Er lehnte an einem Müllcontainer und wirkte nervös und verdattert und gar nicht wie ein Mann, der gerade eine abgehackte Hand gefunden hatte.

Ibrahim stand auf und ging zu dem Mann hinüber. »War sie im Müllcontainer?«, fragte er.

»Nein«, erwiderte der Straßenkehrer. »Sie lag einfach da. Dort, wo sie jetzt noch ist. Die Hand einer Sünderin…« Er wedelte mit den Händen und blickte zum Himmel.

»Haben Sie jemanden in der Nähe bemerkt?«

»Nein.«

Es dauerte eine Viertelstunde, um den sogenannten Tatort abzusichern. Zwei Dutzend Polizisten patrouillierten. Kunden kamen aus den Läden und blieben stehen, um zu gaffen. Abu-Musa erschien und erklärte die Hand für tot. Kurz darauf traf die Spurensicherung ein und brachte eine zusätzliche Überraschung: Katya, ihren mobilen Einsatzkoffer in der Hand, entstieg dem Transporter und folgte Majdi zum Fundort. Daher zuckte bei ihrem Anblick zusammen, hielt aber den Mund.

Langsam kehrte Ibrahims Verstand in die Wirklichkeit zurück. Er hatte erwartet, Sabria dort liegen zu sehen.

Mit entsetzter Miene kniete Katya sich neben die Hand.

»Ja, Miss Hijazi?«, fragte Ibrahim.

»Ich kann mir nicht vorstellen, wie jemand sie hier hingelegt haben will«, erwiderte sie. »Warum ist es niemandem aufgefallen?«

Daher schnaubte, als sei die Antwort offensichtlich.

»So weit entfernt von der Straße ist es nicht«, beharrte Katya. »Außerdem ist diese Straße normalerweise sehr belebt. Der Mensch, der die Hand hier hinterlassen hat, kann das erst vor Kurzem getan haben. Sie wäre sicher nicht lange unbemerkt geblieben.«

Daher zog die Nase hoch und wandte sich ab. Offenbar hatte er vor, ihre Einwände zu ignorieren.

»Ich weiß nicht«, meinte Ibrahim. »Sie würden sich wundern, was die Leute alles übersehen. Wir haben einige Männer zu den Ladenbesitzern in der Nähe geschickt. Vielleicht hat jemand etwas beobachtet.«

»Es wäre gut, eine Personenbeschreibung unseres Killers zu haben«, ergänzte Daher.

»Gehen Sie jetzt schon davon aus, dass das hier etwas mit den Serienmorden zu tun hat?«, fragte Katya.

Daher warf ihr einen strafenden Blick zu. Ihre Zweifel von vorhin waren zwar lästig, aber wenigstens verständlich gewesen. Doch wie konnte sie es wagen, ihn zu kritisieren?

Katya achtete nicht auf ihn, eine gezielte Provokation. »Unser Serienmörder hat bis jetzt noch nie eine Hand auf der Straße liegen gelassen«, fuhr sie fort. »Er hat sie an einem geheimen Ort verscharrt.«

»Natürlich war er es!«, beharrte Daher. »Damit will er uns sagen, dass wir uns verpissen sollen! Das ist ein Wutschrei unseres Mannes.« Er wies auf die Blutspritzer. »Er will uns mitteilen, dass er hier das Sagen hat und tun kann, was er will, ohne dass wir eine Möglichkeit haben, ihn daran zu hindern. Ich muss mich über Sie wundern. Das ist doch offensichtlich.«

Mit einer zornigen Bewegung zog Katya den Reißverschluss ihrer Tasche zu. »Es könnte genauso gut die Hand eines Menschen sein, der wegen Diebstahls bestraft wurde.«

Daher schnaubte.

»Oder ein Trittbrettfahrer«, fügte Katya hinzu.

»Klar«, höhnte Daher. »Nur, dass außer uns niemand von den Leichen in der Wüste weiß.«

»Und wenn es einer von uns war?«, entgegnete Katya.

Daher lachte abfällig auf. »Aber klar doch. Da würde ich auf die Amerikanerin tippen. Sie ist mit ihren Todesengeln hier angerückt, um Rache an den Terroristen zu üben.« Ein jüngerer Kollege, der mitgehört hatte, schmunzelte leicht.

»Was ist?«, fragte Daher.

»Nichts.«

»Du weißt, was ich sagen will, richtig?«, hakte Daher nach.

»Irgendwas mit *Drei Engel für Charlie*, richtig?«, antwortete der Kollege.

Daher erstarrte. »Mann, wie kannst du in so einer Situation Witze reißen?«

»Das ist kein Witz. Das sagen alle.«

»Ich wollte darauf hinaus, dass die Regel Nummer eins bei Serienmördern, und zwar die, die Dr. Charlie zu erwähnen vergessen hat, lautet, dass es sich um Amerikaner handelt. Weiße Männer über dreißig. Ganz normale Männer.«

»Amerikaner ist er ganz sicher nicht.« Katya stand auf.

»Oh?«

»Ein Amerikaner wäre den Leuten aufgefallen.«

»Nicht, wenn er eine Abaya anhatte«, gab Daher zurück.

Sie würdigte ihn keines Blickes, als sie Majdi die Straße entlang folgte. Ibrahim winkte Daher zur Seite. Dieser war aufgebracht, aber wenigstens hatte er das letzte Wort behalten.

Am Transporter blieb Katya stehen und drehte sich zu Ibrahim um. »Wir müssen zuerst ein paar Dinge herausfinden, wenn wir eine Verbindung zu den Serienmorden herstellen wollen«, sagte sie. »Erstens, ob die Hand nach dem Tod abgetrennt wurde. Denn die Hände am Leichenfundort wurden alle erst abgehackt, nachdem die Opfer schon tot waren. Es scheint die Hand einer Frau zu sein, aber wir müssen uns noch vergewissern. Außerdem müssen wir in Erfahrung bringen, ob diese Frau ...« – sie warf einen Blick in die Handtasche – »Amina al-Fouad, vermisst wird. In diesem Fall könnte es ihre Hand sein, doch das müssen wir überprüfen.«

Ibrahim wollte gerade antworten, als Daher ihm ins Wort fiel – augenscheinlich ein ungeschickter Versuch, sich in den Vordergrund zu drängen.

»Chef«, sagte er, »wir haben in den Konsulaten nach der Frau gefragt, deren Namen Sie uns gegeben haben. Wie hieß sie noch mal?«

»Mahal«, erwiderte Katya.

Daher zuckte zusammen und starrte Ibrahim an. *Woher weiß sie das?*, sollte das wohl bedeuten.

»Sie war mit mir unter der Sitteen Street Bridge«, erklärte Ibrahim. Daher antwortete nicht, doch Ibrahim sah ihm die Eifersucht an. Warum hatte er Katya und nicht Daher mit zur Sitteen Street Bridge genommen?

»Haben Sie im Konsulat etwas erfahren?«, erkundigte er sich bei Daher.

»Es gibt keine vermisste Person namens Mahal«, entgegnete Daher mit spröder Stimme.

Ibrahim konnte keine Schadenfreude in Katyas Gesicht erkennen, als sie davonging. Dennoch machte er sich Sorgen, dass die Missstimmung zwischen ihr und Daher noch Folgen haben könnte.

»Ihm fehlen einfach die Qualifikationen«, verkündete die Stimme von Yasser Mu'tazz.

Ibrahim stand in der Hoffnung, Chief Riyadh Bericht vom Tatort erstatten zu können, auf dem Flur vor dessen Büro. Gerade hatte er eintreten wollen, als ihn der scharfe Tonfall innehalten ließ. Er hatte das unangenehme Gefühl, dass Mu'tazz über ihn sprach.

»Inspector Zahrani ist ein erfahrener Polizist, der über zehn Jahre in einer der schwierigsten Abteilungen in Dschidda Dienst getan hat.« Riyadh sprang für ihn in die Bresche. Eine Überraschung. »Mir ist klar, dass er noch nie gegen einen Serienmörder ermittelt hat, doch das gilt auch für alle anderen in unserer Abteilung.«

»Ich halte ihn einfach nicht für geeignet.« Mu'tazz sparte sich die Mühe, seine Stimme zu senken oder auch nur ein höfliches »Sir« an seinen Satz anzuhängen. Er kochte offenbar vor Wut, und Ibrahim kannte den Grund. Mu'tazz war der Dienstälteste bei der Mordkommission und verfügte über die meiste Erfahrung. Allerdings hatte er nicht die richtigen Beziehungen. Sein Vater war ein Landarbeiter aus dem Jemen, der mit einer Textilfirma in Dschidda zu bescheidenem Wohlstand gelangt war. Jedoch reichte das Geld nicht, um in die Häuser der Oberschicht eingeladen zu werden. Ibrahims Familie hingegen war zwar nicht wohlhabend, stammte jedoch von den Beduinen ab, hatte Freunde im Ministerium und unterhielt eine besonders enge Freundschaft zu Prinzessin Maddawi, einer der älteren Cousinen des Königs. Als er beschlossen hatte, die Abteilung für verdeckte Ermittlungen zu verlassen, hatte er sich zwar selbst ums Klinkenputzen gekümmert, doch Maddawi hatte ihm den Posten beschafft.

»Ich behalte ihn im Auge«, sagte Riyadh.

»Ich habe ihn gestern auf dem Parkplatz mit einer Laborassistentin gesehen.«

Ibrahim schnürte es die Brust zu.

»Ich weiß«, erwiderte Riyadh schneidend. Er war von Anfang an nicht so recht einverstanden gewesen und war es jetzt noch viel weniger. »Ich habe das genehmigt, weil es nötig war.«

»Wo sind sie hingefahren?«

»Sie sind Hinweisen nachgegangen, die die Anwesenheit einer Frau erforderlich machten.«

»Und er konnte keine Polizistin mitnehmen?«

»An diesem Tag stand keine zur Verfügung.«

»Oder einen männlichen Kollegen?«

»Ich versuche es zu vermeiden, Frauen von männlichen Kollegen befragen zu lassen«, entgegnete Riyadh spöttisch, »um nicht gegen unsere eigene Tugendpolitik zu verstoßen.«

Ein Rascheln ertönte, als Riyadh aufstand, vermutlich um zu zeigen, dass das Gespräch für ihn hiermit zu Ende war. Ibrahim machte sich rasch aus dem Staub.

15

Die Analyse von Fingerabdrücken und DNA ergab, dass es sich bei der abgetrennten Hand tatsächlich um die von Amina al-Fouad handelte, der Frau, deren Handtasche am Fundort entdeckt worden war. Außerdem stand fest, dass man ihr die Hand noch zu Lebzeiten abgehackt hatte.

Amina passte nicht ins Opferprofil. Sie war eine saudische Hausfrau, neununddreißig Jahre alt und lebte mit ihrem Mann und ihren sechs Kindern im Corniche-Viertel. Sie hatte noch nie einen Beruf ausgeübt, und obwohl die Familie wohlhabend genug war, um zwei Hausmädchen zu beschäftigen, neigte Amina nicht zu ausgiebigen Shoppingtouren, der Lieblingsbeschäftigung von Frauen in ihrer gesellschaftlichen Stellung. Sie verließ das Haus nur mit der ausdrücklichen Erlaubnis ihres Ehemannes.

»Sie wäre nie allein ins Jamjoom gefahren«, wiederholte ihr Mann zornig zum fünften Mal.

Ibrahim saß Mr. al-Fouad im Madschlis der Familie gegenüber. Das Sofa fühlte sich an, als sei es noch nie zuvor benutzt worden, und alles, was er bisher von der Wohnung gesehen hatte, erinnerte ihn an einen Ausstellungsraum von Pottery Barn. Er dachte an sein eigenes Zuhause, die abgewetzten Möbel und die jahrzehntealte Ausstattung, und kam zu dem Schluss, dass es ihm in seiner Wohnung besser gefiel.

Al-Fouad war offensichtlich besorgt. Er hatte seine Frau vor sieben Tagen als vermisst gemeldet, und zwar schon am Tag ihres Verschwindens. Nun legte er eine Mischung aus Schock und Unglaubigkeit an den Tag, die sich nur äußerst schwer vortäuschen ließ. Ibrahim hatte den Serienmörder nicht erwähnt. Warum den Ehemann noch mehr in Angst und Schrecken versetzen, solange der Zusammenhang noch nicht feststand? Was Ibrahim allerdings zu schaffen machte, war al-Fouads Tugendfimmel, den er von Minute zu Minute dicker auftrug. Jamal, der Sohn, hatte Daher bereits gesagt, seine Mutter sei allein mit dem Taxi ins Jamjoom gefahren. Er habe zwar eine Nachricht von ihr auf der Mailbox gehabt, sie allerdings gelöscht. Jamal habe sie vom Jamjoom abholen sollen, es aber nicht rechtzeitig geschafft. Er vermutete, sie habe am Jamjoom wieder ein Taxi genommen.

»Mr. al-Fouad«, begann Ibrahim von Neuem, »damit wir alles Menschenmögliche tun können, um Ihre Frau zu finden, müssen wir genau wissen, wo sie war und was sie dort gemacht hat. In solchen Fällen ist es wichtig, die Ehre Ehre sein zu lassen, denn das Schicksal Ihrer geliebten Frau könnte von einem winzigen Detail abhängen, das Ihnen möglicherweise unangenehm ist. Sie müssen auf unsere Diskretion vertrauen, während wir darauf vertrauen müssen, dass Sie absolut offen mit uns sind.«

Doch al-Fouad ließ sich davon nicht beeindrucken und schüttelte nur starrsinnig den Kopf. »Sie wäre niemals …«, wiederholte er noch einmal.

Ibrahim tat, als mache er sich eine Notiz, um einen Wutanfall zu verhindern. *Der Ehemann ist ein aufgeblasener Trottel*, schrieb er.

»Also gut«, sagte Ibrahim. Er wusste, dass er nicht so zornig hätte sein dürfen – er fing an, sich unprofessionell zu verhalten. Doch das war ihm einerlei. »Wir brauchen auch ein Foto von Ihrer Frau.«

»Ich werde Ihnen dasselbe antworten, was ich der Polizei schon einmal erklärt habe: Ich möchte ihr Gesicht nicht überall in den Abendnachrichten sehen!«, rief al-Fouad mit schneidender Stimme aus.

Was war nur los mit diesem Mann? Lebte er noch in der Steinzeit? Wie konnte er nicht *alles in seiner Macht Stehende* tun, damit seine vermisste Frau wieder wohlbehalten nach Hause kam? Ibrahim platzte der Kragen. War diesem elenden Wicht seine Ehre wirklich wichtiger als das Leben seiner Frau?

»Bedauerlicherweise«, herrschte er den Mann an, »erhöhen wir die Chancen, Ihre Frau zu finden, am besten dadurch, dass wir ihr Gesicht so vielen Leuten wie möglich zeigen. Sicher hat jemand sie gesehen. Und diese Person wird uns anrufen. Und dank der Nächstenliebe unserer muslimischen Brüder und Schwestern werden wir Ihre Frau vielleicht lebend aufspüren. Doch das geht nur mit einem Foto von ihr.«

Al-Fouad sah aus, als würde er ihm am liebsten an die Gurgel gehen.

Doch al-Fouads Empörung war nichts verglichen mit der Wut, mit der Ibrahim seine nächsten Worte hervorstieß. »Wir brauchen auch eine Ganzkörperaufnahme von ihr.«

»Was?«

»Wir müssen einen Eindruck von ihrer Figur vermitteln, am besten in einem Umhang, weil Frauen in der Öffentlichkeit manchmal ihr Gesicht nicht zeigen, sodass die Leute nur ihren Umriss sehen. Ich gebe Ihnen fünf Minuten, diese Fotos herauszurücken. Ansonsten nehme ich Sie hochstpersönlich fest.«

Al-Fouad war grau im Gesicht und zitterte. Er stand vom Sofa auf und stolzierte hinaus.

Fünf Minuten später stand Ibrahim vor der Wohnungstür der al-Fouads und reichte Daher zwei Fotos.

»Leiten Sie die an die Presse weiter«, sagte er. »Erwähnen Sie den Serienmörder oder die abgetrennte Hand nicht. Nur, dass die Frau vermisst wird.«

»Wollen Sie das nicht mit Riyadh abklären?«, fragte Daher.

»Tun Sie es einfach.«

Als Daher davonging, machte er ein ängstliches Gesicht. Ibrahim fühlte sich schwach. Er setzte sich auf die oberste Stufe und versuchte nach Kräften, nicht an Sabria und all die Dinge zu denken, die er tun sollte, um sie zu finden. Doch er brauchte sich nichts vorzumachen – al-Fouad war nicht der einzige Grund für seine Wut.

16

Die nächsten Tage waren eine Quälerei. Die Serienmorde – oder der Engel-Fall, wie man diese inzwischen getauft hatte – genossen oberste Priorität, was hieß, dass jedes wichtige Beweisstück, jede interessante Vernehmung und jede spannende Sitzung zur Männersache wurde. Unterdessen saß Katya, zu langweiliger Fleißarbeit verdonnert, oben in ihrem Labor, wieder ohne die Zusammenhänge zu dem Fall zu kennen. Es hieß nur: »Besorgen Sie mir die DNA-Analyse der Blutproben« oder »Sagen Sie mir, was für Fasern das sind«, während die dazugehörigen Kleidungsstücke unten in Majdis Labor und die Leichen, von denen das fragliche Blut stammte, im Keller in der überfüllten Kühlkammer lagen.

Wieder einmal fühlte sie sich wie einer der Sklaven, die die Pyramiden erbaut und gewaltige Gesteinsquader durch die Wüste gezerrt hatten, ohne das Gesamtbauwerk selbst je zu Gesicht zu bekommen. Niemand nahm sich die Zeit, ihr die Zusammenhänge zu erklären. Schließlich war sie ja nur eine Frau, die im Labor arbeitete. Von einem ziemlich überlasteten Majdi hatte sie erfahren, dass die Polizei sämtliche Taxiunternehmen in der Stadt überprüfte. Man hatte den Verdacht, dass es sich bei dem Täter um einen Taxifahrer handeln könnte – warum, konnte sie jedoch nur vermuten. Ihre einzige Verbindung zu dem Fall war Ibrahim, aber der war zu beschäftigt.

Jeden Tag nahm sie sich ein wenig Zeit, um die in Sabrias Wohnung sichergestellten Beweisstücke zu analysieren. Das war schwieriger, als es sich anhörte, weil sie dazu einen nicht existierenden Fall hatte erfinden müssen. Gleichzeitig musste sie so tun, als drehe sich bei ihr alles um den Engel-Fall, den einzigen, den sie momentan untersuchen durften. Und so schob sie unbeschriftete Akten hin und her, beobachtete die Gerätschaften im Labor mit Argusaugen und belog sogar ihr Kolleginnen, die zu spüren schienen, dass sie ihnen etwas verheimlichte. Die in Sabrias Wohnung gefundenen Beweisstücke brachten keine Aufschlüsse. Sie wartete noch immer auf das DNA-Profil des Blutes, das sie an dem Nagel im Flur sichergestellt hatte.

Sie hätte alles für einen Vorwand gegeben, nach unten in Ibrahims Büro zu gehen. Ein- oder zweimal war sie sogar vorbeigeschlendert, in der Hoffnung, ihm zufällig zu begegnen. Doch er war nie da gewesen, und sie wollte ihn erst anrufen, wenn sie neue Ergebnisse hatte. Die Katya von früher hätte vielleicht den Mut gehabt, ihm einfach einen Besuch abzustatten. Aber inzwischen gab es zwei Hürden, die dem im Wege standen. Erstens war da Daher, der bei ihrem Anblick regelmäßig gehässig wurde. Außerdem handelte es sich um einen sehr wichtigen Fall, an dem sogar das Büro des Bürgermeisters und das Ministerium selbst Interesse zeigten. Und hinzu kam, dass sie seit ihrer Verlobung mit Nayir regelrecht an Verfolgungswahn litt. Sie war nicht sicher, ob sie sich einfach davor fürchtete, Nayir könnte von ihren vielen Kontakten zu fremden Männern erfahren. Oder ob es an etwas anderem lag – einer instinktiven Angst vor der Situation an sich, nämlich, einen Mann zu heiraten, der ihr in vielen Dingen noch immer ein Rätsel war, und das nicht auf gute Weise.

Ihr Vater war außer sich vor Freude gewesen, als sie ihm erzählt hatte, sie habe den Heiratsantrag angenommen. Sofort hatte er es all seinen Freunden verkündet, und inzwischen trafen schon die ersten Geschenke ein, die er spätabends aus dem Café mit nach Hause brachte. Ein zartes Goldarmband von Qasim. Eine Tüte teurer indischer Tee und eine echte englische Teekanne von Awad Mawjid. Eine elegante, in Leder gebundene Ausgabe des Koran von Imam Munif. Ihr Vater freute sich mehr als alle anderen über die Geschenke. Er lief mit einem stolzen Lächeln auf dem Gesicht herum und war großzügig zu seinem Neffen Ayman, indem er ihm, sooft dieser wollte, sein Auto lieh. Es war zwar schön, Abu in dieser Stimmung zu erleben, doch Katya stellte fest, dass sie sich im Büro zunehmend Sorgen deshalb machte. Was, wenn zwischen ihr und Nayir kein Kompromiss möglich war? Was, wenn Nayir vor lauter Verliebtheit etwas gesagt hatte, das er gar nicht so meinte: nämlich, dass sie immer eine Lösung finden würden? Was, wenn er sich gar als »Bartträger« entpuppte, als verbiesterter Ajatollah, der seine starren Auffassungen zum angemessenen Verhalten einer Frau niemals wirklich ändern würde? Und welche Folgen würde das für ihren alten Vater haben?

Mitten in diesen Grübeleien stieß sie plötzlich auf die Anwort auf Ibrahims Problem. Sie rief ihn mobil an, und da er nicht abnahm, hinterließ sie ihm die Nachricht, sie brauche eine Ganzkörperaufnahme von Sabria, am besten mit Umhang. Er könne ihr das Foto mailen oder ihr auf den Schreibtisch legen. Die Mailbox brach ab, bevor sie ihm erklären konnte, was sie mit dem Foto wollte, und sie wagte nicht, noch einmal anzurufen, aus Angst, er könnte sie als aufdringlich empfinden.

Ärgerlich warf sie das Telefon in ihre Handtasche.

Es war eine kleine Erleichterung, als Charlie ins Labor kam. Ihr kastanienbraunes Haar hüpfte auf und ab wie ein kokettes Kichern. Die anderen Frauen starrten sie nur an, doch Katya, deren Schreibtisch in der Nähe der Tür stand, erhob sich, um sie zu begrüßen.

Charlie erwiderte den Gruß und beugte sich über den Schreibtisch. »Ich bin schon fast den ganzen Tag hier und beantworte Fragen«, raunte sie verschwörerisch. »Aber jetzt ist es Mittagszeit, und ich habe mich gefragt, ob Sie mir vielleicht ein Lokal empfehlen können, wo ich gefahrlos essen kann.«

»Gefahrlos essen?«, wiederholte Katya. Sie hatte ihr Englisch auf dem College und in letzter Zeit auch aus der umfangreichen Sammlung verbotener Filme ihres Cousins gelernt. Also konnte sie Charlie verstehen, auch wenn sie dazu neigte, alles wörtlich zu nehmen.

»Sie wissen schon«, fuhr Charlie fort. »Einen Laden, wo die Männer mich beim Essen nicht angaffen.«

»Ah.« Katya nickte, stand auf, nahm ihre Handtasche von der Arbeitsfläche und winkte Charlie zur Tür. »Ich kenne einen sicheren Ort.«

Es war ein Abenteuer, das Gebäude zu verlassen, selbst wenn es in Begleitung der tollpatschigen Amerikanerin war, die bei ihrer ersten Begegnung im Konferenzraum dafür gesorgt hatte, dass sie sich gleichzeitig blamiert, unterdrückt und bloßgestellt fühlte. Nun befürchtete

Katya, dass ihr Englisch wie aus einem schlechten Spielfilm klingen könnte.

Sie gingen ins Cilantro in der Nähe der Le Château Mall. Charlie fand es sonderbar, dass sie den Hintereingang für Frauen nehmen und dann mit einem winzigen Aufzug in die obere Etage fahren mussten, in den »Familienbereich«, wo Frauen allein essen durften. Als sie an einem ruhigen Ecktisch neben einer hässlichen, aber modern wirkenden braunen Schieferwand saßen, seufzte Charlie schauernd auf und lehnte sich zurück. Katya bemerkte zu ihrer Überraschung, dass sie aufgebracht war.

»Ein Jammer, dass ich kein Arabisch spreche«, sagte Charlie. »Ich könnte Ihnen nämlich eine Menge erzählen.«

»Erzählen Sie es auf Englisch«, brachte Katya mühsam heraus.

»Okay, nun ja, ich möchte Ihnen ja nicht zu nahe treten, aber wie halten Sie es aus, in diesem Laden zu arbeiten? Die Männer sind wie Tiere!«

Katya lächelte höflich. »Das liegt daran, dass Sie nicht verschleiert sind.«

»Ich weiß!« Charlie beugte sich vor. »Und das stört mich offen gestanden. Ich habe hier auf der Straße andere Frauen aus westlichen Ländern gesehen, die auch nicht verschleiert sind.«

Katya zuckte die Achseln und hätte am liebsten erwidert, dass diese Frauen vermutlich das gleiche Problem hatten.

»Und dann wollen die Männer im Büro ständig mit mir ausgehen«, fuhr Charlie fort. »Ich dachte, das hier wäre ein Land, in dem sich alles um die Tugend dreht. Deshalb wundere ich mich ja so über diese offene Anmache. Wie soll ich meine Arbeit erledigen, wenn ich mich dauernd irgendwelcher sexueller Anspielungen erwehren muss? Tut mir leid, ich will ja über niemanden herzlehen. Ich habe es nur inzwischen satt.«

Als der Kellner erschien, bestellten sie Roastbeefsandwiches. Katya fragte sich, wie sie eine ganze Mahlzeit überstehen sollte, wenn diese Frau ihr weiter auf Englisch etwas vorjammerte. Sie fühlte sich bereits unter Rechtfertigungsdruck gesetzt.

»Sagen Sie einfach Nein«, erwiderte sie. »Dann lassen Sie sie schon in Ruhe.«

»Ja«, seufzte Charlie. »Zum Glück sind sie so damit beschäftigt, den Taxifahrer zu finden.«

»Den Taxifahrer?«

»Wussten Sie nicht, dass sämtliche Taxiunternehmen überprüft werden?«

Katya nickte zweifelnd.

»Haben die Ihnen nichts erzählt? Gütiger Himmel.« Charlie trank einen Schluck Wasser. »Nun, dieser Beduine, der Spurenleser, hat Inspector Zahrani vor zwei Wochen erklärt, der Mörder benutze den rechten Fuß häufiger als den linken und fahre wahrscheinlich oft Auto, möglicherweise sogar beruflich. Klar, die meisten Männer fahren Auto, doch da gab es offenbar einen wichtigen Unterschied. Also nahm man an, dass der Mörder Taxifahrer sein könnte, und hat in diese Richtung ermittelt. Und dann hat sich herausgestellt, dass Amina al-Fouad anscheinend kurz vor ihrem Verschwinden in ein Taxi gestiegen ist. Deshalb drücken sie bei der Überprüfung der Taxifahrer jetzt auf die Tube.«

Katya hätte vor Freude Luftsprünge machen können. Sie stellte fest, dass sie fast alles verstand, was Charlie sagte. Natürlich war Charlie bestens über den Fall informiert. Und nun würde sie Charlie noch mindestens eine Stunde lang allein für sich haben.

»Ein Taxifahrer kommt selbstverständlich infrage«, sprach Charlie weiter. »Denn offenbar sind das die einzigen Männer, die hierzulande Zugang zu Frauen haben.«

Katya nickte. »So etwas passiert öfter«, sagte sie.

»Was soll das heißen?«

»Frauen nehmen ein Taxi und werden entführt«, erwiderte sie. Sie hätte ihr gern von dem Mann erzählt, der vor einem Monat aufs Revier gekommen war, um die Entführung seiner Frau zu melden. Er habe mit ihr in einem Taxi gesessen, als der Fahrer über Probleme mit dem Auto geklagt habe. Er habe den Mann gebeten, auszusteigen und ihm beim Schieben zu helfen. Als er der Bitte folgte, sei der Fahrer zurück in den Wagen gesprungen und mit der Frau davongebraust wie ein Frauenräuber vom Stamm der Beduinen aus einer längst vergangenen Zeit. Soweit Katya informiert war, wurde die Frau noch immer vermisst.

Charlie starrte sie entgeistert an. »Wie bewegen Sie sich dann fort, wenn man nicht einmal Taxifahrern vertrauen kann?«

»Mein Cousin fährt mich«, antwortete Katya. »Und manchmal ein Freund meines Vaters.«

Sie schwiegen einen Moment.

»Darf ich Sie etwas zu dem Fall fragen?«, erkundigte sich Katya.

»Nur zu«, meinte Charlie.

»Dieses Totem, von dem Sie gesprochen haben. Wir glauben, dass es die Hände sind.«

»Richtig. Die abgetrennten Hände.«

»Was hat das Ihrer Ansicht nach zu bedeuten?«, wollte Katya wissen. »Dass er nur einige davon behält?«

Charlie schien lockerer zu werden und grinste ihr kurz zu. »Sie sind die Erste, die mir diese Frage stellt. Man hat mich zwar um unzählige Erklärungen zum Thema Totem gebeten, aber für meine Meinung interessiert sich niemand. Ich habe mir auch schon darüber den Kopf zerbrochen. Für gewöhnlich ist ein Totem ein Erinnerungsstück an den Mord, so etwas wie ein Souvenir, nur dass der Mörder frei entscheiden kann, was er behalten will. Ich habe keine Ahnung, warum er nur diese drei Hände verscharrt hat. Doch die eigentliche Frage lautet, weshalb er die Hände überhaupt abtrennt. Was haben Hände zu bedeuten?«

Katya zuckte die Achseln, weil sie nicht wusste, wie sie ihre Theorie auf Englisch erklären sollte.

»Meiner Erfahrung nach«, fuhr Charlie fort, »würde ich vermuten, dass die Hand im Zusammenhang mit einem Trauma steht. Eine der psychologischen Theorien zum Thema Phantasie lautet, dass alle Phantasien, egal welcher Art, aber insbesondere die sexuellen, eine Strategie darstellen, mit der ein Mensch die Auswirkungen eines Traumas verarbeitet. Können Sie mir folgen?«

»Ja.«

»Ich hatte zum Beispiel einmal einen Psychiatriepatienten, der als Kind die Mutter seines besten Freundes gehasst hat. Sie war immer unfreundlich zu ihm und fand, dass er zu arm und zu dumm sei, um mit ihrem Sohn zu spielen. Irgendwann verbot sie den beiden die Freundschaft. Damals hat mein Patient sehr darunter gelitten. Jahre später entwickelte er eine Zwangserkrankung. Da er an einer klinischen Störung litt, wird es jetzt ein bisschen extrem. Jedenfalls wurde bei ihm eine sexuelle Phantasie zur fixen Idee, in der er mit einem Mann schlief, der in Aussehen und Verhalten starke Ähnlichkeiten mit dem Vater seines Freundes aus Kindheitstagen aufwies. In der Phantasie ging es immer darum, dass die Mutter die beiden ertappte und so feststellte, dass ihr Mann schwul war. Dann wurde sie entweder wütend oder als devote Partnerin in den Sexualakt einbezogen. Tut mir leid, ich sehe, dass Sie mich nicht ganz verstehen.«

»Doch, ich verstehe alles«, erwiderte Katya. »Phantasien heilen die Schmerzen nach einer schlechten Erfahrung, die vielleicht in der Kindheit stattgefunden hat.«

»Genau. Und zur Phantasie unseres Mörders gehört es, den Frauen die Hände abzuhacken. Also haben Hände eine besondere Bedeutung für ihn, und dafür muss es einen Grund geben. Vielleicht hat er eine Hand verloren. Es könnte ihn auch jemand misshandelt haben, der eine verletzte Hand hatte. Alles ist möglich. Ich habe Inspector Zahrani vorgeschlagen, die Akten nach Straftätern mit verletzten Händen zu durchsuchen. Das ist zwar an den Haaren herbeigezogen, doch meiner Erfahrung nach kann es Monate, ja sogar Jahre dauern, einen Serienmörder zu fassen. Je mehr verschiedene Wege man beschreitet, desto stärker steigen die Chancen, den Kerl zu kriegen. Ich merke, dass Sie mir etwas sagen wollen.«

»Ja«, antwortete Katya. Inzwischen waren die Sandwiches serviert worden, und sie griffen zu. »In Saudi-Arabien heißt es, dass jemand ein Dieb ist, wenn man ihm die Hand abschlägt.«

Charlie hielt mit vollem Mund inne. Ein überraschter Ausdruck malte sich auf ihrem Gesicht. »Das habe ich sogar gewusst. Ich habe nur nicht ... Herrgott, was bin ich doch dämlich. Natürlich. Es ist die Strafe für Diebstahl. Also hat der Täter vielleicht das Bedürfnis, seine Opfer zu bestrafen. Sie könnten für ihn Diebinnen sein.«

»Und noch etwas«, meinte Katya.

»Wenn eine Frau in Saudi-Arabien hingerichtet wird, schlägt man ihr nicht den Kopf ab, sondern schießt ihr in den Hinterkopf.«

»Wirklich?«

»Ja. Beim Köpfen könnte der Kopf wegrollen und der Schleier verrutschen, sodass man ihr Gesicht sieht. Also schießt man ihr in den Hinterkopf. Manchmal überlässt man ihr auch die Entscheidung.«

»Oh mein Gott.« Charlie ließ ihr Sandwich sinken. »Also haben wir es vielleicht mit einer Henkersphantasie zu tun.«

»Möglich«, erwiderte Katya. »Der Mörder hält sich für so etwas wie einen Henker. Aber wie bringt uns das weiter, wenn wir ihn finden wollen?«

»Nun«, entgegnete Charlie, »einer seiner Angehörigen oder ein anderer geliebter Mensch könnte nach einem Fehlurteil hingerichtet worden sein. Wir sollten einen Blick in die Hinrichtungsakten werfen. Gibt es hier so etwas?«

»Die können wir besorgen«, sagte Katya zufrieden. »Aber was ist mit der Hand in der Falasteen Street? Der von Amina al-Fouad? Der Fall unterscheidet sich von den anderen. Glauben Sie, das war auch der Engel-Mörder?«

»Wie nennen Sie ihn?«

»Engel-Mörder.« Nun war Katya an der Reihe, überrascht zu sein. Warum wusste Charlie alles, nur das nicht? Sie erklärte ihr so gut wie möglich, was es mit den neunzehn Leichen und der Bedeutung der Zahl Neunzehn im Koran auf sich hatte.

Charlie hatte aufgehört zu essen und lauschte aufmerksam. »Also nehmen Sie einzig und allein aufgrund der neunzehn Leichen an, dass der Mörder sich für einen Racheengel hält – einen der Engel, die die Hölle hüten? Und er bestraft die, die in die Hölle gehören?«

»Ja«, antwortete Katya. »So ähnlich.«

»Nun, das passt zu den Henkersphantasien. Manche Serienmörder leiden an religiösem Wahn. Ob wir es mit einem Fundamentalisten zu tun haben?«

»Das müsste es einengen«, meinte Katya. Charlie lachte, obwohl

Katya es nicht witzig gemeint hatte. Als Charlie das bemerkte, verstummte sie schlagartig.

»Die meisten Serientäter machen nicht den Eindruck von Verrückten«, stellte Charlie fest. »Eigentlich wirken sie völlig alltäglich oder sogar besonders sympathisch, weil sie sich große Mühe geben, sich anzupassen.« Sie griff wieder nach ihrem Sandwich. »Und um Ihre Frage zu beantworten: Ja, meiner Ansicht nach ist die abgehackte Hand das Werk des Engel-Mörders.«

»Aber er hat doch noch nie eine Hand abgetrennt, solange die Frau noch lebte. Und er hat auch noch nie eine Hand in der Stadt abgelegt. Außerdem hat er die Handtasche eindeutig zurückgelassen, damit wir die Frau identifizieren können.«

»Richtig. Dieser Fall liegt anders. Vermutlich gab es einen Auslöser, und ich habe den Verdacht, es könnte daran liegen, dass Sie und Ihre Kollegen die Leichen gefunden und von der Begräbnisstätte entfernt haben. Denn die waren in gewisser Weise auch Trophäen. Wenn man sich das Ganze als Phantasie vorstellt«, fuhr Charlie fort, »könnte es sich bei der Hand auf der Falasteen Street auch um eine Weiterentwicklung seiner Technik handeln. Die meisten Mörder arbeiten an ihren Methoden. Sie werden so gut in ihrem Spiel, dass sie es fehlerfrei durchziehen können, und sie wissen ganz genau, wie man ein Opfer entführt, es am Leben erhält und seine Qualen so lange wie möglich hinauszögert. Sie wissen, wie man nicht erwischt wird. Und das macht sie so verdammt gefährlich. Allerdings kann ihnen die eigene Perfektion auch zu langweilig werden, und dann suchen sie sich eine Herausforderung. Und ändern ihre Methode.«

»Glauben Sie, er wird Amina umbringen?«, fragte Katya.

Charlies Miene wurde ernst. »Ja. Inzwischen ist er so kühn, dass er ihre Hand in der Öffentlichkeit ablegt und riskiert, dass er dabei ertappt wird. Für einen organisierten Täter, wie er es ist, war das eine ziemliche Schlamperei. Vielleicht hat er ja Spuren hinterlassen. Haben Sie etwas gefunden?«

»Ich weiß nicht«, erwiderte Katya. »Ich teste nur die Proben. Niemand verrät mir, was sie zu bedeuten haben.«

Charlie musterte sie. »Ich versuche, es in Erfahrung zu bringen.«
Katya lächelte.

»Bis dahin«, meinte Charlie, »halten Sie Ausschau nach Übereinstimmungen.«

Auf dem Rückweg zum Büro fragte Katya ihre Nachrichten auf dem Mobiltelefon ab und stellte zufrieden fest, dass Ibrahim ihr drei Ganzkörperaufnahmen von Sabria im Umhang mit einem Dankeschön geschickt hatte. Sie verabschiedete sich vor dem Gebäude von Charlie und nahm sofort ein Taxi, um ins Einkaufszentrum zu fahren. Vor dem Einsteigen unterzog sie den Fahrer einer gründlichen Musterung und war sicher, einen freundlichen beleibten Pakistaner mittleren Alters vor sich zu haben, der ihr höflich die Tür aufhielt und sofort die Musik leiser machte.

17

»Wir rühren Frauen nicht an.« Abu-Musa, der oberste Rechtsmediziner, stand mit Officer Mu'tazz in der Forensischen Medizin. Seine braunen Augen waren von eisiger Kälte erfüllt. Mu'tazz trug wie immer eine seiner seltsamen Cargohosen, die an die Uniform eines Guerillakämpfers erinnerten. Eine Tasche war vom jahrelangen Herumschleppen eines Koran im Taschenformat ausgebeult. Er hatte ausgesprochen breite Schultern und große Hände. Hände, um jemanden damit zu erwürgen.

»Also haben Sie nur eine Rechtsmedizinerin, um neunzehn Leichen zu obduzieren?«, hakte Ibrahim absichtlich provozierend nach, um den beiden die Illusion zu rauben, dass sie sich Sittsamkeit im Moment leisten konnten.

»Sie macht ihre Arbeit.« Abu-Musas Tonfall war so drohend wie der eines Mannes, der seine Ehfrau in Schutz nimmt.

»Dieser Kerl bringt Frauen um«, zischte Ibrahim. »Sie können nicht von uns erwarten, dass wir ihn kriegen, ohne alle Fakten zu kennen. Und je schneller wir diese Informationen haben, desto besser können wir ihn daran hindern, wieder zu töten.«

»Dann fangen Sie doch an, nach den Ausländern zu suchen, die diese Frauen auf dem Gewissen haben.«

Ibrahim wäre ihm am liebsten an die Gurgel gesprungen.

»Damit haben Sie es noch gar nicht versucht, richtig?«, höhnte Abu-Musa. »Ach, du meine Güte, warum sollte ein Ausländer hier einen Mord begehen? Vielleicht, weil die letzten drei Serienmörder Ausländer waren?«

»Wir müssen zuerst die Leichen identifizieren«, entgegnete Ibrahim kühl. »Das ist die erfolgversprechendste Methode, den Kerl dingfest zu machen.«

»Sie haben Zeichnungen von ihren Gesichtern.«

»Aber wir brauchen alle Autopsiebefunde, die die Leichen hergeben. Und zwar sofort.«

»Sie bekommen sie, wenn sie fertig sind.«

Aufgeblasener Heuchler, dachte Ibrahim.

»Wenn man in Krisenzeiten von seinen Prinzipien abrückt, sind sie einen Scheißdreck wert«, verkündete Abu-Musa.

Vielleicht sind sie ja wirklich einen Scheißdreck wert, hätte Ibrahim am liebsten geantwortet. Doch ihm war klar, womit er es zu tun hatte. Vor ihm standen zwei Männer, die ihn offenbar des unsittlichen Verhaltens verdächtigten. Wenn er dieses Gespräch fortsetzte, würde er alles nur noch schlimmer machen.

Er kehrte in den Konferenzraum zurück, der so spät am Tag menschenleer war. Es war ein kühler Mittwochabend. Morgen begann das Wochenende. Alle würden sich mit Freunden treffen, mit ihren Familien auf der Corniche picknicken und vielleicht so tun, als triebe kein Killer im Straßengewirr sein Unwesen. Er ging zum Whiteboard und fing an, die Fotos zu entfernen, nicht aus der verdrehten Vorstellung von Sittsamkeit heraus, die Abu-Musa dazu bewogen hätte, sondern weil er den Anblick nicht mehr ertragen konnte. Die zerschmetterten Gesichter erinnerten ihn an Sabria. Ein Auge. Ein Wangenknochen. Sein Verstand wusste, dass es nur am Winkel lag. Doch sein Adrenalinspiegel verriet ihm, dass sein Körper es ihm nicht ganz abnahm.

Wie jeden Abend seit ihrem Verschwinden fuhr er in ihre Wohnung, in der verrückten Hoffnung, dass sie vielleicht doch dort sein könnte. Und bevor die Enttäuschung Gelegenheit hatte, wirklich zuzuschlagen, kurvte er kreuz und quer durch die Stadt, ließ die abendlichen Straßen auf sich wirken und versuchte, nicht jede Frau auf dem Gehweg anzustarren.

Bei Sabria hatte er oft erlebt, dass sie sich verschloss und abweisend wurde, wenn er sie an einen Ort mitnahm, den er gut kannte, und versuchte, sein Wissen darüber mit ihr zu teilen. Irgendwann hatte er herausgefunden, dass seine Kenntnisse über diese Stadt sie einschüchterten. Und noch länger hatte sie gebraucht, um zuzugeben, dass sie das wütend machte. Sie war nicht zornig auf ihn, sondern auf die Situation an sich. Der einzige Grund, warum sie sich schlechter zurechtfand als er, war, dass sie nicht überall freien Zugang hatte. Selbst als verdeckte Ermittlerin hatte sie die meiste Zeit über das Hausmädchen gespielt und sich große Mühe gegeben, in ihrem Umfeld nicht aufzufallen. Und das hieß, sich genauso zu verhalten wie die meisten anderen Frauen auch.

Also hatte er angefangen, mit ihr immer wieder dieselben Orte aufzusuchen. Sichere Plätze wie die schwimmende Moschee oder einen Privatstrand ein Stück die Küste hinunter, wo sie keinen Bekannten begegnen würden. Es gab so vieles mehr, was er ihr gern gezeigt hätte. Das Al-Tayibat City Museum und die Rayhanat al-Jazeera Street, wo man die lange Geschichte der Stadt in dreihundert Räumen bewundern konnte. Oder Khayyam al-Rabie, weil sie Süßigkeiten so liebte. Oder Yildizar, um sie endlich zu einem romantischen Abendessen einladen zu können. Doch die Angst, enttarnt zu werden, war größer als all diese Wünsche.

Er konnte sich denken, was hinter Katyas Bitte um ein Ganzkörperfoto von Sabria mit Gewand und Schleier steckte. Vielleicht hatte sie in dem Einkaufszentrum für Frauen deshalb niemand anhand ihres Fotos erkannt, weil kein Mensch auf ihr Gesicht geachtet hatte. Doch vielleicht würden die Körperumrisse ja Erinnerungen auslösen.

Wie gerne hätte er Katya gesagt, dass er genau wusste, was sie im Schilde führte. Er selbst hatte das schon in seiner Kindheit geübt, als er klein und verängstigt gewesen und durch die Suks und Einkaufszentren gelaufen war, immer voller Furcht, seine Mutter aus den Augen zu verlieren. Seine in eine Burka gehüllte, nicht sehr liebevolle Mutter. Ziemlich bald hatte er herausgefunden, dass sie geformt war wie viele andere Frauen auch. Sie verhüllte stets ihr ganzes Gesicht und trug immer ein Gewand, das auch Knöchel und Schuhe bedeckte, sodass ihm recht wenige Anhaltspunkte blieben. Außerdem huschte sie schnell durch die Menschenmenge, als habe sie Angst, gesehen oder irgendwo festgehalten zu werden. Omar hatte kein Problem mit dem Davonlaufen gehabt. Wenn er seine Mutter nicht finden konnte, geriet er nicht in

Panik, denn er war genauso selbstständig und behände wie sie. Ibrahim hingegen litt jahrelang an Albträumen, er könnte sie auf dem Markt verlieren. Also hatte er sich auch die kleinsten Einzelheiten eingeprägt. Mit sieben hatte er bereits bemerkt, dass sich der Schwung ihrer Schulter von dem der anderen Frauen unterschied. Sie hatte einen seltsam gebeugten Rücken und eigenartig runde Schultern, die ein kleines bisschen zu schmal waren. Wahrscheinlich hatte Farrah ihre Rückenprobleme von ihr geerbt. Er merkte sich die Form ihres Kopfes und das Aussehen der Nadeln in ihrem Schleier. Sie befestigte ihn stets auf dieselbe Weise, mit schlichten schwarzen Sicherheitsnadeln quer über dem Scheitel. Er kannte auch ihren Gang, die kleinen ruckartigen Schritte, die Ungeduld ausstrahlten. Nach einer Weile waren ihm ihre Umrisse so vertraut, dass er sie aus fünfzig Metern Entfernung in einer Menschenmenge erkannte, wenn sie ihn von der Schule abholte.

Er war bereits auf dem Heimweg, als Katya sich endlich meldete.

»Schön, dass Sie anrufen«, sagte er. »Es ist schon spät, und ich wusste nicht, ob es sich gehört, Sie jetzt noch zu stören.«

»Ich habe etwas Interessantes herausgefunden«, begann sie. »Obwohl ich nicht sicher bin, wie ich es deuten soll.«

»Nur zu.«

»Eine der Frauen, die im Café des Einkaufszentrums arbeiten, hat sie anhand des Fotos sofort erkannt. Sie sagte, Sabria habe stets in dem Café gesessen und sich dort mit anderen Frauen getroffen. Sie hätten eine Weile geredet, und dann sei die Freundin wieder gegangen.«

»War es immer dieselbe Freundin?«

»Nein, es waren verschiedene Frauen. Sie sagte außerdem, Sabria sei ständig auf der Toilette gewesen. Anfangs habe sie gedacht, sie hätte einfach zu viel Kaffee getrunken. Doch nach einer Weile sei ihr aufgefallen, dass die Freundinnen ihr dorthin folgten, und sie seien ziemlich lange dringeblieben – wenigstens länger als gewöhnlich.«

»Weiß sie, worüber geredet wurde?«, fragte er.

»Nein, aber es schien wichtig zu sein. Und die Stimmung sei auch nicht sehr vergnügt gewesen. Außerdem habe Sabria bis auf den Kaffee nie etwas bestellt.«

»Also tat sich da offenbar etwas Seltsames«, stellte er fest. »Wann ist es der Mitarbeiterin denn aufgefallen?«

»Sie meinte, es habe eine Weile gedauert. Sabria habe immer ihr Gesicht bedeckt, weshalb die Mitarbeiterin sie nur an den Umrissen erkannt habe. Ein- oder zweimal habe sie kurz ihr Gesicht gesehen. Sabria habe immer einen Schleier getragen, und da sie wie eine sehr sittsame Frau gewirkt habe, wollte die Mitarbeiterin nicht hinstarren.«

»Und sie ist sicher, dass sie es ist?«

»Ich habe ihr das Foto von Sabrias Gesicht gezeigt, und sie war ziemlich überzeugt, dass es sich um ein und dieselbe Person handelt.«

»Gut.« Ibrahim überlegte. »Also war sie tatsächlich im Einkaufszentrum.«

»Offenbar ja.«

»Und traf sich dort mit Frauen.«

»Einige waren Philippinerinnen. Die Mitarbeiterin sagte, sie hätten ärmlicher ausgesehen als die Durchschnittskundin und Sabria habe immer den Kaffee bezahlt.«

»Hausmädchen.«

»Kennen Sie ihre Freundinnen?«

»Nein«, erwiderte er. »Nur die Nachbarinnen. Sie ...« *hat mir nichts von alledem erzählt.*

Also hatte Sabria ihm verheimlicht, was sie in Wahrheit im Einkaufszentrum tat. Doch sie war dort gewesen, und zwar in Begleitung von Freundinnen, die sie nie erwähnt hatte. Es musste ja nichts Kriminelles dahinterstecken. Vielleicht hatte sie ihnen nur geholfen.

»Da wäre noch etwas«, meinte Katya. »Allerdings geht es nicht um Sabria, sondern um den Engel-Fall.«

»Schießen Sie los.«

Sie setzte zu einem Vortrag über die Bedeutung der abgetrennten Hände, die Schüsse in den Hinterkopf der Opfer und die Theorie vom Racheengel an. *Neunzehn.* Es war die Unabwendbarkeit, vor der ihm seit dem Fund der Leichen gegraut hatte. Abu-Musas selbstzufriedenes Lächeln stand ihm vor Augen. Hatte der Mann doch recht?

»Das ist ein sehr scharfsinniger Einfall«, sagte er. »Ich werde dafür sorgen, dass man der Sache nachgeht.«

»Ich nehme an, dass Sie die Aufzeichnungen über Amputationen durchsehen werden«, meinte sie, »um nach Personen zu suchen, die wegen Diebstahls bestraft wurden.«

»Nun, ich denke, das wäre ein guter Anfang.«

»Entschuldigen Sie, dass ich mir die Freiheit herausnehme«, fuhr Katya fort, »aber ich hielte es für hilfreich, auch die Akten über die Hinrichtungen zu durchforsten, die in den letzten dreißig Jahren in Dschidda stattgefunden haben.«

»Glauben Sie, der Mörder könnte ein Henker sein?«

»Nein, die Idee stammt eigentlich von Dr. Becker. Allerdings ist es möglich, dass der Mörder einen Verwandten oder einen anderen geliebten Menschen durch eine Hinrichtung verloren hat.«

»Sie gehen davon aus, dass die Unterlagen Aufschluss über die Hinterbliebenen eines Hingerichteten geben«, sagte er. »Das denke ich eher nicht.«

Sie seufzte auf. »Dann werden wir die Familien eben selbst ausfindig machen müssen. Aber ich denke, wir sollten jedem Hinweis folgen, um ein Profil dieses Mörders zu erstellen.«

»Ja, Sie haben recht. Doch das wird eine Menge Arbeit.«

»Ich könnte die Akten selbst durcharbeiten. Schließlich brauche ich nicht die ganze Zeit im Labor neben den Geräten zu stehen.«

»Ich schaue, was ich tun kann. Und ich bin froh, dass Sie sich die Freiheit nehmen, mir all das mitzuteilen, Miss Hijazi«, erwiderte er. »Sie leisten ausgezeichnete Arbeit.«

Am anderen Ende der Leitung herrschte Schweigen. Er wusste nicht, wie er es deuten sollte. Einerseits war sie so unkonventionell, ihn an einem späten Mittwochabend anzurufen und ihm zu sagen, wie er seine Ermittlungen leiten sollte. Und dann war sie wieder so wohlanständig, dass sie sich voll verschleiert auf den Rücksitz setzte wie eine demütige Saffanah. Doch vielleicht war sie, genau wie Saffanah, eben keine Saffanah.

»Ich kümmere mich darum, dass die Unterlagen herausgesucht

werden«, sagte er. »Gibt es noch jemanden im Labor, der Ihnen bei der Sichtung helfen kann?«

»Ja, ich finde bestimmt jemanden.«

»Gut.«

Er bedankte sich bei Katya und legte auf. Plötzlich fühlte er sich erschöpft. Jedes Mal, wenn er versuchte, sich den Mörder vorzustellen, wurde er von derselben Furcht ergriffen. Der Fall wucherte immer weiter wie ein Krebsgeschwür. Jeden Moment konnte es platzen und seine Metastasen in den gesamten Organismus hinausschleudern.

Während der letzten anderthalb Kilometer Heimweg hörte er auf, die Passantinnen anzustarren, und fragte sich stattdessen, welche Orte Sabria ohne ihn aufgesucht haben mochte.

18

Der Leichenfundort in der Wüste lag beinahe verlassen da. Nur zwei Polizisten wachten über die Weggabelung, wo die Landstraße eine scharfe Kurve zu der Stelle beschrieb, an der sie die Leichen entdeckt hatten. Inzwischen war die Straße noch stärker von Sand bedeckt. Die Gräber waren mit Flatterband markiert, und zwei Wachleute patrouillierten auf dem frisch ausgetretenen Trampelpfad darum herum.

Als Katya den beiden Polizisten ihren Dienstausweis zeigte, ließen sie sie passieren. Nayir saß am Steuer. Katya hatte vorn Platz genommen und spürte trotz der Klimaanlage des Land Rovers die heiße Sonne auf den Wangen. Hinter ihnen drängten sich die Spurensucher vom Stamm der Murrah, Talib al-Shafi und seine beiden Neffen, im Führerhaus eines Toyota-Pick-ups, der offenbar älter war als Katya.

Sie war zu schüchtern gewesen, um Ibrahim um Erlaubnis zu fragen, denn sie fand, dass sie schon zu kühn gewesen war, als sie ihm am Telefon vorgeschlagen hatte, die Hinrichtungsakten wieder zu öffnen. Anschließend hatte sie der Mut verlassen – oder sie hatte geglaubt, ihm wäre er ausgegangen. Da sie diesen Ausflug für ziemlich unverfänglich hielt, hatte sie ihn stattdessen mit Majdis Hilfe arrangiert. Er hatte ihr die Telefonnummer des Spurensuchers gegeben, und Nayir war so freundlich gewesen, den Anruf für sie zu erledigen.

Es war Donnerstag, der erste Tag des Wochenendes. Nayir war begeistert gewesen, einen Vorwand zu haben, mit ihr in die Wüste zu fahren. Allerdings hatte sie ihm die Freude rasch verdorben, indem sie ihm unterwegs von den Engel-Morden erzählte. Er hatte aufmerksam zugehört, doch nur mit stillem Entsetzen reagiert. Es stand ihm noch immer ins Gesicht geschrieben, als sie sich dem Fundort näherten.

Ihr Ziel war nicht die Begräbnisstätte selbst, sondern das umliegende Gebiet. Und zwar in einem Umkreis, der groß genug war, dass der Mörder sich hier unbemerkt von den Polizeipatrouillen bewegen konnte. Denn er musste noch einmal hier gewesen sein. Wie sonst hätte er wissen sollen, dass die Leichen abtransportiert worden waren?

Sie fuhren auf die Absperrleine zu, die im grellen Sonnenlicht wie ein Geschenkband schillerte, stiegen aus und sahen sich um. Nach einer eingehenden Musterung beschlossen die Männer, nach Westen zu marschieren, wo das Gelände hügeliger war, sodass der Mörder den Fundort beobachten konnte, ohne selbst gesehen zu werden.

Sie kehrten zurück zur Landstraße und fuhren in einer Geschwindigkeit weiter, die sich langsamer anfühlte als der Niedergang einer Kultur. Der Pick-up der Murrah führte. Inzwischen knieten die beiden Neffen auf der Ladefläche und betrachteten die Spuren auf der Straße. Diese Bluthunde konnten sogar Reifenspuren deuten. Nayir und Katya beobachteten sie gespannt.

Schließlich hielten sie an. Einer der Männer sprang vom Wagen und schritt den Straßenrand ab. Sie hatten etwas entdeckt. Er bedeutete Nayir mit einer Handbewegung, den Rückwärtsgang einzulegen und nach rechts in die Wüste zu rollen.

Nayir fuhr mit dem Land Rover in den Sand und kurbelte das Fenster herunter.

»Hier sind Spuren«, verkündete der Murrah-Neffe und wies auf die Stelle, wo der Toyota gestoppt hatte. »Jemand hat zwar versucht, sie zu verwischen, aber sie sind noch da.«

»Verwischen?«, wunderte sich Nayir. »Womit?«

»Einem Stück Pappe. Wir lassen den Wagen stehen und führen Sie zu Fuß weiter, damit wir die Spur im Auge behalten können.« Er warf einen kurzen Blick auf Katya, eine Geste, die *Außerdem möchten wir die Sittsamkeit Ihrer Frau nicht gefährden* besagen sollte. Nayir nickte dankbar. Katya spürte, wie sie automatisch auch zu nicken begann und sich mit einer Welt abfand, in der von ihr erwartet wurde, dass sie allein im Auto sitzen blieb. Dann jedoch hielt sie sich vor Augen, dass der ganze Ausflug allein ihre Idee gewesen war – und zwar zum Teil dank einer Amerikanerin, die nicht einmal einen Schleier besaß – und dass sie in wenigen Minuten draußen im Sand sein und genauso heftig schwitzen würde wie die Männer.

Sie folgten den Murrah etwa einen halben Kilometer weit. Die Reifen des Rovers glitten knirschend über den hie und da verstreuten Kies. Schließlich hob der Murrah die Hand, und Nayir stoppte den Wagen.

Katya stieg aus, schob sich die Burka über Mund und Nase und steckte sie unter das Kopftuch. Zum Teil tat sie es, um den Murrah die Verlegenheit zu nehmen, doch hauptsächlich deshalb, weil die Sonne ihr so heftig ins Gesicht brannte, als wolle sie ihr Fettgewebe schmelzen. Dann setzte sie eine Sonnenbrille auf und folgte Nayir, indem sie buchstäblich in seine Fußstapfen trat. »Das muss sie nicht tun«, sagte einer der Murrah, der dies bemerkt hatte. »Ihre Fußabdrücke kennen wir schon.«

»Es ist immer gut, vorsichtig zu sein«, erwiderte Nayir.

Sie standen da und warteten auf Talib, den Großvater, der in aller Seelenruhe die Reifenspuren musterte, die von der Straße hierher führten. Als er sich schließlich zu den anderen gesellte, meinte er: »Er fährt einen GMC, und er hat zu wenig Luft im rechten Vorderreifen. Was haben wir sonst noch?«

Es dauerte nicht lang, die Fußabdrücke zu entdecken.

Talib schwieg eine lange Zeit und betrachtete nur den Boden, ging hin und her und nickte, als flüstere der Wind ihm eine Botschaft zu.

Schließlich winkte er Nayir näher heran, deutete auf eine verwischte Stelle am Boden und begann zu erklären: »Das Auto hat hier angehalten. Er ist ausgestiegen, da rübergegangen und dann zum Auto zurückgekehrt. Wahrscheinlich war er verärgert, seine Schritte sind auf dem Rückweg zornig.

Vermutlich, weil er bemerkt hat, dass die Leichen weg sind, dachte Katya.

Alle folgten den Fußabdrücken zum Rand einer sanft geschwungenen Düne, von der aus man die Begräbnisstätte gut im Blick hatte. »Hier bleibt er stehen«, verkündete Talib. »Das ist sein Ausguck.«

Katya machte einige Fotos. »Können Sie sagen, wann er hier gewesen ist?«, fragte sie.

»Meiner Meinung nach sind die Abdrücke fünf oder sechs Tage alt«, erwiderte er.

»Da war die Polizei noch da«, wandte Katya ein. »Und die Spurensicherung. Es hat hier nur so von Leuten gewimmelt.«

»Wenn er vormittags kam«, meinte Nayir, »haben sie ihn hier oben sicher nicht bemerkt. Er hatte die Sonne im Rücken.«

Talib nickte.

»Aber wie ist er an den Streifenwagen auf der Straße vorbeigekommen?«

»Aus dem Süden«, bedeutete Talib mit dem Finger. »Es gibt noch eine andere Straße, die um diese Stelle herumführt, und seine Reifenspuren nähern sich aus der entgegengesetzten Richtung.«

»Vielleicht hat er sich ja gewohnheitsmäßig hier herumgedrückt«, schlug Katya vor. »Er könnte immer erst aus der Entfernung die Lage sondiert haben, bevor er näher kam.« Sie erinnerte sich an die Situation vor fünf oder sechs Tagen. Das war der Zeitpunkt, als sie Aminas Hand auf der Falasteen Street gefunden hatten. Es war durchaus möglich, dass der Mörder hier gewesen war, um nach seinen Gräbern zu sehen. Die Erkenntnis, dass die Leichen entdeckt worden waren, hätte ihn so in Wut versetzen können, dass er Amina früher als geplant die Hand abgeschnitten hatte. Doch wenn Amina wirklich eines seiner Opfer war, blieb immer noch die Frage, warum sie seinem Opfertyp so überhaupt nicht entsprach.

Katya fotografierte weiter. Die Männer hatten sich ein Stück entfernt, alle bis auf Talib. Er stand da, betrachtete die Gräber und wich Katyas Blick absichtlich aus.

»Das brauchen Sie nicht zu tun«, meinte er. »Ich präge mir die Abdrücke ein. Und keine Sorge«, fügte er über die Schulter gewandt hinzu, als er sich umdrehte, »das wird vor Gericht anerkannt.«

Ihre Freundinnen hatten schon lange aufgehört, sie zu fragen, wann sie endlich heiraten würde. Ihrer Ansicht nach war Katya mit neunundzwanzig inzwischen viel zu alt, um noch einen guten Ehemann abzukriegen. Also war es unhöflich, weiter nachzubohren. Ihre wenigen guten Freundinnen hatten jahrelang versucht, sie zu verkuppeln. Bei Hochzeiten stand sie stets ganz oben auf der Gästeliste, da bei diesen Gelegenheiten die meisten Ehen angebahnt wurden. Doch seit ihrer gelösten Verlobung mit Othman mieden selbst ihre besten Freundinnen das Thema, vielleicht in dem Glauben, dass sie Zeit brauchte, um es zu verkraften. Möglicherweise dachten sie ja auch, dass sie nie darüber hinwegkommen würde. Und je länger dieses Schweigen andauerte, desto zynischer sah sie selbst ihre Chancen auf eine Ehe, ohne sich selbst so richtig dessen bewusst zu sein.

Eigentlich hätte Nayirs Heiratsantrag den Schlussstrich unter diese Spannungen ziehen sollen. Doch stattdessen hatte er für neue gesorgt.

Auf der Heimfahrt herrschte beklommenes Schweigen. Katya verglich Nayir mit ihrem Cousin Ayman. Der war im Libanon aufgewachsen und verbrachte Unmengen von Zeit damit, sich Sendungen im Satellitenfernsehen anzuschauen, weshalb er sehr viel über die Welt wusste. Was ein Serienmörder war, war ihm darum gleich ein Begriff gewesen, und er hatte sofort alle möglichen Details aus dem Hut gezaubert. Ob sie gehört habe, dass John Gacy dreiunddreißig Männer vergewaltigt und sie in seinem Keller vergraben habe? Und dass Jeffrey Dahmer versucht habe, seine Opfer in Zombies zu verwandeln? (Und dass die Wissenschaft Dahmers Gehirn zu Forschungszwecken aufbewahrte?) Dass Ayman Fakten wie diese aus dem Ärmel schüttelte, hatte sie immer ein wenig geängstigt, allerdings weniger als Nayirs Verstocktheit.

»So etwas hatten wir hier noch nie«, beharrte er. »So einen Schaitan. In anderen Ländern vielleicht, aber nicht bei uns.«

»Mag sein«, entgegnete sie. »Vielleicht ist es uns bis jetzt einfach nicht aufgefallen. Immerhin hat es jahrelang gedauert, diese Leichen zu finden.«

Diese Antwort schien ihn beinahe zu verärgern. »Wie kommt es, dass so viele Menschen verschwinden, ohne dass es jemand bemerkt?«

»Sie waren Gastarbeiterinnen«, erwiderte Katya. »Wahrscheinlich sind sie weggelaufen, weshalb niemand wusste, wo sie waren.«

»Und jetzt weiß der Mörder, dass die Polizei die Leichen entdeckt hat«, sagte er. »Was, glaubst du, wird er als Nächstes tun?«

»Ich denke, er hat sein nächstes Opfer bereits.« Sie war müde. Die Hitze hatte sie ausgelaugt, und die Erkenntnisse des heutigen Tages machten die Situation noch beängstigender. Sie wünschte, er hätte ihre Kraft und ihren Mut gelobt.

»Er könnte rauskriegen, wer du bist«, meinte er. »Dass du an diesem Fall arbeitest.«

»Diese Möglichkeit besteht immer.«

Sie spürte, dass er nach einer möglichst taktvollen Antwort suchte. Doch es gelang ihm nicht, und so legten sie den Rest der Fahrt in angespanntem Schweigen zurück.

19

Obwohl es Donnerstagmorgen, also Wochenende war, ging Ibrahim zur Arbeit. Er konnte die Vorstellung nicht ertragen, noch einen Tag untätig zu Hause herumzusitzen und sich Sorgen um Sabria zu machen.

Zu seiner Überraschung traf er Majdi und Daher im kriminaltechnischen Labor an. Daher trug Jeans und T-Shirt, nicht seinen üblichen schwarzen Anzug. Er saß neben Majdi am Schreibtisch und tippte eine SMS.

Ibrahims Telefon vibrierte. Er holte es aus der Hosentasche. Daher hatte ihm geschrieben. *Majdi hat etwas gefunden*, lautete die Nachricht.

»Das ging aber schnell«, sagte Daher bei Ibrahims Anblick. Er stand auf, ein wenig verlegen, weil er in Freizeitkleidung ertappt wurde. Es erinnerte Ibrahim daran, wie jung er noch war.

»Was habt ihr denn?«, fragte er.

Majdi stand auf und wies auf den Computerbildschirm. »Wir haben noch ein Opfer identifiziert, dessen Hand am Leichenfundort sichergestellt wurde«, erwiderte er. »Sie hieß May Lozano, war fünfundzwanzig Jahre alt und wird seit einem guten Jahr vermisst.«

»Ausgezeichnet«, entgegnete Ibrahim. »Warum hat das länger gedauert als die Identifizierung von Cortez?«

»Weil ich auf die altmodische Methode vorgehen musste, also ihre Fingerabdrücke manuell mit denen in den Akten der vermissten Hausmädchen vergleichen, die uns das Konsulat geschickt hat.«

»Das war bestimmt eine Heidenarbeit«, sagte Daher.

»Ich konnte den Kreis auf der Grundlage von Adaras Befund eingrenzen, dass May vor etwa einem Jahr gestorben ist. Sie war das vorletzte Opfer und das einzige, von dem wir beide Hände haben.«

»Sehr gut«, erwiderte Ibrahim. »War sie auch Hausmädchen?«

»Ja. Sie lebte bei einer Familie in Dschidda. Es steht alles im Bericht.«

Ibrahim fuhr los, um mit Lozanos Arbeitgebern zu sprechen. Wie Cortez war auch Lozano in Manila angeworben worden, hatte jedoch fünf Jahre lang als Hausmädchen in Dschidda gearbeitet. Als sie verschwand, meldeten ihre Arbeitgeber sie als vermisst, und die Polizei ermittelte. Laut Bericht sagten ihre Freundinnen, Lozano habe zwar Sehnsucht nach ihrer Familie auf den Philippinen gehabt, sei aber in Dschidda zufrieden gewesen. Ihre Arbeitgeber hatten die Vermittlergebühr bereits abbezahlt, und Lozano hatte einen angemessenen Lohn erhalten. Sie sei gut behandelt worden.

Die Familie war sicher, dass sie nicht davongelaufen war. Sie habe beinahe zur Familie gehört, und alle seien verzweifelt gewesen, als sie plötzlich verschwunden war. Es war an ihrem Geburtstag geschehen – der Plan war gewesen, mit ihr das Jollibee, ihr Lieblingsrestaurant, zu besuchen –, weshalb alle von einem Verbrechen ausgingen. Allerdings wusste niemand, wer sie entführt haben könnte. Sie hatte keine Feinde, nicht einmal auf den Philippinen. Doch obwohl die Familie sowohl Polizei als auch Botschaft informierte, konnte niemand sie finden.

Ibrahim stellte fest, dass Lozanos Abwesenheit beinahe sofort bemerkt worden war. Sie hatte um 17 Uhr 15 das Haus verlassen, um eine Freundin im Jollibee zu treffen. Vom Haus ihrer Arbeitgeber bis zu dem Restaurant in al-Khalidiya war es ein Fußweg von etwa sechs Häuserblocks. Sie war um 17 Uhr 30 mit ihrer Freundin Mary verabredet gewesen. Die beiden hatten sich eine Weile unterhalten wollen, bevor die restliche Familie um 18 Uhr dazustieß. Als die Familie im Restaurant eintraf, mussten sie feststellen, dass Lozano nicht da war. Ihre Freundin saß wartend an einem Tisch.

Ibrahim und Daher gingen die Strecke zu Fuß ab.

»Mit dem Taxi ist sie sicher nicht gefahren«, stellte Daher fest.

Das Restaurant war in bunten Farben ausgestattet, ein Abklatsch von McDonald's mit einer großen Plastikbiene mit Honigtopf vor dem Eingang.

Keiner der Mitarbeiter war länger als ein paar Monate hier beschäftigt. Doch Arnel, der Geschäftsführer, erinnerte sich an Mays Verschwinden. Er war ein gepflegt wirkender Asiate in den Dreißigern und trug ein hellblaues Hemd und eine schwarze Hose. Ein Ausweis hing an einer roten Kordel um seinen Hals. Wenn er die blaue Baseballkappe abgenommen hätte, die offenbar zu seiner Dienstkleidung gehörte, hätte man ihn für einen Arzt im Praktikum oder einen anderen jungen Trainee halten können.

»Ja«, sagte er sichtlich bestürzt. »Die Familie kam und hat sie gesucht. Ihre Freundin wartete auf sie. Wir kannten May. Sie war oft mit ihrer Familie hier. Es ist eine Tragödie. Davonzulaufen hat so gar nicht zu ihr gepasst.«

»Sie dachten also, dass sie davongelaufen ist?«, hakte Ibrahim nach.

»Das heißt es doch immer in solchen Fällen. Manchmal werden diese Frauen missbraucht.«

»Machte sie einen missbrauchten Eindruck auf Sie?«

Er schüttelte den Kopf.

»Sagen Sie mal, ist Ihnen an diesem Abend etwas Ungewöhnliches aufgefallen? Irgendetwas draußen auf der Straße? Oder seltsame Gestalten?«

»Ja, da war etwas. Das habe ich der Polizei auch damals schon erzählt, aber man fand es offenbar nicht so wichtig. Auf der anderen Straßenseite ist eine Frau ohnmächtig geworden. Sie wurde in einem Krankenwagen des Roten Halbmonds weggebracht. Die Polizei hat versprochen, der Sache nachzugehen, doch ich habe nie mehr etwas davon gehört.«

»Hätte diese Frau May sein können?«

Arnel zuckte die Achseln. »Manchmal sieht man durch das Schaufenster nur schlecht, und außerdem ist es einen Häuserblock entfernt passiert. Einer meiner Mitarbeiter war draußen und hat es beobachtet. Ich habe die Frau nicht gut erkennen können. Ich ging raus und habe noch mitgekriegt, wie ein Mann sie hinten in den Krankenwagen geschoben hat. Dann ist er ziemlich schnell weggefahren.«

Sie bedankten sich bei ihm und traten wieder auf die Straße hinaus.

»Diese Freundin zu finden wird eine Weile dauern«, sagte Daher und blätterte in seinem Notizblock. »Es heißt, dass sie das Land verlassen hat.«

Ibrahim spähte die Straße hinunter und stellte sich einen Krankenwagen vor, der dort stand. Er hätte in zweiter Reihe parken müssen und eine Fahrbahn blockiert.

»Was denken Sie?«, fragte Daher.

»Unser Mörder könnte die Frauen mit einem Taxi entführt haben, aber genauso gut mit einem Krankenwagen.«

Daher pustete seine Wangen auf. »Ja, gut möglich. Doch dann hätte er nur verletzte Frauen erwischt.«

»Vielleicht verletzt er sie ja selbst«, erwiderte Ibrahim. »Das ist nicht auszuschließen. Er schleicht sich von hinten an, als wollte er sie überfallen, hält ihnen eine Pistole an den Rücken und droht, sie zu erschießen, wenn sie nur einen Mucks von sich geben. Dann spritzt er ihnen etwas, das sie schachmatt setzt. Sie sinken ihm in die Arme, und er trägt sie zum Krankenwagen. Bis es jemandem auffällt – vermutlich in dem Moment, in dem die Frau umfällt –, wird es kein Mensch merkwürdig finden, wenn ein Sanitäter sie zum Krankenwagen bringt. Vielleicht machen sich die Leute Sorgen um sie, aber sie werden die Frau ansehen, nicht den Mörder.«

Daher nickte. »Ja, klingt plausibel.«

»Aber Sie sind nicht überzeugt.«

»Tja ...«

»Raus mit der Sprache.«

»Mir erscheint es eben so viel einfacher, sich als Taxifahrer auszugeben. In diesem Fall riskiert er nicht, dass die Frau um Hilfe schreit oder sonst irgendjemand auf ihn aufmerksam wird.«

Ibrahim nickte. »Vielleicht haben Sie recht. Aber wir sollten die Sache mit dem Sanitäter trotzdem weiterverfolgen.«

20

Es war Freitagmorgen und das Gebäude menschenleer. Am Samstag würde es hier wieder von Menschen wimmeln, die durcheinanderredend und lachend über die gebohnerten Flure hasteten, unterbrochen von dem Klatschen, wenn Daher einem jüngeren Kollegen einen Klaps auf den Hinterkopf versetzte. Nun jedoch störte nur das Rumpeln der anspringenden Klimaanlage die Stille. In wenigen Stunden würde der Ruf zum Gebet ertönen, der stets, angekündigt von einem blechernen Scheppern, aus den Lautsprechern der Moschee an der Ecke hallte.

Einen Kaffeebecher in der Hand, schlüpfte Ibrahim ins Gebäude. Er fühlte sich wie erschlagen. Den restlichen Donnerstag hatte er damit verbracht, Kopien der Akten über Hinrichtungen sowie Amputationen wegen Diebstahls anzufordern, denen Fotos der abgetrennten Hände und Füße beilagen. Daher hatte sich erboten, sie am Morgen vorbeizubringen, obwohl heute der Tag der Ruhe war und sein Gehalt dieses Ausmaß an Engagement nicht annähernd rechtfertigte. Ibrahim fragte sich, ob Dahers Familienleben wohl genauso desaströs war wie sein eigenes.

Farrah wohnte noch immer bei ihnen und wartete auf die Rückkehr ihres Ehemannes. Ihre Anwesenheit war ihm willkommen, da sie und die Mädchen Jamila auf Trab hielten, wodurch ihr kaum Zeit zum Nörgeln blieb. Das einzige Problem war, dass die beiden sich in die richtige Stimmung hineinsteigerten, um Unheil auszuhecken. Da sie sich langweilten und die Gesundheitskrise gebannt war, würden sie bald jemanden gefunden haben, dem sie das Leben zur Hölle machen konnten. Seit Farrah den Exorzisten aufgesucht hatte, herrschte im Haus eine Atmosphäre unterschwelliger Verrücktheit.

Im Büro stellte er fest, dass Daher, vermutlich am Vorabend, den Großteil der Akten bereits gebracht hatte. Er hatte die Kartons ordentlich auf dem Schreibtisch aufgereiht. Ibrahim stellte den Kaffeebecher ab, zog sich einen Stuhl heran und schlug die erste Akte auf.

Obwohl er nicht sicher war, was er überhaupt suchte, blätterte er die Akten durch, wobei er sich bemühte, nicht zu viele Einzelheiten zu lesen. Ein Mann war für schuldig befunden worden, seine Frau und seine Kinder umgebracht zu haben. Eine Frau wurde wegen Mordes an ihrer Mutter verurteilt. Ein anderer Mann hatte einen Fremden in einem Lebensmittelladen getötet. Als er die Akten des Jahres 2003 durchforstete, stieß er ausschließlich auf Morde, was ein wenig seltsam war.

Er wandte sich dem Jahr 2007 zu, in dem ein wenig mehr Abwechslung geherrscht hatte. Während die meisten Hingerichteten wegen Mordes exekutiert worden waren, hatten sich die Übrigen zumeist mehrerer Verbrechen schuldig gemacht. Einen Mann aus dem Tschad hatte man wegen Kindesentführung, Vergewaltigung, Diebstahls und Drogenmissbrauchs verurteilt. Er war erst einundzwanzig gewesen.

Ibrahim hörte im Flur eine Tür zufallen. Dann quietschten Schritte auf dem Linoleum. Daher kam mit zwei weiteren Kartons herein. Der Schweiß rann ihm über die Wangen.

»*Salam alaikum*«, keuchte er und stellte die Kartons neben den Tisch auf den Boden. »Das wären dann die letzten.«

»Gut. Vielen Dank fürs Bringen.«

Daher verharrte unschlüssig in der Tür und holte sich schließlich einen Stuhl.

»Sie brauchen nicht zu bleiben«, sagte Ibrahim.

»Natürlich bleibe ich!«, erwiderte Daher. »Wir sollten alle Überstunden machen. Es ist ein wichtiger Fall.« Ein wenig verlegen nahm er neben seinem Vorgesetzten Platz und griff nach einer Akte. »Wonach suchen wir?«

Ibrahim erklärte ihm, was Katya ihm am Telefon erzählt hatte, wobei er darauf achtete, dass auch die Psychologin einen Teil der Lorbeeren abbekam, damit Dahers Eifersucht sich nicht nur gegen Katya richtete. Erstaunlicherweise verhielt Daher sich absolut sachlich. »Natürlich hat er deshalb neunzehn Leichen vergraben«, warf er sogar ein. »Er bildet sich ein, er sei ein Gesandter Allahs.«

»Es sieht ganz danach aus.«

»Und wonach suchen wir jetzt?«, wiederholte Daher.

»Vielleicht finden wir jemanden, der wegen Diebstahls bestraft wurde und außerdem einen Verwandten hat, der hingerichtet worden ist. Doch das ist vermutlich unmöglich …« Ibrahim zuckte die Achseln. »Melden Sie sich einfach, wenn Ihnen etwas merkwürdig erscheint.«

Obwohl Daher die Sinnlosigkeit ihres Tuns klar zu sein schien, machte er sich mit Feuereifer ans Werk. Eine Weile lasen die beiden wortlos.

»Was halten Sie von dieser Sache mit der Neunzehn?«, fragte Daher nach einer Weile. »Glauben Sie, dass sich irgendwo im Koran ein Mysterium verbirgt?«

Er spielte auf das Spektakel an, das islamische Gelehrte veranstalteten, wenn sie sich in Verschwörungstheorien über die Zahlenspiele im Koran hineinsteigerten. So war allgemein bekannt, dass das Wort »Gebet« fünfmal im Koran vorkam (was sich darin niederschlug, dass der Islam fünf Gebete pro Tag vorschrieb) und dass das Wort »Monat« genau zwölfmal und das Wort »Tag« exakt 365-mal erwähnt wurde. Allerdings bedeutete das noch lange nicht, dass das alles zu einem geheimnisvollen System gehörte.

Die Spekulationen über die Bedeutung der Zahl Neunzehn schienen die Verschwörungstheoretiker besonders zu beschäftigen. Es waren neunzehn Verse, die der Erzengel Gabriel dem Propheten Mohammed bei seinen ersten beiden Besuchen in der Höhle übergeben hatte. Auch die Anzahl der Buchstaben im ersten Vers der ersten Sure des Koran, einem Vers, der im heiligen Buch vierundfünfzigmal wiederholt wurde, betrug neunzehn. Und um das Maß vollzumachen, trug die einzige Sure, in der das Wort »neunzehn« vorkam, den Titel »Das verborgene Geheimnis«.

»Ich glaube nicht, dass es mit der Zahl Neunzehn eine besondere Bewandtnis hat«, antwortete Ibrahim. »Außer für unseren Mörder.«

Sie lasen weiter. Daher wurde so ernst und still, wie Ibrahim ihn noch nie zuvor erlebt hatte. Einen Moment lang konnte Ibrahim sich gut vorstellen, dass er eines Tages Polizeichef werden würde.

»Vielleicht liegt Dr. Becker ja richtig«, meinte Daher. »Wer hat Erfahrung darin, Hände abzuhacken? Ein Henker, richtig? Hat jemand schon mal daran gedacht, dass der womöglich unser Mann ist?«

»Soweit mir bekannt ist, haben Sie diese Theorie gerade erst in die Welt gesetzt.«

»Ganz gleich, wer der Typ auch ist, jedenfalls scheinen ihn die Taten anzumachen. Zumindest nach den Worten von Charlie Engel.«

»Mir gefällt es gar nicht, dass Dr. Becker inzwischen ohne ihr Wissen den Spitznamen ›Engel‹ trägt, genau wie unser psychopathischer Mörder.«

»Nun«, erwiderte Daher, »der Kerl ist kein Engel, sondern der Todesengel.«

»Aha.«

»Und sie sind beide Amerikaner«, fügte Daher hinzu.

»Diese Idee sollten Sie sich endlich aus dem Kopf schlagen. Ich habe mich jetzt durch die Hinrichtungen von fünf Jahren gelesen, und wissen Sie, was ich gesehen habe? Eine ganze Horde von Saudis, die zu Mördern geworden sind. Wenn die Mordlust durch Viren übertragen wird, ist eine Mutation dringend fällig.«

Daher ließ die Bemerkung mit der gebührenden Höflichkeit auf sich wirken und sagte dann: »Offen gestanden finde ich es passend, dass wir in diesem Fall zwei Engel haben. Einen guten und einen bösen.«

»Nun ja«, meinte Ibrahim. »Und Sie haben recht. Ein Henker hätte Zugriff auf die nötigen Gerätschaften, und außerdem könnte er Spaß daran haben.«

»Sie haben doch schon selbst Hinrichtungen gesehen«, erwiderte Daher. »Sie haben miterlebt, dass die Polizei den Henker festhalten muss, sobald er dem Verurteilten den Kopf abgeschlagen hat. Sie stehen bereit, um ihn wegzuführen, weil sie befürchten, dass ihn der Blutrausch überkommen und er eine Gefahr für andere Menschen werden könnte. Mitten auf dem Platz! Vor Hunderten von Leuten! Doch der Blutrausch ist echt. Sie müssen ihn immer zurückhalten.«

Ibrahim hatte in seiner Rolle als Polizist Hinrichtungen ganz aus der Nähe beobachtet. »Stimmt, aber das ist auch Tradition. Wirkt er je, als müsse man ihn bändigen?«

»Manchmal schon!«

Ibrahim versuchte, das Bild, das er sich von dem Serienmörder gemacht hatte, mit seinem Eindruck von dem Henker in Einklang zu bringen, dem er bereits persönlich begegnet war. Daher hatte in mehrfacher Hinsicht recht, doch Ibrahims Bauchgefühl begann bereits zu protestieren.

»Ich habe mich einmal mit einem Henker unterhalten«, antwortete er. »Und wissen Sie, was er über seinen Beruf gesagt hat? Er steigere die Sensibilität.«

Daher lachte auf.

»So hat er es wirklich beschrieben«, fuhr Ibrahim fort. »Er steigere die Sensibilität dafür, was für ein grausiges Verbrechen ein Mord sei, und sei den Menschen eine Warnung, nicht in fünf Minuten der Wut einen Fehler zu machen, der ihr ganzes Leben ruinieren wird.«

Daher grinste. »Interessant. Offenbar glaubt er, dass die meisten Mörder sich nicht im Griff haben. Stimmt das?«

Ibrahim zuckte die Achseln. »Menschen, die jemanden umbringen, haben sich in den meisten Fällen nicht im Griff, und sei es nur für einen Augenblick.«

»Doch das gilt nicht für den Engel-Mörder«, wandte Daher ein. »Er *plant* diesen Mist.«

Als Schritte auf dem Gang erklangen, sprang Daher von seinem Stuhl auf. In dem Sekundenbruchteil, den er brauchte, um einen Satz in Richtung Tür zu machen, fuhr sein rechter Arm in Richtung Hüfte. Er griff vergeblich nach der Pistole, die er am Freitag nicht in ein menschenleeres Bürogebäude mitgebracht hatte. Sein Verhalten erschreckte Ibrahim.

Mit entnervter Miene drehte Daher sich um. »Es ist Miss Hijazi«, verkündete er.

Katya blieb auf der Schwelle stehen. Sie hatte zwei Akten bei sich.

»*Ahlan*«, sagte Ibrahim und erhob sich. »Was für eine nette Überraschung, Miss Hijazi. Bitte kommen Sie herein.«

»*Ahlan biik*«, erwiderte sie. »Ich wollte nur ein paar Akten abholen.«

»Warum arbeiten Sie?«, erkundigte sich Daher mit kaum verhohlener Missbilligung. »Es ist Freitag!«

»Ist bei Ihnen etwa nicht auch Freitag?«, fragte sie und rauschte an ihm vorbei ins Büro. Sie wandte sich an Ibrahim. »Ich habe gestern einen Ausflug in die Wüste gemacht. Ich war am Leichenfundort.«

»Etwa allein?«, hakte Daher nach.

»Nein, mit den Murrah. Talib al-Shafi und seine Neffen haben mich und meinen Mann begleitet.«

»Hatten Sie dazu eine Genehmigung?« Daher sah Ibrahim an. »Warum weiß ich davon nichts?«

»Wir sind nicht lange am Fundort geblieben«, sagte sie zu Ibrahim, ohne auf Daher zu achten. »Wir sind nach Westen gefahren und haben dort die Stelle entdeckt, wohin der Mörder offenbar zurückgekehrt ist. Denn das muss er ja getan haben. Woher hätte er sonst wissen sollen, dass wir auf die Leichen gestoßen sind? Und wir gehen davon aus, dass er es weiß, und zwar wegen Aminas Hand.«

»Sie haben gut mitgedacht«, meinte Ibrahim verlegen. »Also glauben Sie, die Stelle gefunden zu haben, wo er sich versteckt hat?«

»Ja. Talib sagt, der Mann sei in einem GMC-Pick-up gekommen und zu Fuß zu einem Ausguck gegangen, von wo aus er die Begräbnisstätte im Blick hatte. Seiner Ansicht nach weisen die Fußspuren außerdem darauf hin, dass der Mann zornig war.«

»Aber Sie sind nicht sicher, dass es sich wirklich um den Mörder handelt«, entgegnete Daher.

»Talib ist überzeugt, dass die Fußabdrücke am Ausguck identisch mit denen an der Begräbnisstätte sind.«

»Ich dachte, die von der Begräbnisstätte seien nicht sehr deutlich gewesen«, beharrte Daher.

»Ihm haben sie genügt.«

»Also lassen Sie mich eines klarstellen: Irgendein blinder alter Beduine behauptet, dass es sich um unseren Mörder handelt? Die Fußspuren könnten von jedem x-Beliebigen sein.«

Ibrahim sah, dass Katya unwillig das Gesicht verzog. »Die Stelle ist sehr abgelegen«, gab sie zurück. »Und andere Fußabdrücke waren dort nicht.«

»Das heißt nicht, dass sonst niemand da war.«

»Der springende Punkt ist, dass Talib die Fußabdrücke für identisch hält«, entgegnete sie. »Wenn unser Mörder also am Ausguck war, dann vor sechs oder sieben Tagen.«

»Beim nächsten Mal«, sagte Daher, »muss eine solche Aktion mit dem leitenden Ermittler, also mit Zahrani, und außerdem mit Chief Riyadh abgeklärt werden. Sie hätten etwas am Fundort verändern können.«

»Ich arbeite bei der Spurensicherung.«

»Ja, aber im Labor, nicht draußen im Gelände. Wie oft waren Sie denn schon an einem Tatort? Einmal? Zweimal? Es gibt Vorschriften, und nur weil Sie schon einmal an einem Tatort waren, heißt das noch lange nicht, dass Sie wissen, wie man sich dort verhält. Und weil Sie allein waren, können wir die Beweise nicht einmal vor Gericht verwenden!«

»Ich war nicht allein.«

»Gut, der Murrah war da, also ist es vielleicht doch zulässig. Aber Sie hätten alles verderben können.«

Wieder einmal machten die beiden Ibrahim ratlos. Wenn er Katya in Schutz nahm, riskierte er, seinen besten Mitarbeiter gegen sich aufzubringen. Tat er es nicht, würde er womöglich die Person verlieren, die in Sachen Sabria seine engste Vertraute war – und die am kreativsten an den Engel-Fall heranging.

»Und wie war Ihr Donnerstag?«, fragte Katya Daher.

Mit gekränkter Miene wich er zurück. »Wir haben eines der anderen Opfer identifiziert.«

Katya wandte sich zur Tür.

»Haben Sie einen Fahrer?«, erkundigte sich Ibrahim.

»Ja.«

»Gut, dann begleite ich Sie zum Parkhaus.«

»Das ist nicht nötig«, widersprach Katya.

»Wir sollten uns nicht allein dort aufhalten, insbesondere dann nicht, wenn wie heute niemand da ist. Wenn der Mörder in Bezug auf die Begräbnisstätte Bescheid weiß, weiß er auch, wer wir sind.«

Katya nickte widerstrebend.

Sobald sie außer Hörweite waren, ergriff Katya das Wort. »Eigentlich bin ich hier, weil ich mit Ihnen reden wollte. Ich habe die Untersuchungsergebnisse von der Blutprobe, die wir auf dem Teppich vor ihrer Wohnungstür gefunden haben.«

»Und?«

Sie zögerte. »Es ist nicht Ihre DNA, aber sie stammt von jemandem, der mit Ihnen verwandt ist.«

»Was?« Er blieb stehen.

»Ja«, bestätigte sie. »Und zwar von einem Mann.«

Ibrahim wurde gleichzeitg von Angst und Zorn ergriffen und traute seinen Ohren nicht. »Sind Sie ganz sicher?«

»Ja. Ich habe den Test wiederholt. Deshalb hat es so lange gedauert.«

»Okay.« Er stellte fest, dass sein Atem stoßweise ging. »Okay. Ich kümmere mich darum.«

»Sie wissen also, wer es ist?«

»Ich glaube schon«, erwiderte er.

»Möchten Sie sich die DNA von dieser Person besorgen?« Sie nahm einen Tupfer aus der Tasche.

Er schüttelte den Kopf. »Nein, ich frage einfach.«

»Gut.« Sie zögerte. »Ich dachte, Sie hätten gesagt, dass niemand in Ihrer Familie von ihr weiß.«

»Da habe ich mich offenbar geirrt.«

Jamila empfing ihn an der Tür. Wilde Aufregung malte sich in ihrem Blick. Offenbar war das nächste Drama bereits inszeniert. Während er an ihr vorbei ins Wohnzimmer ging, erfuhr er, dass ihr ein unglaublicher Coup, der cleverste Schachzug des Jahrzehnts geglückt war: Sie hatte einen Ehemann für Hanan, die Erstgeborene der Zwillinge, gefunden.

»Sie ist erst zehn«, protestierte Ibrahim. Er warf einen Blick ins Schlafzimmer und stellte fest, dass es leer war. Er suchte seinen ältesten

Sohn Aqmar, denn dessen Frau Constance hatte ihm unten aufgemacht und gesagt, er sei hier.

»Es macht doch nichts, dass sie erst zehn ist!«, rief Jamila aus. Farrah stand neben ihr und zog ein verlegenes Gesicht. »Heiraten wird sie erst mit sechzehn. Aber ich habe alles in die Wege geleitet! Jetzt fehlt nur noch deine Zustimmung.«

»Was ist das für ein Mann?« Er schob sich an ihr vorbei ins Wohnzimmer der Frauen, das ebenfalls leer war. »Wo ist Aqmar?«

»Der Mann heißt Taha al-Brehm und ist der Sohn meines Cousins Abdullatif, der in Riad lebt.«

»Hast du ihn je kennengelernt?«

»Er besitzt eine Textilfabrik und drei Läden für Mobiltelefone. Sein Vater hat mehr Geld als sonst jemand in der ganzen Familie.« Jamila klatschte in die Hände.

»Weiß Hanan schon davon?«

»Noch nicht.«

»Wo ist Aqmar?«, wiederholte er.

»Keine Ahnung. Wie findest du das? Er passt großartig zu ihr. Er ist sehr traditionell, reitet gern und geht auf die Falkenjagd. Stell dir das nur einmal vor!«

Er wandte sich an Farrah. »Hast du deinen Bruder gesehen?«

»Er ist auf dem Dach«, erwiderte sie mit schuldbewusstem Blick in Richtung ihrer Mutter.

»Nein, er ist nicht auf dem Dach«, entgegnete Jamila gereizt und versperrte Ibrahim den Weg zur Wohnungstür. »Und, was denkst du?«

»Dass du verrückt bist, wenn du glaubst, ich würde zulassen, dass Hanan ohne ihre Zustimmung verheiratet wird. Selbst wenn dieser Mensch mehr Geld hat als der König.« Er drängte sich an ihr vorbei und flüchtete zur Tür hinaus, bevor die Tirade begann. Doch das Geschrei folgte ihm die Treppe hinauf.

Er konnte es nicht fassen, dass sie so etwas auch nur versuchte. Mit Zakis Hochzeit war er nur einverstanden gewesen, weil Zaki selbst Ja gesagt hatte. Nach dem Fiasko, das daraus entstanden war, hätte man doch meinen können, dass sie in Zukunft ein wenig zurückhaltender sein würde.

Aqmar saß auf einem Teppich auf dem Dach und sah aus wie ein bedrohlicher Mudschaheddin. Er trug eine Kakihose und ein altes olivgrünes T-Shirt, das er schon jahrelang nicht mehr angehabt hatte. Ibrahim dachte sich oft, dass Aqmar wohl inzwischen tot wäre, wenn er nicht mit der Faust auf den Tisch geschlagen und seinem Sohn verboten hätte, in den Irak zu verschwinden, um sich dem Dschihad gegen den Westen anzuschließen. Die Phase, unbedingt ein Held sein zu wollen, war zwar so schnell vergangen, wie sie gekommen war, doch das Herz eines Vaters vergaß manche Dinge eben nie. Die Kohlenstücke in der Wasserpfeife neben ihm waren fast verglommen, und der Duft der Shisha hing noch in der Luft.

Eines Abends vor einigen Monaten hatten Ibrahim und Sabria auf dem Rückweg vom Privatstrand an einem Lebensmittelladen angehalten, weil sie etwas einkaufen musste. Beim Aussteigen hatte er Aqmar und Constance bemerkt, die gerade einen Schaufensterbummel machten. Rasch hatte Ibrahim sich wieder ins Auto geflüchtet, Sabria am Aussteigen gehindert und war sofort losgefahren. Er war nicht sicher, hatte aber den Verdacht, dass sein Sohn ihn gesehen hatte. Sie hatten nie darüber gesprochen. Und da Aqmar sich ihm gegenüber verhielt wie zuvor, hatte Ibrahim irgendwann geglaubt, dass er wohl an Verfolgungswahn litt.

Beim Anblick seines Vaters hob Aqmar die Hand, in der er ein Mobiltelefon hielt.

»Zaki hat gerade angerufen und gesagt, er würde übers Wochenende mit ein paar Freunden in der Wüste zelten. Ich soll mich darum kümmern, dass Saffanah alles hat, was sie braucht. Der Typ hat vielleicht Nerven.«

Ibrahim setzte sich neben ihn, lehnte sich mit dem Rücken an die Wand und versuchte, sich zu entspannen. »Ist noch Shisha übrig?«

»Nein.« Aqmar erhob sich mit schuldbewusster Miene. »Ich stopfe sie wieder.«

»Kein Problem. Bleib sitzen.«

Aqmar gehorchte und warf das Telefon auf den Teppich. »Ich begreife nicht, warum er sie geheiratet hat. Er wusste von Anfang an, dass es keine gute Idee war. Und jetzt will er das Problem auf uns abwälzen.« Mit »uns« meinte er seinen Vater und sich.

»Hat er dir erzählt, was beim Scheidungsgericht passiert ist?«

»Soll das ein Witz sein? Der hat gar nicht mehr aufgehört zu reden.«

Ibrahim presste den Rücken an die Wand und bemühte sich, ruhig durchzuatmen. Er wollte Zeit gewinnen und sich heranpirschen wie ein Boxer, der weder zuschlagen noch geschlagen werden will, aber im Ring bleiben muss. Allerdings konnten jeden Moment Jamila oder eines der Enkelkinder die Treppe heraufkommen.

»Lass uns in die Moschee gehen«, schlug Ibrahim vor. Da Aqmar unwillig das Gesicht verzog, fügte er hinzu: »Es ist Freitag.«

Die Nachtluft war angenehm kühl, als sie sich auf den Weg machten. Sie sprachen nicht viel, beschlossen aber, die große Moschee in der Makkah Street zu besuchen, nicht die kleinere, wie sonst. Das moderne Bauwerk wirkte quadratisch und sachlich. Das einzig Schmückende war das kunstvoll mit Kacheln verzierte Minarett. Drinnen war es so voll, dass sie sich in die hinterste Reihe drängen mussten und kaum genug Platz hatten, um mit der Stirn den Boden zu berühren. Nach dem Gebet machten sie sich aus dem Staub, bevor sie jemand in ein Gespräch verwickeln konnte. Sie kehrten in einer *boofiya* ein, um ein Eis zu essen. Es war ein winziges Lokal, das nur aus einem Raum bestand. Neben der Tür waren einige Plastikstühle aufgereiht. Zwei Männer saßen da. Einer trank Tee und las die Zeitung, der andere aß etwas, das wie ein Sambooli-Sandwich aussah. Erst auf dem Heimweg wagte Ibrahim, das Thema zur Sprache zu bringen.

»Eine Kollegin aus der Abteilung für verdeckte Ermittlungen wird seit letzter Woche vermisst.«

Aqmar machte ein verdattertes Gesicht und fragte sich offenbar, was ihn das anging.

»Ihr Name ist Sabria Gampon.«

Im Gesicht seines Sohnes, der kein geübter Lügner war, malten sich erst Entsetzen, dann Scham und Angst, und zwar in genau dieser Reihenfolge. Ibrahim schloss daraus, dass Aqmar genau wusste, wer Sabria war, und die Situation als peinlich empfand.

»Was ist passiert?«, fragte Aqmar.

»Wir sind nicht sicher. Doch an einem Nagel im Teppich direkt vor ihrer Eingangstür wurde DNA sichergestellt. Jemand hat sich dort am Fuß verletzt.«

Aqmar errötete verlegen. »Eines Tages wollte ich zu dir ins Büro und habe gesehen, wie du das Gebäude verlassen hast. Ich dachte, ich könnte dich einholen, habe dich aber im Verkehr verloren. Und dann habe ich beobachtet, dass du vor einem Haus parkst …«

Es war eine altbekannte Weisheit bei der Polizei, dass die Fähigkeit, Lügner zu entlarven, Gefühle auf den ersten Blick zu erkennen und Schwachstellen und somit die innersten Geheimnisse eines Menschen zu enttarnen, in dem Moment verschwand, wenn es sich beim Gegenüber um einen Menschen handelte, den man liebte. Die Erkenntnis, dass er nicht feststellen konnte, ob sein Sohn log, machte ihm Angst.

»Also warst du dort?«, fragte Ibrahim.

Aqmar nickte. Er zog den Riemen seiner Sandale hoch, um ihm den Kratzer zu zeigen. Er heilte zwar schon ab, war aber noch gerötet.

»… ich habe geglaubt, du wolltest einen Freund besuchen.« Aqmars Stimme klang gepresst. *Ich dachte, ich hätte dich beim Ehebruch ertappt. Sag, dass sie nur eine Freundin war.*

Ibrahim sah, wie sich sein ganzes Leben als Vater wie ein gewaltiger Abgrund zu seinen Füßen auftat. Und er selbst balancierte genau in der Mitte zwischen dem Bedürfnis, die Wahrheit zu sagen, und dem Wissen, dass diese Wahrheit eine Beziehung erbarmungslos vernichten konnte.

»Wir mussten noch die Abschlussbesprechung eines Einsatzes abhalten«, erwiderte er. »Wundert es dich, dass wir verdeckte Ermittlerinnen haben?«

Er widerte sich selbst an.

»Nein. Das hast du schon mal erzählt.« Aqmar wirkte noch immer verlegen. »Du hast einmal gesagt, dass die meisten Diebstähle in Dschidda von Frauen begangen werden.«

»Oder von Männern, die sich als Frauen verkleiden.«

Unzählige Fragen bohrten sich wie Nägel in die Innenseite seines Schädels. *Hast du angeklopft? Hat sie aufgemacht? War ich gerade in der Dusche? Hast du vor der Tür gestanden und gelauscht?* Er versuchte, sich zu erinnern, ob Sabria verändert gewirkt hatte. Ob sie Aqmar begegnet war. Ob sie ihm die Tür aufgemacht hatte.

»Erinnerst du dich noch, wo du am Mittwoch vor zwei Wochen warst?«

Aqmar grinste spöttisch. »Werde ich jetzt verhört?« Als Ibrahim nicht antwortete, sagte er: »Ich arbeite jeden Mittwochabend bis zehn. Das weißt du doch. Es ist meine Vierzehnstundenschicht. Du kannst ja meinen Chef anrufen.«

»Wann warst du vor der Wohnung?«, erkundigte sich Ibrahim.

»Vor etwa drei Wochen.«

»Weißt du noch, an welchem Tag genau?«

»Äh ... ja ... es war ein Sonntag. Ich hatte frei.« Aqmar wurde langsamer, um die Straße zu überqueren. »Ich hätte wahrscheinlich anklopfen sollen. Aber ich dachte, du arbeitest, und ich wollte nicht stören.«

Und da hatte er sie, die wahre Strafe für seine Lüge: Sein Sohn konnte genauso gut lügen. Vielleicht hatte Aqmar in Wirklichkeit etwas ganz anderes sagen wollen: *Ich habe mir gedacht, dass du eine Geliebte hast, und ich war so entsetzt, dass ich davongelaufen bin und mir an einem Nagel den Fuß verletzt habe.*

Ibrahim merkte ihm an, dass er mit düsteren Gedanken kämpfte. Zorn, aus Solidarität mit seiner Mutter. Enttäuschung, weil sein Vater log. Gleichzeitig der Wunsch, dass sein Vater glücklich wurde, und Verständis, dass er diesen Weg dafür gewählt haben mochte. Und außerdem Scham wegen der Situation an sich.

»Bei der Mordkommission haben wir auch Frauen«, meinte Ibrahim. »Aber wir sehen sie kaum.«

Aqmar nickte. »Hoffentlich geht es deiner Freundin gut.«

Den restlichen Weg legten sie schweigend zurück.

Zu Hause angekommen, sagte Aqmar Gute Nacht und ging in seine Wohnung, wo eine sehr geduldige Ehefrau seit drei Stunden auf ihn wartete. Ibrahim hörte, dass Jamila oben telefonierte und sich bei einer Freundin lautstark über seine Unvernunft beklagte. Wie könne er nur verhindern, dass Hanan sich mit einem wohlhabenden Cousin verlobte? Das war sein Stichwort, um leise an Zakis Tür, gegenüber von Aqmars Wohnung, zu klopfen.

Saffanah machte auf. Es war nur eines ihrer Augen zu sehen, und das war gerötet und verschwollen. Sie machte Platz, damit er eintreten konnte.

Er folgte ihr in den Flur, wo sie dastand und sich mit bedrückter Miene den Bauch hielt.

»Wie fühlst du dich?«

Sie zuckte die Achseln.

»Wie läuft es mit Zaki?«

Sie schüttelte den Kopf. »Er will nicht«, erwiderte sie und schlang die Arme noch fester um den Leib. An ihren bebenden Schultern erkannte er, dass sie mit den Tränen kämpfte. Doch es dauerte nicht lange, bis sie den Kampf verlor.

»Lass uns rausgehen«, schlug er vor. Er konnte sie nicht weinen sehen. »Musst du etwas einkaufen?«

Sie nickte.

Sie gingen in einen mittelgroßen Supermarkt. Saffanah ließ Ibrahim am Eingang warten, bis der einzige andere Kunde – ein Mann – seine Einkäufe erledigt hatte und den Laden verließ. Eigentlich war es kurz vor Ladenschluss, doch der Inhaber war so freundlich, sich zu gedulden, während Saffanah mit ihrem Einkaufskorb durch die Gänge marschierte, immer mit einem wachsamen Auge zur Tür, für den Fall, dass jemand hereinkam, was das Ende ihres Einkaufsbummels bedeutet hätte. Sie hatte die Burka noch immer über dem Gesicht. Wie Ibrahim vermutete, lag es diesmal daran, dass ihre Augen rot und verschwollen waren. Vielleicht war das ja schon seit längerer Zeit der Fall.

An der Kasse bezahlte Ibrahim die Lebensmittel und half dem Inhaber, sie in Tüten zu verpacken. Als sie wieder im Auto waren, sagte er:

»Zaki ist übers Wochenende weggefahren, und ich weiß, dass du die Abende nicht gern mit meiner Frau verbringst. Warum besuchen wir nicht Aqmar und Constance und backen Schokokekse?«

Sie blickte in ihre Einkaufstüte und schüttelte den Kopf.

Nachdem er ihr die Tüten ins Haus getragen hatte, schlich er nach oben in seine Wohnung. Jamila telefonierte noch immer, doch zum Glück war die Tür geschlossen, sodass er ihr Genörgel nur in Form von gedämpften Geräuschen wahrnahm. Er schlüpfte ins Männerwohnzimmer, nahm ein paar Kissen und ging damit aufs Dach. Dort machte er sich ein kleines Bett neben der Wasserpfeife zurecht und schaute zum Sternenhimmel hinauf. Beim Einschlafen fragte er sich, was sein Sohn nun wohl von ihm hielt.

21

Sie war früher auf den Beinen und unterwegs als sonst. Die ganze Stadt lag auf den Knien, ihr Hinterteil schimmerte im rosigen Morgenlicht, ihr Kopf war fromm geneigt. Der Ruf des Muezzins hallte durch die Straßen. Der Lautsprecher jeder Moschee herrschte über seine eigene kleine Welt. Die Männer beteten in Reihen auf den Gehwegen, Fremde wurden kurz zu Nachbarn. Man bereitete sich auf den Tag vor. Katya hatte noch nie im Leben auf einem Gehweg gebetet, doch an stillen Morgen wie diesem sehnte sie sich danach.

Gerade stieg sie vor dem Revier aus, als eine SMS von Majdi eintraf: TATORT – JETZT, gefolgt von der Adresse. Also setzte sie sich wieder zu Ayman ins Auto, und sie fuhren los.

Als sie vor dem Haus stoppten, schnappte Katya nach Luft.

»Was ist?« Ayman drehte sich zu ihr um.

»Nichts«, erwiderte sie. »Ich habe etwas verwechselt.«

Offenbar glaubte er ihr nicht. Doch sie bedankte sich bei ihm, stieg aus und gab sich Mühe, sich die Panik nicht anmerken zu lassen. Sie standen vor Sabrias Apartmenthaus.

Katya fuhr mit dem Aufzug in den dritten Stock. Die Tür von Sabrias Wohnung stand offen, und zwei Männer von der Spurensicherung waren bereits vor Ort. Sie machten ihr Platz.

Katya traf Majdi im Wohnzimmer an. Er wirkte abgehetzt. »Sie sagten doch, Sie wollten mal einen richtigen Tatort untersuchen.«

»Was ist passiert?« Beinahe versagte ihr die Stimme.

Majdi hob beschwichtigend die Hände. »Es ist niemand ermordet worden, keine Sorge. Eine Frau wird vermisst. Jemand hat es heute Morgen gemeldet.«

»Seit wann untersuchen wir die Wohnungen von vermissten Personen?«, fragte sie, bemüht, ihre Panik unter Kontrolle zu bringen.

»Normalerweise nicht. Doch diese Frau hat in der Abteilung für verdeckte Ermittlungen gearbeitet. Deshalb wurde die Spurensicherung angefordert. Chief Riyadh hat mich heute Morgen angerufen und mich gebeten, das zu erledigen, bevor ich ins Büro komme. Ich hätte Sie schon früher verständigt, aber es war ja noch mitten in der Nacht.«

Katya spürte, wie sie errötete. »Wie lange sind Sie denn schon hier?«

»Seit über einer Stunde. Wir müssen noch das Schlafzimmer und das Bad untersuchen.«

Es kostete Katya all ihre Selbstbeherrschung, nicht ins Treppenhaus hinauszulaufen, um Ibrahim anzurufen. Sie musste bleiben und so viele Beweisstücke wie möglich verschwinden lassen. Ihre Gedanken überschlugen sich: Kann ich die Spuren vernichten? Sie manipulieren? Kriege ich sie überhaupt in die Finger? Haben sie sie schon ins Labor geschickt, oder übergeben sie sie der Abteilung für verdeckte Ermittlungen, die sie dann in einem anderen Labor testen lässt? Wie lange wird es dauern, bis sie herausfinden, dass Ibrahim hier war?

»Hat sie allein gelebt?«, erkundigte sich Katya.

»Ja, aber sie war verheiratet. Den Ehemann hat man noch nicht aufgespürt.« Majdi warf ihr einen finsteren Blick zu. »In solchen Fällen ist es meistens der Ehemann.«

»Was meinen Sie mit ›solchen Fällen‹?«

»Wenn eine Frau verschwindet.«

Majdi schien ihre Reaktion bereits als besorgniserregend zu empfinden. Wenn sie sich jetzt nicht zusammennahm, würde er sie nie wieder zu einem Tatort rufen.

»Ich muss zurück ins Labor«, sagte er. »Kommen Sie hier klar?«

»Ja, alles bestens.« Als er hinausging, rief sie ihm noch nach: »Majdi, danke!«

Er verabschiedete sich mit einem Nicken.

Katya kam zu dem Schluss, dass es das Wichtigste war, sich auf die Spuren zu konzentrieren, die auf eine sexuelle Beziehung zwischen Ibrahim und Sabria hinwiesen. Also ging sie ins Schlafzimmer und machte sich an die Arbeit. Gerade hatte sie das Bett abgedeckt, als ihr etwas einfiel. Ibrahim musste es sofort erfahren. Er musste herkommen. Wenn er sich in der Wohnung aufhielt, würde das eine harmlose Erklärung für das Vorhandensein seiner DNA liefern.

Sie zog ihr Mobiltelefon aus der Tasche und rief ihn an. Aber er meldete sich nicht. Katya holte tief Luft und versuchte es noch einmal. Beim dritten Mal hinterließ sie ihm eine Nachricht: *Kommen Sie sofort in Sabrias Wohnung. Jemand hat Vermisstenanzeige erstattet, und die Spurensicherung ist schon hier. Vertrauen Sie mir, Sie müssen herkommen.*

Sie legte auf und betete zu Gott, dass er die Nachricht erhalten würde, bevor es zu spät war.

»Ich habe von den älteren Kollegen gehört, dass sie schon früher mit Serienmördern zu tun hatten«, sagte Daher.

Ibrahim und Daher standen auf dem Flur vor dem Konferenzraum. Die Tür war zwar geschlossen, doch nach dem Geräuschpegel zu urteilen, waren bereits alle da. Ibrahim griff nach der Türklinke, doch Daher hielt ihn zurück. »Das heißt, dass es einfach nur nie nachgewiesen werden konnte«, fuhr er fort. »Warum? Weil alle glauben, dass es so etwas bei uns nicht gibt. Die einzigen Serienmorde, über die etwas in den Nachrichten gebracht wurde, wurden von Ausländern begangen. Ist Ihnen das auch schon aufgefallen?«

»Es macht Ihnen offenbar wirklich zu schaffen, dass es ein Saudi sein könnte«, stellte Ibrahim fest.

»*Hatten* wir denn bisher einen Serienmörder, der Saudi war?«

»Keine Ahnung. Vor zehn Jahren haben wir bei der Mordkommission in einigen Fällen ermittelt, in denen ein Mann mehrfach gemordet hat, aber es war nie so wie jetzt. Nie so systematisch und eindeutig nicht so gut geplant.«

Daher wirkte ein wenig erleichtert. Ibrahim öffnete die Tür.

Al-Shafi, der Spurenleser vom Stamm der Murrah, hatte vor zwei Wochen vorgeschlagen, man solle nach einem Taxifahrer suchen. Doch bis jetzt lag noch kein aufschlussreiches Täterprofil vor. Man hatte einfach nur die jüngsten Kollegen losgeschickt, um von den Taxiunternehmen Informationen über das Vorstrafenregister ihrer Fahrer zu erhalten. Das hatte sich als ziemlich enttäuschend erwiesen, da die meisten Unternehmen keine derartigen Listen führten. Die Unternehmen, die es doch taten, waren sehr hilfsbereit gewesen. Aber wie bei den Unterlagen zum Thema Hinrichtungen und Amputationen waren die Daten nutzlos, solange man nicht mehr über den Täter wusste.

Allmählich lief sich die Taxifahrerspur tot, was nicht weiter verwunderlich war, denn schließlich gab es in Dschidda fünfzigtausend Taxifahrer. Das Problem war nur, dass eine vielversprechende These irgendwann eine Eigendynamik entwickelte, die die gesamten Ermittlungen beherrschen und enttäuschte Hoffnungen zurücklassen konnte.

Und nun würde er seinen Männern sagen müssen, dass der Mörder sich womöglich als Sanitäter vom Roten Halbmond tarnte.

Als er vor die Anwesenden trat, spürte er die gereizte Stimmung im Raum nur allzu deutlich. Mu'tazz saß ganz hinten an der Wand und beobachtete Ibrahim mit starren Eidechsenaugen.

Ibrahim berichtete von May Lozano und dem Krankenwagen am Abend ihres Verschwindens und leitete dann elegant zu dem Punkt über, dass der Täter seine Opfer auch mit einem Wagen des Roten Halbmonds hätte entführen können. Doch noch während er sprach, bemerkte er, dass die Männer ins Grübeln gerieten. Sie hatten keinerlei Anhaltspunkte. Der Mörder hatte nur eine blutige Hand auf der Straße zurückgelassen, eine Botschaft, die *Ich töte Frauen, und ihr seid machtlos dagegen* lautete.

»Im Moment gehen wir davon aus, dass es sich beim Wüstenmörder und dem Mann, der Amina al-Fouad entführt und verstümmelt hat, um ein und dieselbe Person handelt«, verkündete Ibrahim. »Bei den vorherigen Opfern wurde die Hand erst nach dem Tod abgetrennt. Aminas Hand hingegen wurde abgelegt, unmittelbar nachdem wir den Leichenfundort entdeckt hatten. Also vermuten wir, dass der Mörder in Wut geraten ist, weil wir sein Leichenversteck in der Wüste ausgehoben haben.« Er informierte die Männer über die Fußspuren, auf die Talib in der Wüste gestoßen war. Er hatte ein leicht schlechtes Gewissen, weil er verschwieg, dass Katya den Einfall gehabt und in die Tat umgesetzt hatte. Doch er wollte Mu'tazz nicht noch mehr Munition für seinen Kleinkrieg gegen ihn liefern.

»Also will er uns mitteilen, dass Amina in seiner Gewalt ist und dass er sie töten wird. Doch ich möchte Ihnen allen gegenüber betonen, dass Amina al-Fouad möglicherweise noch lebt. Deshalb brauche ich wohl nicht eigens hinzuzufügen, dass die Suche nach dem Mörder nun noch dringender ist als zuvor.«

Kurz herrschte Schweigen, bis Mu'tazz das Wort ergriff.

»Sie ist bestimmt tot«, sagte er. Einige Männer drehten sich zu ihm um.

»Aha, Lieutenant Colonel«, wandte sich Ibrahim bemüht beherrscht an ihn. »Wie kommen Sie darauf?«

»Sie hat eine Hand verloren. Wenn der Mörder nicht Medizin studiert hat, dürfte er Schwierigkeiten haben, die Blutung zu stoppen.«

»In Anbetracht dessen, dass eine ärztliche Behandlung vermutlich nicht stattgefunden hat«, entgegnete Ibrahim, »könnte er so vorgegangen sein wie im Mittelalter und den Arm in Teer getunkt haben.«

»Ich bezweifle sehr, dass er ein Interesse daran hatte, die Blutung zu stillen«, beharrte Mu'tazz.

Im Raum schien es noch stiller zu werden.

»Gut.« Ibrahim tat sein Bestes, die Ruhe zu bewahren. »Und was schlagen Sie stattdessen vor?«

»Da sie wahrscheinlich tot ist«, erwiderte Mu'tazz, »ist es wichtiger herauszufinden, warum er sich al-Fouad ausgesucht hat. Dann können wir vielleicht besser einschätzen, wer sein nächstes Opfer sein wird. Nur so werden wir seine Beweggründe verstehen.«

»Mit anderen Worten ein Täterprofil«, antwortete Ibrahim mit einem Blick auf Dr. Becker. »Falls Sie etwas dazu beitragen möchten, Lieutenant Colonel, teile ich Sie gern zur Zusammenarbeit mit Dr. Becker ein.«

Ha! Mu'tazz hatte Mühe, sich seine Empörung nicht anmerken zu lassen.

Ibrahim wandte sich wieder an die anderen Anwesenden. »Es ist nicht ratsam, pauschal davon auszugehen, dass eine vermisste Person tot ist. Unsere Aufgabe ist es, sie zu suchen. Ich möchte, dass wir alle unsere Kräfte darauf konzentrieren, al-Fouad lebendig wiederzufinden. Und das schaffen wir nur, wenn wir dem Mörder das Handwerk legen. Mu'tazz hat recht. Wenn wir ihn kriegen wollen, müssen wir verstehen, was ihn antreibt. Dr. Becker hat mir heute Morgen das aktuellste Profil des Mannes gegeben, und ich werde dafür sorgen, dass jeder von Ihnen eine Kopie erhält. Ich möchte, dass alle an einem Strang ziehen und wissen, wonach wir suchen. Ich schicke vier Männer – die Betreffenden wissen, dass sie gemeint sind – undercover zur Sitteen Street Bridge«, fuhr er fort. »Es ist ziemlich wahrscheinlich, dass unser Killer seine Opfer dort getroffen hat.« Er geriet ins Stammeln und hatte Schwierigkeiten, sich zu konzentrieren. *Sei nicht albern*, dachte er. *Sabria ist nicht von einem Killer entführt worden. Er hatte nicht genug Zeit, es zu planen. Es passt nicht.* »Die Männer, die ich nach Sitteen schicke, sollen sich hauptsächlich damit beschäftigen, die Opfer zu identifizieren. Wir versuchen, eine Gemeinsamkeit zwischen ihnen zu finden, und bis jetzt haben wir nichts weiter als ihre Zugehörigkeit zu einer ethnischen Gruppe. Dr. Becker sagt, dass Mörder ihre Opfer für gewöhnlich an einem Ort aufgreifen, der ihnen vertraut ist. Also haben sie vielleicht alle eine Verbindung zur Brücke. Und die Kollegen, die die Unterlagen durcharbeiten, sollen ihr Augenmerk insbesondere auf Personen lenken, die etwas mit Kandara zu tun haben. Detective Osama Ibrahim hat sich bereit erklärt, sich ausschließlich mit dem Fall al-Fouad zu befassen.«

Die restlichen Aufgaben waren rasch verteilt. Als er fertig war, trat Osama vor, um seine Männer zusammenzutrommeln und in einem anderen Büro eine Besprechung mit ihnen abzuhalten. Die Kollegen, die zur Sitteen Street Bridge fahren würden, versammelten sich im vorderen Teil des Raums. Nur Mu'tazz blieb allein zurück. Er gehörte nicht zu einem Team, sodass der Papierkrieg an ihm hängen bleiben würde. Und dennoch verharrte er hinten im Raum und beobachtete alles mit Argusaugen.

☙ 22 ❧

Die Funkzentrale der Polizei von Dschidda erinnerte ein wenig an ein Wellnesscenter – hohe Palmen in Blumentöpfen, dicke Teppiche, das neutrale Dekor und die unaufdringliche Funktionalität eines Fünfsternehotels. Der ganze Raum wirkte wie eine Kampfansage an den üblichen Behördenmief. Weder statisches Knistern noch erhobene Stimmen waren zu hören. Stattdessen sprachen Telefonisten so ruhig in ihre Apparate, als säßen sie an einer Hotelrezeption. Ihr Ehrgeiz war, die Sieben-Minuten-Regel unter allen Umständen einzuhalten, was hieß, dass es nicht länger dauern durfte, bis ein angeforderter Streifenwagen vor Ort eintraf. Sie nahmen sogar Weckanrufe entgegen, da die Notrufnummer 999 ungünstigerweise fast identisch mit jener Nummer war, die am Empfang der meisten Hotels galt, der 99.

Major Hamid hätte auch Fremdenführer sein können. Er begleitete Ibrahim zu einer Reihe von Computern auf der einen Seite des Raums und entschuldigte sich kurz. Als er zurückkehrte – Ibrahim stoppte genau sechseinhalb Minuten –, hatte er den Mitschnitt des Telefonats mit dem Mann bei sich, der Sabria als vermisst gemeldet hatte. Ibrahim setzte sich an den Tisch und lauschte dem Gespräch mit einem Kopfhörer.

»Ja«, sagte die Stimme des Mannes. »Ich möchte gerne meine Nachbarin als vermisst melden.«

»Gut, Sir, ich verbinde Sie mit der Vermisstenabteilung.«

»Nein, dafür habe ich keine Zeit. Ich gebe Ihnen einfach ihren Namen und ihre Adresse.« Er ratterte die Informationen herunter, als läse er sie von einem Zettel ab, ohne dem Telefonisten Gelegenheit zum Einspruch zu geben. »Sie hat seit neun Tagen ihre Wohnung weder betreten noch verlassen.«

»In Ordnung, Sir«, erwiderte der Telefonist. »Danke, dass …«

Der Mann legte auf, bevor der Telefonist den Satz beenden konnte. Immer wieder hörte Ibrahim sich die Aufnahme an. Er erkannte die Stimme nicht. Anfangs klang sie für ihn gehetzt und gereizt, doch je länger er lauschte, desto ausdrucksloser erschien sie ihm. Er hörte die Ungeduld nicht heraus, sondern interpretierte sie hinein. *Dafür habe ich keine Zeit.* Aber der Tonfall selbst war ruhig und gelassen.

Wer war dieser Mann? Dafür habe ich keine Zeit. Der einzige Grund für diese Bemerkung war, dass er keine Lust hatte, mit der Vermisstenabteilung zu sprechen. Er wollte keine Fragen beantworten. (Wer sind Sie? Warum beobachten Sie die Wohnung einer Frau? Lebt sie allein? Wo ist ihr Vormund?) Anonyme Anrufe waren zwar keine Seltenheit, doch Ibrahim befürchtete, dass es sich um die Stimme des Entführers handeln könnte.

Als er in Sabrias Wohnung eintraf, war Katya schon fort. Er kam zu spät. Natürlich hatte er sie sofort zurückgerufen, und sie hatte gesagt, sie sei nicht sicher, ob sie alles erwischt habe. Möglicherweise seien bereits Beweismittel an die Abteilung für verdeckte Ermittlungen geschickt worden. Die Mordkommission hatte nämlich anklingen lassen, man habe mit dem Engel-Fall bereits alle Hände voll zu tun.

Die nächste Stunde hatte er damit verbracht, gegen die Panik anzukämpfen. Sein Verstand schlug todesmutige Kapriolen. Würden sie herausfinden, dass er ihr Liebhaber war? Oder würden sie annehmen, dass die Spuren von ihrem »Ehemann« stammten? Wann würde Omar anrufen? (Bestimmt hatte der schon eins und eins zusammengezählt – warum sonst hätte Ibrahim ihn um diese Akten bitten sollen?) Oder würde Omar sich einreden, dass alles rein beruflich war, und die Angelegenheit nie wieder erwähnen?

Seltsamerweise geschah überhaupt nichts. Zur Mittagszeit leerte sich das Gebäude. Alle anderen waren mit dem Engel-Fall beschäftigt. Die wenigen Männer, die nicht unterwegs waren, sichteten Akten. Ibrahim war in der Kriminaltechnik gewesen, um mit einem völlig gestressten Majdi über den Engel-Fall zu sprechen. Als er nachgehakt hatte, ob er auch an weiteren Beweisstücken arbeitete, zum Beispiel denen, die in Sabrias Wohnung sichergestellt worden waren, hatte

Majdi ihn abgewimmelt. Sie hätten zu viel zu tun, um sich mit anderen Dingen zu befassen.

Er spielte das Band noch einmal ab. *Sie hat seit neun Tagen ihre Wohnung weder betreten noch verlassen.* Das war viel zu genau. Der Kidnapper wusste, wie viel Zeit seit der Entführung vergangen war. Aber warum, um alles in der Welt, informierte er die Polizei?

»Hier sind die Daten.« Major Hamid reichte ihm ein Stück Papier. »Es war ein Einwegtelefon. Offenbar wurde der Anruf mit einem Mobiltelefon getätigt, und zwar in der Nähe der Red Sea Mall.«

»Ist das das große Einkaufszentrum?«, fragte Ibrahim.

»Ja. Achtzehn Eingänge und viertausend Parkplätze. Man fährt mit einer Straßenbahn darin herum. Aber wir konnten ermitteln, dass er sich in der Nähe des Danube-Eingangs befunden hat, als er anrief.«

»Vermutlich ist das der am häufigsten benutzte Eingang«, meinte Ibrahim.

»Ja, tut mir leid.«

»Können wir rauskriegen, wo er das Telefon gekauft hat?«

»Ja, doch das dauert etwa eine Woche.« In einer Welt, die im Sieben-Minuten-Rhythmus getaktet war, schien eine Woche eine unüberschaubare Ewigkeit.

»Geben Sie mir Bescheid, wenn Sie etwas in Erfahrung bringen konnten«, sagte Ibrahim, bedankte sich bei dem Major und ging.

Zu Hause war niemand da. Alle waren bei der Hochzeit eines Nachbarn. Eigentlich hätte Ibrahim auch dort sein sollen, doch der Bräutigam, der Sohn eines Mannes, der nie ein freundliches Wort für Ibrahim, Omar oder sonst ein Mitglied der Familie Zahrani in einem Umkreis von zwanzig Häuserblocks übrig gehabt hatte, war genauso ein Bürohengst wie sein Vater. Also beschloss Ibrahim, kein schlechtes Gewissen zu haben, wenn er einfach zu Hause blieb.

Er stand in der Küche, kochte Teewasser und wartete darauf, dass die Kohle für seine Wasserpfeife heiß wurde. Die Küche war ein höhlenähnlicher Raum, der ihm stets zu dunkel und zu groß erschien. Nie versammelten sich die Frauen hier zu einer fröhlichen Runde, sondern setzten sich mit den zu zerkleinernden oder zu schälenden Lebensmitteln lieber ins Wohnzimmer nebenan. Auf dem Fensterbrett stand eine halb tote Pfefferminzpflanze in einem Blumentopf. Ihre Blätter wellten sich in der Hitze.

Ibrahim ging ins Wohnzimmer. Durch die Badezimmertür sah er, dass die Barbiepuppen seiner Enkelin das Bidet als Whirlpool benutzten. Im Schlafzimmer türmte sich die Schmutzwäsche.

Er schlenderte weiter ins Nähzimmer, verbotenes Terrain. Jamila hatte es zu ihrem Bereich erklärt, so wie er das Männerwohnzimmer. Hier stand ihre Nähmaschine, ein schwarzes Ungetüm mit Handkurbel. Ihr Schrank quoll von einer unüberschaubaren Menge von Kleidungsstücken über, alle in Schutzhüllen und nicht mehr für ihre ausladende Figur geeignet. Sie kümmerte sich regelmäßig um die Kleider, kostbare Symbole der Frau, die sie nie sein würde, aber früher einmal hatte werden wollen: Künstlerin, Geschäftsfrau, Weltreisende. Stundenlang saß sie an der Nähmaschine und änderte Säume bis zur Perfektion. Aber dann zog sie doch nur wieder das Gorillakleid an.

Das Haus erstickte ihn. Es war dunkel und muffig, und außerdem drang unerbittlich die Wüste ein. Sand wehte unter den Türen hindurch, und durch die Risse in den Wänden brach Sonnenlicht herein. Schon seit Jahren überlegte er, ob er sich nicht ein schöneres Haus anschaffen sollte. Doch Omar wohnte nebenan, und sein Cousin Essam lebte gleich am Ende der Straße. Es war die Mühe einfach nicht wert, wegen eines hübscheren Wohnzimmers und einer besseren Aussicht den ganzen Haushalt umzusiedeln.

Er nahm Tee und Kohle und stieg aufs Dach, doch vor Jamila gab es kein Entrinnen. In den letzten vierundzwanzig Jahren hatte sie sich in jeder Ritze der Betonwände eingenistet. Sie hatten mit achtzehn auf Wunsch ihrer Eltern geheiratet, genau wie Zaki. Im letzten Jahr an der Oberschule hatte Ibrahim eine andere geliebt. Maidan. Sie war Philippinerin, und er hatte sie auf der Straße kennengelernt, als sie eines Tages von der Schule nach Hause gingen. Er erinnerte sich nicht mehr, wie genau es dazu gekommen war, doch nach einer Weile lieh er sich täglich Omars Auto aus, um sie von der Schule abzuholen. Inzwischen erschien es ihm unvorstellbar, dass es ihm gelungen war, sich als ihr Bruder auszugeben. Sie hätten verschiedener nicht sein können. Er hatte die klassischen Beduinenzüge seiner Familie, die lange Nase, die dunkle Haut und die tiefbraunen mandelförmigen Augen, die er von seiner Mutter geerbt hatte. Maidan hingegen war klein, hellhäutig, rundlich und bestand nur aus weichen Kurven. Sie hatten ihre Nachmittage am Strand und auf dem Jahrmarkt verbracht oder waren einfach durch die Wüste gefahren. Er hatte sie küssen wollen, aber einfach nicht gewagt, den ersten Schritt zu machen. Einmal hatte sie ihn sogar darum gebeten, doch als er es getan hatte, hatten sie es beide so mit der Angst zu tun bekommen, dass es bei diesem einen Mal geblieben war. Sie hatten geplant zu heiraten.

Sechs Monate lang hatten sie einander fast täglich getroffen, nur nicht an den Wochenenden, wenn seine Familie verlangte, dass er zu Hause blieb. Und dann, eines Tages, als er sie von der Schule abholen wollte, war die Direktorin herausgekommen, um mit ihm zu sprechen. Sie stand am Eisenzaun vor dem Schultor und rief zu seinem Auto hinüber. »Maidan hat Saudi-Arabien verlassen, doch als ihr Bruder müssten Sie das eigentlich wissen.« Mit einem letzten finsteren Blick hatte sie sich umgedreht und war in die Mädchenschule zurückgekehrt. Die Türen waren hinter ihr ins Schloss gefallen. Ibrahim hatte Maidan nie wiedergesehen.

Ihre Familie kannte er nicht, und er wusste nicht einmal, in welcher Wohnung sie lebte, nur in welchem Haus. Als er in seiner Verzweiflung hinfuhr, bestätigte ihm ein Nachbar, dass die philippinische Familie ausgezogen sei.

Monatelang hatte er ihre Beziehung Revue passieren lassen. Jedes Wort, jede Geste, jede beiläufige Bemerkung gewann eine neue Bedeutung, als er hinter die zerbrechliche Fassade zu schauen versuchte, um zum Kern vorzudringen. Warum hatte sie ihm nichts von dem Umzug erzählt? Hatte sie von Anfang an geplant, ihn zu verlassen? Inzwischen wusste er, dass sie gelogen hatte, aber in welchem Ausmaß? Und wann?

Und die wichtigste Frage lautete immer noch: Hatte sie ihn je wirklich geliebt?

Zu guter Letzt war er zu dem Schluss gekommen, dass sie feige gewesen war und dass er sich eine Frau wünschte, die so stark war wie die besten Vertreterinnen ihres Geschlechts. Eine, die ihm sagte, was Sache war. Das hatte er auch seiner Mutter mitgeteilt, als sie das Thema arrangierte Ehe aufs Tapet gebracht hatte.

»Ich will eine Frau, die mir Paroli bietet.«

Damals hatte er noch nicht gewusst, was das eigentlich hieß, nur, was im Grunde seines Herzens wirklich dahintersteckte: *Ich will eine Frau, die mich niemals ohne Erklärung verlässt.*

Auf dem Gesicht seiner Mutter hatte sich eine Mischung aus spöttischem Grinsen und Argwohn gemalt. »So etwas sagt nur ein starker Mann«, erwiderte sie mit einem gewissen Stolz. »Aber Jamila ist wirklich die stärkste Frau, die ich kenne.«

Rückblickend betrachtet, musste er einräumen, dass sie recht gehabt hatte. Jamila war stark, allerdings nur äußerlich.

Damals war er vom Sofa aufgesprungen und ins Wohnzimmer gestürmt. »Zum allerletzten Mal«, hatte er gerufen. »Ich werde Jamila al-Brehm nicht heiraten, verdammt!« Mit diesen Worten hatte er seine Sandalen angezogen und türenknallend das Haus verlassen.

Zwei Monate später fand die Hochzeit statt.

Das Problem war, dass sie einander seit der Geburt versprochen waren. Ihre Mütter waren beste Freundinnen. Es war zwar ein wenig ungewöhnlich, dass ein solches Versprechen von zwei Freundinnen und nicht von den Familien gegeben wurde, aber die beiden kannten einander schon ein Leben lang. Achtzehn Jahre lang hatten sie dieses Versprechen am Leben gehalten. Durch die Hochzeit ihrer Kinder würden die beiden Frauen nun endlich auch offiziell miteinander verwandt sein, so als ob das, was sie verband, noch eine weitere Stärkung nötig gehabt hätte.

Und wie Zaki hatte er schon nach drei Monaten festgestellt, dass er einen schrecklichen Fehler gemacht hatte. Doch inzwischen war Jamila schon mit Aqmar schwanger – der Zug war abgefahren.

Er legte die Pfeife weg. Allein zu rauchen deprimierte ihn. Er hatte gehofft, dass er in seinem Zuhause endlich aufhören würde, über

Sabria nachzugrübeln. Aber stattdessen hatten ihn alte Erinnerungen überfallen. Alles führte ihn wieder zurück zu dem nicht sonderlich originellen Gedanken, dass Sabria die beste Frau war, die er je kennengelernt hatte. Nicht Jamila, nicht Maidan. Sie war die Frau, für die er sich entschieden hatte und die niemals einfach freiwillig verschwunden wäre.

Er kippte den Rest seines Tees auf die glühende Kohle und verließ das Haus.

23

Katyas Mutter hatte ihr beigebracht, dass es drei Arten von Träumen gab. *Nafsani*, Träume, die aus Angst und Sehnsucht entstanden. *Rahmani*, wahre Träume, die Gott einem schickte und die einem häufig die Zukunft aufzeigten. Und *shaytani*, Träume, die vom Teufel kamen.

Als Kind hatte sie ihre Mutter häufig gefragt, ob prophetische Träume nicht Gotteslästerung seien, doch ihre Mutter hatte erwidert, Traumdeutung sei nicht dasselbe wie eine Prophezeiung. Sie verstoße nicht gegen den Islam. Hatte nicht Joseph, Sohn des Jakob, erfolgreich die Träume des namenlosen Königs gedeutet? Und was habe Katya denn geträumt, dass sie so unglücklich sei?

Katya hatte geantwortet, im Hadith heiße es, man dürfe auf gar keinen Fall über seine schlechten Träume reden, da sie ja vom Teufel kommen könnten. Aber ihre Mutter hatte entgegnet, im Hadith stehe auch, man solle nur mit einem einzigen Menschen darüber sprechen, und zwar mit dem, der einem am nächsten sei und dem man am meisten vertraue. Katya gefiel diese Lesart des Hadith um einiges besser. Also hatten sie sich zusammengesetzt und waren zu dem Schluss gelangt, dass Katyas immer wiederkehrender Traum, sie hätte einen Zahn verloren, tatsächlich ein schlechtes Omen war. Die Zähne symbolisierten die Familie, »alle in einen hübschen kleinen Mund gepackt«, wie ihre Mutter es ausdrückte. Und wenn einer ausfällt, heißt das, dass jemand geht oder stirbt.

»Hattest du im Traum Angst?«, fragte ihre Mutter.

»Nein, ich hatte keine Angst, es war nur eklig.«

»Und welcher Zahn war es?«

»Der hinterste Backenzahn.«

Und wirklich starb einige Wochen später ihr Onkel Ramzi im Libanon, und die Träume hörten auf.

Im Laufe der Jahre hatte Katya den Traum vergessen. Schließlich war es der einzige gewesen, der die Zukunft vorhergesagt hatte. Vielleicht hatte sie mit dem Tod ihrer Mutter ja auch die Fähigkeit verloren, die Dinge zu deuten.

Sie saß zu Hause am Küchentisch, einem alten Ding mit Resopalplatte und Metallbeinen, das noch aus ihrer Kindheit stammte. Vor ihr auf der Anrichte lief der Fernseher ohne Ton. Es war Samstag, und Abu war endlich gegangen, um sich mit seinen Freunden zum Abendgebet zu treffen. Sobald die Tür hinter ihm ins Schloss gefallen war, holte Katya die Aktenmappe aus ihrem Rucksack und nahm die Fotos heraus.

Bevor sie Feierabend gemacht hatte, hatte sie all ihren Mut zusammengenommen, sich in Majdis Labor geschlichen und Kopien von den Fotos vom Fundort angefertigt. Es handelte sich zwar nur um Fotokopien, aber sie genügten. Außerdem hatte sie die Karte kopiert, die zeigte, wo jede der Leichen am Fundort gelegen hatte. Nun räumte sie den Küchentisch frei und breitete die Fotos so aus, wie sie dem Betrachter aus der Vogelperspektive erscheinen würden.

Der Tisch war zu klein. Sie brauchte fünfmal so viel Platz. Die beste Lösung wäre gewesen, sie an die Wand zu hängen. Im Labor hätte sie es tun können, nur dass der Platz dort auch nicht reichte – zu viele Regale und Lüftungsschächte. In ihrem Schlafzimmer sah die Sache ähnlich aus. Im Wohnzimmer gab es zwar eine große Wand, aber sie wollte die Leichen nicht dort zur Schau stellen, da die Möglichkeit bestand, dass ihr Vater seine Freunde von der Moschee mit nach Hause brachte. Ein Frauenwohnzimmer hatten sie nicht, nur die Küche, die zu klein und vollgestellt war.

Was war der Unterschied zwischen einer Phantasie und einem Traum? Als Charlie über die Phantasien des Täters geredet hatte, hatte es fast geklungen, als spräche sie von einem Traum – einem *shaytani* natürlich. Katya kannte solche Träume aus Erfahrung. Doch Charlie hatte es als etwas viel Größeres, Allgegenwärtiges beschrieben, als immer wiederkehrende *shaytani*, die auch im Wachzustand auftraten und mit einer individuellen Bedeutung aufgeladen waren. *Halten Sie Aus-*

schau nach Übereinstimmungen, hatte Charlie beim Mittagessen zu ihr gesagt. *Ein organisierter Mörder wie dieser geht nach einem bestimmten Schema vor.*

Katya breitete weiter Fotos aus. Sie wusste nicht, wo sie sonst mit ihrer Suche nach Übereinstimmungen beginnen sollte. Doch der erste Schritt war, zu verstehen, wie das Denken des Täters funktionierte, und dazu brauchte sie eine Landkarte.

Ein schläfrig aussehender Ayman kam in die Küche. Er nahm die Teekanne von der Spüle und fing an, sie mit Wasser zu füllen.

»Ich dachte, du wolltest heute einkaufen gehen«, sagte er.

Katya sprang auf. »*Allah*, das habe ich ganz vergessen!« Sie schob die Fotos zurück in die Mappe und schaute auf die Uhr. Vor einer halben Stunde hätte sie sich mit Nayir treffen sollen. »Oh Gott, ich komme viel zu spät!«

»Soll ich dich fahren?«

»Ja!«

Ayman stellte die Teekanne weg und ging zur Tür.

Die Meldung in den Nachrichten war grausig. Alle blickten starr vor Schrecken hin. Nicht, dass sie noch nie Zeuginnen von Gewalt gewesen wären oder das zerschmetterte, verbrannte und zerschlagene Gesicht einer Frau gesehen hätten. So etwas machte natürlich immer betroffen. Doch was die Zuschauerinnen am meisten schockierte, war das freundliche Kurzinterview mit der Frau, die des Verbrechens beschuldigt wurde. Sie saß, flankiert von ihren beiden Söhnen, in einem ordentlichen, lichtdurchfluteten Zimmer und wirkte wie der Inbegriff einer anständigen saudischen Hausfrau. Mit sanfter Stimme beteuerte sie, sie hätte ihrem Hausmädchen nie etwas angetan. Die Frau sei wie eine Schwester für sie gewesen. Das Hausmädchen – diese entstellte, verbrannte und geprügelte Frau, die nie wieder wie ein normaler Mensch aussehen würde, ja, dieses Hausmädchen habe sich all die Verletzungen *selbst* beigebracht.

Katya stand, in ein elfenbeinfarbenes Brautkleid gehüllt, im Hinterzimmer des Brautmodengeschäfts. Zwei philippinische Frauen machten sich an ihr zu schaffen, während eine dritte – Jo, die Inhaberin – die Schleppe hochhielt.

»Diese widerliche Nutte«, schimpfte Jo in Richtung Fernseher. Obwohl die Frauen Katya bereits offen gesagt hatten, was sie von der Sache hielten, warf das jüngere der Mädchen ihr einen raschen Blick zu. Offenbar befürchtete sie, dass Katya Anstoß an dem Kraftausdruck nehmen könnte.

»Steck das fest.« Jo drückte einem der Mädchen die Schleppe in die Hand und stolzierte hinaus.

Die Stimmung wurde ein wenig lockerer, und die Hände der Mädchen bewegten sich emsig. Katya hatte den ganzen Tag keine Nachrichten gesehen, denn die Suche nach Sabria und die Ermittlungen gegen den Engel-Mörder nahmen sie voll und ganz in Anspruch. Vermutlich tat sie einfach nur alles, um sich von der bevorstehenden Hochzeit abzulenken. Selbst als sie und Nayir mit dem Rover in die Wüste gefahren waren, hatte sie bloß über Berufliches gesprochen.

Bei einer klassischen saudischen Hochzeit, dachte sie, hätten sie zuerst die Festsäle angemietet. Einen für die Männer und einen größeren für die Frauen. Ihrer wäre prunkvoll ausgestattet gewesen: eine Bühne, ein Laufsteg und Tische für tausend Gäste. Es hätte rosafarbene Teppiche gegeben, goldene Kronleuchter und riesige weiße Blumenarrangements auf jeder verfügbaren Fläche. Sie hatte keine Ahnung, wie es im Festsaal für die Männer aussah, denn sie war noch nie in einem gewesen, vermutete aber, dass er sich nicht von dem der Frauen unterschied. Ihren ersten Verlobten hatte sie bei einer Hochzeit kennengelernt. Othman hatte ihr alles über die Beduinenkrieger erzählt, die mit ihren Schwertern tanzten, über die Räucherstäbchen, den Kaffee und die Datteln, und vom dem Thron, auf dem, ein wenig steif, der Bräutigam saß und von allen dieselbe Glückwunschformel entgegennahm: »Du sorgst für das Geld, sie für die Kinder.«

Im Frauensaal ging es weniger förmlich zu. Alle begrüßten die Braut, doch dann schwärmten die Mütter und älteren Frauen aus, um die ledigen Mädchen zu begutachten. Ihre Söhne durften diese Frauen vor der Hochzeit nicht sehen, die Mütter schon, weshalb sie die Kandidatinnen einer gründlichen Inspektion unterzogen, in der Hoffnung, eine passende Frau für ihre Söhne zu finden – und, um ehrlich zu sein, eine, mit der sie selbst gut zurechtkommen würden, denn wenn im Haushalt Geschlechtertrennung herrschte, verbrachten die Frauen mehr Zeit miteinander als mit ihren Männern. Katya fiel bei diesen Musterungen regelmäßig durchs Raster. Sie war zu still und unscheinbar, interessierte sich nicht für prächtige Ballkleider und hatte weder Zeit noch Lust, den ganzen Tag mit Körperpflege totzuschlagen. Die Schminksachen, die sie besaß, hätten nicht einmal einen Schuh gefüllt.

Deshalb hatten Nayir und sie sich auf eine schlichte Hochzeit im kleinen Kreis geeinigt. Sie hatten beide nicht genug Verwandte, um einen Festsaal vollzubekommen, und außerdem war es Nayir ohnehin lieber, die Örtlichkeit selbst auszusuchen. Katyas Aufgabe war es, sich um ein Kleid zu kümmern.

Bei einer richtigen saudischen Hochzeit, dachte sie, wären meine Angehörigen jetzt hier, meine Mutter, meine Schwestern, meine Cousinen. Sie würden mir helfen zu entscheiden, was ich am wichtigsten Tag meines Lebens anziehen soll.

Fünf Minuten später kehrte Jo zurück. »Tut mir leid«, sagte sie zu Katya. »Aber ich halte das nicht aus.« Sie wies auf den Fernseher. »Hört es denn niemals auf?«

»Es ist entsetzlich«, stimmte Katya ihr zu. Sie wollte ihr nicht erzählen, dass es sogar noch Schlimmeres als Prügel gab. Dass es sich bei nahezu sechzig Prozent aller nicht identifizierten weiblichen Mordopfer in den Akten der Polizei um Hausmädchen handelte. Und dass sie gerade erst wieder neunzehn gefunden hatten.

»Die Farbe steht Ihnen ausgezeichnet«, meinte Jo. »Schauen Sie nur.«

Katya drehte sich wieder vor dem Spiegel. »Die Farbe gefällt mir«, erwiderte sie. »Aber der Ausschnitt ist mir zu verspielt.«

Jo nickte und ging in die Umkleidekabine, wo sie ein weiteres Dutzend Kleider arrangiert hatte.

Zwischen Kleid vier und fünf schlich Katya zum mit dicken schwarzen Gardinen verhängten Fenster, schob den Vorhang ein Stück beiseite und spähte hinaus.

Draußen war es dunkel. Die Einkaufsstraße wurde von Hunderten goldener Lichterketten und einer gewaltigen sternförmigen Laterne erhellt. Direkt unter der Laterne standen Nayir und Ayman, tranken Saft und unterhielten sich. Ayman sagte etwas, und Nayir legte daraufhin den Kopf in den Nacken und lachte herzhaft. *Mash'Allah*, er war der beste Cousin, den man sich wünschen konnte.

Als sie sich wieder in den Laden zurückzog, empfand sie kurz ... Neid? Trauer? Sie würde ihn nie so zu zum Lachen bringen können. In ihrer Gegenwart war er stets zurückhaltend und beherrscht.

Das Anprobieren der verschiedenen Kleider nahm eine Stunde in Anspruch. Vielleicht hätte Katya ja sogar Spaß daran gehabt, doch Jos Zorn sorgte dafür, dass ihre Bewegungen ruckartig wurden. Die Mädchen schwiegen inzwischen. Katya ließ sich auf die Stimmung ein und lauschte, als Jo ihrem Herzen Luft machte. Gegen Anfang des Jahres war der Trend offenbar in Richtung Selbstmord gegangen. Ein Hausmädchen hatte versucht, sich zu erhängen, ein anderes hatte Putzmittel getrunken, und ein drittes war von einem Hausdach gesprungen. Doch das war längst nicht so grausig wie der Fall der Frau, der ihr Arbeitgeber vierundzwanzig glühende Nägel in Gesicht, Hände und Arme gehämmert hatte. (Das war im August vor einem Jahr gewesen.) Oder das Mädchen in Abha, deren Arbeitgeberin sie geschlagen, verbrannt, mit einem Messer verletzt und ihr dann die Lippen abgeschnitten hatte. (November.) Und nicht zu vergessen die beiden nicht identifizierten Leichen im darauffolgenden Monat. (Nun, das hieß die zwei, die es in die Nachrichten geschafft hatten.)

Im Januar hatte sich die Lage ein wenig gebessert, was Jo Grund zur Hoffnung gab, auch wenn die Strafe ein wenig spät kam. Eine saudische Frau war wegen der Misshandlung des Opfers vom November zu drei Jahren Gefängnis verurteilt worden. Dank der neuen Gesetze war das nun endlich möglich.

Aber nur einige Wochen später wurde ein Hausmädchen verhaftet, weil es seinen Arbeitgeber und dessen Familie »verhext« hatte – das behauptete wenigstens der Arbeitgeber. (Februar.) Dann sprang ein Mädchen von einem Balkon im zweiten Stock, um vor ihren Arbeitgebern zu fliehen. Wie sich herausstellte, war sie brutal verprügelt und verbrannt worden. (März.) So zählte Jo die verbliebenen Monate bis zum Ereignis des heutigen Abends (Oktober) ab.

Katya hatte noch nie ein unglückliches Hausmädchen kennengelernt. Überarbeitet und abgehetzt, ja. Genervt vom Kindergeschrei, eindeutig. Aber misshandelt? Nein. Momentan jedoch war jedes Hausmädchen, mit dem sie in Berührung kam, entweder tot, schwer verstümmelt oder beides. Sie sagte sich, der Grund sei, dass sie bei der Polizei arbeitete.

Inzwischen schlug Jos Hass immer größere Wellen. Es genügte ihr nicht mehr, die Verbrechen aufzulisten, nein, sie begann das ganze Land an den Pranger zu stellen.

»Das liegt daran, dass ihr euren Männern erlaubt, ihren Frauen auch in den kleinsten Dingen Vorschriften zu machen. Und bei den Arbeitgebern ist es das Gleiche. Sie können ihren Hausmädchen befehlen, was sie zu tun haben, und sie müssen gehorchen. Sogar Sex!«

Katya wurde klar, dass ihr Schweigen als Zustimmung gewertet wurde. Sie wollte nur noch weg und hatte keine Lust mehr, ein Kleid zu kaufen – es gab hier sowieso nichts, was ihr gefiel.

Sie sah auf die Uhr. »Oh nein, ich muss los! Mein Cousin wird sonst böse.«

Die drei Frauen betrachteten sie enttäuscht. War sie etwa auch nur eine Frau an der Leine?

Katya zog sich an und schlüpfte in ihre Abaya. »Vielen Dank, dass Sie mir Ihre Zeit geopfert haben«, sagte sie und hastete hinaus.

Nayir ging so langsam wie möglich, um jede Minute auszukosten, die er mit ihr zusammen sein konnte. Da ihr Cousin Ayman ein Stück weitergeschlendert war und telefonierte, hatte er sie ganz für sich. Bis jetzt hatten die schönsten Momente ihrer Beziehung, so wie jetzt, während Spaziergängen auf der Corniche stattgefunden. Sogar den Heiratsantrag hatte er ihr in einem Restaurant ganz in der Nähe gemacht.

Es war Abend, was hieß, dass für die Bewohner Dschiddas der Tag erst richtig anfing. Endlich war es kühl genug, um sich im Freien aufzuhalten. Außerdem war die Dunkelheit in Nayirs Augen ein Plus für die

Privatsphäre. Keine Sonne schien durch den Umhang einer Frau und machte die Umrisse ihrer Figur sichtbar. Kein grelles Licht fiel auf die unbedeckten Gesichter von Frauen, die man inzwischen immer häufiger sah. Und bei den Frauen, die ganz auf ein Kopftuch verzichteten, wirkte ihr Haar aus der Entfernung wie ein Schleier. Inzwischen begegnete man zunehmend öfter Familien, die auf dem Gehweg picknickten, während ihre halbwüchsigen Töchter fröhlich in Jeans und T-Shirts herumsprangen und so maskulin wirkten wie ihre Brüder. Manche hatten sogar kurze Haare. Bei einem solchen Anblick wurde er stets von einer unerklärlichen Wehmut ergriffen, dem Gefühl, etwas verloren zu haben.

Seufzend ließ er den Gedanken los, der sofort wie eine kleine, vergängliche Wolke in den Nachthimmel aufstieg. Bald würde er die wunderschöne Frau an seiner Seite heiraten und das tun können, wonach sein Körper sich seit ihrer ersten Begegnung sehnte: ihre zierliche Gestalt in die Arme nehmen, hundertmal ihr Gesicht küssen und sich an sie schmiegen, nackt und voller Glückseligkeit. Als er so neben ihr herschlenderte, stieg ihm die Wärme ihres Haars und ihres Nackens in die Nase, sodass jedes Teilchen in ihm aufzuleuchten schien wie ein Stern.

So vieles in seinem Leben war ihm inzwischen fremd geworden. Nachdem sie an jenem Tag auf dem Boot seinen Heiratsantrag angenommen hatte, war er nach unten gegangen. Die Kajüte der Jacht, in der er nun seit so vielen Jahren lebte, hatte für ihn plötzlich anders ausgesehen – klein, muffig und voller Souvenirs längst gestorbener Träume. Karten und Navigationstabellen, übrig geblieben von seinem Wunsch, einmal allein um die Welt zu fahren. Visitenkarten von Männern auf dem Kamelmarkt – eine Erinnerung daran, dass er einmal Kamele kaufen und viele Monate mit den Beduinen in der Wüste hatte leben wollen. Es wunderte ihn, dass er den Tod dieser Träume einfach so hingenommen hatte. Und nun konnte er es kaum erwarten, in etwas Neues aufzubrechen. Die Heiratsurkunde zu unterschreiben. Damit es real wurde. Die Dringlichkeit war auch Ergebnis der Furcht, dass sich die Sache mit Fatimah wiederholen könnte. Sie hatte ihn erst entwurzelt und dann weggeworfen. Nun hatte er große Angst, dass diese Hochzeit gleich enden würde – aus heiterem Himmel und mit ohnmächtiger Wut. Nur, dass es diesmal noch härter werden würde. Er hatte so viel mehr investiert. Die Angst pulsierte tief in seiner Brust und vibrierte manchmal wie die Flügel eines Kolibris. Wenn er sie mit Macht herunterschluckte, kroch sie wieder nach oben. *Bleib weg von der Blüte in meinem Herzen.*

Die Sache war, dass das Gute heller strahlte als je zuvor. Doch das Schlechte versetzte ihn in unbeschreiblichen Schrecken. Noch nie hatte er eine solche Eifersucht erlebt, die ihm fast das Herz aussetzen ließ. Wenn Katya über ihren Beruf sprach, tröstete er sich damit, dass sie der Gesellschaft einen Dienst erwies. Und dennoch konnte er die Vorstellung nicht ertragen, dass sie mit anderen Männern sprach, dass andere Männer ihr Gesicht sahen, dass andere Männer den ganzen Tag mit ihr verbrachten, was ihm verwehrt blieb. Wenn er in der Moschee auf den Knien lag, verpasste er ganze *du'as*, da ihn die Abscheu gegen seine Geschlechtsgenossen ablenkte. Er sah sie alle vor sich: Männer, die aus ihren Autos sprangen, um eine unbegleitete Frau auf der Straße zu belästigen. Männer, die sich, als Frauen verkleidet, in Einkaufszentren nur für Frauen einschlichen, um junge Mädchen zu begaffen. Männer, die Nacktfotos von sich per Bluetooth an alle Leute im Umkreis von zwanzig Metern schickten. Aufgepumpte Brustmuskeln, die auf seinem Mobiltelefon erschienen, die Pfauenfedern der modernen männlichen Jugend. Er war fest entschlossen, seine Wut zu beherrschen. Und wenn er wieder zur Vernunft kam, betete er stets um Vergebung und darum, dass Katya nur ihn allein leidenschaftlich lieben würde, ganz gleich, welche unsittlichen Verführungen sich ihnen in den Weg stellen mochten.

»Ich brauche eine Wand«, sagte sie.

»Wie bitte?«

»Eine große, leere Wand.« Als sie aufseufzte, warf er rasch einen Blick auf ihr Gesicht. Sie wirkte nachdenklich und fest entschlossen. »Ich habe mir Kopien aller Fotos von den Leichen besorgt. Es sind neunzehn, erinnerst du dich? Ich muss sie in der Position aufhängen, wie sie gefunden worden sind.«

Am liebsten hätte er sie gefragt, warum die Ermittler das nicht längst getan hatten. Doch die wollten sicher keine Fotos von nackten Frauen an ihren Wänden haben, wenn es nicht absolut notwendig war. Und vielleicht war es das ja nicht.

»Majdi, erinnerst du dich an ihn? Er ist der Chef der Spurensicherung. Du hast ihn einmal kennengelernt. Er hat bereits ein Computermodell des Fundortes erstellt, das die geografischen Details nachbildet«, erklärte sie. »Aber es ist zweidimensional und nicht sehr aufschlussreich. Ich halte es für besser, es mit der altmodischen Methode zu versuchen.«

Er gab sich Mühe zu verstehen, was sie meinte. Dass es besser sei, wenn eine Frau sich die Fotos von toten Frauen ansah? »Ich habe eine Wand für dich«, erwiderte er.

Sofort schüttelte sie den Kopf. »Dein Boot ist viel zu klein.«

»Ich habe an das Haus meines Onkels gedacht.«

»Oh. Das ist wirklich lieb von dir, doch es geht nicht. Es sind sehr drastische Aufnahmen, die tote Frauen zeigen. Wahrscheinlich möchtest du sie nicht einmal selbst sehen.«

»Mein Onkel ist nicht so leicht zu schockieren«, antwortete er. »Und wenn du nicht willst, schauen wir uns die Fotos auch nicht an.«

»Nein, nein, das ist es nicht ...«

»Wir haben eine Wand.«

Eine Stunde später standen sie in Samirs Keller.

Katya war Samir noch nie begegnet. Er war zwar Nayirs einziger Angehöriger, doch sie wusste kaum etwas über ihn. Nur, dass er Nayir ganz allein und ohne Hilfe einer Frau großgezogen hatte. Vielleicht war er ihr deshalb so geheimnisvoll erschienen. Hatte er gekocht? Windeln gewechselt? Wiegenlieder gesungen, Geschichten vorgelesen und Nayir auf den Schoß genommen, wenn er weinte? Sie stellte sich einen pummeligen, weibischen Mann vor, der sich jeden Tag Seifenopern ansah und in demselben Hausmantel, den er schon seit dreißig Jahren trug, auf einem abgewetzten Sofa herumsaß.

Der echte Samir war zwar untersetzt, aber elegant. Er trug blank polierte Lederslipper, einen Anzug mit Weste und ein dunkelgrünes

Halstuch im Kragen. Als sie ankamen, war es kurz vor neun. Er öffnete die Tür und sah mit seinem grauen, im goldenen Licht der Flurbeleuchtung schimmernden Haar aus wie ein Butler.

Das Lächeln, mit dem er Katya begrüßte, war zurückhaltend, strahlte jedoch vor Aufregung. Er bat die drei herein und beauftragte Nayir damit, Tee und Datteln vorzubereiten, während er die Gäste zu der freien Wand führte.

Samir war Chemiker wie Katyas Vater. Doch während Abu sein Berufsleben in Fabriken und Universitäten verbracht hatte, hatte Samir sich selbstständig gemacht. Er arbeitete in seinem Keller, wo er Aufträge für Archäologen und hin und wieder einen Historiker erledigte und ansonsten seine eigenen Forschungen betrieb, deren Einzelheiten, wie er Katya versicherte, ziemlich langweilig waren. Nun standen Katya und Ayman in seinem Kellerlabor, wo er auch seine Gerätschaften aufbewahrte. Der Raum war groß und hell erleuchtet, und die kühle Luft tat gut. Ayman lächelte.

»Ist dort genug Platz für Ihre Fotos?« Samir zeigte auf die Wand an der Rückseite des Hauses.

»Mehr als genug«, erwiderte sie. »Doch ich erledige das besser selbst. Die Fotos sind sehr drastisch.«

»Schon gut, ich habe bereits öfter Tatortfotos gesehen und sogar bei archäologischen Ausgrabungen selbst Leichen zutage gefördert. Also ist mir klar, was mich erwartet. Außer, es wäre Ihnen lieber, wenn wir gehen.«

»Nein, bleiben Sie nur. Ich wollte Sie bloß warnen.«

»Nun, machen Sie sich da mal keine Sorgen. Ich bin einiges gewöhnt und helfe Ihnen gern. Vier Augen sehen mehr als zwei.« Samir warf einen Blick auf Ayman, der lässig die Achseln zuckte und sich so erwachsen wie möglich gab. Er hoffte, dass Katya ihn nicht vor die Tür schicken würde. Schließlich war er erst neunzehn, und Katyas Vater würde ihn sicher gründlich über diesen Abend ausfragen.

Sie nahm die Fotos aus ihrer Handtasche und fing an, sie aufzuhängen. Samir leitete die Aktion, indem er ihr anhand der Karte die Positionen ansagte. Gerade waren sie mit dem letzten Foto fertig, als Nayir mit dem Teetablett hereinkam. Beim Anblick der stillen Missbilligung, die sich auf seinem Gesicht malte, schämte sie sich.

»Entschuldige«, sagte sie. »Ich hätte dich warnen sollen, dass wir die Bilder jetzt aufhängen.«

»Schon gut«, erwiderte er und stellte das Tablett auf eine Werkbank. Wenigstens hatte er nicht »Ich halte meinen Blick rein« gesagt. Wie oft hatte Katya diese alberne Floskel schon gehört? Sie bedeutete, dass ein Mann etwas Skandalöses zu Gesicht bekam – zum Beispiel den nackten Arm, das Haar oder den Hals einer Frau – und beschloss, es nicht zur Kenntnis zu nehmen, weil er reinen Herzens war.

Als die Fotos hingen, kam Katya sich lächerlich vor. Was nun?

Der Karte hatte sie bereits entnommen, dass die Leichen in Kreisformation vergraben worden waren, zwölf bildeten den äußeren Ring, sieben lagen in der Mitte.

»Tja, das ist ein Kreis«, stellte Ayman fest.

»Genau genommen ist es ein Hexagon«, entgegnete Samir. »Sogar ein sehr exakt geformtes Hexagon.

»Hat das etwas zu bedeuten?«, fragte Ayman.

»Ich weiß nicht«, erwiderte Samir. »Was denken Sie?«

Katya sah zu Nayir hinüber, der wortlos und mit entsetzter Miene auf die Fotos starrte.

»Es ist die Form einer Bienenwabe«, meinte Ayman.

»Hmmm, ja.«

Schweigen entstand, und Katya wurde klar, dass sie weniger eine Wand als ein Ermittlerteam brauchte, das mit dem Fall vertraut war.

»Was bedeuten die Kreuze auf der Karte?«, erkundigte sich Samir.

»Sie markieren die Stellen, an denen wir die Hände gefunden haben«, erklärte Katya. »Den Opfern wurden die Hände abgeschnitten.«

»Nur dreien?«, hakte Samir nach.

»Nein, allen Opfern wurden die Hände abgeschnitten, doch es sind nur drei davon gefunden worden.«

»Und wo sind die anderen?«

»Wir haben keine Ahnung.«

Samir nahm einen Markierstift aus einem Glas auf dem Schreibtisch und malte ein kleines Kreuz auf jedes Foto, um zu zeigen, wo die Hände entdeckt worden waren.

»Wie seltsam, dass nur drei vergraben worden sind!«, stellte er fest und studierte weiter die Karte.

Wieder herrschte Schweigen, noch bedrückter als zuvor. Nayir, der allen Tee eingeschenkt hatte, war der Einzige, der tatsächlich nach seiner Tasse griff. Er lehnte an der Wand und trank.

»Die Leichen«, sagte er, worauf sich alle überrascht zu ihm umdrehten. »Ihre Körperhaltung ist eigenartig.«

»Es sieht aus, als hätte der Mörder sie wahllos hingeworfen«, meinte Katya.

»Also macht sich der Mörder die Mühe, eigens ein sechseckiges Grab anzulegen, und wirft die Opfer dann einfach hinein?«, hakte Nayir nach. »Sie liegen so, wie sie gefallen sind?«

»Du hast recht«, erwiderte Samir. »Das ist wirklich eigenartig.« Er drehte sich zur Wand um. Nayir gesellte sich zu ihm, und die beiden schienen dasselbe zu denken. »Kann das möglich sein?«, fragte Samir.

Nayir stellte seine Tasse auf den Schreibtisch, nahm Samirs Stift und ging zur Wand. »Da steckt ein System dahinter. Seht ihr es nicht?«

Katya starrte angestrengt auf die Fotos. »Nein. Was meinst du?«

Er setzte den Stift an der obersten rechten Ecke an und zeichnete einen schlichten Schnörkel unter die Leiche.

Es war der Buchstabe »B« und gleichzeitig die Stellung, in der die Leiche drapiert war: Kopf und Füße ein wenig erhöht. Der Punkt unter der Kurve stand für die vergrabene Hand.

»*Allah*«, flüsterte Katya. »Das ist doch nicht möglich.«

Nayir zeichnete weiter und schrieb ein »S« auf das nächste Foto links davon.

Er ließ die Schlaufe links weg, weil es mit dem folgenden Buchstaben, einem »M«, verbunden sein sollte.

Aus der Vogelperspektive betrachtet war die Leiche mit nach rechts geneigtem Torso vergraben worden. Die Arme waren zur Brust hin angewinkelt, um ein »M« nachzustellen. Nayir versah jedes Bild in der Fotogalerie mit einem Buchstaben, obwohl sie den Satz bereits erraten hatten, denn er war ihnen so vertraut wie das Atmen.

Bism'Allah, ar-rahman, ar-rahim.

Im Namen Allahs, des Allbarmherzigen. Der Anfang jedes Gebets.

Katya musste sich setzen. Samir, der selbst ziemlich blass geworden war, holte ihr eine Tasse Tee und nahm neben ihr Platz. Kurz bedauerte sie es, dass ihre erste Begegnung unter diesen Umständen stattfand. Sie trank einen kleinen Schluck.

»Diabolisch«, flüsterte Samir.

Nayir legte den Stift weg und gesellte sich zu seinem Onkel, während Ayman wie angewurzelt stehen blieb und entgeistert auf die Wand starrte.

»Mir war gar nicht klar, dass du dich in der Arbeit mit solchen Sachen beschäftigst«, sagte er.

»Trinken Sie Ihren Tee, junger Mann«, rügte Samir. »Da gibt es nichts zu staunen. Das ist sündig, weshalb Sie nicht hinsehen, sondern sich abwenden sollten.«

Erstaunlicherweise gehorchte Ayman, setzte sich neben Katya und nahm seine Tasse. »Aber nur, weil du dieses verrückte Genie durchschaut hast, hat es noch lange nichts zu bedeuten«, meinte er. »Das ist ein Satz, den wir alle jeden Tag aussprechen. Es wäre nett gewesen, wenn er uns auch noch seine Adresse hinterlassen hätte.«

Niemand lachte.

»Es tut mir leid«, meinte Katya. »Ich hätte sie nicht mitbringen dürfen.«

»Sie brauchen sich nicht zu entschuldigen, meine Liebe«, erwiderte

Samir. »Nayir hat das Rätsel für Sie gelöst. Es ist außerdem interessant, aus erster Hand mitzuerleben, welchen Herausforderungen Sie sich in Ihrem Beruf stellen müssen. Nun werden wir noch mehr Hochachtung vor Ihnen haben. Und niemandem hier« – er sah sich um – »fehlt der Mut dazu, insbesondere nicht Ihnen.«

Sie schenkte ihm ein halbes Lächeln, verkniff sich aber die Antwort, dass Ayman recht hatte. Es hatte nichts zu bedeuten. Sie hatten nur den Stein angehoben und einen Blick auf die wimmelnde Insektenkolonie eines psychopathischen Verstands geworfen.

»Wenn mir etwas zu schaffen macht und ich es einfach nicht verstehe«, sagte Nayir auf dem Weg zurück zu Aymans Auto, »suche ich die Erklärung in einem Traum.« Er sah ihr ins Gesicht, etwas, das er so selten tat, dass es sie ganz verlegen machte. »*Istiqara*«, fügte er hinzu. »Bitte um eine Erklärung, und Allah wird sie dir geben.«

Sie lächelte. Es gab noch eine vierte Art von Traum – *istiqara*. Das hatte sie ganz vergessen. »Vielleicht versuche ich es damit.«

»Ich maile dir die Gebete.«

Sie bedankte sich bei ihm und setzte sich neben Ayman ins Auto.

24

Oh, Allah! Ich bitte Dich in Deiner Weisheit um Rat
Und um Kraft aus Deiner Macht,
Und ich bitte Dich um Deine großen Segnungen.
Du bist so fähig, ich bin es nicht.
Du kennst das Unsichtbare.
Oh, Allah! Wenn Du weißt, dass dieses Wissen
Gut für mich ist in meiner Gegenwart und Zukunft,
Dann erleichtere es mir, es zu erlangen,
Und segne mich damit.
Und wenn Du weißt, dass dieses Wissen schlecht für mich ist,
Dann halte es fern von mir
Und teile mir das zu, was gut für mich ist,
Und mach, dass ich damit zufrieden bin.

So lautete ihr inniges Flehen, bevor sie zu Bett ging. Das Ergebnis war eine qualvolle, dunkle, heiße und durchgeschwitzte Nacht, in der sich die verdrehten Laken wie Ketten um ihre Füße schlangen. Sie war in der Hölle der Höhlen von al-Balad, wo menschenähnliche Geschöpfe aus vorgeschichtlicher Zeit aus dem Blut ermordeter Frauen geboren wurden. Sie entsprangen, voll ausgebildet, einem Flammenstoß und nahmen die gnomenhafte Gestalt von Efreet an. Ihre Haut war geschwärzt, vom Feuer versengt und schälte sich, und ihre bösartigen gelben Augen sahen alles. Sie jagten Katya durch dunkle Gassen und zündeten ihre Kleider an. Da sie dem Blut von Frauen entstammten, gierten sie nach ihr, und sie umzingelten sie in der Seitengasse an der Falasteen Street, wo Aminas Hand gefunden worden war. Während sie laut um Hilfe schrie, zerrten sie sie den Gehweg entlang und hackten ihr mit ihren Schwertern erst die Füße und dann die Hände ab. Ihr Körper wurde hilflos über die Leichen unzähliger anderer Frauen geschleift. Alle Frauen von Dschidda lagen da und waren tot. Auch Daher und Ibrahim waren da. Sie sprachen miteinander. Doch so laut sie auch schrie, sie konnten sie nicht hören.

Und dann änderte sich der Traum. Sie war in einer Welt, die aus Hügeln, Regen, einem grauen Himmel und grünen Feldern bestand, und wurde über den Boden und durch Dornengestrüpp geschleppt. Dann drückten die Efreet sie in die Erde. Es war eine kalte, schwarze, fruchtbare und von Insekten wimmelnde Erde aus einem alten Traum. Diese schwarze Märchenerde hatte Kontinente überquert, um hierherzukommen. Die Efreet pressten Katya in den Boden, stopften ihr Erde in den Mund und zwängten sie ihr mit den Fäusten in die Kehle. Als sie mit einem entsetzten Keuchen aufwachte, rollte sie sich aus dem Bett und weinte.

»In dem Märchen ›Der Träger und die Prinzessin‹ bringt die Prinzessin den Efreet doch um, oder?«, fragte Katya.

»Ja.« Ihr Vater warf ihr einen mürrischen Blick zu. »Warum willst du das wissen?«

»Ich habe letzte Nacht geträumt, eine Horde Efreet hätte mich unter die Erde gestoßen. Da habe ich an diese Geschichte gedacht.«

»Ich kann mich nicht mehr genau erinnern«, erwiderte er. »Nur, dass die Efreet sie angreifen, weil der Träger sich in den unterirdischen Kerker geschlichen hat, um sie zu retten, und die beiden Liebenden sich küssen. Efreet sind eifersüchtige Geschöpfe.«

»In der Geschichte bringt sie sie alle um«, sagte Katya. »Sie verbrennt sie zu Asche.«

Allerdings konnte das ihre Sorge wegen des Traums nicht vertreiben.

»Fehlt dir etwas?«, erkundigte er sich. »Du bist so blass.«

Auf der Fahrt zur Arbeit fühlte sie sich verfolgt und konnte die Traumbilder nicht abschütteln. Sie hatte zu Allah gebetet, doch stattdessen hatte ihr der Teufel geantwortet.

Die Teufel der Neuzeit sind leicht zu erkennen. Sie geben sich ganz besonders fromm und leben dabei in der ständigen Furcht, dass ihr wahres Ich enttarnt werden könnte.

Das war Katyas erster und ziemlich ungnädiger Gedanke, als sie auf dem Weg zu Ibrahims Büro auf dem Flur Abu-Musa begegnete. Während sie vorbeiging, starrte er mit finsterer Miene zu Boden. Wahrscheinlich hätte er ihr am liebsten böse ins Gesicht gesehen, aber das wäre ja unsittlich gewesen.

Katya verabscheute ihn unter anderem deshalb, weil er einem Verkäufer bei IKEA ähnelte, dem sie einmal ihre Adresse und Telefonnummer gegeben hatte, um sich einen Schreibtisch und ein Bücherregal liefern zu lassen. Danach hatte er sie einen Monat lang jeden Tag angerufen. Zuerst hatte er sie höflich gefragt, ob sie mit ihm zum Essen gehen wolle. Und als ihm klar geworden war, dass sie ihn nicht zurückrufen würde, hatte er ihren Anrufbeantworter mit Beschimpfungen vollgesprochen und sie als Hure bezeichnet, da nur eine Hure einem wildfremden Mann ihre Telefonnummer verraten würde. Deshalb habe sie es verdient, mal mit Gewalt so richtig durchgevögelt zu werden. Daraufhin hatte sie sich eine neue Telefonnummer besorgen müssen und monatelang kaum gewagt, allein die Wohnung zu betreten oder zu verlassen.

An der Tür vor Ibrahims Büro hielt sie inne. Er stand hinter seinem Schreibtisch und beäugte missmutig die Papiere, die sich dort stapelten.

»Ja, Miss Hijazi«, sagte er, als er sie sah.

Sie trat ein und legte ihm eine Akte auf den Tisch. »Tut mir leid, dass ich noch mehr Arbeit für Sie habe«, begann sie, »aber es ist sehr wichtig. Ich bin gestern Abend darauf gekommen.«

»Worum geht es?«

Abu-Musa erschien hinter ihr in der Tür. Seine Miene war immer noch finster. »Gehört es sich für Sie, hier zu sein, Miss Hijazi?«

Katya blieb der Mund offen stehen. In all den Monaten, die sie nun schon hier arbeitete, hatte ihr niemand direkt vorgeworfen, dass sie sich unsittlich verhalte. Normalerweise geschah das durch eine Geste, einen Blick oder eine geraunte Ermahnung von Zainab, ihrer Vorgesetzten.

»Miss Hijazi hat mir gerade eine sehr wichtige Fallakte gebracht«, erwiderte Ibrahim. »Kann ich etwas für Sie tun?«

»Eigentlich hat Miss Hijazi in diesem Gebäude nichts verloren«, entgegnete Abu-Musa.

Katya bedankte sich bei Ibrahim und ging.

An diesem Vormittag konnte sie sich nicht auf die Arbeit konzentrieren. Sie saß nur, die Hand auf der Maus, am Computer und starrte auf den Bildschirm. Wenn jemand hinter ihr vorbeikam, betätigte sie die Maustaste, um beschäftigt zu wirken, doch in Wahrheit war ihr Verstand das Einzige, was sich bewegte.

Um elf verließ sie das Gebäude, um früher als sonst Mittagspause zu machen. Sie hatte zwar etwas zu essen mitgebracht, aber keinen Hunger. Sie musste einfach nur an die frische Luft.

Sie ging vom Meer weg und in die Stadt hinein. Dabei schritt sie rasch voran, als hätte sie ein Ziel, und wenn es nur das Gehen selbst war. Sie kam an Müttern vorbei, die ihre Kinderhorden hüteten. Junge Männer lehnten sich lachend aus Autofenstern und ließen die Musik so laut laufen, dass sie in ihrem Brustkorb vibrierte. Alte Männer standen vor ihren Läden, rauchten und plauderten miteinander. Vor einer *boofiya* saßen Männer, nur von einem kärglichen Baum vor der Sonne geschützt, auf Plastikstühlen und schauten in einen mit einem Generator betriebenen Fernseher. Zwei Mädchen kauerten auf einem Holzzaun, aßen Obst und tuschelten gemeinsam in ein Mobiltelefon. Als sich ein junger Mann näherte, warf eines der Mädchen eine Weintraube nach ihm und zischte, worauf er sich errötend trollte.

Die Sonne beschien ihr Gesicht, und die Hitze hüllte sie ein, während die beruhigenden Geräusche von Straßenverkehr und fröhlichem Stimmengewirr endlich die letzten Überreste des Traums aus ihrer Seele vertrieben. Hier gab es keinen Tod, kein Blut und keine Efreet. Allerdings war da noch etwas, das sie einfach nicht losließ. Amina al-Fouad. Die Seitengasse. Die abgehackte Hand. Und plötzlich hatte sie einen Einfall, der völlig irrational und flüchtig war. Sie blieb stehen, hielt ihn fest und machte sich dann rasch auf den Rückweg zum Revier. Beinahe rannte sie. Plötzlich war alles sonnenklar, denn sie glaubte nicht, dass Gott dem Teufel gestatten würde, ihr zu anworten. Außer, der Teufel hatte etwas zu sagen.

Er hatte der Abteilung für verdeckte Ermittlungen unter anderem deshalb den Rücken gekehrt, weil er es sattgehabt hatte, in einem Umfeld zu arbeiten, wo nichts voranzugehen schien. In aller Eile instruierte man seine Mitarbeiter, schickte sie zu ihren Einsätzen, und dann wartete man. Wochen. Monate. Schob Papiere auf dem Schreibtisch hin und her und behielt die Operation im Auge. Aber man war nur der Schäfer, dessen Schäfchen davongelaufen waren, um mit den Wölfen zu spielen. Und so saß man einsam am Lagerfeuer, sang eine Ballade und redete sich ein, dass alles klappte wie am Schnürchen. Man hörte und sah nichts, und wenn hin und wieder eine Nachricht eintraf, feierte oder weinte man. Doch im Grunde genommen war diese Arbeit genauso deprimierend wie seine Familie.

Bei der Mordkommission gab es keine Schäfer, nur gute alte Beduinen, die sich verbündeten, Netzwerke knüpften und sich schworen, einander gegen die grausamen Unbilden dieser Welt zu verteidigen. Natürlich herrschten Rivalitäten. Doch da der Tod hier allgegenwärtig war, lief alles darauf hinaus, solche zu verhindern. Sichere dich ab. Handle mit Bedacht. Halte dich an die Sitten deiner Väter, der Männer, die beim Lernen ihr Leben gelassen haben, damit du weiser wirst.

Nur, dass er diese Kameraderie inzwischen als beengend empfand. Sie förderte zwar den Zusammenhalt, aber nicht das eigenständige Denken. Die Person, die diesen Fall vorantrieb, war eine Frau, die außerhalb des Kreises rund ums Lagerfeuer stand und sehnsüchtig hineinblickte. Doch wenn man ihr Zutritt gewährte, würde das vermutlich auch ihren Tatendrang im Keim ersticken.

Seine Mannschaft stand in den Startlöchern. Er brauchte nur zu verbreiten, dass eine Sitzung geplant war, und schon brodelte die Gerüchteküche. Es habe einen Durchbruch gegeben! Sie konnten endlich die Routinearbeit niederlegen und etwas Wichtiges tun! Vielleicht würde einer von ihnen sogar bei der Verhaftung des Mörders angeschossen werden! Da konnte Dr. Becker ihnen tausendmal predigen, dass es womöglich Jahre dauern würde, den Kerl zu erwischen, sie glaubten ihr einfach nicht.

Mu'tazz stand wieder ganz hinten im Raum, hatte die Arme verschränkt und blickte säuerlich drein. Ibrahim gab es zwar nur ungern zu, aber Mu'tazz machte ihn nervös. Obwohl er sicher war, ihn bei der letzten Sitzung in die Schranken gewiesen zu haben, war jedes missbilligende Muskelzucken im Gesicht dieses Mannes eine Botschaft, so laut, als hätte er ein Megafon benutzt.

Dr. Becker trug eine schwarze Abaya über ihren Sachen, allerdings noch immer kein Kopftuch. Allmählich klopften sie sie weich. Ibrahim war erleichtert, sie zu sehen, auch wenn sie keinen sehr glücklichen Eindruck machte.

Da das Whiteboard nicht groß genug war, hingen die Fotos der neunzehn Opfer an der Wand. Majdi hatte sie mit Katyas Hilfe aufgehängt. Nun stand sie an ihrem Lieblingsplatz in der Tür. Anscheinend wartete sie auf eine Gelegenheit, die Flucht zu ergreifen, dachte Ibrahim.

Nachdem das Stimmengewirr verklungen war, wies Ibrahim auf die Fotos. »Ich möchte, dass Sie mir sagen, was Sie da sehen«, begann er.

Alle drehten sich nach links und musterten einander mit verdatterten Mienen.

»Also, weiter«, beharrte Ibrahim. »Was sehen Sie?«

»Leichen.«

»Ja. Und ist da sonst noch was? Vielleicht etwas, das man nicht auf den ersten Blick bemerkt?«

Nach langem Schweigen fingen die Männer an zu raten. Ein Muster im Kreis? Ein Sextant? Ein Hexagon?

»Es steckt ein System dahinter«, sagte Ibrahim schließlich. Er ging zur Wand und begann, auf die Fotos zu schreiben. Erst »B«, dann »S«, dann »M«. Er war noch kaum in der zweiten Reihe angelangt, als es den

Männern wie Schuppen von den Augen fiel. Es wurde wild durcheinandergeredet.

»*Bism'Allah, ar-rahman, ar-rahim*«, verkündete Shaya.

Es wurde totenstill. Daher bekam den Mund nicht mehr zu.

»Miss Hijazi hat das System gestern Abend entdeckt.« Ibrahim wies auf Katya, die sich von den Blicken einundzwanzig neidischer Männer nicht aus der Ruhe bringen ließ. »Danke, Miss Hijazi.«

Wieder entstand Schweigen, offenbar eine Fortsetzung der ersten Schockwelle. Mu'tazz verzog angewidert das Gesicht. Ob es am Inhalt der Botschaft lag oder daran, dass Miss Hijazi sie entdeckt hatte, konnte Ibrahim nicht feststellen.

»Also ist er offenbar Muslim«, sagte jemand ernst.

»Er mag sich mit dem Islam auskennen«, widersprach Daher, »aber Muslim ist er nicht.«

Ibrahim fiel ihm ins Wort, bevor er eine fruchtlose Debatte vom Zaun brechen konnte. »Sicher fragen Sie sich jetzt, wie uns das weiterhelfen könnte.« Er wandte sich an Katya. »Miss Hijazi, warum kommen Sie nicht nach vorn und erläutern uns Ihre Theorie?«

Katya verharrte an der Tür. Wieder drehten sich alle zu ihr um – mit Ausnahme der Männer, die einer Frau nicht in die Augen schauen konnten.

»Ich halte es für möglich, dass er dieses Schema anderswo wiederholt hat«, meinte sie und wies auf die Wand. »Wir vermuten, dass er Amina al-Fouad entführt und ihre Hand ebenfalls gezielt drapiert hat. Vielleicht als Punkt am Abschluss eines Satzes.«

Ibrahim deutete auf das Whiteboard hinter ihm, an dem das Foto der Hand befestigt war. Dabei bemerkte er, dass Mu'tazz Katya finster ansah.

»Also könnte es sein«, fuhr Katya fort, »dass sie das erste Opfer in einer neuen Mordserie ist und dass der Mörder seine Methode geändert hat, und zwar aus Wut darüber, dass wir seinen Begräbnisplatz in der Wüste entdeckt haben. Allerdings halte ich es auch für plausibel, dass al-Fouad das letzte Opfer in einer Serie von Morden ist, die er unbemerkt von uns verübt hat. Teil eines Satzes, den wir noch nicht gelesen haben.« Anscheinend hatte sie inzwischen bemerkt, dass Mu'tazz sie anstarrte, denn ihre Wangen röteten sich.

»Soll das heißen, der Mörder hat nicht nur die Toten in der Wüste auf dem Gewissen?«, fragte Shaya. »Könnte er auch anderswo zugeschlagen haben?«

Dr. Becker blickte auf. Shayas Tonfall spiegelte den verletzten Stolz und die Skepsis seiner Kollegen wider. *Wie können Sie behaupten, dass wir es nicht bemerkt haben?*

»Das ist eigenlich nicht weiter ungewöhnlich«, sagte sie. »Polizeibehörden auf der ganzen Welt werden normalerweise erst auf einen Serienmörder aufmerksam, wenn er schon seit einer Weile sein Unwesen treibt. Das liegt daran, dass die meisten Killer keine sogenannte Signatur zurücklassen und im Allgemeinen nicht ortsgebunden sind. Dschidda ist eine große Stadt mit vielen verschiedenen Stadtvierteln. Also kann es durchaus sein, dass er die ganze Zeit über hier gemordet hat.«

»Nur«, widersprach Daher, »dass es uns, denke ich, schon längst aufgefallen sein dürfte, dass Frauen ermordet und ihnen die Hände abgehackt werden, meinen Sie nicht?«

»Die Signatur Ihres Mannes ist das Abtrennen der Hände«, erwiderte Dr. Becker ruhig, »doch das Drapieren der Leichen und die Kopfschüsse gehören auch dazu. Vielleicht tötet er ja sonst irgendwo in der Stadt und verwendet eine dieser Signaturen – vielleicht aber auch keine davon. Er hat bereits bewiesen, dass er in der Lage ist, viele Menschen umzubringen. Es könnte weitere Opfer geben. Die Signaturen könnten sich im Laufe der Zeit herausgebildet haben. Es könnte Opfer von früher geben, von denen Sie nichts wissen und die Sie nicht auf der Grundlage einer Signatur mit diesem Fall in Verbindung bringen können. Deshalb«, fuhr sie fort, »ist es wahrscheinlich das Beste, sich wieder mit den ungelösten Fällen zu beschäftigen. Möglicherweise hat er ihnen ja nicht die Hände abgetrennt oder sie erschossen. Suchen Sie nach Übereinstimmungen.«

»Aber das dauert ja ewig«, protestierte Daher, inzwischen verärgert.

»Nun, wie ich die Situation verstehe«, entgegnete Dr. Becker ohne auch nur eine Spur von Sarkasmus, »hat die Polizei von Dschidda bei Mordfällen eine Aufklärungsrate von neunzig Prozent. Also sollte sich die Menge der Akten in Grenzen halten.«

Daher lächelte. »Mit allem Respekt, Dr. Becker, aber Sie sprechen nicht Arabisch. Alle Buchstaben können aussehen wie ein menschlicher Körper. Wir könnten hundert alte Mordfälle durchschauen und einen ganzen auf die Straße geschriebenen Roman finden! Das heißt nicht, dass es einen Zusammenhang gibt.«

»Sie haben recht«, sagte Ibrahim. »Es ist eine Menge Arbeit, bei der man auch seinen Verstand einsetzen muss. Allerdings verspreche ich mir ziemlich viel davon. Ich werde Miss Hijazi mit dieser Aufgabe betrauen.«

Niemand protestierte, nicht einmal Daher. Das genau hatte Ibrahim gehofft. Sobald ihnen klar war, dass die langweilige Fleißarbeit einer Frau zufallen würde, verloren sie schlagartig die Lust, sich zu beschweren.

»Ich habe bereits mit Chief Riyadh gesprochen. Wir werden den hinteren Teil dieses Raums abtrennen, damit Miss Hijazi und einige Polizistinnen sich ein Büro einrichten können, um alle Akten zu sichten. Ich möchte Sie alle bitten, ihre Privatsphäre nicht zu stören.«

»Haben die Frauen denn oben keinen größeren Raum?«, fragte Shaya.

Ibrahim erklärte, Miss Hijazi habe sich bereits erboten, die Aufzeichnungen über Hinrichtungen und Amputationen durchzuarbeiten. Die Kartons beanspruchten im Frauenlabor eine beträchtliche Menge Platz. Wenn jetzt noch Dutzende oder möglicherweise Hunderte von ungelösten Fällen dazukämen, habe sie keinen Platz zum Sitzen mehr.

Alle schienen diese Erklärung zu akzeptieren, bis auf Mu'tazz, der mit einem demonstrativen Kopfschütteln hinausmarschierte. Sicher würde er schnurstracks zu Chief Riyadh laufen, um sich zu beschweren.

Als die Männer hinausgingen, fiel Ibrahims Blick auf Dahers Gesicht, und er stellte fest, dass sich Zorn darauf malte. Er war so wütend, dass Ibrahim es ratsam fand, ihn in Zukunft im Auge zu behalten.

»Das Problem ist«, flüsterte Katya, »dass viele alte Fälle nicht ... richtig bearbeitet wurden.«

Sie und Charlie saßen bei Pizza Hut im Frauenbereich. Als Charlie das vertraute Logo am Eingang gesehen hatte, hatte sie Katya lachend am Arm genommen. »Mein Gott, Sie kennen den Weg zu meinem Herzen!«, sagte sie.

»Wirklich?«

»Ich habe momentan Heimweh. Das hier ist genau nach meinem Geschmack.«

Nun saßen sie vor einer großen *halal*-Pizza mit Tomaten und Käse.

»Was meinen Sie mit ›nicht richtig bearbeitet‹?«, fragte Charlie.

»Die Polizei braucht ein Geständnis des Mörders. Ohne Geständnis kann er nicht verurteilt werden.«

»Also sind die Geständnisse gefälscht?«

Katya seufzte auf. »Manchmal wird die Person unter Druck gesetzt.«

»Folter?«

»Ja, vielleicht, hängt davon ab.«

»Daher also die Aufklärungsquote von neunzig Prozent?«, hakte Charlie nach.

»Ja, kann sein.«

»Ich verstehe. Also brauchen Sie alle Fälle, nicht nur die ungelösten.«

»Ja. Aber damit würde ich der Polizei unterstellen, dass sie ihre Arbeit nicht macht.«

Charlie musterte sie argwöhnisch. »Haben Sie die Akten schon?«

»Nein, noch nicht. Inspector Zahrani versucht sein Bestes. Es könnte eine Weile dauern.«

»Ach herrje.«

Eine Weile aßen sie schweigend, während Katya weiter über den Mörder nachgrübelte.

»Es beschäftigt mich immer noch«, begann sie, »dass der Täter Amina nicht so behandelt hat wie die anderen. Sie hat noch gelebt, als er ihr die Hand abgehackt hat.«

»Ja«, erwiderte Charlie. »Und ich stimme Ihnen zu: Es ist wahrscheinlich, dass diese Verhaltensänderung eine Reaktion auf unsere Ermittlungen darstellt. Außerdem entspricht Amina nicht seinem Opfertyp. Also hat er ihr die Hand vielleicht nur abgetrennt, um Ihnen, der Polizei, mitzuteilen, dass er es war. Ansonsten wären Sie vielleicht nicht dahintergekommen.«

»Aber warum tut er das?«, wunderte sich Katya. »*Will* er erwischt werden?«

»Klar. Es könnte sein, dass er für seine Verbrechen Anerkennung will. Womöglich ist er sogar stolz darauf. Bis jetzt hat er sich Frauen beschafft, die niemand vermisst hat. Die Sache ist, dass Amina, fast eine Woche bevor der Mörder wieder am Begräbnisplatz war, verschwand. Also wusste er noch nicht, dass die Polizei die Gräber gefunden hat, als er sie entführte. Und er muss, sobald er sie in seiner Gewalt hatte, gewusst haben, dass sie jemand vermissen wird. Sie ist eine Saudi, kein Hausmädchen.«

»Vielleicht war sie verschleiert?«, mutmaßte Katya.

Charlie schüttelte den Kopf. »Bis jetzt hat er, soweit uns bekannt ist, noch nie eine Nichtasiatin verschleppt. Ich glaube, er hat seine Methoden, herauszukriegen, wie eine Frau aussieht. Meiner Ansicht nach will er Sie herausfordern.« Charlie schob ihre Pizza weg. »Wie Sie schon sagten, ist Amina vielleicht die Erste oder die Letzte in einer Reihe von Opfern in dieser Stadt. Doch ganz gleich, was zutrifft, ich denke, wir müssen davon ausgehen, dass er noch nicht fertig ist. Und wir müssen hinter seine Methoden kommen, bevor er Amina tötet, falls er es nicht schon getan hat.«

25

»Erinnerst du dich noch an den Pädophilen?«, fragte Shaya.
Er, Daher, Abullatif und Zunedh saßen in Ibrahims Büro. Ibrahim hatte hinter seinem Schreibtisch Platz genommen. Er hatte sie nicht zu sich gerufen: Sie waren nach der Sitzung einfach aufgeregt hereingekommen.
»Welchen?«, entgegnete Daher wegwerfend.
»Den, der geköpft worden ist. Ich glaube, es war im letzten Jahr. Sie haben ihn in Hail erwischt. Nun, ich habe nachgedacht«, fuhr Shaya fort. »Er hat kleine Jungen vergewaltigt und in der Wüste liegen gelassen und war ein Serienmörder, genau wie unser Typ. Und er war Saudi.«
Niemand antwortete.
»Er war noch ziemlich jung«, sprach Shaya weiter. »Zweiundzwanzig, glaube ich. Und in einer der ausländischen Zeitungen stand, wir hätten ihn hingerichtet, obwohl er psychisch krank gewesen sei.«
»Und das zu Recht«, entgegnete Daher. »Und wenn er psychisch krank war, hat er trotzdem Menschen umgebracht. Kinder! Überleg doch mal, Mann.«
»Was soll er sich denn überlegen?«, erwiderte Abdullatif. »Der Typ wusste nicht, was er tat. Er war verrückt. Shaya hat recht. Das hätte man berücksichtigen und ein wenig Gnade zeigen sollen.«
»Und was ist mit den Familien?«, gab Daher zurück. »Ihre Kinder sind tot.«
»Dass man einen Spinner hinrichtet, macht sie auch nicht mehr lebendig«, antwortete Abullatif sachlich, was die Diskussion beendete. Alle wandten sich an Ibrahim und warteten ab, ob er etwas hinzufügen würde. Er hätte ihnen gern erklärt, dass es in diesem Land natürlich ebenso Serienmörder gab wie anderswo, dass ihr ständiges Lamentie-

ren darüber nur Zeichen ihrer Jugend und Naivität sei und dass es auf die Frage nach der Richtigkeit der Todesstrafe keine positive Antwort gab.

»Also wissen wir jetzt, dass unser Killer schlau ist«, meinte Ibrahim. »Zumindest hält er sich für einen sehr klugen Mann, der mit Leichen Botschaften schreibt.«

»Und was für Botschaften«, ergänzte Shaya. »Der ist ja total krank.«

»Aber nicht völlig durchgedreht«, fügte Daher hinzu. »Ansonsten wäre er ebenso leicht zu erwischen wie der Mörder in Hail.«

»Was übrigens vier Jahre gedauert hat«, wandte Ibrahim ein.

»Dr. Becker sagt, dass Mörder dazu tendieren, sich Opfer aus ihrer eigenen ethnischen Gruppe zu suchen«, stellte Daher fest.

»*Tendieren* heißt nicht, dass es in Stein gemeißelt ist«, widersprach Ibrahim.

»Ich weiß«, erwiderte Daher. »Und es ist ja nicht so, dass mich das stören würde. Shaya hat recht, wir haben genug eigene Killer. Aber wir brauchen ein Profil von diesem Typen, richtig? Es müsste doch rauszukriegen sein, woher er kommt.«

»Natürlich«, antwortete Ibrahim. »Aber da wir keine Beweise haben, müssen wir alle Möglichkeiten in Erwägung ziehen.«

»Ich frage mich, ob sie in dem Fall in Hail auch einen Profiler vom FBI hinzugezogen haben«, ließ sich Zunedh vernehmen. Er war ein zurückhaltender, ausgesprochen scheuer Mensch, und alle waren überrascht, dass er überhaupt etwas sagte. Sofort lief er vor Verlegenheit rot an.

»Ja, ein guter Einwand«, meinte Daher. »Weshalb brauchen wir dann jetzt einen?«

Da lag also der Hund begraben. Das war der wahre Grund für die Aufregung: *Warum arbeiten Frauen an diesem Fall?* Ibrahim hatte das zwar fast erwartet, aber gehofft, dass er sich irrte.

»Hören Sie mit dem Gejammer auf«, entgegnete er. »Wir können von Glück reden, dass Dr. Becker hier ist und dass Miss Hijazi das Schema aufgefallen ist. Das sind eigentlich Leistungen, die ich von meinem gesamten Team erwarte.«

Daher erbleichte vor Wut.

Als Ibrahim den Männern nachblickte, die sich wieder an ihre Arbeit begaben, begann er, sich ernsthaft Sorgen zu machen. Es war nur eine Frage der Zeit, bis Dahers verletzter Stolz ihn Abu-Musa und Mu'tazz in die Arme treiben würde, Männern, nach deren Auffassung Frauen grundsätzlich vom Polizeidienst ausgeschlossen werden sollten, solange sie nicht gebraucht wurden, um die Geschlechtertrennung aufrechtzuerhalten: bei der Autopsie weiblicher Leichen, der Untersuchung weiblicher Gewebeproben und der gelegentlichen Befragung einer Zeugin. Und wenn Daher die Fronten wechselte, würden die anderen Männer seinem Beispiel folgen. Ibrahim dachte an Katya, die gerade im Konferenzraum ihr eigenes Lagerfeuer aufbaute. War sein Vorschlag zu kühn gewesen? Warum hatte er sie nicht oben in ihrem Labor arbeiten lassen? Vermutlich war es ihm um sein eigenes Ego gegangen. Und er zog sie in seinen Kampf hinein.

Chief Riyadh saß hinter seinem Schreibtisch, flankiert von großen Farnen in Blumentöpfen und zwei gerahmten Fotos, von denen eines König Abdullah, das andere den Innenminister, seinen Bruder Nayef, zeigte. Obwohl es unangenehm kühl im Raum war, schwitzte der ziemlich beleibte Riyadh. Sein Hemd wies unter den Achseln und in den Speckfalten am Bauch dunkle Flecken auf.

Ihm gegenüber saßen zwei Männer auf schweren Holzstühlen. Ein dritter Stuhl stand für Ibrahim bereit. Ein uniformierter Polizist bewachte die Tür. Ibrahim hatte sie schon beim Eintreten alle aus der Abteilung für verdeckte Ermittlungen wiedererkannt. Und im nächsten Moment hatte er blitzartig seine eigene Zukunft vor Augen: Gefängnis, Verurteilung, Schande, Tod.

Allerdings wirkte Riyadhs Gesicht völlig entspannt. Nur seine wulstigen Lippen waren ärgerlich verzogen.

»Sie kennen ja Inspector Ubaid von den verdeckten Ermittlungen«, sagte er. Ibrahim nickte und schüttelte Ubaid die Hand.

»Sie sind wegen einer vermissten Person hier, deren Vorgesetzter Sie in der Abteilung für verdeckte Ermittlungen waren. Ich weiß, wie beschäftigt Sie mit Ihrem Mordfall sind, doch ich habe den Herren gesagt, dass Sie gerne ihre Fragen beantworten werden.«

Ibrahim nahm Platz. »Natürlich.«

»Es handelt sich um eine Frau, die mit Ihnen zusammengearbeitet hat. Ihr Name ist Sabria Gampon«, begann Ubaid.

»Natürlich erinnere ich mich an Sabria.«

»Sie wurde gestern als vermisst gemeldet.«

»Sie arbeitet doch nicht mehr für Ihre Abteilung«, erwiderte Ibrahim in gespieltem Erstaunen.

»Ja, richtig«, sagte Ubaid. »Wir halten es dennoch für nötig, der Sache nachzugehen. Ihre Nachbarinnen haben angerufen und ihr Verschwinden gemeldet ...«

»Ihre Nachbarinnen?«

»Ja. Nun, ihr Bruder. Laut Zentrale, die den Anruf nachverfolgt hat, heißt er Mr. Saleh Harbi. Die Nachbarinnen waren in Sorge, und Mr. Harbi arbeitet bei einer Strafverfolgungsbehörde. Deshalb haben sie sich an ihn gewandt.« Also hatten sich Asma und Iman wegen Sabrias Verschwinden Sorgen gemacht. Ibrahim hätte mit ihnen reden und ihnen eine Erklärung liefern sollen. Nun war es zu spät.

»Aber wie Sie sicher wissen, achten wir auf das Wohlergehen unserer Mitarbeiter«, fügte Ubaid mit einem kumpelhaften Lächeln hinzu, das Ibrahim sofort daran errinnerte, mit welch atemberaubender Geschwindigkeit die Abteilung Omar zum stellvertretenden Leiter befördert hatte, einfach nur, weil er der ältere der beiden Brüder war.

»Ja, natürlich«, antwortete er.

»Und wir neigen dazu, derartigen Dingen auf den Grund zu gehen, da immer die Möglichkeit besteht, dass ein plötzliches Verschwinden wie dieses mit ihrer Tätigkeit bei uns zusammenhängt.« Er sprach das Wort *uns* so aus, dass Ibrahim außen vor blieb.

»Was für Hinweise haben Sie?«

»Wir suchen nach ihrem Mann«, entgegnete Ubaid. »Leider konnten wir ihn bis jetzt nicht finden.«

Ibrahim warf Riyadh einen Blick zu. Dieser hatte eine höfliche Miene aufgesetzt und strahlte Hilfsbereitschaft und Anteilnahme aus.

»Wenn ich mich recht entsinne«, sagte Ibrahim zögernd, »wurde sie zwangsverheiratet. Als sie bei uns anfing, hatte sie ihren Mann schon seit einigen Monaten nicht gesehen. Wann war das, vor fünf Jahren?«

»Ja.« Ubaid schürzte pikiert die Lippen. »Dennoch ist und bleibt sie mit diesem Mann verheiratet, und zwar nicht wegen ihres Visums. Das ist nämlich abgelaufen.«

»Ich verstehe. Und was kann ich für Sie tun?«

»Haben Sie ihren Mann je kennengelernt?«, fragte Ubaid.

Ibrahim schüttelte den Koppf. »Nein. Ich glaube, sie hatten den Kontakt zueinander abgebrochen.«

Ubaid machte ein Gesicht, als wolle er eine Bemerkung dahingehend fallen lassen, wie ungehörig es sei, alleinstehende Frauen zu beschäftigen. »Tja, anscheinend hat Miss Gampon nicht gearbeitet. Das haben uns ihre Nachbarinnen bestätigt.«

Ibrahim war klar, dass die Nachbarinnen sie nur hatten schützen wollen, weil sie wussten, dass ihr Visum abgelaufen war. Was sie nicht wussten, war, dass Ermittlungen im Fall einer vermissten Frau, ganz gleich, wie ernsthaft sie auch betrieben wurden, immer auf die Tugend der Betreffenden hinausliefen.

»Und dennoch lebte sie in einer schönen Wohnung«, fuhr Ubaid fort. »Wir haben mit dem Vermieter gesprochen, der uns bestätigt hat, dass die Miete immer pünktlich kam.«

Mash'Allah, al-hamdulillah, dreimal Gott sei Dank, dass er die Miete nie selbst bezahlt, sondern darauf bestanden hatte, ihr jeden Monat Bargeld zu geben. Außerdem war er dem Vermieter tunlichst aus dem Weg gegangen.

»… und wir fragen uns nun, woher sie das Geld dafür hatte. Also haben wir ihr Konto unter die Lupe genommen und erhebliche Geldsummen darauf entdeckt.«

»Wie erheblich?«

»Zehntausende von Rials wurden jeden Monat eingezahlt und wieder abgehoben.«

Ibrahim bekam den Mund nicht mehr zu.

»Das ist ungewöhnlich viel Geld für eine arbeitslose Einwanderin«, fügte Ubaid hinzu.

»Ja, und deshalb glauben Sie, dass das Geld …« Ibrahim wedelte mit der Hand, doch Ubaid beendete den Satz nicht. »Also, was?«

Ubaids Wohlanständigkeit und seine missbilligende Miene verrieten Ibrahim sofort, dass er sich daran festbeißen würde und über genug Beweise verfügte, um Sabria in Abwesenheit mehrerer Tugendverbrechen zu bezichtigen. Er würde es tun und schien sich offenbar darauf zu freuen – und sich so richtig daran aufzugeilen.

»Wir haben die Spuren von mehreren Männern in ihrer Wohnung gefunden.«

»Tippen Sie etwa auf Prostitution?« Ibrahims Stimme klang ganz weit weg. *Sie haben Beweismittel aus ihrer Wohnung.*

»Auf ihr Konto wurden ziemlich hohe Summen eingezahlt«, entgegnete Ubaid. »Und zwar recht regelmäßig.«

Wie gerne hätte Ibrahim diesen Leuten erzählt, dass Sabria nach einem Jahr Vergewaltigung, Folter und Misshandlungen zur Abteilung für verdeckte Ermittlungen gekommen war und dass sie dank einer Laune der Natur über die Gerissenheit, die Willenskraft und die Wut verfügte, die sie für diese Arbeit brauchte. Die Arbeit war es, die sie gerettet hatte. Am liebsten hätte er den mageren, kleinen Ubaid am Kragen gepackt und in ihn hineingeprügelt, dass Frauen, die so etwas durchgemacht hatten, nur noch eines fürchteten: Männer wie ihn, die auf ihren niedlichen kleinen Hintern saßen und Moralpredigten hielten.

»Woher stammte das Geld?«, fragte er stattdessen.

»Das wissen wir nicht. Es wurde immer bar eingezahlt. Auch die Abhebungen erfolgten in bar.«

»Hat sie ungewöhnlich viel abgehoben, bevor sie verschwand?«

»Nein, diesen Monat hat sie noch gar nichts abgehoben.«

Ibrahim nickte. »Also ist sie nicht geflohen.«

»Nein.«

Wieder warf Ibrahim Riyadh einen Blick zu. Höfliches Bedauern malte sich auf dem Gesicht des Chief, weil die Abteilung für verdeckte

Ermittlungen so ein unmoralisches Frauenzimmer eingestellt und auf derart skandalöse Weise davon erfahren hatte.

Er musste vorsichtig zu Werk gehen. Sie suchten bereits nach einem Weg, ihn in den Fall hineinzuziehen. Schließlich wurde eine Frau nicht über Nacht zur Prostituierten. Und war er nicht derjenige gewesen, der sich in der Abteilung so für sie eingesetzt hatte? Hatte er vielleicht damals schon gewusst, dass sie eine Hure war?

»Es tut mir leid, das zu hören«, meinte Ibrahim. »Ich kann Ihnen über sie nur sagen, dass sie eine ausgezeichnete Mitarbeiterin war. Sie hat uns geholfen, einen Ring von Ladendiebinnen auffliegen zu lassen, hinter dem wir schon lange hergewesen waren. Außerdem hat sie sich einige Male in große Gefahr gebracht, um Informationen für uns zu sammeln, sodass wir mehrere Schwerverbrecher festnehmen konnten. Wir haben ihre Kündigung sehr bedauert.«

Ubaid hatte nicht zugehört, sondern nur höflich abgewartet, bis Ibrahim ausgeredet hatte. Er kannte seine Haltung zu Sabria Gampons Tugendhaftigkeit bereits.

»Prostitution ist ein ernst zu nehmendes Verbrechen«, verkündete er, wobei seine Miene keinen Hehl aus seinen Absichten machte: *Wir werden die Sache vor Gericht bringen.* »Wir nehmen an, dass ihr Ehemann als ihr Zuhälter tätig war, doch wenn Sie die Wahrheit sagen und sie ihren Mann schon jahrelang nicht gesehen hat, hatte sie vielleicht einen anderen Zuhälter. Wir werden das in Erfahrung bringen.«

Ach, gleich zwei Verbrechen: Prostitution *und* Ehebruch. Kein Wunder, dass Ubaid so selbstzufrieden dreinblickte.

»Geben Sie mir Bescheid, wenn ich noch etwas für Sie tun kann«, sagte Ibrahim und nickte.

Die Männer standen auf und schüttelten einander die Hände. Ibrahim war selbst überrascht, dass es ihm gelang, den Raum zu verlassen, ohne in Ohnmacht zu fallen.

»Ich habe den Nagel aus dem Boden gezogen, bevor ich ging«, sagte Katya. »Also sind keine Blutspuren mehr da.«

»*Al-hamdulillah*«, hauchte Ibrahim.

Er ging nervös auf und ab. Sie waren in einer Toilette im zweiten Stock und unterhielten sich flüsternd am Waschbecken. Da es schon spät war, war das Gebäude fast menschenleer. Katya hatte trotzdem Angst. Sie befürchtete, dass er wütend werden und Aufmerksamkeit erregen könnte. Dann würde man sie erwischen, und alles würde viel schlimmer aussehen, als es war.

»Ich weiß, dass Sie meinen Sohn für den Schuldigen halten«, sagte er. »Er war dort. Ich habe die Verletzung an seinem Fuß gesehen.«

»Oh«, erwiderte sie. »Was wollte er da?«

»Er ist mir eines Abends nach der Arbeit gefolgt. Aber er hat nicht mit ihr gesprochen. Und an dem Tag, als sie verschwand, hat er gearbeitet. Ich habe mich bei seinem Chef erkundigt. Mein Sohn hat absolut nichts mit ihrem Verschwinden zu tun, das kann ich garantieren.« Er warf ihr einen gehetzten Blick zu. »Jemand will ihr etwas anhängen.«

»Einverstanden«, antwortete Katya zögernd. »Doch sie hatte Geheimnisse vor Ihnen.«

»Ich weiß. Verdammt!«

»Die müssen Beweisstücke an die Abteilung für verdeckte Ermittlungen geschickt haben, bevor ich kam«, wiederholte Katya zum dritten Mal. »Ich habe alles, was ich eingesammelt habe, mit nach Hause genommen, und zwar sofort. Mein Cousin hat mich abgeholt, und ich bin auf der Stelle nach Hause gefahren. Später habe ich die Beweise ausgetauscht. Ich habe Haare und Fasern von anderen Fällen stibitzt, neu beschriftet und in Sabrias Akte gelegt. Also sollte es jetzt eigentlich so aussehen, als ob sich nur Frauen in der Wohnung aufgehalten hätten.«

»Das spielt keine Rolle. Die haben ihre belastenden Beweise schon. Ich glaube aber, dass die Behauptung, man hätte Spuren von mehreren Männern in ihrer Wohnung gefunden, eine Lüge war. Das kann nicht stimmen!«

»Meinen Sie, die würden so weit gehen, ihr etwas unterzujubeln?«, erkundigte sich Katya.

»Warum nicht? Nichts leichter als das. Man müsste bloß ein paar Haare in ihrem Schlafzimmer verteilen. Die Frage ist nur, warum?«

Katya schwieg.

»Die wissen etwas über sie oder wollen etwas stoppen. Offenbar läuft diese Sache noch. Sonst würden sie es nicht für nötig halten.«

»Was ist mit ihrem Bankkonto?«, meinte Katya.

»Sie haben mir nicht verraten, wie viel drauf ist, nur, dass sie jeden Monat hohe Summen eingezahlt hat. Zehntausende. Und später hat sie das Geld dann wieder in bar abgehoben.«

»Denken Sie, die haben diese Beweise auch gefälscht?«

»Nein. Ich bin nicht sicher. Jedenfalls wäre das um einiges schwieriger.«

»Es ist absolut unlogisch«, merkte Katya an. »Warum zahlt sie Geld ein und hebt es dann wieder ab? Warum versteckt sie es nicht einfach irgendwo?«

»Keine Ahnung«, antwortete er. »Ich bin überzeugt, dass ihr etwas zugestoßen ist und dass wir die Antwort im Chamelle Center finden. Sie hat sich mit diesen Frauen getroffen, um ihnen etwas zu übergeben. Und ich kann selbst nicht hin. Verdammt!« Er schlug mit der Faust gegen die Wand, dass der Spiegel klirrte.

»Ich könnte ja wieder hinfahren«, schlug Katya vor, »und versuchen, so viel wie möglich rauszukriegen.«

Er hörte auf, hin und her zu gehen. »Danke, Katya. Entschuldigen Sie, dass ich so wütend bin. Ich weiß Ihre Hilfe wirklich zu schätzen. Aber seien Sie bitte vorsichtig. Diese Leute verstehen keinen Spaß. Vielleicht hat die Abteilung für verdeckte Ermittlungen ja schon einen Verdacht, was dieses Einkaufszentrum betrifft, und eine ihrer Agentinnen dort postiert. Lassen Sie sich nicht erwischen.«

»Ich passe auf.«

»Ich muss telefonieren.«

»Gut.«

Er hastete hinaus, bevor sie Zeit hatte, sich zu verstecken. Sie hörte, wie sich seine Schritte auf dem Flur entfernten, bis ihm offenbar einfiel, dass er nicht geklopft hatte, um ihr mitzuteilen, dass sie gefahrlos herauskommen konnte. Er hastete zurück, klopfte und eilte in Richtung Treppe.

Die Erkenntnis, dass man nicht einzigartig ist, hat nur in manchen Situationen ihren Charme. Man bekommt eine Stelle nicht oder wird von einem Freund gekränkt: Keine Sorge, dass passiert uns allen einmal. Doch in anderen Zusammenhängen kann es ein herber Schlag sein: *Ich bin nicht der einzige Mann, den sie geliebt und mit dem sie das Bett geteilt hat.*

Bis jetzt ließ er sich noch nicht davon anfechten, weil er es einfach nicht glaubte. Doch sein Vertrauen bekam die ersten Risse.

Er rief Fawzi, seinen Kontaktmann beim Ministerium, an, um ihn zu fragen, ob er inzwischen die Adresse von Sabrias ehemaligem Arbeitgeber (er weigerte sich, ihn als »Ehemann« zu bezeichnen) gefunden hatte. »Ja, das habe ich in der Tat. Haben Sie was zu schreiben?«, erwiderte Fawzi mit einer Herablassung, die Ibrahim zur Weißglut reizte.

Er notierte sie sich. Fawzi hatte die Information vermutlich schon seit Tagen und war nur zu faul gewesen, sich bei ihm zu melden. Allerdings konnte Ibrahim ihm schlecht erklären, wie wichtig es war. Allein danach zu fragen war schon riskant genug gewesen.

»Danke, dass Sie es für sich behalten«, sagte Ibrahim.

»Klar. Hat das was mit Ihrem Serienmörder zu tun?«

»Nein, mit einem alten Fall.«

»Ich werde es nicht erwähnen.«

Ibrahim war nicht sicher, ob er Fawzi glaubte, aber er bedankte sich dennoch.

Es war eine Adresse in Karantina, also nicht weit weg vom Nachbarviertel Kandara. Der Name des Slums war eine Verballhornung und aus der Tatsache abgeleitet, dass die Gegend in den Hunderten von Jahren, in denen immer wieder Seuchen in der Stadt gewütet hatten, als Quarantänezone gedient hatte. Damals war sie weit genug vom Stadtzentrum entfernt gewesen, um Schutz zu bieten. Inzwischen jedoch war das Viertel näher herangerückt und über eine hässliche Schnellstraße zu erreichen. Die Hochstraße zerschnitt den Stadtteil und stellte die einzige Grenze zu der riesigen Ölraffinerie dar, die Abgaswolken in die ohnehin schon von Moskitoschwärmen und dem Gestank der Kanalisation verschmutzte Luft pustete.

Unter der Brücke befanden sich Elendsviertel, die die Zustände unter der Sitteen Street Bridge in Kandara paradiesisch erscheinen ließen. Die meisten Bewohner waren Afrikaner, Männer, ihre vielen Ehefrauen und die unzähligen Kinder, die nackt und krank durch die mit Müll übersäten Straßen liefen. Es waren Männer, die nach ihrer Ankunft ihre Pässe verbrannt hatten, um nicht in noch üblere Verhältnisse zurückgeschickt zu werden. Wenigstens konnte man hier mit Drogen und Prostitution Geld verdienen, während die Polizei ein Auge zudrückte. Der Staat mischte sich nicht ein, auch wenn man unter einer Autobahnbrücke seinem Schicksal überlassen wurde, wo die Moskitoschwärme zu Ausbrüchen von Malaria und Denguefieber führten und die allgegenwärtige Prostitution die Krankenhäuser täglich mit neuen Fällen von Aids belieferte. Staatliche Vernachlässigung war die neue Form der Quarantäne.

Wer hat je behauptet, der Staat wüsste nicht, wie ein Rechtssystem funktioniert?, fragte sich Ibrahim erbittert, als er durch die Straßen fuhr. Die Behörden hatten einen genauen Plan, wie mit Karantina zu verfahren war: Man ignorierte einfach, wie sich die eine Waagschale immer weiter senkte – beschwert von Diebstahl, Drogen, Bordellen und der moralischen Verkommenheit, die zur höchsten Mordrate in Dschidda führte. Und sollte der Staat einmal Lust bekommen, den Gesetzen zu ihrer Geltung zu verhelfen, glich er die Waagschalen mit einem plötzlichen harten Schlag wieder aus wie mit dem Schwert eines Henkers. So war zum Beispiel den florierenden »Freitagsmärkten« in der Yazeed Ibn Naeem Street der Garaus gemacht worden, wo die Einheimischen mit Lebensmitteln, Kleidung, Möbeln und Haushaltsgeräten – natürlich alles gestohlen – handelten. Die Polizei hatte bei einem einzigen Einsatz dreitausendfünfhundert Diebe festgenommen. Ibrahim wusste, dass das nur Theaterdonner gewesen war. Es gab nichts Nutzloseres als die unvermittelte Ohrfeige von der Hand eines ansonsten abwesenden Vaters.

Es wunderte ihn nicht, dass Halifi hier, auf dem Friedhof aller Hoffnungen, gelandet war. Gleichzeitig jedoch löste es Beklommenheit in ihm aus. Wenn Sabria über ihn gesprochen hatte, hatte sie ihn als Menschen dargestellt, der alles tat, um einen wohlhabenden, gutbürgerlichen und seriösen Eindruck zu erwecken. Er besaß eine Importfirma, an deren Buchführung nichts auszusetzen war. Doch im Nebenberuf importierte Halifi Frauen, indem er ihnen gut bezahlte Stellen als Hausmädchen versprach und sie damit ins Land lockte. Und dann verkaufte er sie an wohlhabende Kunden, die Lust auf diskreten Sex hatten – also auf Frauen, die in ihrem Haus lebten und außerdem das Kochen und Putzen übernahmen. In einigen Fällen hatte Halifi Frauen auch an Begleitagenturen oder sogar an selbstständige Zuhälter verhökert. Wenn der Preis stimmte, lehnte er selten ein Angebot ab. Und im Ausland gab es ahnungslose Frauen wie Sand am Meer.

Ibrahim hätte Halifi schon vor Jahren aufspüren können, wenn Sabria einverstanden gewesen wäre. Sie wollte sich nicht offiziell von diesem Mann trennen, weil das bloß Erinnerungen an die Vergangenheit geweckt hätte. In den ersten Monaten ihrer Beziehung mit Ibrahim hatte sie nur dreimal über ihn gesprochen und ihn dann in die Schlucht des Vergessens gestürzt.

Obwohl das Wohnhaus keine Hausnummer hatte, konnte Ibrahim anhand der Nachbargebäude ermitteln, dass er sein Ziel erreicht hatte. Es war ein alter Betonklotz, schmuddelig und schmucklos. In einem bürgerlichen Viertel hätten vielleicht zwei Familien hier gewohnt. In Karantina handelte es sich vermutlich um eine Drogenhöhle.

Er hatte den Verdacht, dass Halifi entweder nicht da sein oder dass er gleich in eine der weniger wichtigen Filialen seines Unternehmens hineinplatzen würde. Ibrahim war so wütend, dass er fünf Minuten im Auto sitzen bleiben und sich vor Augen halten musste, dass er hier war, um Sabria zu finden – nicht, um eine Dummheit zu begehen.

Die Eingangstür hing schief in den Angeln. Als er dagegen drückte, kippte sie gegen die Wand dahinter, und er musste über die untere Kante steigen, um in den Flur zu gelangen. Es war dunkel. Am Ende des langen Korridors befanden sich zwei Türen, die beide offen standen. Von drinnen waren Geräusche zu hören, doch nichts wies darauf hin, dass die Bewohner den Eindringling bemerkt hatten.

Ibrahim trat in die Wohnung auf der rechten Seite. Im ersten Zimmer standen nur ein Sofa und ein Fernseher. Das Sofa war aufgeschlitzt.

Im zweiten Zimmer traf er Halifi an. Er hockte im Schneidersitz auf einer alten Matratze in der Ecke. Neben ihm auf einem Betonbaustein saß eine junge Frau und zog an einer Crackpfeife. Sie war nackt. Ihr Hintern und der untere Teil ihres Rückens waren mit roten Striemen bedeckt.

»Mahmoud Halifi«, sagte Ibrahim.

Die Frau drehte sich um. Sie war eine Einwanderin, vermutlich von den Philippinen. Sie blinzelte, wandte sich wieder zu Halifi um, reichte ihm die Pfeife und stand auf. Dann ging sie hinaus wie eine sittsame muslimische Hausfrau, wenn die Gäste ihres Mannes eintreffen. Als sie Ibrahim an der Tür passierte, griff sie sich an die linke Brust und winkte ihm vergnügt damit zu.

Ibrahim hatte sich alle möglichen Schachzüge zurechtgelegt, um Halifi zum Reden zu bringen. Doch angesichts seines derzeitigen Bewusstseinszustandes war das offenbar verlorene Liebesmüh.

»Ich muss Sabria Gampon finden«, sagte er.

Halifi schien das nicht weiter zu erschrecken, nicht einmal, als Ibrahim ihn auf die Füße zerrte und an die Wand drückte. Als er »Wo ist sie?« fragte, lachte Halifi nur überrascht auf, ein hämisches Kichern, das wohl *Oh ja, das war eine Nutte, die ich vor langer, langer Zeit mal kannte* bedeuten sollte. Ibrahims Fausthieb brach Halifi das Nasenbein und sorgte dafür, dass er gegen die Wand knallte. Dennoch schien er den Ernst der Lage auch weiterhin nicht zu erfassen. Er wälzte sich einfach auf den Bauch, stützte sich auf die Knie und beobachtete, wie das Blut aus seinem Mund auf den Betonboden tropfte. Dann sah er Ibrahim an.

»Wo ist Sabria?«, wiederholte Ibrahim drohend, obwohl ihm sein Bauchgefühl bereits sagte, dass es ein Fehler gewesen war und dass er hier nur seine Zeit verschwendete.

»Woher soll ich das wissen?« Halifi spuckte einen Blutklumpen aus und kauerte sich auf die Fersen. »Die habe ich seit Jahren nicht gesehen.«

Am liebsten hätte Ibrahim den Mann umgebracht. Selbst nach all dem Schweigen, mit dem Sabria ihn beerdigt hatte, waren Ibrahims Hass und Abscheu ungebrochen. Es wäre so einfach gewesen. Er hätte nur eine der Spritzen nehmen müssen, die auf dem Boden herumlagen, um ihm eine Luftblase von der Größe einer Halalamünze in den Hals zu injizieren. Selbst wenn die Polizei beschloss, wegen des Todes eines weiteren Junkies aus Karantina zu ermitteln, hätte sich die Verdächtigenliste höchstens auf die anderen Junkies in derselben Straße erstreckt. Doch er konnte es nicht riskieren. Nichts durfte ihn mit diesem Mann oder diesem Haus in Verbindung bringen.

»Wenn sie weg ist«, meinte Halifi, »ist sie sicher davongelaufen. Das hat sie nämlich immer gemacht.«

Ibrahim stieß ihn auf den Boden und ging hinaus.

26

Am Montag verbrachte Katya ihre gesamte Mittagspause im Café des Chamelle Center. Da Ibrahim nicht riskieren konnte, sie selbst hinzufahren, hatte er ihr Geld für ein Taxi angeboten. Doch stattdessen rief sie Ayman an und bat ihn, sie zu chauffieren.

Katya bestellte einen Milchkaffee und machte es sich mit einer aufgeschlagenen Zeitung bequem. Sie erregte ein wenig Aufmerksamkeit, weil sie allein war – die meisten Frauen kamen in Begleitung von Freundinnen –, doch genau das war ja auch ihr Plan. Sie wollte, dass jemand sie bemerkte. Dass jemand ihr Verhalten sonderbar fand, genauer hinschaute und vielleicht stehen blieb, um sie gründlicher unter die Lupe zu nehmen. Und sie wollte, dass diese Person etwas über Sabria wusste.

Da sie sich nach einer Weile albern fühlte, stand sie auf, um mit der Bedienung zu sprechen. Es war dieselbe junge Frau, die Sabria anhand des Fotos identifiziert hatte. Sie hieß Amar und erkannte Katya sofort.

»Haben Sie sie inzwischen gefunden?«, fragte Amar.

»Nein, leider nicht«, erwiderte Katya. »Sie haben sie doch mit anderen Frauen gesehen, richtig?«

»Ja.«

»Würden Sie irgendeine dieser Frauen wiedererkennen?«

»Ja. Da ist sogar eine, die immer wiederkommt. Sie sitzt an dem Tisch dort in der Ecke, aber ihre Freundin erscheint nicht. Sie macht einen enttäuschten Eindruck.«

»Wissen Sie, wie sie heißt?«

»Nein, aber ich würde sie erkennen, wenn ich sie sehe.«

»Und wann war das zuletzt?«

»Heute Morgen. Sie ist immer so gegen zehn hier. Vielleicht morgen auch.«

»Könnten Sie ihr ausrichten, dass ich etwas für sie habe?«, fragte Katya. »Es ist wichtig.«

Katya hatte die Hälfte der Akten der unaufgeklärten Mordfälle vor sich. Sie standen in Kartons auf dem Boden. Das Archiv hatte ihr versprochen, den Rest zu liefern, wenn sie sie brauchte. Außerdem hatte sie nun alle Akten der derzeitigen Fälle – Fotos, Zeichnungen und magere Berichte über die neunzehn Opfer, angefertigt von Ibrahims Untergebenen, sowie die Akte von Amina al-Fouad. In den letzten Wochen hatte sie so viel Zeit mit der Beschaffung dieser Akten verbracht, dass sie kaum fassen konnte, als wie einfach es sich letztlich entpuppt hatte.

Zu den aufgeklärten Fällen hatten sie sich keinen Zugang verschaffen können. Katya stellte sich vor, dass sie im Archiv in einem Aktenschrank eingeschlossen waren. Allerdings war nicht viel Phantasie nötig – und Ibrahim hatte es ihr auch erklärt –, um sich denken zu können, wo das wahre Hindernis lag. Zuerst musste man Chief Riyadh davon überzeugen, dass sie für die Aufklärung des Falls wichtig waren. Als Ibrahim ihm von Katyas Entdeckung berichtet hatte, war er einverstanden gewesen, sie vorübergehend anderweitig einzusetzen. Doch die Herausgabe der Akten hatte er mit keinem Wort erwähnt. Vielleicht fand er Katyas Theorie ja nicht überzeugend.

Außerdem gab es da noch das praktische Problem, dass mehr aufgeklärte als unaufgeklärte Fälle existierten. Katya und Ibrahim würden sich etwas einfallen lassen müssen, um die wichtigen unter ihnen herauszufiltern. Das hieß, wenn Riyadh sie herausrückte. Katya wusste zwar nur wenig über den Chief, hatte aber den Verdacht, dass ihn die Andeutung kränkte, einige dieser alten Fälle könnten Verfahrensfehler aufweisen. Es konnte natürlich auch daran liegen, dass er die Zusatzarbeit, all diese Akten zu sammeln und zu sortieren, als Zeitverschwendung empfand.

Am Dienstag hatte sie ihr Büro im Erdgeschoss eingerichtet und machte sich über die Akten auf ihrem Schreibtisch her. Immer wenn sie an die Worte »mein Schreibtisch« dachte, musste sie sich ein

Schmunzeln verkneifen. Eigentlich war es gar kein richtiger Schreibtisch, sondern nur ein Resopaltisch zum Zusammenklappen. Darum herum standen sechs Metallstühle aus Behördenbeständen mit zerschlissenen Lederpolstern, auf denen meistens eine oder zwei Polizistinnen saßen. Das ganze Arrangement war zwar von dicken schwarzen Vorhängen umgeben, doch zwei Lampen und die Hälfte eines Fensters spendeten genug Licht. Die Vorhänge verhinderten schlichtweg, dass sie etwas im restlichen Raum sehen konnten. Doch auch wenn es sich nur um einen Hocker und eine Pappschachtel gehandelt hätte, hätte sie mit dem stillen Stolz eines Falken dagesessen.

An diesem Vormittag waren zwei Polizistinnen gekommen, um ihr beim Sichten der Akten zu helfen. Anfangs hatten sie konzentriert gearbeitet, doch als sie nicht auf irgendwelche Übereinstimmungen gestoßen waren, hatten sie die restliche Zeit mit Plaudern verbracht. Früher hatte Katya einen Heidenrespekt vor diesen Frauen gehabt, denn schließlich hatten sie eine Ausbildung an der Polizeiakademie absolviert. Deshalb kostete es sie allen Mut, sie aufzufordern, die Akten immer und immer wieder zu studieren, bis ihnen etwas auffiel.

Nachdem die Frauen fort waren, war sie in ihrer *purdah* allein, bis Ibrahim erschien, um ihr ein paar liegen gebliebene Akten zu bringen. Er klopfte an eine der Metallstangen, an denen die schwarzen Wandschirme aus Stoff befestigt waren, eine Vorwarnung, dass er jetzt eintreten würde. Katya wusste, dass sie früher oder später das Gefühl bekommen würde, es sei ihr lediglich gelungen, ihr Gefängnis ins Erdgeschoss zu verlegen. Doch das konnte ihre Freude noch nicht dämpfen. Sie gestattete sich sogar den Tagtraum, selbst einmal Detective zu werden und ihr eigenes Büro zu haben – möge Gott sie behüten und ihr ihre Eitelkeit verzeihen.

Den restlichen Vormittag las sie weiter Akten, konnte aber nichts Interessantes finden. Sie saß allein in ihrem Verschlag, als es leise an die Metallstange klopfte. Der Vorhang teilte sich, und Dr. Becker kam in Sicht. Sie hatte einen Karton bei sich, den sie auf den Tisch stellte.

»Eine Lieferung gelöster Mordfälle«, verkündete sie gut gelaunt. »Wie bestellt.«

»Woher haben Sie die?«, fragte Katya und stand auf.

»Ich habe Chief Riyadh überzeugt, dass ich gerne unsere Morde in Amerika mit ihren Morden hier vergleichen würde.«

Katya war verblüfft. Allerdings stellte sich heraus, dass der Karton achtunddreißig Fälle aus den späten Achtzigern enthielt. Also nicht so hilfreich, wie sie gehofft hatte.

»Ich dachte, ich leiste Ihnen ein wenig Gesellschaft und schaue, ob ich helfen kann«, sagte Charlie.

»Tut mir leid.« Katya wies auf die Papiere auf dem Tisch. »Die sind alle nicht auf Englisch.«

»Ich könnte mir ja die Fotos anschauen«, schlug Charlie vor.

Das war natürlich eine Möglichkeit. Katya malte das arabische Alphabet auf und bat Charlie, alle Akten auszusortieren, in denen die Leiche eines Opfers so arrangiert war, dass sie einem der Buchstaben ähnelte. Charlie machte sich über ihren Karton her, hielt jedoch zehn Minuten später aufseufzend inne.

»In keiner dieser Akten sind Fotos«, verkündete sie.

»Was?«

Charlie deutete auf die Akten, die sie gerade durchgeblättert hatte. »In keiner davon ist ein Foto. Allmählich bekomme ich ein mulmiges Gefühl, was die anderen angeht.«

Nur drei Akten enthielten Fotos, die jedoch lediglich einen Fuß und einen blutigen Arm zeigten. Katya verstand die Welt nicht mehr. Bei der Polizei waren Fotografen im Einsatz, seit es Kameras gab. Warum fehlten hier die Fotos?

»Jemand hat die Fotos entfernt«, stellte sie fest. »Wir machen immer Fotos von den Opfern.«

»Auch von den Frauen?«, fragte Charlie.

»Ja-a«, erwiderte Katya zögernd. »Auch von den Frauen.« Inzwischen stimmte das, aber war es auch vor fünfundzwanzig Jahren so gewesen? Sie neigte eher zu dem Verdacht, dass jemand die Fotos im Namen der Sittsamkeit stibitzt hatte.

Katya blätterte die Akten durch. Charlie hatte recht, die Tatortfotos waren säuberlich zensiert worden. Sie zeigten nur einzelne Körperteile oder am Tatort gefundene Gegenstände. Eine Pistole. Einen blutigen Hammer. Es gab keine Ganzkörperaufnahmen der Opfer.

»Könnte das wieder mit dem Tugendthema zu tun haben?«, erkundigte sich Charlie.

»Vielleicht«, erwiderte Katya. Es hatte ganz sicher damit zu tun. Jemand wie Abu-Musa konnte sich jederzeit Zugang zum Archiv verschaffen, alle Mordakten weiblicher Opfer durchsuchen und die Fotos vernichten, die den ganzen Körper, das Gesicht oder unanständig viel Haut zeigten. Nach der strengsten Auslegung des Islam war es sogar verboten, sich überhaupt fotografieren zu lassen. Und das *awrah*, die intimsten Körperstellen, zu zeigen, die stets bedeckt sein mussten, war sogar noch mehr tabu.

Doch Katya stellten sich die Nackenhaare auf. Denn es gab noch viel abseitigere Gründe, ein Foto aus einer Fallakte zu stehlen.

»Ich frage mich die ganze Zeit, was wir eigentlich über diesen Kerl wissen.« Daher wiederholte sich, vermutlich, um ihnen beiden zu demonstrieren, dass er logisch dachte. »Wir tappen völlig im Dunkeln. Und was können wir als plausibel voraussetzen? Erstens, er hat einen religiösen Wahn. Und zweitens, er tickt auch sonst nicht ganz sauber. Und wenn man diese beiden Aspekte in Betracht zieht, wird er sicher früher oder später bei einem Exorzisten landen, richtig?«

Ibrahim nickte. »Klingt gut.«

»Und warum kann uns dann keiner dieser Quacksalber weiterhelfen?«

»Immerhin haben wir schon ein paar Namen.«

Sie stiegen aus dem Auto. Sie waren in Kandara, nur wenige Straßen von der Sitteen Street Bridge entfernt, und unterwegs zum fünften Exorzisten des Tages. Wahrscheinlich hatte Daher recht. Sein Vorschlag hatte zwar bis jetzt keine brauchbaren Hinweise gebracht, war aber dennoch eine gute Idee gewesen.

Ibrahim wollten der Striemen auf Farrahs Rücken und Jamilas Selbstzufriedenheit nicht aus dem Kopf gehen. Er war immer noch wütend darüber. Selbst wenn Farrah für den Rest ihres Lebens von ihren

Rückenschmerzen geheilt sein sollte, weigerte er sich zu glauben, dass irgendein Quacksalber einen Dschinn aus ihrem Körper gezogen hatte. Er hatte schlicht und ergreifend einen Placeboeffekt ausgelöst und dabei eine ziemlich hässliche Narbe hinterlassen, die sich möglicherweise sogar entzünden würde. Solange die Behandlung wirkte, hatte er allen Grund zur Dankbarkeit. Nur, dass es ihm gar nicht behagte, wenn seine Kinder auf solchen Hokuspokus hereinfielen, insbesondere nicht auf welchen mit religiösen Hintergründen.

Sie gingen durch die engen Gassen von al-Balad. In Dschidda gab es jede Menge berühmter Exorzisten und außerdem noch welche, die ihr Geschäft in ihrem Keller oder ihrem Wohnzimmer betrieben und nur in ihrem Viertel oder sogar nur in ihrer Straße bekannt waren. Das Ausschlaggebende war, dass sie nur *ar-ruqyah ash-shar'eeya* – schariakonforme Beschwörungen – verwenden durften, die auf islamischen Gebeten beruhten. Alles andere hätte ihnen ein Todesurteil und eine öffentliche Hinrichtung durch Köpfen eingebracht.

»Haben Sie uns bei diesem Burschen angemeldet?«, fragte Ibrahim.

»Ja, ich habe einen Termin vereinbart. Und ich habe ihm gesagt, dass wir von der Polizei sind.«

Das Haus wirkte von außen bescheiden. Eine schlichte Holztür, flankiert von zwei Fenstern mit hölzernen Läden. Als sie läuteten, wurden sie von einem Diener eingelassen, der sie in einen kleinen Hof führte. Dank eines Brunnens und einiger Schatten spendender Pflanzen war es kühl hier. Sie setzten sich auf zwei Holzstühle und warteten. Das Haus machte einen um einiges besseren Eindruck als die anderen, in denen sie heute gewesen waren. Zumindest war der Exorzist so freundlich, seine Gäste im Schatten warten zu lassen, auch wenn er ihnen nichts zu trinken anbot.

»Etwas macht mir zu schaffen«, sagte Daher. Seine Miene war noch immer angespannt. »Wenn man all die religiösen Symbole bei diesen Morden berücksichtigt, muss unser Killer irgendjemand sein, der mit Religion zu tun hat.«

»Fragen Sie sich, ob er womöglich ein Imam ist?«

»Ja, so ähnlich.«

»Das beschäftigt mich auch«, erwiderte Ibrahim. »Er hat etwas Heiliges pervertiert. Weiter von seiner Rolle als Imam kann man sich nicht entfernen.«

»Ich kann es mir nur schwer vorstellen«, fuhr Daher fort. »Wenn ich mich an alle Imame und Gelehrten erinnere, denen ich bis jetzt begegnet bin, kommt es mir sehr unwahrscheinlich vor, dass einer von ihnen einen Mord begeht. Also sehe ich unseren Mörder nicht als Imam, sosehr ich es auch versuche.«

Ibrahim war nicht sicher, wie weit er bei diesem Gespräch gehen durfte. Doch da sie sich im Moment gut verstanden, beschloss er, es zu riskieren.

»Die meisten Imame sind keine Perversen«, meinte er. »Aber wenn man etwas zu extrem betreibt, verkehrt man es ins Gegenteil. Denken Sie nur an die Imame, die sich so in die Frage der Tugendhaftigkeit hineinsteigern, dass sie überall ein Verbrechen wittern. Die Kerle zum Beispiel, die eine Fatwa herausgegeben haben, nach der es Frauen verboten ist, in der Öffentlichkeit Eis aus der Waffel zu schlecken, und zwar wegen der ›Anspielung‹. Oder der Scheich, der es für ungehörig hält, wenn ein Mann sich auf einen Stuhl setzt, von dem eine Frau gerade aufgestanden ist, da die angewärmte Sitzfläche ihn erregen könnte. Selbst wenn diese Möglichkeit bestünde – glaubt dieser Mensch allen Ernstes, dass er es kontrolliert und abschafft, indem er alle erst einmal ausdrücklich darauf hinweist?«

»Es ist doch allgemein bekannt, dass diese Typen eine Schraube locker haben.«

»Allgemein? Wirklich?«

»Schon gut, aber Sie wissen, was ich meine.«

»Es gibt genug Leute, die ihnen diesen Mist abkaufen«, entgegnete Ibrahim ein wenig zu heftig. »Ich will nur darauf hinaus, dass manche Scheichs selbst zu Perversen geworden sind, so besessen sind sie von der Sittsamkeit. In den harmlosesten Dingen sehen sie etwas sexuell Zweideutiges.«

Daher schwieg nachdenklich.

»Vielleicht haben wir es hier mit einem viel schwerwiegenderen

Problem zu tun«, sprach Ibrahim weiter. »Unser Mörder ist ein extremer Mensch. Doch während wir darüber nachgrübeln, wer er sein könnte, stellen wir fest, dass wir ihn in anderen Menschen wiedererkennen. In Unschuldigen. Er verwandelt uns in Perverse.«

»Ja. Genauso sehe ich es auch.«

In diesem Moment kehrte der Diener mit zwei Gläsern Wasser zurück.

Charlie leistete ihr den restlichen Nachmittag lang Gesellschaft. Wie immer hatte Katya sich etwas zum Mittagessen mitgebracht, das sie heute mit Charlie teilte. Ein Sandwich mit Sesampaste, ein paar Brezeln, Käsestangen, Karotten und eine Cola light aus dem Kühlschrank im Labor. Da sie nicht wussten, wie sie den Apfel gerecht aufteilen sollten, lag er noch vor ihnen auf dem Tisch.

Sie waren noch nicht mit den Akten in den Kartons auf dem Boden fertig. Bis jetzt hatten sie nur in sechs davon Tatortfotos entdeckt, die Ganzkörperaufnahmen der Opfer waren. Und keine der sechs Leichen sah arrangiert aus.

»Da ist etwas«, meinte Charlie. »Vielleicht.«

Sie schob ein Foto von einer abgehackten Hand zu Katya hinüber. Als Katya den Bericht las, stellte sie fest, dass es sich nicht um einen Mordfall handelte. Vor einundzwanzig Jahren hatte ein Obdachloser eine abgetrennte Hand in einem Abwassergraben unweit der Hochstraße in Kandara gefunden. Er hatte die Polizei verständigt, die ermittelt hatte. Die rechtsmedizinische Untersuchung hatte ergeben, dass das Opfer beim Abhacken der Hand gelebt hatte. Allerdings wusste man nicht, ob die Hand legal abgetrennt worden war.

Wenn jemand wegen Diebstahls bestraft wurde, schnitt der städtische Henker dem Verurteilten die Hand ab, und zwar mit einem kleineren Schwert als dem, das er zum Köpfen benutzte. Anschließend wurde die Hand unter Aufsicht der Polizei von Dschidda ordnungsgemäß beigesetzt. Täter und Täterinnen, die nicht so streng bestraft werden sollten, erhielten die Erlaubnis, sich die Hand unter Betäubung von einem Arzt amputieren zu lassen. Laut Bericht war es möglich, dass ein

Arzt die Hand nicht vorschriftsgemäß entsorgt hatte, weshalb sie im Abwassersystem der Stadt gelandet war. Der Fall selbst – jemand hatte ihm den lächerlichen Namen *Salem-i-dek* oder »Gott, segne deine Hand« gegeben, was normalerweise ein Lob an eine gute Köchin war – schien zu denen zu gehören, die in keine Kategorie passen wollten. Es war kein Mord, aber er war ungelöst.

Der damalige Leiter der Ermittlungen, Lieutenant Yasser Mu'tazz, war so gründlich gewesen, den Verlauf sämtlicher Wasserrohre zu untersuchen und alle Ärzte zu befragen, deren Praxen an dieses Rohrsystem angeschlossen waren. In keiner der Praxen hatte er etwas Ungewöhnliches feststellen können, und es hatte auch keiner der Ärzte jemals eine Hand amputiert. Außerdem hatte er mit den Kollegen gesprochen, die für die Bestattung abgetrennter Hände zuständig waren, und beurteilte ihre Arbeitsabläufe als vorbildlich. Die Fingerabdrücke der Hand ergaben keinen Treffer in der landesweiten Datenbank. Seitdem ruhte der Fall.

Es war seltsam, dass Mu'tazz wegen einer Hand ein solches Aufhebens veranstaltet hatte. Sie war in einem Abwassergraben gefunden worden, der nur gebraucht wurde, wenn es in Dschidda regnete, was ein- oder zweimal im Jahr geschah. Katya erkannte an dem Foto, dass es bereits seit einer Weile nicht geregnet hatte. Der Graben war knochentrocken und mit einer dicken Sandschicht gefüllt.

»Wie seltsam«, meinte sie. »Der Fall ist über zwanzig Jahre alt. Was macht er zwischen den Fällen aus jüngster Zeit?«

Als Katya den Kopf hob, war Charlies Miene ernst. »Ich habe noch etwas entdeckt«, verkündete sie. Sie hatte alle Fotos aus der Akte in der Hand und reichte Katya das nächste. Es zeigte dieselbe Hand aus einem anderen Winkel. Offenbar war der Fotograf in den Graben hinabgestiegen, um es zu schießen. Der Graben selbst war etwa einen Meter breit. Es sah aus, als kröche die Hand auf die Kamera zu.

»Schau dir die Wand hinter der Hand an«, sagte Charlie. »Oder besser, die Seite des Grabens.«

Eine von der Sonne geschwärzte Blutschliere war zu sehen.

»Erinnert dich das nicht an einen Buchstaben?«, fragte sie.

»Doch«, antwortete sie. Es war eindeutig kein Spritzer. Dazu waren die Ränder der Schliere zu glatt, so als sei sie hingemalt worden. »Aber was für ein Buchstabe es ist, kann ich nicht feststellen. Es könnte ein halbes F oder ein Q sein.« Der Winkel der Kamera war nicht weit genug, um die gesamte Schliere einzufangen. Katya drehte das Foto um. Unten in der Ecke prangte ein verblasster Stempel in einer elegant geschwungenen Schrift. Ein Name und eine Adresse. *Hussain Sa'ud*.

Sie betrachteten die restlichen Fotos, doch auf keinem davon war das Blut zu sehen. Es hätte also auch eine Schliere einer anderen Substanz sein können. Katya las die Akte noch einmal. Mu'tazz erwähnte das Blut am Fundort nicht. Hatte man eine Probe davon genommen? Getestet, ob die Blutgruppe mit der der Hand übereinstimmte? In Katya kämpften Enttäuschung und Misstrauen gegeneinander. Ihr erschien es seltsam, dass Mu'tazz angenommen hatte, die Hand könne einfach so im Graben gelandet sein, obwohl es seit einer Weile nicht geregnet hatte. Und noch eigenartiger war, dass es womöglich Blutspuren am Fundort gegeben hatte. Sie stellte fest, dass Charlie sie beobachtete, und erklärte ihr so gut wie möglich, was sie von dem Fall und von Mu'tazz' Vorgehensweise hielt.

»Vielleicht war er ja noch grün hinter den Ohren«, mutmaßte Charlie.

»Was?«

»Ein Anfänger.«

»Ach, kann sein«, erwiderte Katya. »Allerdings war er bereits Lieutenant. Ich frage mich, warum er die Sache jetzt nicht erwähnt hat.«

»Der Fall ist über zwanzig Jahre alt«, entgegnete Charlie. Als sie Katyas Gesichtsausdruck bemerkte, fügte sie hinzu: »Aber ich weiß, was du gleich sagen wirst: Eine abgehackte Hand findet man nicht alle Tage.«

Imam Abdullah Arsheedy sah aus, wie ein ganz normaler Imam eben aussah. Er hatte ein unscheinbares Gesicht, eingerahmt von genau dem Volumen an Bart, Haar und Turban, auf das man sich in Geistlichenkreisen offenbar heimlich als Seriositätsstandard geeinigt hatte. Nur seine Augen sorgten dafür, dass sein Gesicht sich von der Masse abhob. Sie waren ein wenig zu klein, lagen tief in den Höhlen und waren beinahe hässlich, funkelten aber vor Wissbegier.

Die Männer saßen in seinem Büro, einem dunklen, kühlen Raum, in dem sich die religiösen Werke stapelten. Der Geruch von Staub und Räucherstäbchen lag schwer in der Luft. Beim Tee wurde höflich über Belanglosigkeiten geplaudert, bis man gemächlich auf den eigentlichen Grund des Besuches zu sprechen kam. Erst als das Wort Exorzismus fiel, legte der Scheich ein Verhalten an den Tag, das Ibrahim ein wenig an seiner geistigen Gesundheit zweifeln ließ.

»Magie ist Wirklichkeit«, stellte Arsheedy ruhig fest. »Der Prophet selbst – Friede sei mit ihm – sagte, ›das Böse ist wirklich vorhanden‹. Damit spielte er auf den bösen Blick an. Im Koran wird die Existenz der Magie anerkannt und auch, dass sie ihre eigene Macht hat, die real ist. Was der Koran nicht duldet, ist der *Einsatz* von Magie. Das ist verboten.«

»Und wie unterscheidet sich das, was Sie hier tun, von Magie?«, erkundigte sich Ibrahim. Er kannte die übliche Antwort auf diese Frage zwar, war aber neugierig, was Arsheedy darauf erwidern würde.

»Mit den von Koran und Sunnah erlaubten Methoden ist es möglich, die Magie von einem Menschen zu nehmen, nachdem diese bereits eingetreten ist.«

Offenbar merkte der Scheich Ibrahim seine Zweifel an, denn er wandte sich nur an ihn und ignorierte Daher vollkommen. Dabei schlug er den Tonfall an, den ein Vater benutzt, wenn er einem Kind Vernunft beibringen will.

»Man darf nicht vergessen«, erklärte Arsheedy, »dass Magie einen Menschen nur nach dem Willen Allahs befällt. Es ist falsch zu glauben, dass einem etwas zustoßen kann und dass es eine Macht gibt, die größer als Allah ist und auf die er keinen Einfluss hat. Deshalb ergibt es Sinn, dass Allah die einzige Rettung ist, wenn man von böser Magie befallen wird. Was ich hier tue, ist allein für sich betrachtet nichts wert. Alle Macht kommt von Allah.«

Ibrahim musste zugeben, dass der Scheich gut argumentieren konnte – bis auf die Kleinigkeit, dass er jeglichen Zweifel an der Existenz der Magie einfach unter den Tisch fallen ließ. Allerdings war es nicht sehr ratsam, mit einem Scheich über die Auslegung des Koran zu debattieren, insbesondere dann nicht, wenn man ihm Informationen entlocken wollte.

»Wie interessant«, sagte Ibrahim deshalb. »Also kommen sicher viele Leute zu Ihnen, die von verschiedenen Formen der Magie betroffen sind. Auf Außenstehende wirken sie vielleicht, als litten sie beispielsweise an Schizophrenie oder einer anderen Psychose. Haben Sie so jemanden schon einmal an ein Krankenhaus verwiesen?«

»Ja, gelegentlich«, erwiderte er. »Obwohl die meisten Hilfesuchenden sich an mich wenden, nachdem die Medizin sie im Stich gelassen hat. Sie haben es bereits mit westlichen Medikamenten und Therapien versucht, die alle nichts genutzt haben. Deshalb bitten sie stattdessen um Allahs unmittelbare Hilfe. Eine der Voraussetzungen für *ar-ruqyah ash-shar'eeya* ist, dass der Hilfesuchende ein Gläubiger ist und dass er oder sie, so wie ich, daran glaubt, dass alles, worum man bittet, von Allah selbst kommt.«

»Das klingt logisch«, entgegnete Ibrahim. »Würden Sie also sagen, dass alle Ihre Hilfesuchenden besonders fromm sind?«

»Da gibt es verschiedene Abstufungen.« Arsheedys Antworten schienen stets offen und ehrlich auszufallen, ganz gleich, worum es ging. »Meiner Ansicht nach machen geistige Störungen die Menschen empfänglicher für den Glauben. Man könnte es so erklären, dass sie bedürftiger sind, weshalb der Glaube besonders wichtig für sie wird. Er ist ein Weg, ihre Leiden zu heilen.«

»Und wenn ein Hilfesuchender, sagen wir mal, nicht von einem Dschinn besessen ist?«, hakte Ibrahim nach. »Wenn er an Schizophrenie leidet?«

»Alles Leid ist eine Form des Bösen«, antwortete der Scheich ruhig. »Und Allah ist da, um alles Leid zu heilen. Vielleicht hilft die Behandlung am besten in Kombination mit einer medizinischen Therapie, doch es gibt bestimmte Fälle, in denen die Ärzte hilflos sind und allein der Exorzismus die Macht hat, den Geist von seiner Pein zu erlösen.« Er stellte die Tasse zurück aufs Tablett, verschränkte die Hände auf dem

Schoß und musterte seine Besucher. »Gehe ich richtig in der Annahme, dass Sie in einer polizeilichen Angelegenheit hier sind?«

»Ja, das ist richtig«, erwiderte Ibrahim mit einem Blick auf Daher, der dasaß wie der Inbegriff des lerneifrigen Schuljungen. »Wir versuchen, uns ein Bild von der Krankheit eines Verbrechers zu machen, mit dem wir derzeit zu tun haben. Er ermordet Frauen, und zwar auf eine Weise, die religiöse Anspielungen enthält.«

Der Scheich nickte ernst. »Ich fürchte, was Krankheiten an sich betrifft, kann ich Ihnen nicht helfen. Doch ich kann Ihnen bestätigen, dass ein Mann, der wahrlich vom Bösen besessen ist – entweder von einem Dschinn oder vom bösen Blick –, zu den grausigsten Taten in der Lage ist, die Sie sich vorstellen können.«

»Ja, das glaube ich Ihnen gern«, erwiderte Ibrahim. »Vermutlich auch zu solchen, die den Namen der Religion besudeln?«

»Vor allem zu solchen«, bestätigte Arsheedy. »Manchmal habe ich den Verdacht, dass das Böse sich nur auf diese Weise ausdrücken kann, nämlich, indem es die Religion pervertiert. Es wundert mich nicht, dass sich Ihr Mörder bei seinen abartigen Taten auf den Islam beruft. Das Böse will das zerstören, was am allerheiligsten ist – und es scheitert immer.«

Der unerschütterliche Glaube dieses Mannes hatte etwas Kaltes an sich. »Diese Frage mag Ihnen jetzt sehr seltsam erscheinen«, sagte Ibrahim. »Aber hatten Sie vielleicht einen Hilfesuchenden – entweder vor Kurzem oder in der Vergangenheit –, der eine Hand verloren hatte? Oder der unter dem Einfluss eines solchen Menschen stand?«

Arsheedy überlegte und schüttelte dann langsam den Kopf. »Ich habe Hilfesuchende, die eine Hand verloren haben, doch sie wenden sich nicht wegen Exorzismus an mich.«

»Ich hätte gerne eine Liste dieser Hilfesuchenden, wenn es Ihnen nichts ausmacht.«

Der Scheich verzog unwillig das Gesicht. »Ich fürchte, ich kann Ihnen nicht einfach die Namen geben«, erwiderte er. »Sicher verstehen Sie das.«

»Und ich fürchte, dass ich nicht einfach wegschauen kann, wenn ein Mann in einer islamischen Gesellschaft Magie praktiziert«, entgegnete Ibrahim lässig. Der Scheich machte den Mund auf, zweifellos, um sich zu rechtfertigen, änderte dann aber seine Meinung. Er griff in die Schreibtischschublade und holte Papier und Stift heraus.

»Haben Sie denn nie Angst?«, ergriff Daher das Wort, und obwohl er bis jetzt geschwiegen hatte, schien seine Frage den Gastgeber nicht zu überraschen.

»Doch«, sagte er mit einem Blick auf Ibrahim. »Es ist schwierig, sich nicht zu fürchten, wenn man dem Bösen gegenübersteht.«

»Also betrachten Sie das Böse als etwas, das mit dem Menschen selbst nichts zu tun hat«, fuhr Daher fort. »Es muss schwierig sein, diese Unterscheidung zu treffen, wenn jemand in Ihrem Büro die Nerven verliert und gewalttätig wird.«

»Interessanterweise«, gab der Scheich zu, »sind es nicht die Gewalttätigen, die mir Angst machen. Körperliche Gewalt hat normalerweise etwas Reinigendes. Sie ist der Versuch des Körpers, sich vom Bösen zu befreien. Die, die mich wirklich ängstigen, sind die Stillen und Ruhigen, in deren Augen ich unbändigen Hass erkenne. Man spürt das, auch wenn sie gar nichts tun. Man erkennt es in dem Moment, wenn sie den Raum betreten. Vor diesen Leuten fürchte ich mich. Es ist fast so, als hätten sie zwar versucht, das Böse in sich zu unterdrücken, sich dabei aber mit ihm verbündet.«

Daher lehnte sich mit betretener Miene zurück. Ibrahim ahnte, dass der Scheich ihnen noch etwas mitzuteilen hatte.

»Da war ein Mann, der mich noch mehr geängstigt hat als alle anderen«, sagte Arsheedy und legte den Stift weg. »Er kam nach einer ärztlichen Behandlung wegen Angststörungen und Depressionen zu mir. Seine Familie hatte immer so getan, als sei mit ihm alles in Ordnung. Doch inzwischen waren seine Eltern tot, und er hatte nie geheiratet. Seine Geschwister lebten in Nadschran, aber er hatte eine Stelle in Dschidda gefunden. Ich glaube, er hat sich sehr einsam gefühlt. Er arbeitete als Sanitäter beim Roten Halbmond und erzählte mir, er sei einmal mit einem Menschen im Krankenwagen gefahren, der von einem Dschinn besessen gewesen sei. Seiner Ansicht nach hätten seine Probleme an diesem Tag angefangen. Der Dschinn sei irgendwie von seinem ersten Opfer auf ihn übergegangen. Also wollte er, dass ich den Dschinn austrieb. Ich hatte zwar nicht den Eindruck, dass ein Dschinn im Spiel war, habe seinem Wort aber vertraut und eine Sitzung mit ihm abgehalten. Sie lief eigenartig ruhig ab. Und dennoch hatte ich die ganze Zeit über ein sehr unangenehmes Gefühl, was diesen Mann anging. Ich war sicher, dass alles, was er mir gesagt hat, eine Lüge war. Warum, kann ich auch nicht erklären, ich habe es einfach gespürt. Monatelang habe ich deshalb gebetet und um Vergebung, Klarheit und Gnade gefleht, und doch litt ich noch viele Wochen danach an Albträumen. Einige Wochen später kehrte der Mann zurück und versicherte mir, ich hätte den Geist erfolgreich ausgetrieben, aber ich habe ihm nicht geglaubt. Die Sache belastet mich bis heute, weil ich sie einfach nicht verstehe.«

»Wie hieß der Mann?«, fragte Ibrahim.

»Scheich Rami Hajar.«

Der Beamte im Archiv sah aus wie fünfzehn. Er begrüßte Katya mit einem verlegenen Nicken und kontrollierte zweimal den Ausweis, den sie um den Hals hängen hatte. Das Foto auf dem Ausweis zeigte dasselbe schwarze Kopftuch und dasselbe Gesicht, das er nun vor sich hatte, was seinen Zweifeln jedoch keinen Abbruch tat.

»Kann ich Ihnen helfen?«, fragte er.

»Ja, ich würde gerne mit dem Leiter des Archivs sprechen«, erwiderte sie. »Meiner Ansicht nach sind die Akten, die man mir gebracht hat, unvollständig.«

Der Junge schluckte, stand auf und verließ den kleinen Raum. Katya stand am Fenster und schaute in das Wartezimmer hinaus, das sich vor allem durch seine Kargheit auszeichnete. Keine Tische oder Regale. Zwei Stühle in einer Ecke. Die Unterlagen wurden hinter einer verschlossenen Tür links von ihr aufbewahrt.

Endlich erschien der Archivleiter.

»Was kann ich für Sie tun?«, fragte er.

Sie reichte ihm zwei der Akten über aufgeklärte Fälle, die sie von

Ibrahim erhalten hatte. »Diese Akten wurden im Zusammenhang mit dem Engel-Fall angefordert, und zwar mit der ausdrücklichen Absicht, die Ganzkörperaufnahmen der Opfer mit dem aktuellen Fall zu vergleichen. Leider enthalten die Akten keine Ganzkörperaufnahmen. Könnte es sich vielleicht um Kopien handeln?«

Stirnrunzelnd blätterte der Archivleiter die Akten durch. »Nein, das sind Originale.«

»Aber im Jahr 1989 hätte der Polizeifotograf doch Ganzkörperaufnahmen von den Opfern gemacht, oder?«, hakte sie nach.

»Ja, hätte er. Und Sie haben recht, die Fotos fehlen.« Er klappte die Akten zu und gab sie ihr zurück. Seine Miene wurde abweisend. »Sie müssen eine Aktenrevision beantragen.«

»Eine Aktenrevision?«

»Ja. Das heißt, Ihr Vorgesetzter muss einer Aktenrevision zustimmen, sie beantragen und die Formulare zu uns ins Büro schicken. Sobald wir sie haben, befassen wir uns mit der Angelegenheit.«

»Wie lange wird das dauern?«

»Wir kümmern uns darum, so rasch wir können.«

»Und wann wäre das?«

»Ich fürchte, das kann ich Ihnen nicht sagen.«

»Ihnen ist doch klar, dass es dringend ist«, beharrte sie in bemüht sanftem Ton.

»Ich verstehe«, entgegnete er. »Je früher Sie mir die Formulare bringen, desto schneller geht es.«

Wütend machte sie auf dem Absatz kehrt und marschierte hinaus.

Ibrahim traf Mu'tazz in seinem Büro an. Es war später Nachmittag, und draußen schien die Sonne. Doch da das Büro keine Fenster hatte, brannte auf dem Schreibtisch eine Lampe. Mu'tazz war so in seine Lektüre vertieft, dass er Ibrahim zunächst gar nicht bemerkte. Als er es schließlich tat, klappte er die Akte zu.

»*Masa' al-khayr*«, sagte Ibrahim. Mu'tazz antwortete nicht. Ibrahim legte eine Akte auf den Schreibtisch und erzählte ihm von dem Fall mit der abgetrennten Hand, auf den Katya vorhin gestoßen war.

Mu'tazz schlug die Akte auf, überflog sie rasch und schloss sie wieder. »Wir hatten schon öfter Fälle mit Körperteilen«, erwiderte er. »Wo ist das Problem?«

»Wie viele waren es insgesamt?«

»Ich habe nicht mitgezählt.«

»Aber es gab noch andere?«

»Ja. Einmal ein Bein. Und einen Arm.«

»Ich habe noch nie von ihnen gehört«, meinte Ibrahim.

»Weil Sie nicht hier gearbeitet haben.«

»Sie könnten wichtig für unsere Ermittlungen gegen den Serienmörder sein«, entgegnete Ibrahim. »Also sage ich Ihnen jetzt was. Sie suchen die Akten zu diesen Fällen heraus und legen Sie mir bis morgen früh auf meinen Schreibtisch. Dann werde ich auch nicht melden, dass Sie meine Ermittlungen behindern.«

Mu'tazz stierte ihn fassungslos an.

Ibrahim wandte sich zum Gehen, drehte sich an der Tür aber noch einmal um: »Übrigens habe ich Aktenrevision für sämtliche Fallakten aus den Jahren 1988 und 1989 genehmigt. Offenbar enthält keine von ihnen Ganzkörperaufnahmen der Opfer. Es macht ganz den Eindruck, als seien diese Fotos aus den Akten entfernt worden.«

»Tja, das passiert eben manchmal«, sagte Mu'tazz. »So etwas nennt man Anstand.«

»Das Vernichten von Beweismitteln ist in etwa das Unanständigste, was man in einem Archiv tun kann.«

»Nicht, wenn der Fall aufgeklärt ist«, entgegnete Mu'tazz.

Ibrahim ging, bevor er die Beherrschung verlor. Er kehrte in sein Büro zurück, schenkte sich aus dem Elektrokessel eine Tasse Tee ein und versuchte, nicht mehr an Mu'tazz zu denken. Aber es war zu spät. Er war Mu'tazz in die Falle getappt. Der Mann war voller Hass und unfähig, und er benutzte die Religion, um sich bei seinen Vorgesetzten einzuschmeicheln, auch wenn diese Vorgesetzten seine Heuchelei durchschauten. Ibrahim hatte Gerüchte aufgeschnappt, Mu'tazz werde von seinen Kollegen nicht anerkannt, da er als Sonderling galt. Das genügte. Der Mensch brauchte immer jemanden, der schwächer war als er, um sich selbst stärker zu fühlen. Der Mann hatte tatsächlich etwas Klägliches an sich – und wie alle, die wehrlos wirkten, konnte er gefährlich werden. Wann erreichte ein Mann den Punkt, an dem er seine Träume dazuzugehören über Bord warf und gegen jene intrigierte, die ihn zurückgewiesen hatten?

Ibrahim schlug die Akte auf seinem Schreibtisch auf. Er hatte Chief Riyadhs Sekretär bestochen, um sie zu bekommen. Es war die Personalakte von Lieutenant Colonel Yasser Mu'tazz.

Es wunderte ihn nicht, dass Mu'tazz sich nicht durch außerordentliche Leistungen hervorgetan hatte. Er war nur dann gründlich und beharrlich, wenn man es ausdrücklich von ihm verlangte. Außerdem schloss Ibrahim aus seinen Berichten, dass er nicht dazu neigte, seinen Instinkten zu vertrauen – wenn er überhaupt welche hatte. Denn sie lasen sich nicht sonderlich ambitioniert.

Deshalb erstaunte es ihn nicht weiter, dass Mu'tazz von allen Kollegen auf dem Revier am wenigsten Ansehen genoss. Die Beurteilungen, die seine Vorgesetzten im Laufe der Jahre über ihn verfasst hatten, wiesen diskret darauf hin, dass er sich nie viel Mühe gegeben hatte, sich einzuordnen, und dass die anderen Männer keinen rechten Zugang zu ihm fanden. Aus diesem Grund war er bereits viermal bei der Beförderung übergangen worden. Allerdings hatte das keinen festzustellenden Einfluss auf Mu'tazz' Leistungen gehabt. Er arbeitete weiter still und halbherzig vor sich hin und hing dabei vermutlich noch immer der vergeblichen Hoffnung an, dass er eines Tages schon bekommen würde, was ihm zustand.

Nichts in der Akte wies darauf hin, dass der Mann übertrieben fromm war oder zu der Sorte von Leuten gehörte, die es wagen würden, ins Archiv einzubrechen und systematisch alle Akten von gelösten Mordfällen zu zensieren, die Fotos von nackten Frauen enthielten. Ibrahim hatte gehofft, zwischen den Zeilen etwas über den Menschen Mu'tazz zu erfahren. Zumindest so viel, um beurteilen zu können, ob Mu'tazz verschlagen und fanatisch genug war, um etwas Derartiges zu tun. Stattdessen stach ihm in der Akte nur ins Auge, was für eine wunderschöne Handschrift Mu'tazz hatte. Er schämte sich fast, wenn er sie mit seinem eigenen Gekrakel verglich. Wie konnte man einen Mann hassen, dessen Hand so gleichmäßige, elegante und symmetrische Buchstaben zu Papier brachte? Die Schrift war ein Hinweis darauf, dass sich in Mu'tazz eine Feinfühligkeit verbarg, von der er nichts geahnt hatte, ein Streben nach dem Schönen, versteckt hinter der Trägheit, mit der er sich die Karriere verbaute.

27

Nach einem kurzen Zwischenstopp im Chamelle Center, wo Katya Sabrias Freundin zum zweiten Mal verpasst hatte, saßen sie wieder im Auto und rasten auf der Überholspur die Schnellstraße entlang. Nayir achtete sorgfältig auf Hindernisse wie Fahrer, die die Spur wechselten, ohne zu blinken, und gelangweilte junge Männer, die alle möglichen Kunststücke vollführten, zum Beispiel, indem sie sich an die Autotüren klammerten und ihre Füße über den Asphalt schleifen ließen. Am schlimmsten fand Katya die jungen Männer, die so dicht vorbeifuhren, dass sie einem den Seitenspiegel abbrachen, wenn man nicht auf der Hut war. Natürlich taten sie das nur, wenn eine Frau im Auto saß, das Fenster offen stand und sie sich Chancen ausrechneten, ihr ein beschwertes Stück Papier, beschriftet mit dem, was das Schicksal eines Mannes am meisten beeinflusste, auf den Schoß zu werfen: einer Mobilfunknummer, unter der die Frau ihn erreichen konnte, falls sie ihn bei hundertzwanzig Sachen und von der Taille aufwärts attraktiv fand. Katya war schon öfter von solchen Wurfgeschossen getroffen worden. Wenn Nayir dabei war, hielt sie die Fenster deshalb geschlossen.

Obwohl Nayir, vermutlich um den stolzen Beduinen zu mimen, eigentlich kein Freund von Klimaanlagen war, war er so nett, sie einzuschalten, wenn sie in seinem Auto saß, und dann natürlich auf Kühlschranktemperatur. Die letzten beiden Male, die sie bei ihm mitgefahren war, hatte sie ihn stets bitten müssen, sie herunterzuschalten. Sie befürchtete nämlich, dass sich ihre Brustwarzen durch den dünnen Stoff ihres Hemds und ihres Umhangs abzeichnen könnten – wie peinlich, falls er das bemerken sollte. Nayir hatte zwar Übung im Wegschauen, doch das Auge sah eben, was es sah.

Das Alleinsein mit ihm wollte einfach nicht entspannter werden.

Eigentlich hätten sie angeregt Hochzeitspläne schmieden sollen, doch die Details standen ja schon fest. Nun herrschte im Auto ein beklommenes Schweigen, begleitet von verlegenen Blicken. Katyas Verstand arbeitete auf Hochtouren. Inzwischen verbrachte sie sogar an den Wochenenden zehn bis zwölf Stunden täglich im Büro und hatte kaum genug Zeit, das Einkaufen, Kochen und Waschen zu erledigen, das ihr Vater standhaft verweigerte, weil er sich dadurch in seiner männlichen Ehre gekränkt sah. Dementsprechend sah es zu Hause aus. Ayman spülte zwar einmal im Monat das Geschirr, wenn man ihn genug unter Druck setzte, doch meistens ging er Katyas Vater geschickt aus dem Weg, und der war der Einzige, der es schaffte, ihn zur Arbeit anzuhalten.

Ihre Freizeit verbrachte sie hauptsächlich damit, Sabria zu suchen, die Beweisstücke aus ihrer Wohnung zu analysieren und alle Spuren zu vernichten, die den Verdacht auf Ibrahim hätten lenken können. Außerdem bemühte sie sich noch immer, Sabrias Freundin im Chamelle Center abzufangen. Und obwohl sie sich zu ihrer Erleichterung in ihrem Verschlag im Konferenzraum mit dem Engel-Fall befassen konnte, war sie deshalb nicht von ihren Pflichten im Labor befreit worden. Es war noch immer ihre Aufgabe, vier Laborantinnen anzuleiten, die, wenn man es großzügig ausdrückte, an der Mischung aus Unfähigkeit und Lustlosigkeit litten, die nun einmal mit einer Stelle ohne Aufstiegsmöglichkeiten einhergingen.

Und während das Getöse in ihrem Kopf auf ein Crescendo zusteuerte, hörte Katya aus der Ferne eine einsame und klagende Melodie des Zweifels. Sie eignete sich einfach nicht zur Ehefrau und Mutter. Sie und Nayir hatten bereits entschieden, bei ihrem Vater zu leben, bis sie eine passende Wohnung gefunden hatten, denn das Boot war für sie beide zu klein. Also bedeutete eine Ehe für sie nur eine zusätzliche Person im Haus, die noch mehr von ihrem übervollen Tag in Anspruch nehmen würde. Selbst wenn es im Büro wieder ruhiger wurde, würde sie Tag für Tag neun Stunden arbeiten müssen. Wahrscheinlich würde sie nachts weniger Schlaf bekommen. Und womöglich würde sie auch noch schwanger werden. Sosehr sie sich auch einzureden versuchte, dass es nicht das Ende ihrer Karriere bedeuten würde, machte es ihr manchmal große Angst.

In den verschiedenen Brautmodengeschäften war sie anderen jungen Bräuten begegnet, hübschen, reizenden, engelsgleichen Geschöpfen, die durch die knisternde Mischung aus Furcht und Aufregung, die sich in ihren Gesichtern malte, noch schöner wurden. Sie strahlten das Versprechen aus, dass sie alles für ihre Männer tun würden. Sie waren nicht berufstätig. Sie hatten kaum die Schule abgeschlossen. Sie waren Kinder, bereit, sich in ein Leben zu stürzen, in dem die Bedürfnisse ihres Ehemannes an erster Stelle standen und sonst nichts eine Rolle spielte. Verglichen mit ihnen fühlte Katya sich wie eine der Ausnahmefrauen, über die sie hin und wieder in der Zeitung las. Die Artikel sangen ein Loblied auf das Unabhängigkeitsstreben der saudischen Frau, indem sie eine erfolgreiche Geschäftsfrau oder Wohltäterin porträtierten. *Schaut euch diese seltenen Exemplare an, die es schaffen, Ehemann, sechs Kinder und einen Beruf unter einen Hut zu bringen.* Oft hatte Katya gedacht, dass diese Außenseiterrolle sie für einen liberalen Mann attraktiv machen würde – denn solche gab es offenbar auch –, doch sie passte einfach nicht zu einem traditionell eingestellten Mann wie Nayir. Es war nur eine Frage der Zeit, bis er das auch bemerkte.

Erst am Vorabend hatte sie sich eingestanden, dass es vielleicht ein Fehler gewesen war, den Heiratsantrag anzunehmen. Es war eine niederschmetternde Erkenntnis. Doch zumindest hatte sie jetzt noch Gelegenheit, die Notbremse zu ziehen, bevor es zu spät war. Und dennoch war Nayir zu enttäuschen eines der schlimmsten Dinge, die sie sich vorstellen konnte. Nun musste sie nur noch entscheiden, welche Enttäuschung ihm weniger wehtun würde. Letzte Nacht hatte sie neben dem Telefon gesessen und die verschiedenen Möglichkeiten gegeneinander abgewogen. Sofort Schluss machen, ein Ende mit Schrecken. Nicht Schluss machen und ihn in den nächsten Jahren langsam auslaugen. Und sie selbst würde in der Falle sitzen, überarbeitet und zusehend, wie ihre Träume durch die Risse eines zerborstenen Lebens sickerten.

Stattdessen hatte sie ihn angerufen und ihn gebeten, sie mit dem Auto mitzunehmen.

Nun standen sie vor dem Haus von Hussain Sa'ud, dem Mann, dessen Name auf die Rückseite des Fotos von der abgetrennten Hand gestempelt war. Sie stiegen aus und betrachteten das geschmacklose Haus. Es war einem bayerischen Schloss nachempfunden und mit zurückversetzten Fenstern und Backsteintürmchen verziert. Die Eingangstür erinnerte eher an eine Zugbrücke. Allerdings war das Haus zu klein, um die Pracht eines Schlosses zu vermitteln. Das ganze Gebäude war grellweiß gestrichen und mit hellblauen Dachpfannen gedeckt. Katya musste an das berüchtigte kitschige Disneylandhaus in der Iskandareya Street denken.

Nayir klopfte, und kurz darauf öffnete ein kleines Mädchen, nicht älter als sechs Jahre, die Tür. Katya stellte sich vor und fragte, ob Hussain zu sprechen sei, worauf das Mädchen ins dunkle Haus lief und nach seinem Großvater rief. Zwei Jungen steckten die Köpfe aus einem Zimmer, in dem ein Fernseher flackerte. Ein Videospiel plärrte. Eine Frau huschte über den Flur und hielt den Schleier auf ihrem Kopf fest. Sie warteten, während kühle Luft aus der offenen Tür wehte.

Es schien eine Ewigkeit zu dauern, bis Hussain an der Tür erschien. Er war ein hochgewachsener alter Mann, aber energisch, und mit einem mageren, doch noch immer attraktiven Gesicht. Er wies jemanden an, im Garten Tee nachzuschenken, und wandte sich dann wieder Nayir und Katya zu. Als er ins Licht trat, stellte Katya fest, dass er grüne Augen hatte.

»Kann ich Ihnen helfen?«, fragte er.

Katya kam Nayir zuvor, indem sie sich vorstellte. »Ich würde gern mit Ihnen über ein Foto sprechen.«

»Ein Foto?«, erwiderte er.

Katya kramte es aus ihrer Umhängetasche und zeigte es ihm. Er nahm es und betrachtete es lächelnd. »Ach, ja, das ist einer meiner ungelösten Fälle.« Er drehte das Foto um und entdeckte seinen Stempel in der Ecke. Wieder lächelte er wehmütig. »Ich habe alles abgestempelt«, erklärte er. »Das war, bevor die Leute Angst haben mussten, dass ihre Adresse bekannt wird. Damals, als die Stadt noch sicher war.«

»Sie sagen, es sei einer Ihrer Fälle gewesen«, meinte Katya. »Sind Sie Ermittler?«

Er wirkte leicht erstaunt. »Ja, ich war Ermittler. Das war mein Fall. Woher haben Sie das?«

»Vom Chief Inspector im Zentralrevier. In der Akte hieß es, Detective Yasser Mu'tazz habe die Ermittlungen geleitet.«

»Ach, Mu'tazz war nur ein kleines Licht«, antwortete Sa'ud lächelnd. »Kommen Sie doch herein und trinken Sie einen Tee.«

Der pensionierte Colonel Sa'ud führte sie durch einige zunehmend unordentliche Zimmer in den Garten hinter dem Haus. Eine Pergola aus Weinblättern spendete Schatten, und auf der betonierten Terrasse waren kunstvoll bestickte Sitzkissen und kleine Sofas angeordnet wie in einem Wohnzimmer. Die Luft war kühl. Drei große Rohre führten vom Haus aus über die Pergola und pusteten kalte Luft hinunter. Eine Freiluft-Klimaanlage. Der üppige Geruch einer Shisha umwehte sie. Nachdem Hussain sie aufgefordert hatte, Platz zu nehmen, ließ er sich langsam auf einigen Kissen nieder, die aussahen, als hätten sie sich dauerhaft seiner liebsten Körperhaltung angepasst: auf der linken Seite liegend, das Teeservice in Reichweite und ein aufgeschlagenes Buch, mit dem Ledereinband nach oben, vor sich.

Katya setzte sich neben Nayir auf eines der Kissen und fragte sich, wie lange Sa'ud wohl brauchen würde, um herauszufinden, dass sie im Revier nichts zu sagen hatte und dass Nayir kein Polizist war.

Doch noch bevor der Tee serviert wurde, hatte Sa'ud schon klargestellt, dass ihm ihr Besuch willkommen war. »Offenbar wussten Sie nicht, dass ich fünfzehn Jahre lang bei der Mordkommission war«, meinte er nachdenklich. »Wenn man meiner Mutter glauben kann, bin ich inzwischen fünfundsiebzig. Damals hat man es mit Geburtsurkunden nicht so genau genommen. Eigentlich stamme ich aus Mekka. Doch mein Beruf hat mich nach Dschidda geführt, und hier hat es mir immer besser gefallen. Möge Allah mir verzeihen.«

Der Tee wurde serviert, begleitet von einem Teller mit in Blütenform angeordneten Datteln. Als Sa'ud anfing, in Erinnerungen zu schwelgen, brachten sie es nicht übers Herz, ihn zu unterbrechen. Er hatte sie auf diese seltsam stille Terrasse eingeladen, wo nichts auf die moderne Welt hinwies. Man erahnte sie nur wegen der Luftschächte über ihren Köpfen. Also war es leicht, sich ins Jahr 1934 zurückzuversetzen, als sein Vater seine erste Frau auf dem Sklavenmarkt in Mekka gekauft hatte. Man konnte sich gut vorstellen, wie eine Horde von Piraten ein kleines Dorf im östlichen Saudi-Arabien überfiel und die schönste Frau verschleppte, die sie dort finden konnte. Oubaya, Sa'uds Mutter, die erst dreizehn war, als sie ihn zur Welt brachte. Er entführte seine Gäste noch weiter in die Vergangenheit, bis zu seinen Großeltern, die aus der Türkei kamen und groß und blond gewesen waren (daher die grünen Augen). Sie hatten ein Vermögen damit gemacht, mit Karawanen Gewürze durch die Wüste zu transportieren.

Katya, die normalerweise nur wenig Geduld für die ausufernden Gespräche hatte, die offenbar jeder geschäftlichen Transaktion mit einem Menschen über sechzig vorausgingen, stellte erstaunt fest, dass diese Wunderwelt der Vergangenheit sie in ihren Bann schlug. Es war Nayir, der sie wieder in die Gegenwart zurückholte.

»Die Zeiten haben sich geändert«, sagte er mit dem ihm eigenen Anflug von Bedauern. »Doch die Gastfreundschaft der Menschen ist geblieben.«

»Sehr richtig.« Sa'ud kicherte. »Und das Gleiche gilt für ihre Grausamkeit. Was wollten Sie mich zu dem Foto fragen, meine Freunde?«

»Mich würde interessieren, ob Sie die Negative aufbewahrt haben«, erwiderte Katya. »Ich würde nämlich gern einen weiteren Winkel des Grabens sehen, wo die Hand gefunden wurde.«

»Oh«, sagte Sa'ud und stellte die Tasse weg. »Und warum das?«

»Ich glaube, dass an der Seite des Grabens etwas geschrieben stand.«

»Ja?«

»Ein einzelner Buchstabe, geschrieben mit Blut.«

Sa'ud schwieg einen Moment. Seiner Miene war nichts zu entnehmen. Kurz befürchtete Katya schon, ihn verärgert zu haben.

»Nein«, sagte er schließlich. »Das ist kein Buchstabe.« Die ungewöhnlichen grünen Augen musterten sie forschend. »Es war nur ein Farbschmierer oder etwas Ähnliches. Ich bin neugierig, warum Sie ausgerechnet diesen Fleck als Buchstaben deuten.«

»Wir haben einen anderen Fall«, erklärte sie. »In dem wir eine abgetrennte Hand entdeckt haben.«

»Und Sie arbeiten an diesem Fall?«

»Ja«, erwiderte sie. »Unter Inspector Ibrahim Zahrani.«

Sa'ud betrachtete sie eine Weile und schien dann eine Entscheidung zu treffen. »Nun, dann erzähle ich Ihnen am besten die ganze Geschichte. Die abgetrennte Hand, die Sie hier sehen, gehörte zu einem größeren Fall. Wie ich bereits sagte, war es einer meiner ungelösten Fälle. Ich bin nicht unbedingt stolz auf die vielen Fälle, die ich nicht aufklären konnte, doch nach fünfzehn Jahren in der Mordkommission ist das vermutlich zu erwarten. Diesen hier habe ich den Osiris-Fall genannt.«

»Osiris?«, wiederholte Nayir. »Wie der ägyptische Gott?«

»Genau. Sicher erinnern Sie sich, dass Osiris von Set, dem Gott der Wüste, zerhauen wurde. Er wurde in vierzehn Stücke zerteilt und über ganz Ägypten verstreut. Isis, seine ihm ergebene Geliebte, machte sich auf die Suche, fand die Einzelteile und setzte sie zusammen, um sie anständig zu beerdigen. Nur ein Teil fehlte.« Sa'ud grinste, woraus Katya schloss, dass es anzüglich gewesen wäre, besagtes Körperteil zu erwähnen.

»Der Osiris-Fall begann Ende 1988. Ich stand kurz vor der Pensionierung. Ich hatte den Großteil meiner Dienstzeit bei der Verkehrspolizei verbracht und später Innendienst gemacht. Eigentlich war ich mit meiner Laufbahn zufrieden, doch ich habe gezögert, in den Ruhestand zu gehen, weil ich nicht wusste, was ich mit so viel freier Zeit anfangen sollte. Ich hatte das Gefühl, eine Gelegenheit verpasst zu haben, mich in meinem Beruf auszuzeichnen.

Mein Vorgesetzter hat mir vorgeschlagen, ich sollte mich doch an einem Sozialprojekt für junge Männer beteiligen, die auf die schiefe Bahn geraten waren. Die Polizei hatte da ein Programm entwickelt, bei dem wir mit den Jungen zum Fischen fuhren. Es waren junge Kriminelle, die aus den verschiedensten Gründen Haftstrafen verbüßt hatten. Doch sie waren noch zu jung, um sie aufzugeben. Die Idee hinter der Aktion war, ihnen zu einer sinnvollen Beschäftigung zu verhelfen, sie aus der Stadt rauszuholen und ihnen die Natur zu zeigen. Also sind Jameel, ein Freund von mir, und ich jedes Wochenende mit ihnen zum Fischen gefahren.

Sie waren eine wilde Bande, das muss ich sagen, aber wir hatten auf dem Boot nie Probleme. Das Fischen und Segeln hat den Jungs Spaß gemacht. Manchmal sind wir auch ein wenig getaucht. Ich bin sicher, dass es ihnen gutgetan hat. So konnten sie nicht in Schwierigkeiten geraten und hatten die Chance, sich zu anständigen Männern zu entwickeln.

Jedenfalls waren wir eines Wochenendes wieder draußen auf dem Meer und haben mit Netzen gefischt. Die Netze hatten wir selbst gemacht. Wir warfen sie aus und fingen einen ganzen Schwarm Lippfische. Nachdem wir das Netz eingeholt hatten, warfen wir die Hälfte der Fische wieder über Bord, denn so viele konnten wir gar nicht essen. Wir segelten noch eine Weile und warfen wieder das Netz aus, nur dass es diesmal an etwas hängen blieb. Es war eine ordentliche Plackerei, es hochzuziehen, und als wir es geschafft hatten, hing eine große Holzkiste daran. Die Unterseite des Netzes hatte sich daran verheddert. Wir hievten die Kiste an Deck. Sie war so schwer, dass wir sogar das Netz beschädigten. Und als wir sie öffneten, machten wir eine grausige Entdeckung. Eine Leiche. Es war eine kleinere Person, dem Gewand nach zu urteilen, das sich ebenfalls in der Kiste befand, vermutlich eine Frau. Sie war zerstückelt worden.

Natürlich waren wir entsetzt. Wir fuhren sofort zurück und riefen die Polizei an. Das war noch vor der Zeit der Mobiltelefone. Wir mussten ziemlich lange warten, bis die Polizisten und Spurensicherungsexperten kamen. Also stellten wir die Kiste in den Schatten eines Lagerhauses direkt am Hafen. Es war ein großes, offenes Lagerhaus. Wir standen alle, erschöpft und unter Schock, herum. Es dauerte sicher zwei Stunden, bis die Polizei endlich erschien.

Währenddessen wurde einem der Jungen übel. Er hatte sich schon bei der Abfahrt am Morgen nicht wohlgefühlt, und nun hatte die Mischung aus Sonne, Hitze und Aufregung seinen Zustand verschlimmert. Er brach zusammen. Ich stellte fest, dass er dehydriert war. Also trugen wir ihn ins Büro des Hafenmeisters, wo man ihm Wasser gab und einen Krankenwagen rief. In dieser Zeit traf die Polizei ein, um die Kiste in Augenschein zu nehmen. Nur, dass sie bis dahin verschwunden war.«

»Hat sie jemand gestohlen?«, fragte Nayir.

»Ja, offenbar, auch wenn wir nicht feststellen konnten, wann. Wegen des Durcheinanders mit dem Jungen hatte niemand auf die Kiste geachtet. Wir nahmen an, dass sie unterdessen weggebracht worden war. Die Sache ist nur, dass es sich um eine schwere Kiste handelte. Es ist zwar möglich, allerdings nicht wahrscheinlich, dass ein Mann sie allein weggetragen hat, aber er hätte sie bis zu einem Auto oder einem Lastwagen schleppen müssen. Den restlichen Abend und den ganzen nächsten Tag haben zwanzig Mann das Lagerhaus abgesucht. Die Kiste war weg. Sie befand sich nicht mehr auf dem Gelände.

In den kommenden Tagen verhörte die Polizei alle acht Jungen, die auf dem Boot gewesen waren. Natürlich waren alle vorbestraft, doch sie hatten ein Alibi. Keiner hatte sich verdrückt. Keiner hatte Zugang zu einem Fahrzeug, um die Kiste wegzuschaffen. Wir hatten auch den Einfall, das Hafenbecken abzusuchen. Vielleicht hatte ja jemand die Kiste wieder ins Wasser geworfen. Es dauerte ein paar Tage, die nötige Ausrüstung aufzutreiben, aber die Kiste blieb verschwunden. Irgendwann ließ die Polizei die Sache auf sich beruhen.«

»Und dann haben Sie die Hand gefunden«, stellte Katya fest und zeigte auf das Foto.

»Sechs Monate später«, erwiderte Sa'ud. »Sie lag in einem Abwassergraben in Kandara. Dann tauchte nur wenig entfernt eine weitere Hand auf. Damals war Mu'tazz mit dem Fall befasst. Ja, Mu'tazz war kein Fachmann auf diesem Gebiet, aber er war jung und ehrgeizig und wollte alles richtig machen. Der beste Beweis dafür ist, dass er mich aufgespürt hat. Er hat herausgekriegt, dass ich einen ähnlichen Fall hatte, und sich mit mir in Verbindung gesetzt. Wir konnten einen Zusammenhang zwischen den Körperteilen feststellen, und ich übernahm von Mu'tazz die Leitung der Ermittlungen in Kandara. Ich habe ihm die ganze Geschichte erzählt. Offenbar hat der Mensch, der die Leichenteile gestohlen hat, diese in ganz Dschidda verteilt. Den rechten Fuß haben wir in al-Balad entdeckt, ein Stück des unteren Torsos in al-Aziziya, und so weiter und so fort. In den folgenden Wochen stießen wir auf immer weitere Teile an den verschiedensten Orten. Allerdings haben wir nicht alle ausfindig gemacht. Wir haben nur dreizehn der ursprünglich neunzehn Stücke in der Kiste aufgespürt. Damals fingen alle an, vom Osiris-Fall zu sprechen, und zwar wegen der Zahl Dreizehn, obwohl ich immer wieder betont habe, dass die Leiche nicht komplett ist. Aber der Name hat sich gehalten.«

»Waren Buchstaben an den Leichenteilen befestigt?«, fragte Katya.

»Nein, doch auf dem allerletzten war eine Botschaft vermerkt. Sie war mit Tinte auf den linken Fuß geschrieben. Es war ein Zitat aus dem Koran und lautete: *Wir haben alle Dinge nach einer Ordnung erschaffen.*«

»Haben Sie die Tinte getestet?«

»Ja, es war ganz gewöhnliche Tinte, wie Kalligrafen sie verwenden. Man kann sie in jedem Laden für Künstlerbedarf kaufen.«

»Und die Polizei hatte nie irgendwelche Verdächtigen im Visier?«, erkundigte sich Katya.

»Tja, Sie sehen ja sicher, wie kompliziert die Sache war. Einerseits suchten wir nach einem Dieb, der eine Kiste mit Leichenteilen gestohlen und damit aktiv die Ermittlungen in einem Mordfall behindert hatte. Und andererseits fahndeten wir nach dem Mörder selbst. Einen Dieb haben sie erwischt, das glaubten sie wenigstens. Unsere Gruppe bestand aus vierzehn Jungen, aber nur acht von ihnen waren an diesem Tag mit dem Boot rausgefahren. Ein Kollege hat sich darauf versteift, dass es einer von ihnen gewesen sein musste, und zwar einzig und allein deshalb, weil außer ihnen niemand von der Existenz der Kiste wusste. Ich habe erfolglos widersprochen, dass die Jungen nicht die Täter sein konnten, denn sie hätten keine Möglichkeit gehabt, die Kiste mitzunehmen, ohne dass ich, Jameel oder einer der anderen Jungen sie dabei beobachtet hätten. Außerdem stand das Lagerhaus offen. Jeder hätte hereinspazieren, die Kiste sehen und beschließen können, sich damit aus dem Staub zu machen. Vielleicht hatten wir es ja mit einem Gelegenheitsdieb zu tun. Einem Fremden also.

Aber der damalige Chef der Mordkommission, Colonel Ghamdi, entwickelte eine Theorie, die er als einzige gelten ließ: Einer der Jungen habe die Kiste ins Hafenbecken geworfen, um sie am nächsten Tag mit einem Netz wieder herauszufischen und sie mit nach Hause zu nehmen. Und tatsächlich war das Netz, das wir zum Fischen geknüpft hatten, am nächsten Tag verschwunden.« Sa'ud lehnte sich zurück. Als die kühle Luft aus den Rohren über sein Gesicht glitt, schloss er die Augen.

»Also verhaftete die Polizei einen der Jungen, die am fraglichen Nachmittag mit uns auf dem Boot gewesen waren. Er hieß Ali Dossari. Man behauptete, Beweise gegen ihn zu haben, doch die halte ich für nicht sehr tragfähig. Angeblich war auf der Armbanduhr, die bei der Leiche gefunden wurde, ein teilweise erhaltener Fingerabdruck sichergestellt worden. Der Fingerabdruck stimmte mit denen von Dossari überein. Allerdings war ich immer der Ansicht, dass der Abdruck schon vor dem Diebstahl der Kiste dorthin hätte geraten können, nämlich als wir die Kiste auf dem Boot öffneten. Dossari stand genau neben mir.

Die Polizei hatte nichts als ein Geständnis«, fuhr er fort. »Und ich werde diesen Begriff einmal sehr breit fassen. Sie kennen das ja. Jedenfalls wurde er angeklagt, die Kiste gestohlen und die Leichenteile in der Stadt verstreut zu haben.«

»Und Sie glauben, dass er unschuldig ist?«

»Ich weiß nicht, was ich glauben soll. Jedenfalls wurde er irgendwann für unschuldig erklärt und entlassen.«

»Wie hat es sich Ihrer Ansicht nach in Wirklichkeit abgespielt?«, fragte Katya.

»Ich vermute, dass einer der Jungen am Hafen an diesem Abend beschlossen hat, uns einen dummen Streich zu spielen und die Kiste zu verstecken. Keine Ahnung, wer es gewesen sein könnte. Das Dumme ist, dass wir nie erfahren haben, was aus der Kiste geworden ist. Sie wurde nie entdeckt. Vielleicht hat der Junge die Leichenteile verstreut, vielleicht war es auch ein anderer. Jedenfalls sind unsere Ermittlungen daran gescheitert.«

»Haben Sie je rausgekriegt, wer das Opfer war?«

»Nein. Der Kopf fehlte, weshalb eine Gesichtsrekonstruktion unmöglich war. Wir haben damals versucht, die Fingerabdrücke des Opfers mit der Vermisstendatei abzugleichen, aber ohne Ergebnis. Ich habe von Anfang an gewusst, dass es nicht leicht werden würde, den Fall aufzuklären. Und durch die Manipulation der Beweismittel wurde es noch schwieriger. Allerdings bereitet mir dieser Fall noch immer Magendrücken. Ich fühle mich verantwortlich, weil ich die Beweismittel nicht gut genug bewacht habe. Außerdem ist es frustrierend. So oft habe ich mir schon den Kopf über diesen Fall zerbrochen und bin kein Stück weitergekommen. Das einzig Gute an der Sache war, dass ich die Ermittlungen vor lauter Ärger über das Verhalten der Mordkommission und aus Verantwortungsgefühl selbst übernommen habe. So bin ich überhaupt erst zur Mordkommission gekommen und habe daraufhin noch fünfzehn Jahre bei der Polizei verbracht. Ich muss sagen, dass es meine schönsten Dienstjahre waren.«

Katya ließ das wortlos auf sich wirken. »Haben Sie alle Ihre Fotos abgestempelt?«

»Ja.« Sa'ud lächelte. »Heutzutage mag Ihnen das merkwürdig erscheinen, aber wir waren damals für den gesamten Fall verantwortlich. Ich hatte es gern, wenn alles ordentlich beschriftet war.«

»Haben Sie vielleicht noch andere Fotos vom Osiris-Fall?«, fragte sie. »Es gibt Übereinstimmungen zu einem Fall, an dem wir gerade arbeiten.«

»Ja, ich habe die Fotos. Aber wenn Sie glauben, dass einer der Jungen etwas mit dem Verbrechen zu tun hat, kommen Sie zu spät. Ich habe die Fotos bereits einem der Detectives gegeben.«

»Oh«, meinte Katya. »Und wer war das?«

»Inspector Mu'tazz. Er war vor einer guten Woche bei mir.« Als er Katyas Erstaunen bemerkte, fügte er hinzu: »Zum Glück bewahre ich mehrere Kopien meiner Fotos und Akten auf. Die Akte brauchte er nicht – er behält selbst Kopien einiger seiner ungelösten Fälle. Doch die Fotos haben ihn interessiert. Offenbar fehlen sie in seinen Akten. Helfen Sie mir auf?«

Sie gehorchten und folgten ihm ins Haus, in die Küche, wo eine junge Frau hastig ihr Gesicht bedeckte, und dann eine lange Treppe hinauf in den ersten Stock.

Katya hatte noch immer nicht ganz verarbeitet, dass Mu'tazz Sa'ud aufgesucht hatte, ohne Ibrahim etwas davon zu erzählen. Denn wenn Ibrahim davon gewusst hätte, hätte er es ihr doch sicher gesagt. Oder?

Sie traten in ein ordentlich aufgeräumtes, lichtdurchflutetes Zimmer, dessen Ausstattung nur aus einem Metallschreibtisch, Stühlen, einigen Aktenschränken und ein paar Stadtplänen an der Wand bestand. Sa'ud zog die untere Schublade eines der Schränke auf und holte eine dicke Akte heraus. Sie enthielt Fotos aller Körperteile im Osiris-Fall. Er legte sie auf den Schreibtisch. Während Katya die Bilder betrachtete, ging Sa'ud zum Stadtplan und steckte Nadeln in alle Fundorte, die Nayir ihm von einer alten Liste vorlas.

»Wie viel hat Mu'tazz Ihnen über den Fall erzählt?«, erkundigte sich Katya.

»Nicht viel«, antwortete Sa'ud. »Nur dass man eine abgehackte Frauenhand in der Falasteen Street gefunden hat.«

»Wir sind auch auf einen Begräbnisplatz in der Wüste gestoßen, wo neunzehn Frauenleichen wie Buchstaben posiert waren, um eine Botschaft zu übermitteln«, erwiderte Katya und zitierte den Text.

Er starrte sie ungläubig an. »Sie haben in der Wüste neunzehn Leichen entdeckt?«

»Ja. Und allen Frauen fehlten die Hände.«

»Und wie war der Leichenfundort geformt?«

»Die Toten waren in einem Sechseck angeordnet, ähnlich wie hier.« Sie deutete auf den Stadtplan. »Nur, dass Sie nur auf dreizehn Teile gestoßen sind.«

»Mu'tazz, dieser Dreckskerl«, schimpfte Sa'ud. »Er hat mir kein Sterbenswörtchen verraten. Wissen Sie, ich glaube, es ärgert ihn bis heute, dass ich ihm den Fall weggenommen habe. Was für ein alter Idiot. Wie ich annehme, ist er bei dem Fall mit der Hand auch nicht Leiter der Ermittlungen?«

»Hat er das etwa behauptet?«, hakte Katya nach.

»Ja.«

»Nein, ist er nicht. Und ich bin mir sicher, dass er dem tatsächlichen Leiter kein Sterbenswörtchen von seinem Besuch hier verraten hat.«

Sa'ud lachte hart auf.

Er gab ihnen eine Kopie der Fallakte Osiris. Da er sich nicht von seinen letzten Fotos trennen wollte und die überzähligen Mu'tazz ausgehändigt hatte, fotokopierte er sie. Die Akte selbst enthielt Fingerabdruckanalysen der beiden Hände und Berichte über die weiteren Leichenteile. Katya hatte den Verdacht, dass die Akte, auf die sie im Büro gestoßen war, eine Kopie von Mu'tazz' Original darstellte, und zwar aus der Zeit, bevor man die Verbindung zum Osiris-Fall entdeckt hatte.

»Sie halten mich doch über die Entwicklungen auf dem Laufenden?«, fragte Sa'ud.

»Ja«, erwiderte Katya. »Wird gemacht. Aber eines würde mich noch interessieren. Was ist mit den Jungen, die an jenem Tag auf dem Boot waren? Hat jemand …?«

»Oh, Mu'tazz sagte, er werde sie vernehmen, aber ich habe noch nichts von ihm gehört.«

Sobald sie wieder im Auto saßen, brach es aus Katya heraus. »Ich fasse es nicht, dass Mu'tazz Zahrani so etwas verschwiegen hat. Diese Informationen könnten für unseren Fall wichtig sein, und er unterschlägt sie!«

»Das ist verdächtig, findest du nicht?«

»Ja, sehr. Das heißt nicht, dass ich ihn für den Mörder halte. Ich glaube eher, dass er den Fall auf eigene Faust aufklären will.«

»Kennst du ihn gut?«

Die Frage klang zwar ganz harmlos, doch sie ahnte, dass sich eine Stolperfalle dahinter verbarg. »Ich kenne ihn gar nicht. Genau genommen habe ich noch nie ein Wort mit ihm gewechselt. Aber ich schnappe so manches von den Kollegen auf, und offenbar gehört er zu den Leuten, die schon öfter bei Beförderungen übergangen worden sind, als man mitzählen kann, was ihn sehr wurmt. Vielleicht wittert er nun seine Chance, einen wichtigen Fall aufzuklären, weil er über den alten im Bilde ist.«

Schweigen entstand, während Nayir sich dem Krieg mit den anderen Verkehrsteilnehmern stellte. Diesmal ging die Gefahr von einem Mann aus, der dicht rechts von ihnen fuhr und versuchte, sich so vor sie zu schieben, dass Katya das Schild in seiner Heckscheibe sehen konnte. Darauf standen in großen Buchstaben seine Telefonnummer und die Worte: »Ich heiße Khaled, ruf mich an, wenn ich dir gefalle!« Als Khaled ihr im Seitenspiegel zuzwinkerte, achtete sie nicht auf ihn. Nayir hupte, und der Mann machte sich aus dem Staub.

»Könnte es sein, dass Mu'tazz mit Zahrani darüber gesprochen hat, aber der nicht mit dir?«, fragte Nayir.

»Ich bin sicher, dass Zahrani es mir erzählt hätte, wenn er es wüsste.«

»Du redest also oft mit ihm?«

Was sollte sie darauf antworten? *Ja, wir treffen uns allein in einer Toilette im zweiten Stock, wo er mit mir über seine Geliebte spricht?*

»Inspector Zahrani befürwortet es, dass Frauen im Ermittlungsteam mitarbeiten«, erwiderte sie. »Und das ist gut so. Vergiss nicht, dass ich ihm die Informationen über die Position der Leichen geliefert habe.«

»Aha.«

»Dank deiner Adleraugen«, fügte sie hinzu.

Er nahm das Kompliment mit einem Nicken zur Kenntnis.

»Ich weiß, dass du weitere Fälle aufklären willst«, sagte er. »Doch ich habe den Eindruck, dass die Leute, die sich mit diesen Fällen beschäftigen, hauptsächlich Männer sind.«

»Ja.«

»Und wenn du dazugehören willst, musst du engeren Kontakt mit diesen Männern pflegen?«

»Ja.«

»Gibt es keine Mordkommissionen, die nur aus Frauen bestehen?«

»Nein. Nur Männer und Frauen, die Hilfsdienste versehen.«

Er schwieg. Als sie ihn wieder betrachtete, hoffte sie auf ein wenig Zuneigung, etwas, das die Anspannung zwischen ihnen auflockern und sie daran erinnern würde, warum sie die Sache durchziehen wollte. Aber seine Miene war düster und verschlossen.

28

Ibrahim und Daher standen gerade auf dem Flur und sprachen mit Chief Riyadh, als Shaya voller Tatendrang auf sie zugeeilt kam.

»Ich habe etwas über den Mann herausgekriegt, dessen Namen Sie von dem Exorzisten haben«, meldete er.

»Ja?«

»Wir haben eine Liste von Mitarbeitern der verschiedenen Taxiunternehmen. Alle Männer auf dieser Liste sind vorbestraft und wohnen oder arbeiten in der Nähe der Sitteen Street Bridge. Scheich Hajar steht auf dieser Liste.«

»Unser Mann könnte ein *Scheich* sein?«, entsetzte sich Riyadh.

»Nun, soweit ich feststellen kann, war er nie als Scheich tätig«, erwiderte Shaya. »Aber da hätte ich noch etwas – bevor er bei dem Taxiunternehmen angeheuert hat, war er Sanitäter beim Roten Halbmond.«

Chief Riyadh hob die Hand, und Ibrahim wusste, dass er zu dem Befehl »Nehmen Sie diesen Mann fest« ansetzte, aber Shaya redete unbeirrt weiter. »Scheich Hajars Vater saß im Gefängnis, weil er seine Frau mit dem Messer angegriffen hat.«

»Woher haben Sie das?«

»Das Revier, das ihn verhaftet hat, hat mir die Akte geschickt. In dem Bericht steht auch etwas über Hajars frühe Kindheit. Sein Vater war ein Schläger, der ihn an den Dachbalken aufgehängt und ausgepeitscht hat. Der Vater starb im Gefängnis, und Hajar wurde von seiner Großmutter hier in Dschidda großgezogen. Offenbar ist die Mutter nach der Verhaftung des Vaters weggelaufen und hat sich umgebracht. Einige Wochen später wurde ihre Leiche in Maskat gefunden, ihrer Geburtsstadt. Ich recherchiere noch, aber den Tod der Mutter, die Haftstrafe seines Vaters und dessen Tod im Gefängnis habe ich bereits bestätigt bekommen.«

»Was ist mit Hajars Großmutter? Lebt die noch?«, fragte Ibrahim.
»Ich bin noch nicht fertig mit meinen Nachforschungen.«
Chief Riyadh wandte sich an Ibrahim. »Ich möchte, dass dieser Mann festgenommen wird.«
Ibrahim hörte deutlich, was zwischen den Zeilen mitschwang: »Ich lasse Sie diesen Fall weiter bearbeiten, solange Sie meine Befehle befolgen. Wenn nicht, suche ich mir jemand anderen.«
»Haben wir etwas, das ihn mit den Verbrechen in Verbindung bringt?«, erkundigte sich Ibrahim bei Shaya.
»Nehmen Sie ihn trotzdem fest«, beharrte Riyadh. »Sie sollen ja nur mit ihm reden und herausfinden, was er zu seinem Vorstrafenregister zu sagen hat. Bringen Sie so viel in Erfahrung, wie Sie können. Er kommt nicht in Haft. Sie wollen ihn nur befragen, verstehen Sie?«
Ibrahim hielt es für ratsam, nicht zu widersprechen.

Als Katya anklopfte, öffnete Daher die Tür. Über seine Schulter hinweg konnte sie sehen, dass im Büro Akten herumlagen.
»Ich muss mit Inspector Zahrani sprechen«, sagte sie.
Daher verzog missbilligend das Gesicht. »Der ist beschäftigt.«
»Es ist wichtig«, beharrte sie. »Es geht um den Engel-Fall.«
Daher kehrte zurück ins Büro, und kurz darauf kam Ibrahim heraus.
»Es tut mir leid, Sie zu stören«, begann sie. »Aber ich war heute Nachmittag bei dem pensionierten Colonel Hussain Sa'ud. Er hatte die Ermittlungen im Fall mit der abgehackten Hand übernommen, den Dr. Becker und ich gestern zwischen den ungelösten Fällen entdeckt haben.«
»Okay.«
»Damals, im Jahr 1989, hat Colonel Sa'ud dreizehn Leichenteile, ohne den Kopf, gefunden, die alle von derselben Frau stammten. Sie wurden in ganz Dschidda verstreut. Es ist eine lange Geschichte, weshalb ich jetzt nicht ins Detail gehen werde. Es handelt sich um den sogenannten Osiris-Fall. Hier ist die Akte.« Sie reichte sie ihm.
»Und Sie meinen, es könnte ein Zusammenhang mit dem Engel-Fall bestehen?«

»Möglich«, erwiderte sie. »Die Leichenteile in Dschidda wurden nach einem ähnlichen Schema abgelegt, wie wir es auch in der Wüste vorgefunden haben. Und da wäre noch etwas.«

»Was?«

»Ursprünglich war Inspector Mu'tazz für die abgetrennte Hand zuständig. Letzte Woche hat Mu'tazz offenbar Colonel Sa'ud aufgesucht und bei ihm eine Kopie dieser Akte abgeholt. Sie schließt Berichte und Fotos aller Körperteile ein. Mu'tazz hat Sa'ud gesagt, er wolle Verdächtige aus dem alten Osiris-Fall befragen. Hat er das Ihnen gegenüber erwähnt?«

Ibrahim sah sie nur finster an.

»Ich wollte bloß, dass Sie das wissen«, sagte sie.

29

Scheich Rami Hajar, der Klient, von dem der Exorzist ihnen erzählt hatte, war, anders als von Ibrahim vermutet, gar kein Scheich, sondern einfach nur ein Mann, dessen Mutter beschlossen hatte, ihm diesen Namen zu geben. Ibrahim hatte Cousins, die nach den Wochentagen benannt waren, und in der Grundschule hatte er einen Mitschüler gehabt, dessen Brüder alle Mohammed hießen. Warum also nicht Scheich? Was spielte es da schon für eine Rolle, dass man damit die gesellschaftliche Übereinkunft mit Füßen trat, ein Scheich müsse entweder ein Beduinenoberhaupt oder ein Geistlicher sein? Oder ein Mann, der sich so eingehend mit dem Islam beschäftigt hatte, dass er diesen Ehrentitel verdiente?

Mr. Scheich Rami Hajar hingegen schien sein Leben der Aufgabe geweiht zu haben, Frauen zu belästigen. Sechsmal war er schon beim Komitee zum Schutze des Anstands und der Verhinderung des Lasters angezeigt worden, und zwar wegen des Vergehens der »unsittlichen Berührung«. Als er noch Sanitäter gewesen war, hatte er behauptet, er habe Frauen nur dann angefasst, wenn es nötig gewesen sei, um ihr Leben zu retten, was sich allerdings nicht mit den Schilderungen der Familien der Betroffenen deckte. Ein junger Mann – sogar ein echter Scheich – gab an, seine Mutter sei von Hajar bedrängt worden, der im Krankenwagen die Hand zwischen ihre Beine geschoben und »seinen Finger in sie hineingesteckt« habe. Leider galt vor einem traditionellen Gericht das Wort einer Frau nur halb so viel wie das eines Mannes, und da der Sohn nicht selbst Zeuge der Tat gewesen war, konnte er diese deshalb nicht bestätigen. Also war die Klage, so wie alle anderen, abgewiesen worden. Allerdings hatte ein Mitglied des Komitees den Übeltäter im Auge behalten und nach einer Weile der Polizei von Dschidda einen Bericht übergeben, in dem stand, Hajar führe nichts Gutes im

Schilde und müsse beobachtet werden. Obwohl die Polizei eigentlich viel zu beschäftigt war, um sich mit einem Fummler abzugeben, wurde pflichtbewusst eine Akte angelegt.

Ein Anruf beim Roten Halbmond ergab, dass Hajar vor einem Jahr wegen »unangemessenen Verhaltens« gekündigt worden war. Man war zwar nicht bereit, besagtes Verhalten näher auszuführen, äußerte jedoch, Hajar sei wohl besser für einen Beruf geeignet, in dem er keinen Kontakt zu fremden Frauen habe. Deshalb hatte Hajars Vorgesetzter ihn umgehend für eine Stelle als Taxifahrer empfohlen, eine absurde Idee, was auch dem Mitarbeiter des Roten Halbmondes, mit dem Ibrahim telefonierte, nicht entgangen war: »Sagen wir mal, wenigstens ist er ein guter Autofahrer.«

Hajar war in Oman geboren und aufgewachsen und mit fünfzehn nach Dschidda gekommen, um bei seiner Großmutter zu leben. Er hatte zwar die omanische Staatsbürgerschaft behalten, besaß aber eine *'iqama*, eine saudische Aufenthaltsgenehmigung, weshalb sein beruflicher Werdegang leicht nachzuvollziehen war. Er hatte das Medizinstudium abgebrochen und anschließend als Rettungssanitäter gearbeitet. Nach seiner Zeit beim Roten Halbmond hatte er beim Weißen Taxidienst angeheuert, der ein wenig gehobener war als der Gelbe. Allerdings war sein Wagen ein alter Toyota Camry ohne Taxameter, weshalb es unmöglich war, seine Fahrten durch die Stadt zu verfolgen. Das behauptete wenigstens das Taxiunternehmen. Natürlich hatte er ein Mobiltelefon und einen Personenbeförderungsschein, doch niemand konnte feststellen, wo er sich tagsüber herumtrieb. Laut Aussage des Leiters der Funkzentrale im Hauptbüro des Unternehmens hatte Hajar sich noch nie ein Verkehrsdelikt zuschulden kommen lassen und galt als guter Mitarbeiter.

In einer zweiten Polizeiakte war eine Verhaftung vermerkt, die von einem Revier im Westen ausgegangen war. Hajar war wegen Angriffs auf einen Polizeibeamten und »Erregung öffentlichen Ärgernisses« angeklagt worden. Offenbar hatte ihn ein Polizist angehalten, weil er auf der Straße eine Frau verfolgt hatte. Er hatte sie angeschrien, ihr den Weg versperrt und alles getan, um sie am Weitergehen zu hindern, ohne sie zu berühren. Als der Polizist einschritt, hatte Hajar den Mann attackiert und ihm den Arm gebrochen. Hajar behauptete, die Frau habe sich, wie es manche Frauen wirklich taten, von ihm im Taxi chauffieren lassen und ihm nach der Ankunft am Fahrtziel eröffnet, dass sie kein Geld habe, um ihn zu bezahlen. Danach sei es ein Kinderspiel für sie gewesen, einfach auszusteigen und davonzuspazieren. Es gehörte ziemlich viel Mut dazu, eine Frau festzuhalten, insbesondere in einem konservativen Viertel wie diesem, wo die Chancen, von der Religionspolizei erwischt zu werden, verhältnismäßig hoch standen. Doch Hajar hatte sich nicht damit abfinden wollen und sich an die Verfolgung gemacht. Selbst im Gefängnis hatte Hajar noch getobt, es sei eine Unverschämtheit, dass Frauen »bei solchen Verbrechen ungeschoren davonkommen«. Natürlich stand der Name der Frau nicht in der Akte, doch Hajar hatte dem Polizisten erzählt, er nehme oft Fahrgäste am Jamjoom Center auf.

Auf den ersten Blick schien Hajar nur ein lästiger, aber nicht weiter gefährlicher Zeitgenosse zu sein, der in den Straßen von Dschidda herumlungerte. Aber Ibrahim erinnerte sich an die starke Beklommenheit, die der Mann bei Imam Arsheedy ausgelöst hatte. Das Foto aus der Verbrecherkartei verriet Ibrahim, was Arsheedy damit gemeint hatte. Obwohl Hajars Gesicht ziemlich unauffällig war, schien etwas damit nicht zu stimmen. Seine Augen wirkten stumpf, ein Abgrund, der tiefer war als der übliche hasserfüllte Blick auf Verbrecherfotos. Es war ein animalischer, nicht sehr intelligenter Ausdruck, der nicht zu einem ehemaligen Medizinstudenten passen wollte. In dem Bericht des Komitees hieß es weiter, er habe Medikamente bei sich gehabt, Chlorpromazin. Hajar hatte sich geweigert, sich dazu zu äußern, doch sein Arzt hatte die Echtheit des Rezepts bestätigt. Eine kurze Suche im Internet ergab, dass Chlorpromazin zur Behandlung von Psychosen eingesetzt wurde.

Leider hatten sie Hajars Adresse nicht. In einigen Vierteln von Dschidda wurde keine Post zugestellt, und es existierten weder Straßennamen noch Hausnummern. Laut Aussage seines Chefs wohnte Hajar in einer solchen Gegend. Deshalb saßen Ibrahim und Daher nun in einem Zivilfahrzeug gegenüber dem Taxiunternehmen. Die Zentrale hatte Hajar angerufen und ihn gebeten, ins Büro zu kommen, um einen Gehaltsbonus abzuholen. Aber offenbar war Hajar nicht darauf hereingefallen, denn sie warteten inzwischen schon seit zwei Stunden. Ibrahim wusste, wie albern es war, dass sie sich mit solchen niederen Arbeiten abgaben. Außerdem war es Wochenende, was die Angelegenheit noch lästiger machte. Doch er war fest entschlossen, etwas zu unternehmen.

Daher griff nach seinem dritten Becher Kaffee. »Wir könnten die jüngeren Kollegen damit beauftragen.«

»Könnten wir.« Ibrahim konzentrierte sich weiter auf die Taxis. »Aber ich will das hier nicht dem Zufall überlassen.«

In Wahrheit versuchte er, seine Angst zu unterdrücken. Die meisten Vermissten wurden innerhalb der ersten achtundvierzig Stunden oder gar nicht gefunden. Er hätte die Verantwortung für den Engel-Fall ablehnen und an Mu'tazz übertragen sollen, der es vermutlich verdient hatte. Dann hätte er die Zeit gehabt, sich ausschließlich mit Sabrias Verschwinden zu beschäftigen, auch wenn das bedeutet hätte, ein paar Tage Urlaub zu nehmen. Er hatte keine Ahnung, wie er das seiner Familie hätte erklären sollen, insbesondere Omar, dem es sicher nicht entgangen wäre. Doch er hätte es versuchen müssen.

Immer wieder sagte sich Ibrahim, dass es Sabria nichts nutzen würde, wenn er wegen Ehebruchs ins Gefängnis wanderte. Wenn seine Familie zerstört wurde, weil alle wussten, dass er sich mit ihr traf. Wenn er seinen Job verlor – und damit auch die Möglichkeit, weiter über die Suche nach ihr auf dem Laufenden zu bleiben. Und dennoch konnte er in stillen Momenten die Augen nicht vor der Wahrheit verschließen: Er hatte sich wie ein Feigling verhalten, um seine Karriere nicht zu gefährden – und eine Ehe, die schon seit zwanzig Jahren tot war.

Es brachte ihn schier um den Verstand, dass er, außer einer fremden Frau im Chamelle Center vielleicht, überhaupt keine Anhaltspunkte hatte. Er musste etwas tun, irgendetwas. Katya rief ihn täglich an, um wieder einen enttäuschenden Bericht abzuliefern. Da er auf ihre Hilfe angewiesen war, zwang er sich, ihr zu vertrauen. Und hier saß er nun in einem Auto, trank Kaffee und machte stupide Polizeiarbeit, während Sabria vielleicht irgendwo da draußen in einem Kellerverlies, Lagerschuppen oder einer Hütte in der Wüste eingesperrt war, sterbend oder womöglich schon tot. Inzwischen suchte auch die Abteilung für verdeckte Ermittlungen nach ihr, und Ibrahim konnte nur beten, dass Ubaid sie nicht zuerst aufspürte.

»Warum sind Sie eigentlich aus der Abteilung für verdeckte Ermittlungen weg?«, fragte Daher.

Ibrahim drehte sich zu ihm um. »Die haben mich rausgeschmissen.«

»Warum?«

»Weil ich mich nicht an die Vorschriften gehalten habe.«

»Welche Vorschriften?«

Ibrahim seufzte auf. »Ich fand es in Ordnung, Frauen zu beschäftigen, und habe mich dafür eingesetzt, dass die Polizei mehr von ihnen einstellt. Deshalb hatte ich ständig Streit mit meinem Vorgesetzten. Außerdem gab es in der Abteilung zu viele andere Kollegen, die ebenfalls dagegen waren und es ungehörig fanden.«

Daher musterte ihn zweifelnd, als vermutete er, dass noch mehr dahintersteckte.

»Es ist einfach nur schwachsinnig«, fügte Ibrahim hinzu. »Diese ganze Debattiererei, was sich für eine Frau gehört und was nicht.«

Daher nickte. »Schon. Aber ich glaube nicht, dass es für Frauen sehr angenehm ist, so eng mit Männern zusammenzuarbeiten. Es ist nur ...«

Ibrahim unterbrach ihn mit einer Handbewegung. »Mich interessiert es nicht, welche Privatmeinung jemand zum Thema Frauen hat, und bei Ihnen sollte es genauso sein. Wenn das ständige Kreisen um Sitte und Anstand verhindert, dass wir unsere Arbeit machen, liegt etwas im Argen. Und, glauben Sie mir, selbst in dieser Stadt liegt immer etwas im Argen.«

»Nayir hat eine große Verwandtschaft«, sagte Samir. »Zum Beispiel meine Cousins und ihre Familien, die für einige Monate zu Besuch kommen werden. Ganz zu schweigen von Freunden. Und dann müssen wir auch noch an die Familie von Imam Hadi denken. Es wäre doch ziemlich unhöflich, sie von den Feierlichkeiten auszuschließen. Immerhin ist Nayir ihr Liebling und war noch nie zuvor verheiratet.«

Das war also der Grund, dachte Katya. Deshalb war sie dazu verdonnert worden, mit Nayir und Ayman an einem ruhigen Freitagabend ein endloses Essen bei Onkel Samir einzunehmen, während ihr Vater zu Hause an einer Erkältung herumkurierte.

Sie hatten die Mahlzeit vor etwa einer Stunde beendet und saßen nun auf der Terrasse mit Blick auf einen großen Garten mit Zitronenbäumen und Palmen in Blumentöpfen. Die drei jungen Leute hatten sich in einer Reihe niedergelassen, während Samir ihnen gegenüber Platz genommen hatte wie ein Richter, der eine Verhandlung leitet, wenn auch eine geruhsame im Garten. Eine Tasse Tee in der einen und den Schlauch einer Wasserpfeife in der anderen Hand, lehnte er sich zurück.

»Ich bin sicher, dass du auch Angehörige und Freunde hast, die sehr gerne dabei wären. Also habe ich mir die Freiheit genommen, mit deinem Vater zu sprechen, der mir versichert hat, er habe viele Freunde, die es sicher missbilligen würden, wenn ihr beide nur im engsten Kreis heiraten würdet, und das ohne einen Empfang, bei dem sie euren Erfolg feiern könnten.«

Allmählich glaubte Katya, dass ihr Vater nur deshalb eine »Erkältung« hatte, um sich vor diesem Gespräch zu drücken. Er wusste, dass sie wütend sein würde, weil er und Samir hinter ihrem Rücken Pläne geschmiedet hatten. Nayir und Ayman saßen da wie erstarrt.

»Und natürlich deine Freundinnen aus dem Büro«, fuhr Samir fort. »Die würden diesen frohen Tag bestimmt gern mit dir teilen.«

»Natürlich«, stammelte Katya und hoffte, dass man ihr das Entsetzen beim bloßen Gedanken nicht anmerkte. Ihre Kolleginnen waren die Letzten, die etwas von dieser Hochzeit erfahren durften. Sie wagte es nicht, Nayir anzusehen, der in die Sache eingeweiht war.

»Wir wollen eine kleine Hochzeit«, entgegnete Nayir mit Nachdruck. »Aber du hast recht. Ein bescheidener Empfang danach wäre eine gute Idee, um unseren Angehörigen und engen Freunden eine Freude zu machen. Ich werde es mir überlegen.«

Eigentlich sollte sein ernster Tonfall zu verstehen geben, dass das Gespräch damit beendet war, doch Samir sprach unbekümmert weiter. »Nun, Katyas Vater und ich haben schon sämtliche Einzelheiten erörtert. Wir bezahlen das Festessen, und Katyas Vater kümmert sich um die Einladungen und Telefonate.« Katya wusste sofort, dass sie es war, die sich um diese Dinge kümmern würde. »Wir haben eine vorläufige Gästeliste erstellt und müssen nur noch wissen, ob jemand fehlt. Also sagt es uns.«

»Wie viele Leute stehen auf dieser Liste?«, fragte Nayir, zunehmend entsetzt.

»Zweihunderteinundzwanzig.«

»Was?«

»Wir wollten niemanden außen vor lassen«, erwiderte Samir. »Man kann sich einen Feind fürs Leben schaffen, wenn man vergisst, ihn zur Hochzeit einzuladen. Schreib dir das hinter die Ohren.«

Nayir verzog entnervt das Gesicht und warf Katya einen schuldbewussten Blick zu. Ayman grinste. »Ich kenne eine gute Rockband, wenn ihr eine wollt«, sagte er. »Ein paar Freunde von mir haben eine Band mit dem Namen *Silk Slave* gegründet. Sie sind hier in Dschidda.«

Nayir schüttelte den Kopf.

»Keine Sorge«, meinte Samir. »Um die Musik haben wir uns schon gekümmert. Lasst uns nur machen.«

Katya ging nach Hause, duschte kalt und versuchte, einen klaren Kopf zu bekommen. Sie fühlte sich vor Erschöpfung wie betäubt, legte sich ins Bett und starrte an die Decke. Schlagartig wurde ihr klar, dass sie nun tatsächlich in die Hochzeit eingewilligt hatte. Jetzt war sie nicht nur Nayir gegenuber verpflichtet. Nein, es war viel endgültiger. Sie würde über zweihundert Menschen vor den Kopf stoßen. Und damit war die Sache entschieden.

Sie träumte, dass sie im Meer schwamm. Sie war ganz leicht und schwebte. Sie trieb zwischen bunten Korallen und Fischen umher und bewunderte die Schönheit des Wassers, das hereinströmende Licht und ihre glatte Haut. Es war wundervoll, nackt zu sein. Nackt und im Freien. Sie dachte an all die Dinge, die sie an sich mochte: ihre hübsch geschwungenen Hüften, ihren gewölbten Po und ihre Armmuskeln, die gleichzeitig fest und zart waren. Es fühlte sich an, als habe sie sich ein Leben lang danach gesehnt, in dieser Gesamtheit wahrgenommen zu werden. In hautenger Kleidung oder ganz ohne, damit jede ihrer Kurven nicht nur sichtbar, sondern wirklich gesehen wurde. Bewundert. Eitelkeit war die schwerste aller Sünden, doch sie gestattete sich, sie einen Moment zu genießen. Als sie aufwachte, fühlte sie sich gleichzeitig glücklich und verlegen.

30

Sie glich die Fingerabdrücke des Opfers im Osiris-Fall mit der Datenbank ab, allerdings ohne große Hoffnung, einen Treffer zu landen. Und es gab wirklich keine Übereinstimmung. Wie gerne wäre sie nach unten in Mu'tazz' Büro gegangen, um ihn zu fragen, was die Vernehmungen der Jungen aus dem Boot ergeben hatten. Sicher hatten die Befragungen etwas, wenn auch nur eine winzige Kleinigkeit, erbracht, das es sich nachzuverfolgen lohnte. Allerdings war sie überzeugt, dass sich zwischen ihr, einer unbedeutenden Laborantin, und Inspector Mu'tazz eine unüberwindliche Mauer erhob. Sie war ja nur eine Frau, die versuchte, sich in eine Männersache einzumischen.

Sie hatte Ibrahim eine Kopie der Osiris-Akte gebracht und Sa'uds Kopie für sich behalten. In der Akte standen die Namen aller Jungen, die bei der Bergung der Kiste auf dem Boot gewesen waren. Sie spielte mit dem Gedanken, sie selbst zu befragen, doch die Liste umfasste acht Namen. Eine zu große Aufgabe. Sie würde ihre gesamte Freizeit investieren müssen, vorausgesetzt, die Männer waren überhaupt bereit, mit ihr zu reden. Und was sollte es außerdem bringen, wenn Mu'tazz das bereits erledigt hatte?

Nachdem sie drei Stunden im Labor gesessen hatte, hielt sie es im Gebäude nicht mehr aus. Mit dem Taxigeld, das Ibrahim ihr gegeben hatte, fuhr sie wieder einmal ins Chamelle Center, fest überzeugt, dass sie erneut in einer Sackgasse landen würde. Doch zu ihrer Überraschung war Amar, die Barista, da. Sie kam hinter der Theke hervor, um Katya zu begrüßen, und wies auf einen Ecktisch, wo eine Frau saß. Sie war von Kopf bis Fuß verschleiert und ließ bedrückt die Schultern hängen. Vor ihr stand eine Kaffeetasse.

»Das ist sie«, raunte Amar. »Sie ist heute Morgen wiedergekommen.«

Sofort trat Katya an den Tisch. »Verzeihung«, begann sie. »Darf ich Sie etwas fragen?«

Als die Frau aufblickte, waren ihre Augen durch den Schleier kaum zu erkennen. Sie antwortete nicht.

Katya setzte sich. Die Frau zuckte zusammen.

»Ich bin wegen Sabria hier«, sagte Katya.

Die Frau fuhr hoch, und Schreck malte sich in ihren Augen. »Warum ist sie nicht da?«

»Ich weiß es nicht. Ich suche sie.«

»Kennen Sie sie?«

»Nein«, erwiderte Katya. »Ich tue das für einen Freund.«

»Was für einen Freund?«

Katya seufzte auf. »Jemanden, den sie geliebt hat.«

Das Mädchen blickte skeptisch drein. »Was wollen Sie?«, fragte sie.

»Ich suche Sabria«, wiederholte Katya. »Sie ist aus ihrer Wohnung verschwunden.«

»Sind Sie von der Polizei?«

»Ich habe Ihnen doch gesagt, dass ich mit einem Freund zusammenarbeite. Warum wollten Sie sich hier mit ihr treffen?«

Das Mädchen schwieg.

»Wollte sie Ihnen etwas geben?«, erkundigte sich Katya.

Das Mädchen schien aufstehen zu wollen.

»Hören Sie«, beharrte Katya. »Vielleicht finden wir nur so heraus, was aus ihr geworden ist.«

»Ich weiß nicht, wo sie ist«, erwiderte das Mädchen.

»Das ist mir klar.« Allmählich verlor Katya die Geduld. »Aber wenn Sie mir erzählen, was sie hier gemacht hat, finden wir sie möglicherweise.«

Das Mädchen stand auf und stützte die Fingerspitzen auf den Tisch. Ihre Hand zitterte. »Ihre Leute haben ein unschuldiges Mädchen ins Gefängnis gesteckt«, entgegnete sie. »Sie heißt Carmelita Rizal. Wenn Sie mehr Informationen wollen, reden Sie mit ihr.« Sie marschierte davon. Katya stand auf und folgte ihr.

»Wer ist Carmelita Rizal?«, fragte sie.

Die Frau wirbelte zu ihr herum. »Fassen Sie mich nicht an!«, kreischte sie. Als einige Passantinnen sich umwandten und Katya anstarrten, wich sie zurück. Die Frau rannte davon und tauchte in der Menge unter.

Eine kurze Suche in den Datenbanken ergab, dass eine Frau namens Carmelita Rizal derzeit im Briman-Frauengefängnis in Dschidda festgehalten wurde. Katya ging zu Ibrahims Büro, doch die Tür war abgeschlossen, und drinnen war alles dunkel. Sie sah nicht einmal Daher an seinem üblichen Platz an der Kaffeemaschine im Flur.

Am liebsten wäre sie selbst ins Frauengefängnis gefahren. Sie spürte dieselbe Ungeduld, die sie schon den ganzen Tag verfolgte. Doch Ayman ging nicht ans Telefon, und das Geld reichte nicht mehr für ein Taxi. Außerdem war sie nicht sicher, ob man sie im Gefängnis überhaupt vorlassen würde. Sie musste mit Ibrahim sprechen. Er war der Einzige, der diskret ein Treffen arrangieren konnte.

Ärgerlich ging sie nach oben ins Labor.

ꙮ 31 ꙮ

Zwei Kollegen in Zivil hatten Hajar am Samstagmorgen endlich abgefangen, als er im Büro erschienen war, um seinen »Bonus« abzuholen.

Wenn man Hajar gegenübersaß, wirkte er sogar noch verstörender, als anhand der Fotos zu vermuten war. Bei seinem ersten Einsatz in der Mordkommission hatte ein vorgesetzter Kollege Ibrahim erklärt, man erkenne einen Psychopathen stets daran, dass zu viel Weißes am oberen Rand seiner Augen zu sehen war. Dabei handle es sich nicht um einen bewusst gewählten Augenausdruck, sondern um einen dauerhaften, möglicherweise genetisch bedingten Zustand. Wenn das stimmte, dachte Ibrahim, lag es vermutlich daran, dass Psychopathen so viel Zeit damit verbrachten, andere Leute hasserfüllt anzustarren. Als er nun Hajar am Tisch gegenübersaß, fühlte er sich, als würde er bei lebendigem Leibe aufgefressen.

Während Hajar zum Revier gebracht wurde, durchsuchte die Polizei seine Wohnung. Er hatte gesagt, er habe ein kleines Zimmer im Souterrain eines Hauses in Kandara, unweit der Sitteen Street Bridge, gemietet.

Und nun hatte Ibrahim ihn vor sich.

»Wie lange wohnen Sie schon in Kandara?«, fragte Ibrahim.

Hajar zuckte nicht mit der Wimper.

»Lesen Sie dort die Frauen auf?« Ibrahim wartete ab.

Hajar rührte sich nicht.

»Sie können ruhig antworten. Wir kriegen Sie sowieso wegen Mordes dran.«

»Es ist falsch, Menschen zu töten.« Trotz seines ruhigen und ausdruckslosen Tonfalls und des starren, haifischähnlichen Blicks, mit dem er Ibrahim fixierte, strahlte er eine stille, todbringende Wut aus. Inzwischen verstand Ibrahim, warum dieser Mann so verstörend auf Imam Arsheedy gewirkt hatte.

Er schlug eine Akte auf und holte zwei Fotos von May Lozano heraus. Das eine zeigte sie lebend, das andere tot. Er legte ein drittes Foto daneben, das von Amina al-Fouad.

»May Lozano«, sagte er und deutete auf das Foto, »wurde von einem Mann entführt, der einen Rettungswagen des Roten Halbmonds fuhr. Genau wie der, der vor Ihrem Haus steht. Wir haben die Schlüssel zum Wagen in Ihrem Wohnzimmer gefunden. Mir erscheint es sehr seltsam, dass Sie überhaupt ein solches Fahrzeug besitzen.«

Hajar schien unbeeindruckt.

»Amina al-Fouad«, sprach Ibrahim weiter, »wurde mit einem Taxi vor dem Jamjoom Center entführt. Wir wissen, dass Sie regelmäßig dort Fahrgäste aufnehmen.«

Dann legte Ibrahim ein Foto von Maria Reyes auf den Tisch und wartete auf Hajars Reaktion. Doch zu seiner Bestürzung erfolgte keine. »Alle diese Frauen wurden in der Umgebung der Sitteen Street Bridge entführt, die nicht weit von Ihrer Wohnung ist.« Das stimmte zwar nicht, aber er war neugierig, was Hajar dazu sagen würde. Wieder herrschte nur Schweigen. »Und dann hätten wir auch noch das hier.« Er schob eine andere Akte über den Tisch und klappte sie auf. Sie enthielt Hajars Vorstrafenregister. »Sie sind wegen Belästigung von Frauen vorbestraft.«

Hajar würdigte die Akte keines Blickes.

»Wo waren Sie am Sonntagnachmittag vor drei Wochen?«, erkundigte sich Ibrahim.

»Keine Ahnung. Wahrscheinlich habe ich gearbeitet.« Hajars Stimme klang monoton.

»Erinnern Sie sich an Ihre Fahrgäste? Könnte jemand bestätigen, wo Sie sich aufgehalten haben?«

Als Hajar nicht antwortete, sprach Ibrahim weiter. »Also haben Sie auch kein Alibi?«

Es klopfte leise an der Tür. Majdi kam mit einer weiteren Akte herein. Er beugte sich vor und flüsterte Ibrahim etwas ins Ohr, bevor er wieder ging. Ibrahim klappte die neue Akte auf.

»Die Spurensicherung hat bereits Blut und Haare hinten in Ihrem Transporter sichergestellt.«

Zum ersten Mal zeigte sich Selbstzufriedenheit in Hajars Gesicht. »Es ist ein Rettungswagen.«

»Man hat die Spuren ganz hinten an der Rückwand des Fahrzeugs entdeckt«, entgegnete Ibrahim. »Die meisten Verletzten werden mit einer Trage in den Rettungswagen geschoben. Das Blut befand sich aber nicht in der Nähe der Trage, sondern dort, wo man es erwarten würde, wenn Sie eine Frau mit dem Gesicht gegen die Wand geschlagen haben. Es war ziemlich dicht unterhalb des Fahrzeugdachs. Also stand sie wahrscheinlich. Vielleicht hat sie sich ja gewehrt.«

Da war es. Ibrahim spürte, dass Hajar zum ersten Mal ängstlich vibrierte.

Im nächsten Moment ertönten Geräusche vor der Tür. Sie öffnete sich, und Chief Riyadh kam herein. Ibrahim bemerkte sofort, dass etwas im Argen lag. Als Ubaid und zwei andere Männer von der Abteilung für verdeckte Ermittlungen hinter ihm auf dem Flur erschienen, erstarrte er.

Mit einer Kopfbewegung wies Chief Riyadh auf die Tür. Ibrahim stand auf.

»Warum gehen wir nicht in mein Büro«, sagte Chief Riyadh, als sie auf dem Flur standen. Es war keine Frage. Sie folgten ihm wortlos. In zwei langen Minuten der Furcht bildeten Ungläubigkeit und Schicksalsergebenheit eine seltsame Schicht um Ibrahim. Er wusste, dass sie seinetwegen hier waren und dass sie etwas gefunden hatten. Und er erkannte an Chief Riyadhs Gesichtsausdruck, dass man ihm den Engel-Fall entzogen hatte. Nur, dass er es noch immer nicht glauben konnte. Die Situation erschien aberwitzig, als sie sich alle vor Riyadhs Schreibtisch setzten und Ubaid mit seiner zarten, fast schmeichlerischen Stimme das Wort ergriff. »Wir haben Hinweise darauf gefunden, Inspector Zahrani, dass Ihre Beziehung zu Miss Sabria Gampon um einiges intimer war, als Sie uns bei unserem letzten Gespräch glauben machen wollten.«

»Ich bin nicht sicher, ob ich verstehe, was Sie meinen.« Seine Stimme klang, als sei sie kilometerweit entfernt.

»Nun, ich möchte nur ungern ins Detail gehen, aber wir haben eine ausreichende Menge biologischer Spuren entdeckt, die belegen, dass Sie sich im letzten Monat in ihrer Wohnung aufgehalten und das Bett mit ihr geteilt haben.« Es schien Ubaid zu ärgern, so etwas laut aussprechen zu müssen, als ob diese Pflicht – obwohl es in einem Büro bei geschlossenen Türen geschah – etwas sei, das Ibrahim ihm hätte ersparen sollen. *Das Bett mit ihr geteilt.* Wenn er in seinem Schreck nicht wie erstarrt gewesen wäre, hätte er vielleicht »Offen gestanden habe ich mehr mit ihr geteilt als nur ihr Bett« entgegnet, nur um die Reaktion in Ubaids Visage zu sehen.

Riyadh wirkte enttäuscht und ein wenig verschnupft, was auch sein gutes Recht war. Immerhin war er im Begriff, seinen Chefermittler in seinem wichtigsten Fall zu verlieren.

»Ich glaube, als Polizist wissen Sie«, fuhr Ubaid fort, »dass man von uns erwartet, Sitte und Anstand zu wahren – vielleicht sogar noch mehr als vom Durchschnittsbürger, denn schließlich vertreten wir das Gesetz. Ich habe diese Beamten angewiesen, Sie in Haft zu nehmen. Natürlich diskret. Und im Namen der Diskretion werden wir Sie in eine der privaten Einrichtungen in der Nähe des Reviers bringen, damit Sie uns ein paar Fragen beantworten.«

Offenbar wollten sie nicht, dass er sich im selben Gebäude aufhielt wie sein Bruder. Sicher wusste Omar noch nichts davon.

Riyadh sah aus, als hätte er am liebsten protestiert. Aber was hätte er sagen sollen? *Ich brauche diesen Mann, er ist der Einzige, der den Engel-Fall aufklären kann.* Es gab auch andere Polizisten, die sich vermutlich besser dafür eigneten, wenn sie auch weniger flexibel waren. Ein durchsetzungsfähiger Polizeichef hätte vielleicht mit der Faust auf den Tisch geschlagen und mit Leidenschaft ausgerufen, dass Tugendverbrechen doch wirklich zweitrangig seien, solange in dieser Stadt ein gefährlicher Serienmörder sein Unwesen treibe. *Könne das denn nicht warten?* Doch Riyadh war nicht aus diesem Holz geschnitzt, und man konnte es ihm auch nicht zum Vorwurf machen. Er hätte sich gegen eine Macht aufgelehnt, die zu stark für einen einzelnen Mann war.

Ubaid stand rasch auf und gab seinen Männern ein Zeichen. Sie umzingelten Ibrahim, der sich artig erhob. Kurz spielte er mit dem

Gedanken zu fliehen, aber das wäre sinnlos gewesen. Er hätte den Rest seines Lebens auf der Flucht verbracht – vor seiner Frau, vor der Abteilung für verdeckte Ermittlungen und ihrer Engstirnigkeit, vor dem guten Ruf seines Bruders und den Auswirkungen seines Verhaltens auf dessen Karriere und zu guter Letzt vor seiner Pflicht, Sabria zu finden. Als die Männer ihn hinausführten, wurde ihm klar, dass es nicht das Versteckspiel war, das er satthatte. Sein Bauchgefühl, sein Instinkt, dem er immer vertraute, sagte ihm einfach nur, dass das Spiel aus war.

32

Als Katya am Sonntagmorgen in den Konferenzraum kam, stellte sie fest, dass ihr Schreibtisch verschwunden war. Der schwarze Vorhang war entfernt worden, die Stangen lehnten an der Wand. Auch die vielen Kartons voller Akten und das von ihr sortierte Material hatten sich in Luft aufgelöst. Sie stand da wie erstarrt.

Nachdem sie sich wieder gefasst hatte, kehrte sie in den Flur zurück. Sie fühlte sich aufgebracht, hilflos und zornig. Vor Ibrahims Bürotür bemerkte sie einige Polizisten. Doch im nächsten Moment rief jemand ihren Namen. Es war Adara.

»Ich habe im Labor etwas für dich«, sagte sie.

»Oh«, erwiderte Katya. »Ich komme in ein paar Minuten runter.«

»Warum nicht jetzt gleich?«

Gehorsam trottete sie hinter Adara her zum Aufzug. »Ibrahim Zahrani wurde gestern Abend verhaftet«, begann Adara, sobald die Türen sich hinter ihnen geschlossen hatten. »Man wirft ihm Ehebruch vor.« Katya schwindelte es. »Offenbar hat er mit einer ehemaligen Mitarbeiterin aus der Abteilung für verdeckte Ermittlungen geschlafen, einer Frau, die seit Kurzem vermisst wird. Chief Riyadh hat den Engel-Fall Mu'tazz übergeben.«

»Das kann nicht …« Es verschlug Katya die Sprache. »*Was?*«

Die Tür öffnete sich, und sie verließen den Aufzug. Als sie am Autopsiesaal für Männer vorbeikamen, sah Katya Abu-Musa friedlich an seinem Schreibtisch sitzen. Er las ein Buch und trank dazu Tee.

»Wer steckt dahinter?«, flüsterte sie.

»Ein paar Männer von den verdeckten Ermittlungen«, erwiderte Adara.

»Bist du sicher, dass niemand von der Mordkommission darin verwickelt ist?«

Adara antwortete erst, nachdem sich die Tür des Autopsiesaals für Frauen hinter ihnen geschlossen hatte.

»Abu-Musa hatte keinen Grund, ihn anzuschwärzen, wenn du das meinst«, sagte sie.

»Abu-Musa war nicht an dem Fall beteiligt, richtig?«

»Richtig«, bestätigte Adara. »Alle Leichen waren weiblich, und die rührt er natürlich nicht an. Er steht nur Wache, damit es auch sonst niemand tut. Eigentlich sollten wir angesichts der Situation dankbar dafür sein.«

Katya setzte sich auf den einzigen Stuhl im Raum. »Ich kann es einfach nicht fassen.«

»Die Sache mit Zahrani?«

»Ja. Er leitet diese Ermittlungen!«

»Ich weiß.« Adara lehnte sich an die Arbeitsfläche.

»Verdammt!« Katya spürte, wie ihr die Tränen in die Augen stiegen. »Deshalb wurde mein Arbeitsplatz im Konferenzraum abgebaut. Mu'tazz will nicht, dass eine Frau an dem Fall arbeitet.« Als sie zu Adara aufblickte, erwartete sie, einen aufmunternden Gesichtsausdruck zu sehen, wie damals bei ihrer Mutter, wenn Katya sich selbst bemitleidet hatte. Doch stattdessen erkannte sie Mitgefühl.

»Ich weiß über Zahranis Freundin Bescheid und auch, wie sie verschwunden ist«, sagte Katya. »Er hat nichts damit zu tun. Er hat sie gesucht, und ich habe ihm dabei geholfen.«

Adara wirkte eher neugierig als erstaunt.

»Wir haben noch immer keine Ahnung, was ihr zugestoßen sein könnte. Ich habe eine Frau ausfindig gemacht, mit der sie sich im Chamelle-Einkaufszentrum getroffen hat. Und diese Frau hat mich wiederum an eine andere Frau verwiesen, die derzeit im Gefängnis sitzt. Angeblich könne sie mir alles erklären. Ich habe darauf gewartet, dass Zahrani mir Zutritt zum Gefängnis verschafft. Von der Frau habe ich ihm noch nicht erzählt.«

»Nun, das kannst du jetzt auch nicht mehr. Er ist irgendwo in einem Vernehmungszentrum.«

»Was passiert jetzt mit ihm?«, fragte Katya.

»Offenbar reichen die Beweise, um ihn wegen Ehebruchs zu verurteilen. Majdi hat von Osama erfahren, dass die Männer, die ihn anklagen, religiöse Fanatiker und auf einem Kreuzzug sind. Sie suchen jemanden, an dem sie ein Exempel statuieren können. Er kennt diese Leute aus seiner Zeit bei den verdeckten Ermittlungen, und anscheinend hat es damals böses Blut gegeben.«

»Wird er vor Gericht gestellt?«

»Das glauben wenigstens die anderen.«

»Das ist ja Wahnsinn!« Katya schlug die Hände vors Gesicht. »Allah, ich kann einfach nicht mehr. Ich arbeite Zehnstundenschichten und nehme noch Akten mit nach Hause. Ich weiß, dass ich das nicht darf, aber sonst werde ich mit der Arbeit nicht fertig. Gleichzeitig muss ich mich um den Haushalt, meinen Vater und meinen Cousin kümmern … Ich schlafe etwa vier Stunden pro Nacht. Und außerdem« – sie sah Adara an – »außerdem heirate ich nächsten Monat. Entschuldige, dass ich es dir nicht gesagt habe, es ist nur … ich habe noch nicht einmal ein Kleid.«

Sie brach in Tränen aus. Es war ihr so peinlich, dass sie das Gesicht in den Händen vergrub. Adara tätschelte ihr die Schulter.

»*La hawla wa la kuwata illa billah*«, sagte sie. »Es gibt keine Kraft oder Macht außer Allah.«

Katya nickte nur, weil sie in ihrer Verzweiflung kein Wort herausbrachte.

»Und du hast Seine Kraft.« Adara nahm die Hände weg. »Ich freue mich, dass du Zahrani geholfen hast.«

Katya zwang sich zu einem Lächeln. »Tut mir leid. Ich sollte jetzt nicht weinen.«

»Kein Problem.«

»Du erzählst es doch niemandem, oder?«

»Natürlich nicht«, erwiderte Adara. »Aber dafür will ich zur Hochzeit eingeladen werden.«

Katya lächelte. »Wird gemacht.«

Adara reichte ihr ein Taschentuch, damit sie sich das Gesicht abwischen konnte.

»Ich muss zu dieser Frau im Briman-Gefängnis«, sagte sie. »Ich bin sicher, dass sie etwas über Sabria weiß. Vielleicht ist es wichtig für Zahrani, dass ich es herausfinde. Ich habe nur keine Ahnung, wie ich dort hineinkommen soll.«

»Da brauchst du sicher eine Genehmigung«, meinte Adara. Sie drehte sich zur Arbeitsfläche um und fing an, einen Karton mit Gerätschaften auszupacken. »Und mir fällt nur ein Mensch ein, der im Moment bereit wäre, dir eine zu beschaffen. Aber dazu musst du ihm anvertrauen, was du weißt.«

»Wer ist es?«

»Waseem Daher.«

»Das soll wohl ein Scherz sein.« Katya stand auf. »Der würde mich sofort als Ehebrecherin anzeigen, nur weil ich mit ihm geredet habe. Welche Folgen hätte das wohl für Zahrani?«

Adara bedachte sie mit einem tadelnden Blick. »Was weißt du über Waseem Daher?«

»Dass er ein Idiot ist.«

»Als Daher sechs war, starb sein Vater bei einem Autounfall, weil Daher auf dem Rücksitz zu viel Lärm gemacht hat.« Sie verzog das Gesicht. »Ich glaube, der Lieutenant wäre bereit, ein Telefonat für dich zu erledigen, insbesondere, wenn er damit vielleicht seine liebste Vaterfigur entlastet.«

Katya setzte sich wieder. Ihre Wut hatte sich noch nicht gelegt. Sie konnte sich Dahers selbstzufriedenes Grinsen schon vorstellen, wenn er erfuhr, dass man sie aus dem Konferenzraum geschmissen hatte.

»Wolltest du mir wirklich etwas zeigen?«, fragte sie.

»Reicht dir die Sache mit Inspector Zahrani nicht?«

Im Vernehmungszimmer war es kühl, was ein Luxus gewesen wäre, wenn er nicht schon so gefroren hätte. Es war eine Kälte, die dem eisigen Trotz in seinem Herzen entsprach. Er würde ihnen kein Sterbenswörtchen verraten. Und offen gestanden wäre es beleidigend gewesen, wenn sie ihn danach gefragt hätten. Wer wegen Ehebruchs angeklagt war, legte niemals ein Geständnis ab. Jeder wusste, dass der Staat vier

Zeugen brauchte, um etwas zu beweisen. Vier Zeugen, die den Akt tatsächlich gesehen hatten. Selbst wenn sie Fotos und DNA-Proben vorlegten, würde ihn kein Richter ohne Zeugen verurteilen. So hieß es in der Scharia. Und aus dem Rest würde er sich herauswinden können.

Anfangs war es ihm unvorstellbar erschienen, dass er überhaupt vor Gericht kommen würde. Doch als die Stunden vergingen und es immer kälter im Raum wurde, dämmerte Ibrahim langsam, dass sie ihn gar nichts fragen würden, weil sie bereits alles hatten, was sie brauchten. Sicher hatten sie Sabrias Nachbarn bestochen oder bedroht, damit sie gegen ihn aussagten. Denn Ubaid war fest entschlossen, ihn zur Strecke zu bringen.

Am Abend führten die Wachen ihn in eine Arrestzelle, wo man ihm eine warme Mahlzeit, eine Ausgabe des Koran und eine Fernbedienung zur Regelung der Klimaanlage gab. Inzwischen war er wütend. Sie hatten ihm eine Vernehmung angekündigt. Wo waren sie? Am nächsten Morgen kurz vor dem Ruf zum ersten Gebet kehrten die Wachen zurück, um ihm einen Gebetsteppich und Wasser für die Waschungen zu bringen, was er annahm. Danach wurde er wieder ins Vernehmungszimmer geführt, wo er allein saß und wartete.

Inzwischen steigerten seine Ängste sich ins Unermessliche, und es gelang ihm nicht, sie zurückzudrängen. Er wusste, dass sie Sabria gefunden hatten. Sie war tot. Erwürgt, erschlagen, erschossen. Und sie hielten ihn für den Mörder. In diesen Minuten schusterten sie Beweise gegen ihn zusammen. Sie würden behaupten, er habe von ihren Beziehungen zu anderen Männern gewusst. Er habe sie mit einem Freier im Bett ertappt, sie in einem Anfall von Eifersucht getötet und die Leiche versteckt. Anschließend habe er die Polizei belogen und, was noch schlimmer war, ihr Verschwinden nicht gemeldet. Sicher war ihnen klar, dass er deswegen keine Vermisstenanzeige erstattet hatte, weil er sich damit als Ehebrecher verraten hätte.

In ihren Augen war das alles absolut plausibel. Wenn ein Mann schon ein Ehebrecher war, warum dann nicht gleich auch ein Mörder? Seine Phantasie ging derart mit ihm durch, dass er selbst überrascht war, als ihm kurz nach dem Mittagessen einfiel, dass es für Sabrias Tod überhaupt keine Beweise gab. Das war das Problem mit der Angst – sie vernebelte einem das Hirn. Er konnte nicht mehr feststellen, ob es sein Bauchgefühl oder einfach nur Paranoia war, die sich dort eingenistet hatte, wo sonst seine Instinkte zu ihm sprachen. Er schloss die Augen und versuchte, sich zu beruhigen. Unmöglich. War sie tot, oder war er schlicht und ergreifend in Panik?

Er hatte zwei Packungen Zigaretten geraucht und wollte gerade um eine dritte bitten, als die Tür aufging. Ein Wachmann stand auf dem Flur. Die Stimmen waren gedämpft.

Seine Schwester Hamida kam herein. Er hatte sie noch nie in einem Polizeirevier gesehen, was ihm inzwischen seltsam erschien. Sie gehörte zu den Frauen, die sich kühn überall Zutritt verschafften.

Da sie zwölf Jahre älter war als er, war sie für ihn mehr eine Mutter, als seine eigene Mutter es je gewesen war. Die Winter verbrachte sie in Saudi-Arabien, traf für gewöhnlich im Oktober ein und blieb bis März. Hamida hatte einen Palästinenser geheiratet, der sechs Kinder mit ihr gezeugt hatte, bevor er mit einer jüngeren Frau durchgebrannt war. Seitdem war sie auf die Großzügigkeit ihrer Familie angewiesen, weshalb sie jeden Winter zwischen zwei Dutzend Haushalten pendelte, stets nur eine Woche blieb und sich aus allem heraushielt. Da man sie so nur in kurzen, harmlosen Dosen zu Gesicht bekam, war jeder gegen ihre Anwesenheit immun, sodass sie es geschafft hatte, sich nun schon seit fast zwanzig Jahren von ihrer Verwandtschaft durchfüttern zu lassen.

Wenn Hamida Ibrahims Familie einen Besuch abstattete, fand Jamila immer einen Grund, sich über sie zu beschweren. Doch Ibrahim liebte sie. Sie war die einzige Frau, die er kannte, der man mit Männern, Burkas, Gebetszeiten oder Anstandsregeln den Buckel runterrutschen konnte. »Was interessiert es mich, wo Mekka liegt«, pflegte sie zu sagen. »Wir leben auf einer Kugel. Ganz gleich, in welche Richtung ich den Kopf halte, ich schaue immer nach Mekka.«

Er stand auf, um sie zu begrüßen. Vor Rührung fehlten ihm die Worte.

Sie musterte ihn leicht spöttisch. »Du darfst nach Hause gehen«, verkündete sie. »Du stehst zwar unter Hausarrest, aber wenigstens musst du nicht mehr hier herumsitzen. Omar hat das eingefädelt.«

Er wusste, dass Hamida der einzige Mensch auf der Welt war, der immer auf seiner Seite stehen würde, ganz gleich, was auch geschah. Tränen traten ihm in die Augen.

»Ich habe denen gesagt, dass ich dich nach Hause fahre«, fügte sie hinzu.

Er lachte auf und drückte sie an sich, damit sie ihn nicht weinen sah.

Der Wachmann kam herein und ließ ihn den Empfang seiner Habe quittieren, die nur aus Mobiltelefon und Brieftasche bestand. Die Dienstmarke hatten sie ihm schon auf dem Revier abgenommen. Der Wachmann führte sie auf einem Weg nach draußen, auf dem sie sicher niemandem begegnen würden.

»Ich dachte, du wärst in Gaza«, meinte er.

»Ich bin heute erst angekommen.«

»Du wohnst doch bei uns, oder?«

»Zuerst bei Omar. Du weißt ja, wie er sein kann«, erwiderte sie.

Es wunderte ihn nicht, dass Omar das in die Wege geleitet hatte. Allerdings breitete sich Angst in ihm aus. Er konnte sich nicht vorstellen, dass Omar unbeschadet aus dieser Angelegenheit hervorgehen würde. Ganz im Gegenteil würde ihn dieser Skandal wahrscheinlich den Job oder zumindest seinen Posten in der Abteilung kosten. Seinem Bruder beizustehen und gleichzeitig der Tugendhaftigkeit in einer Abteilung das Wort zu reden, wo zunehmend Männer wie Ubaid das Sagen hatten, war eigentlich ein Ding der Unmöglichkeit.

Vor dem Gebäude stand ein ziviles Polizeifahrzeug am Randstein. Sie stiegen hinten ein. Vorn saßen zwei uniformierte Polizisten, die sich nicht zu ihm umdrehten.

»Bringen Sie uns nach Kilo Seven«, befahl Hamida herrisch. Am liebsten hätte er sie geküsst.

Er wagte nicht, sich auszumalen, was ihn zu Hause erwartete, und dankte Gott dafür, dass er so eine Schwester hatte. Seit ihr Mann sich aus dem Staub gemacht hatte, führte sie ein freies Nomadenleben. Es ging darin zwar oft drunter und rüber, doch die restliche Familie hatte allen Grund, ihr dafür dankbar zu sein. Wenn einem die Gesprächsthemen ausgingen, war da immer Hamida. Bei wem wohnte sie gerade? Schliefen sie und ihre Kinder in einem Bett oder auf einer Matte? Bekam sie genug zu essen? Warum, um Himmels willen, war sie nach Palästina zurückgekehrt? Sie besaß zwar in Gaza eine Hütte in einem großen Obsthain, doch wenn man sie danach fragte, erwiderte sie stets, dass sie nie im Haus übernachte. Sie breite lieber eine Matte unter den Zitronenbäumen aus. Es sei sicherer so. (»Wer hat schon mal von einem Israeli gehört, der einen Baum bombardiert?«)

Das Haus trug viel zu dem Mysterium bei, das Hamida umrankte. Eine Frau, die ein Haus in Palästina unterhielt und tatsächlich dort lebte, war automatisch eine Heilige. Wenn sie nach Gaza zurückkehrte, brach unter den Frauen helle Aufregung aus. *Allah, sie wird umkommen! Jemand wird sie erschießen! Und als Nächstes bombardieren sie auch Bäume, ihr werdet es sehen!* Mitleid und Sorge übertünchten ausgezeichnet etwas, das sie niemals zugegeben hätten – nämlich, dass sie sie glühend beneideten. *Diese Hamida*, sagten sie. *Ständig unterwegs. Entwurzelt! Und jetzt, da ihre Söhne erwachsen sind, hat sie nicht einmal mehr einen Mann im Haus, mash'Allah, sicher ist sie einsam!* Und dennoch liebte Hamida dieses Leben. Und Ibrahim konnte sich keinen besseren Schutzschild gegen den Zorn seiner Familie vorstellen als ihre pracht- und kraftvolle Würde, die ihn zurück nach Hause geleitete.

Daher war nicht im Konferenzraum. Er hatte kein eigenes Büro, sondern nur einen kleinen Schreibtisch in einem Nebenzimmer hinter den Whiteboards. Als Katya einen Blick hineinwarf, war niemand da. Es war neun Uhr morgens. Eigentlich hätte es nun, da Mu'tazz das Kommando übernommen hatte, hier hoch hergehen sollen, da die Aufgaben neu verteilt werden mussten. Nur zwei junge Kollegen saßen in einem Büroverschlag und spielten mit bedrückten Mienen an ihren Mobiltelefonen herum. Sie achteten nicht auf sie.

Als Katya ins Labor zurückkehrte, wartete Charlie vor der Tür.

»Ich habe gehört, was passiert ist«, sagte Charlie. »Chief Riyadh hat mich gerade in sein Büro geholt und mir erklärt, dass Mu'tazz jetzt die Ermittlungen leitet.«

»Ich muss mit Daher sprechen«, erwiderte Katya. »Hast du ihn gesehen? Es geht um Inspector Zahrani.«

»Nein«, antwortete Charlie. »Aber ich helfe dir suchen.«

Charlie marschierte voraus nach oben zu Chief Riyadhs Büro. Als sie den Kopf zur Tür hineinsteckte, blickte der Polizeichef auf. »Ja, Dr. Becker?« Sein Tonfall klang gequält.

»Ich suche Lieutenant Daher«, sagte sie. »Er hatte irgendwelche Informationen für mich.«

»Ich glaube, er ist noch nicht da.«

Sie gingen wieder in die Vorhalle, wo Charlie auf den Haupteingang zusteuerte. Hier gab es eine Sicherheitsschleuse, durch die die meisten Mitarbeiter das Gebäude vom Parkhaus her betraten. Die beiden Frauen bezogen Posten und warteten.

Männer kamen herein, sahen sie neugierig an und wandten dann betont höflich den Blick von Charlies unbedecktem Haar ab. Eine Viertelstunde später erschien Daher in Begleitung zweier uniformierter Polizisten.

»Lieutenant Daher«, begann Charlie. »Wir müssen mit Ihnen reden.«

Er wirkte überrascht. Die anderen beiden Männer trollten sich verlegen, als Charlie Daher am Arm berührte. Er musterte sie tadelnd.

»Wir brauchen Ihre Hilfe«, sagte Charlie. »Es geht um Inspector Zahrani.«

»Was ist mit ihm?«

Charlie gab Katya ein Zeichen, es ihm auf Arabisch zu erklären.

»Zahrani wurde letzte Nacht verhaftet«, verkündete Katya. »Er wird des Ehebruchs verdächtigt.«

»Ich weiß.« Daher erbleichte. »Was wollen Sie?«

Katya wartete, bis sich zwei Männer aus ihrer Hörweite entfernt hatten. »Ich brauche Zugang zum Briman-Frauengefängnis«, flüsterte sie. »Ich muss mit einer der Gefangenen dort sprechen. Sie weiß etwas Wichtiges über die Frau, mit der Zahrani sich angeblich getroffen hat.«

»Was?«, zischte er und trat einen Schritt auf sie zu. »Woher haben Sie diese Informationen?«

»Zahrani war bekannt, dass die Frau verschwunden ist. Sie haben zusammen in der Abteilung für verdeckte Ermittlungen gearbeitet. Er hat mich gebeten, einige Nachforschungen für ihn anzustellen, weil sie in einem Einkaufszentrum nur für Frauen gearbeitet hat, sodass er nicht selbst hingehen konnte.« Ihr war klar, wie fadenscheinig das klang. Ibrahim hatte auf eigene Faust ermittelt? Und das parallel zum Engel-Fall? Und ohne es seinem wichtigsten Mitarbeiter zu erzählen?

»Mir gegenüber hat er es nie erwähnt«, entgegnete Daher.

»Können Sie mir helfen, Zutritt zum Briman-Gefängnis zu bekommen, oder nicht?«

»Nein«, sagte er. »Und wenn Sie klug sind, gehen Sie nach oben in Ihr Labor und machen sich an die Arbeit, bevor Mu'tazz erfährt, dass Sie hier unten Ihre Zeit vergeuden. Dann könnte er Sie nämlich rausschmeißen.«

Er nickte Charlie steif zu und stolzierte davon.

Die Polizisten ließen Ibrahim vor seinem Haus aussteigen. Von seinen Nachbarn war zwar nichts zu sehen, doch ein Stück die Straße hinauf standen zwei verschleierte Frauen und unterhielten sich.

Er erkannte das Auto seines Schwagers, einen großen weißen Geländewagen mit eingedrückter hinterer Stoßstange. Es parkte direkt vor der Tür. Jamilas Bruder Rahman war ein Moralapostel, dessen einziger Lebensinhalt darin bestand, die Ehre der Familie aufrechtzuerhalten – also auch die seiner Schwester. Beim Anblick des Wagens hätte Ibrahim sich ohrfeigen können, weil er so dumm gewesen war, nach Hause zu kommen. Rahman würde sich sicher die Hände reiben: Der reuige Sünder kehrte auf Knien nach Hause zurück, um sich bei seiner betrogenen Ehefrau zu entschuldigen. Wahrscheinlich wäre er besser in seiner Zelle geblieben.

Er hatte keine Ahnung, was man seiner Familie gesagt hatte. Gerne hätte er Hamida gefragt, doch es war ihm zu peinlich, die Wahrheit in Gegenwart der beiden Polizisten zu hören.

Nachdem sie alle ausgestiegen waren, hakte Hamida ihn unter, und sie gingen ins Haus. Wenigstens hatten sie ihm keine Handschellen angelegt. Die Polizisten folgten ihnen wortlos. Er wusste nicht, was ihn oben erwartete, doch auf halbem Wege die Treppe hinauf begannen seine Knie zu zittern. Hamida blieb neben ihm stehen.

Er konnte keinen klaren Gedanken fassen. Nur ein einziger Satz ging ihm im Kopf herum, und der tat so weh, dass er ihn nicht aussprechen konnte. *Wissen sie es?* Er warf einen Blick auf Hamida, doch die war damit beschäftigt, die Polizisten unter ihnen auf der Treppe herablassend zu mustern.

Natürlich wissen sie es, dachte er. *Wie könnte es anders sein?*

Auf dem Treppenabsatz über ihnen öffnete sich eine Tür. Aqmar kam heraus. Als er Ibrahim ansah, verriet seine Miene alles.

Du hast uns enttäuscht.

»Tante«, sagte Aqmar lächelnd. »*Ahlan w'sahlan.*«

Sie ließ Ibrahim stehen, ging, um Aqmar zu begrüßen, und sah ihn mit bedeutungsschwerer Miene an. Zwei Staffelläufer, die einander den Stab übergaben. Sie setzte den Weg nach oben in Jamilas Höhle fort.

Aqmar konnte seinem Vater nicht in die Augen schauen. »Du bleibst bei mir«, verkündete er.

»Ich sollte besser raufgehen und mit deiner Mutter reden«, erwiderte Ibrahim.

»Onkel Rahman ist da«, antwortete Aqmar.

»Dann rede ich eben auch mit ihm.«

»Sie wollen dafür sorgen, dass du geköpft wirst.«

Ihre Blicke trafen sich, und Ibrahim erkannte, dass sein Sohn Angst hatte.

»Gut«, meinte er und winkte Aqmar in die Wohnung. »Dann warten wir.«

33

Wahrlich, wir haben alle Dinge nach einem bestimmten Ratschluss erschaffen.

Das hatte der Täter damals, 1989, in Blut geschrieben. Colonel Sa'ud hatte den Satz zitiert, und zwar als »Wir haben alle Dinge nach einer Ordnung erschaffen.« Es hätte aber »Ratschluss« heißen müssen, denn das war das Wort, das im Koran stand. Seit sie das Haus des Colonels verlassen hatten, studierte Nayir die Fotos in der Akte, die er ihnen gegeben hatte. Und der Mörder hatte tatsächlich »Ordnung« geschrieben. Er hatte den Koran falsch zitiert. Ganz zu schweigen davon, dass er den Islam an sich mit Füßen trat, hatte er damit auch etwas Wichtiges über sich verraten.

Ordnung.

In letzter Zeit hatte Nayir seltsame, verstörende Gedanken. Er sagte sich, dass das bei einem Mann, der wegen seiner bevorstehenden Hochzeit unter großem Druck stand, etwas völlig Normales war. Er dachte an Gottes Willen. Der Koran betonte immer wieder ausdrücklich, dass nichts geschah, was nicht Gottes Wille war. Darauf folgte immer die unausweichliche Frage: Wie erklärte man dann das Böse? Warum ließ Gott zu, dass ein Serienmörder sein Unwesen trieb?

Und dich in eine Gestalt gefügt hat, die ihm gefiel.

Die Antwort der meisten Imame lautete, dass Gott sich entschieden hatte, einige Menschen vom Pfad der Tugend abweichen zu lassen.

Wir zerstreuten sie unter die Völker der Erde … zwar sind einige von ihnen rechtschaffen, andere aber wieder sind gerade das Gegenteil.

Nur, dass das keine richtige Antwort war, sondern nur die logische Fortsetzung der Vorstellung von der Allmacht Gottes. Aber *warum* hatte Gott beschlossen, manche Menschen auf die schiefe Bahn zu schicken? Inzwischen fiel Nayir keine bessere Erklärung mehr ein, als dass Gott niemals ein Interesse daran gehabt hatte, eine perfekte Welt zu schaffen, da ihm ihre Unvollkommenheit lieber war. So wurde es interessanter. Doch wie konnte er dulden, dass so etwas geschah? Und warum legte Gott dem Teufel eigentlich nicht das Handwerk?

Und dennoch war dieser Mörder, der einer Frau aus reinem Mutwillen die Sicherheit, die Ehre und schließlich auf die abstoßendste Weise das Leben nahm, besessen vom Prinzip Ordnung.

Als er vor dem Revier anhielt, sah er Katya in dem schmalen Streifen Schatten unter dem Betonvordach des Gebäudes stehen. Ihr unverhülltes Gesicht wirkte angespannt.

Sie stieg in den Rover. »Danke, dass du gekommen bist«, sagte sie.

»Kein Problem. Wohin fahren wir?«

»Das wird dir jetzt gar nicht gefallen«, erwiderte sie. »Ich muss ins Briman-Frauengefängnis. Ich kenne den Weg.«

Gefängnis?, dachte er. Etwas in ihm drang noch immer darauf zu glauben, dass sie auch eine Polizistin werden konnte, die an einem Schreibtisch saß, Berichte verfasste und mit anderen Polizistinnen Kaffee trank, ohne das Revier je verlassen zu müssen. Allerdings gab es da noch andere Bilder, die seine Tagträume jäh zerstörten: Katya, die den ganzen Tag mit einem männlichen Kollegen im Auto herumfuhr. Katya, die eine schusssichere Weste anlegte und ihre Pistole durchlud. Katya, die einem brutalen Mörder in einem Vernehmungszimmer gegenübersaß. Katya, die den Teufel selbst zur Strecke brachte.

Beruhige dich, sagte er sich. Bei der Polizei durften Frauen keine Waffen besitzen, nicht Auto fahren oder auch nur ein Fahrrad benutzen. Wie also sollte sie in Schwierigkeiten geraten?

»Geht es um den Serienmörder?«, fragte er.

»Nein«, antwortete sie. »Um etwas anderes.«

Er wartete ab, doch sie kramte in ihrer Handtasche.

»Du siehst ein bisschen abgekämpft aus«, sagte er. Sie hörte auf zu wühlen. »Hast du Lust auf einen Kaffee?«

Sie warf ihm einen müden Blick zu. »Nein, danke.«

Wurde er allmählich paranoid? Bei jeder ihrer Begegnungen wirkte sie verkrampfter, und er wurde den Verdacht nicht los, dass es an der Hochzeit lag. Hatte sie kalte Füße bekommen?

»Wie läuft es mit dem Fall?«, erkundigte er sich.

»Sie haben einen Verdächtigen in Haft.« Sie schien mehr sagen zu wollen, tat es aber nicht.

»Bist du dahintergekommen, ob Mu'tazz dem Chefermittler tatsächlich Informationen verschwiegen hat?«

»Ja, hat er.«

Ihre einsilbigen Antworten steigerten seine Nervosität von Sekunde zu Sekunde. »Und …?«

Sie seufzte auf. »Das ist schwierig zu erklären.«

Kurz darauf hatten sie das Gefängnis erreicht. »Stört es dich, hier zu warten?«, fragte sie.

»Natürlich nicht.«

»Danke.« Und mit diesem Wort sprang sie aus dem Auto.

»Sie müssen verzeihen, wir gestalten gerade einige der Räume um.« Die Gefängnisdirektorin hieß Latifah Matar. Sie war klein und rundlich, bewegte sich rasch und strahlte Selbstbewusstsein und Bodenständigkeit aus. Katya fühlte sich an die Grundschullehrerinnen ihrer Kindheit erinnert, Frauen, die streng, aber auch mütterlich sein konnten. Matar hatte einen großen Spritzer grauer Farbe am Unterarm, der sich auch auf ihr Gewand übertragen hatte, sodass sie nun mit einem feuchten Papierhandtuch daran herumwienerte.

»Das reicht«, verkündete sie, krempelte den Ärmel hinunter und bedeutete Katya, ihr zu folgen. »Kommen Sie mit.«

Nachdem Katya erklärt hatte, dass sie bei der Mordkommission arbeitete und einer kleinen Spur in einem alten Fall nachgehen müsse, hatte sie ohne Probleme die Erlaubnis erhalten, mit einer der Gefangenen zu sprechen. Matar begrüßte es sogar, dass eine ihrer Insassinnen Gelegenheit hatte, eine Frau kennenzulernen, »die ihr Leben im Griff hat«. An einer Sicherheitsschleuse stand eine Vollzugsbeamtin, auf deren Namensschild »Warda« stand. Sie war über eins achtzig groß und so breit gebaut, dass sie auch als Mann hätte durchgehen können. Sie nickte teilnahmslos, als Matar und Katya das Tor passierten.

Im Flur taten sich wahre Wunder auf. Links befand sich ein riesiges Atelier mit Staffeleien, Farbpaletten und fleckigen Kitteln. An den Wänden hingen große Gemälde, die Blumen, Maschinen und seltsame menschenähnliche Gestalten darstellten. Es gab ein Lesezimmer mit Büchern und bequemen Sesseln, wo die Frauen Briefe schreiben konnten. Rechts lag der Schönheitssalon. Durch die Scheibe in der Tür konnte Katya eine Reihe unbenutzter Trockenhauben erkennen. Sechs Frauen waren damit beschäftigt, Nägel zu lackieren und Haare zu schneiden.

»Ich wusste gar nicht, dass Sie hier einen Salon haben«, sagte sie.

Matar schien ihre Reaktion ein wenig naiv zu finden. »Ja«, erwiderte sie. »Unserer Ansicht nach ist es wichtig, den Frauen Kenntnisse zu vermitteln, die sie nach ihrer Entlassung anwenden können.«

Nun war Katya wirklich beeindruckt.

»Ich predige dem Ministerium ständig, dass man eine Frau nicht zurück in die Gesellschaft entlassen kann, wenn sie nicht in der Lage ist, sich selbst zu versorgen«, fuhr Matar fort. »Die meisten dieser Frauen müssen resozialisiert werden. Sie wurden vernachlässigt. Sie haben keine Schulbildung. Und offen gestanden verhindert die Arbeit, dass sie in Schwierigkeiten geraten. Außer dem Salon, Alphabetisierungskursen und Kunstunterricht betreiben wir hier auch noch eine Schwesternschule.«

Plötzlich war Babygeschrei zu hören.

»Und natürlich ist da noch der Kindergarten.« Sie blieben vor einer fensterlosen Tür stehen. »Hier werden wir Miss Rizal finden. Ich muss Sie bitten zu warten.«

Katya nickte wortlos.

Sie fragte sich, ob die Person, die diese Einrichtung betrieb, wohl das Schild an der Tür übersehen hatte, auf dem deutlich »Gefängnis« stand.

Kurz darauf öffnete sich die Tür, und Matar kehrte zurück. »Miss Rizal steht Ihnen jetzt zur Verfügung«, meldete sie.

»Oh«, erwiderte Katya. »Wie freundlich von ihr.«

»Miss Hijazi«, entgegnete Matar streng, »wir möchten unseren

Frauen Verantwortungsgefühl vermitteln. Die meisten dieser Frauen haben moralisch falsche Entscheidungen gefällt. Sie sind weder gestört noch geborene Verbrecherinnen. Wenn sie das von sich glauben, dann nur, weil es ihnen eingeredet worden ist. Deshalb versuchen wir, ihnen beizubringen, sich selbst und andere zu achten.«

»Ja, *Sa'eedi*«, antwortete sie verlegen. Sie hatte ihre Bemerkung nicht sarkastisch gemeint.

»Sehr gut. Dann bringe ich sie jetzt ins Besucherzimmer.«

Mu'tazz hätte sich vor Schadenfreude totgelacht, wenn er gesehen hätte, wie Ibrahim im Wohnzimmer seines Sohnes festsaß, während das Wehgeschrei seiner Frau durch die Decke hallte. Er war hier genauso Gefangener wie in seiner Zelle. Sein Mobiltelefon durfte er nicht benutzen, und jeder, der ins Haus kam, wurde durchsucht. Die arme Constance hatte solche Angst vor den Wachen an der Vorder- und der Hintertür, dass sie sich weigerte, die Wohnung zu verlassen. Aqmar hingegen war verschwunden und nicht mehr zurückgekehrt. Ibrahim fühlte sich elend.

Es war kurz vor dem Zuhrgebet. Ibrahim saß auf dem Sofa und starrte in den Fernseher, wo al-Dschasira lief, als er draußen vor der Tür ein Geräusch hörte. Der Wachmann sprach mit jemandem. Ibrahim spähte durch den Türspion und sah Saffanah im Flur stehen. Sie hatte sich etwa einen halben Meter vor dem Wachmann aufgebaut und neigte den Kopf leicht nach links wie ein Tier, das anzeigen will, in welche Richtung es weitergehen wird.

»Niemand darf hinein, ohne vorher durchsucht zu werden«, wiederholte der Wachmann, nach seinem entnervten Tonfall zu urteilen, vermutlich mindestens schon zum dritten Mal. Doch Saffanah kam einfach immer näher. Offenbar wollte der Wachmann ihr klarmachen, dass sie diese Wohnung nicht betreten würde, da er auf gar keinen Fall bereit sei, eine Frau abzutasten. Saffanah hingegen ließ keinen Zweifel daran, dass sie in Aqmars Wohnung wollte, und zwar ohne sich von einem fremden Mann anfassen zu lassen. Sie sprach ja nicht einmal mit fremden Männern. Eine Durchsuchung war also undenkbar.

Ibrahim öffnete die Tür. Als der Wachmann sich umdrehte, schlüpfte Saffanah blitzschnell in die Wohnung.

»Hey!«, rief der Wachmann.

Ibrahim hob beschwichtigend die Hände. »Sie ist meine Schwiegertochter und ein wenig exzentrisch.«

Der Wachmann kochte vor Wut. »Das muss ich melden.«

Während der Mann nach seinem Mobiltelefon griff, wollte Ibrahim die Tür schließen. Doch der Wachmann stellte den Fuß dazwischen und trat sie auf. Das Telefon am Ohr, stand er auf der Schwelle und sah Ibrahim finster an. »Wehe, wenn sie ein Mobiltelefon dabeihat«, sagte er.

»Keine Sorge, sie lehnt Mobiltelefone ab.«

Der Wachmann trat zum Telefonieren auf den Flur hinaus, und Ibrahim schloss die Tür. Offenbar gehörte der Wachmann zu den Leuten, die Ubaid in den Hintern krochen, denn Ibrahim konnte sich nicht vorstellen, dass ein gewöhnlicher Streifenpolizist derart auf den Vorschriften herumreiten würde. Allerdings hatte er keine Erfahrung damit, Gefangener zu sein.

Saffanah stand in der Zimmerecke neben der Schiebetür, die zum Balkon führte.

»Was ist?«, fragte Ibrahim. Er hatte die letzten Stunden damit verbracht, bedrückt herumzusitzen und jede Zelle seines Körpers mit so viel Koffein und Nikotin anzureichern, dass er sich wie radioaktiv fühlte. Er war nicht sicher, ob er die Geduld für ein weiteres Drama hatte.

»Ich habe es satt, allein in der Wohnung zu sein«, erwiderte sie.

Sie nahm in der Sofaecke Platz. Ibrahim setzte sich in die andere Ecke, legte die Füße auf den Couchtisch und zündete sich eine Zigarette an. Nach einer Weile kam Constance herein, begrüßte sie und machte ein Gesicht, als wolle sie ihnen Tee anbieten, überlegte es sich dann jedoch anders. Ibrahim fühlte sich elend. Dann ging Constance wieder hinaus. Zwei Menschen mit gebrochenem Herzen blieben auf dem Sofa zurück.

Bei näherer Betrachtung war das Gebäude nicht ganz so luxuriös. Das Besucherzimmer war klein und roch kräftig nach einem scharfen Putzmittel und Bohnerwachs. Carmelita Rizal saß auf einem Sofa. Ihr kleiner Sohn – schätzungsweise zwei oder drei Jahre alt – kuschelte sich, den Kopf auf ihren Knien, zum Schlafen ein. Rizal hatte ein Gesicht wie ein Fotomodel: hohe Wangenknochen, volle Lippen und große, mandelförmige Augen. Sie war Asiatin, Katya tippte auf Philippinerin. Sie trug einen langen schwarzen Umhang und ein Kopftuch, ihr Sohn war mit einer Kakihose und einem weißen Hemd bekleidet. Die Sachen sahen deprimierend nach staatlicher Kleiderkammer aus.

Sie setzte sich auf einen Metallstuhl. Auf dem Couchtisch zwischen ihnen befanden sich eine Frauenzeitschrift und ein kleiner Korb mit verblassten Plastikblumen.

»Miss Rizal«, begann Katya, »danke, dass Sie bereit sind, mit mir zu sprechen. Wenn es Ihnen nichts ausmacht, würde ich Ihnen ein paar Fragen stellen.«

Rizal gab sich Mühe, sich ihre Nervosität nicht anmerken zu lassen. »Worum geht es?«

»Ich würde gern mit Ihnen über eine Frau namens Sabria Gampon reden.«

Rizal erstarrte und tätschelte ihrem Sohn die Schulter.

»Kennen Sie sie?«

»Ja.« Sie nickte. »Wir haben zusammengearbeitet.«

»Wo war das?«

»Wir haben im selben Haus gearbeitet.«

Katya schüttelte den Kopf. »Können Sie das ein bisschen genauer erklären?«

Rizal seufzte ängstlich auf und fing an, mit den Knien zu wippen. »Nun, als wir hier ankamen, dachten wir beide, dass wir als Hausmädchen angestellt seien. Unser Arbeitgeber war ein Mann namens Mahmoud Halifi. Doch in Wahrheit ist er ein Verbrecher, der Frauen nach Saudi-Arabien bringt und sie als Hausangestellte an reiche Männer verkauft, die Sex wollen. Aus irgendeinem Grund hat er beschlossen, Sabria und mich bei sich zu behalten. Wahrscheinlich haben wir ihm gefallen.« Abgrundtiefer Ekel malte sich auf ihrem Gesicht. »In einer solchen Situation hält man sich aneinander fest. Wir standen uns sehr nah.«

Auch Sabria war eine Schönheit, und Katya konnte sich gut vorstellen, wie ein Widerling wie Halifi das hinreißend gute Aussehen der beiden Frauen ausgebeutet hatte.

»Wir haben uns eine Weile aus den Augen verloren«, fuhr Rizal fort. »Eines Tages war sie verschwunden, und ich hatte keine Ahnung, was aus ihr geworden war. Halifi hat behauptet, er habe sie zurück auf die Philippinen geschickt. Ich habe ihm nicht geglaubt, aber ich hatte ja keine Möglichkeit, sie zu suchen. Nach einer Weile dachte ich, sie sei tatsächlich zurückgegangen.« Sie lachte traurig auf. »Wie sich herausstellte, war sie weggelaufen. Unterdessen ist Halifi umgezogen. Später hat sie mir erzählt, sie sei wiedergekommen, um mich zu holen, doch wir seien schon fort gewesen.«

»Wie haben Sie sie gefunden?«

»Ich bin weggelaufen, genau wie Sabria. Dann bin ich nach Kandara. Unter der Brücke dort habe ich alle nach ihr gefragt, aber niemand kannte sie. Und schließlich haben sie mich ins Gefängnis gesteckt.«

»Darf ich fragen, warum Sie hier sind?«, sagte Katya.

»Raubüberfall«, erwiderte sie knapp. »Ich konnte weder Arbeit finden noch ein Visum bekommen, um das Land zu verlassen. Also saß ich hier fest. Ich hatte keine Angehörigen. Meine ganze Familie lebt auf den Philippinen. Deshalb habe ich auf dem Gehweg gehaust. Wir mussten etwas essen.« Als ihr Sohn sich bewegte, streichelte sie ihm zärtlich den Kopf. »Jemand hat mich beim Stehlen erwischt, und ich habe zugestochen.«

»Wie lange sind Sie schon hier?«

»Drei Jahre«, antwortete Rizal sachlich. »In einem Monat werde ich entlassen.«

»Wie alt ist Ihr Sohn?«

»Drei. Er wurde geboren, kurz bevor ich eingesperrt wurde.«

Die Vorstellung, dass der Junge bis jetzt nur das Innere eines Gefängnisses kennengelernt hatte, brach Katya das Herz. »Und wie haben Sie Sabria gefunden?«

»Sie hat mich gefunden. Eines Tages kam sie hierher. Jemand, der mich unter der Brücke von ihr hatte sprechen hören, hatte sie endlich aufgespürt und ihr von mir erzählt. Es war wie ein Wunder. Ich war so froh, sie zu sehen, dass ich die ganze Zeit geweint habe.« Sie lachte auf, als sie daran dachte. »Ist ihr etwas passiert?«

»Sie wird vermisst«, erklärte Katya.

Rizal nickte. Ihr Lächeln verflog. »Ich wusste, dass etwas nicht stimmt.«

»Warum?

»Weil sie seit über einem Monat nicht hier war. Das ist sogar für sie eine lange Zeit.«

Katya berichtete ihr von den Vorwürfen, die die Abteilung für verdeckte Ermittlungen gegen Sabria erhob. »Ich bin im Chamelle Center einer Frau begegnet, die sagte, Sie könnten mir vielleicht erklären, was es mit ihren Kontobewegungen auf sich hat. Das könnte sie entlasten.«

Wieder lachte Rizal auf, doch dann wurde ihr Tonfall hart. »Wer garantiert mir, dass Sabria im Moment nicht im Gefängnis sitzt und dass Sie Informationen von mir wollen, die Sie gegen sie verwenden können?«

»Deshalb bin ich nicht hier«, entgegnete Katya. »Der Mann, den sie liebt, ist gerade wegen Ehebruchs verhaftet worden. Wenn wir nicht beweisen können, dass Sabria keine Prostituierte ist, wird man Ibrahim auch noch wegen Zuhälterei anklagen. Und in diesem Fall wird der Mann geköpft, den Ihre Freundin von Herzen liebt, ohne dass wir unserem Ziel, Sabria zu finden, auch nur einen Schritt näher gekommen wären.«

»Er war nicht ihr Zuhälter.« Die Vorstellung allein schien Rizal zu empören. »Halifi war ein Zuhälter. Warum köpfen die nicht besser den?«

»Wenn Sie mir verraten, was Sabria in Wirklichkeit gemacht hat, würde mir das helfen, ihren Namen reinzuwaschen.«

Rizal lehnte sich zurück. Ein niedergeschlagener Ausdruck huschte über ihr Gesicht. »Vielleicht auch nicht.«

»Gut, doch selbst wenn sie etwas Illegales getan hat«, wandte Katya ein, »gehe ich jede Wette ein, dass es nicht so schlimm war wie Prostitution – zumindest vor dem Gesetz. Ich werde versuchen, sie so gut zu schützen, wie ich kann.«

Rizal schwieg.

»Ich weiß, dass sie in Schwierigkeiten geraten könnte«, fuhr Katya fort. »Aber möglicherweise ist es unsere einzige Chance, sie zu finden. Zumindest würde Ibrahim dadurch entlastet, und ich glaube, Sabria würde das wollen.«

Rizal überlegte eine Weile und nickte dann. »Gut«, sagte sie. »In Kandara gibt es Frauen, Mädchen von den Philippinen und auch ein paar Indonesierinnen, die dasselbe erlebt haben wie ich. Sie wurden vergewaltigt. Sie wurden geschlagen. Und manchmal wurden sie so schlecht behandelt, dass einige versucht haben, sich umzubringen. Wussten Sie das?«

Katya nickte.

»Doch hin und wieder macht sich jemand schlau. Sie kriegen raus, wo die Frauen misshandelt werden, und nehmen es auf Video auf. Und dann benutzen sie das Video als Druckmittel, damit der Arbeitgeber die Frau freilässt und ihr Geld gibt, sodass sie allein wohnen kann, ohne sich finanzielle Sorgen machen zu müssen.«

»Heißt das, Sabria hat einen Arbeitgeber erpresst?«, fragte Katya.

»Dazu will ich nichts sagen«, erwiderte Rizal. Ihr Sohn bewegte sich und drehte sich auf den Rücken, sodass sein Kopf von ihrem Schoß rutschte. »Sie hatte ein Händchen für Geld. Und sie hat sich mehr um andere gekümmert als um sich selbst.«

»Und die Frau im Einkaufszentrum hat auch etwas von diesem Geld abbekommen?«, hakte Katya nach.

Rizal neigte den Kopf zur Seite. »Ich weiß nicht, wer sie ist. Aber ja. Sabria traf sich im Einkaufszentrum mit Frauen, und die waren darüber informiert.«

»Wo hat Sabria die Videos von den Vergewaltigungen aufbewahrt?«

Rizal musterte sie argwöhnisch. »Es gibt Kopien«, erwiderte sie. »Für den Fall, dass ihr etwas zustößt.«

»Ich muss mir die Videos anschauen«, beharrte Katya. »Vielleicht erfahren wir ja so, wer Sabria entführt hat.«

Rizal überlegte wieder. »Haben Sie einen Stift?«, sagte sie. »Dann schreiben Sie sich diese Nummer auf.« Katya kramte einen Stift aus ihrer Handtasche und notierte sich die Nummer auf die Hand. »Das ist eine IP-Adresse«, fuhr Rizal fort. »Die Filme sind online gespeichert. Es gibt auch ein Login-Passwort.« Katya schrieb weitere Zahlen auf. »Schauen Sie sich den Link an. Dann sehen Sie selbst, was für schreckliche Dinge diese Leute tun.«

Nayir hatte noch nie so lange an einem Ort solche Höllenqualen ausgestanden. Dass es sich bei diesem Ort um Katyas Wohnzimmer handelte, machte die Sache auch nicht besser, denn es weckte Erinnerungen an seinen letzten Besuch hier. Damals hatte er darauf gewartet, dass Katyas Vater (ein Mann, dem er noch nie zuvor begegnet war) hereinkam, damit er bei ihm um die Hand seiner Tochter anhalten konnte. Nun fühlte er sich nicht weniger elend. Die Furcht drohte, von unsichtbaren Giften zum Brodeln gebracht, überzuschwappen und alles zu verseuchen.

Endlich ging die Tür auf, und Katya erschien.

»Kannst du mich noch mal mit dem Auto mitnehmen?« Sie schüttelte hilflos den Kopf. »Mein Cousin ist noch immer nicht zurück.«

Der Verkehrsstrom auf der Schnellstraße war beruhigend. Offenbar spürte sie, dass er es leid war, ihren Chauffeur zu spielen, denn seit einer Viertelstunde rutschte sie herum, kaute an den Fingernägeln und biss sich auf die Lippe. Die Zynischeren unter seinen Freunden hatten ihn gewarnt. Wer heiratete, begab sich in lebenslange Sklaverei. Auch wenn man meinte, sich mit seiner Unterschrift Liebe und Sex zu sichern, verpflichtete man sich außerdem, seine Frau herumzukutschieren, sich im Essensbereich von Einkaufszentren die Beine in den Bauch zu stehen, beim Arzt im Wartezimmer zu sitzen und vor Restaurants, zu denen sie keinen Zutritt hatte, in Schlangen zu verharren.

Man war dazu verdonnert, den Großteil seines Einkommens dafür aufzuwenden, die Frau zu ernähren, ihr ein Dach über dem Kopf zu geben, sie zu kleiden und zu unterhalten. In anderen Ländern wurden die finanziellen Lasten in vielen Fällen geteilt. In anderen Ländern konnten Frauen selbst mit dem Auto fahren. Doch hier, nun, hier war der Mann für alles zuständig.

»Nayir«, sagte sie mit einem leichten Beben in der Stimme. »Ich glaube, es wird mit uns nicht klappen.«

Zu seiner eigenen Überraschung gelang es ihm, elegant auf die rechte Fahrspur zu wechseln und auf dem Seitenstreifen zu halten. Erst als der Wagen stand, spürte er das Zittern tief in seiner Wirbelsäule. Die gesamte Energie in seinem Körper vibrierte nach dem scharfen Seitenhieb, wie ihn nur Liebende so zart und grausam austeilen können.

Trotz des Dämmerlichts im Wageninneren sah er, wie bedrückt sie war. Ihre Augen glänzten, als stünden Tränen darin.

»Was ist los?«, flüsterte er.

»Es gibt so viele Dinge, die ich dir nicht sagen kann, weil ich befürchte, du könntest sie nicht billigen.«

»Was zum Beispiel?«

»Sachen in der Arbeit.«

»Erzähl es mir.«

Sie schwieg lange Zeit.

Plötzlich erschien ihm die ganze Situation absurd. Sollten sie sich etwa wegen ihres Berufs trennen? Was konnte denn so schlimm sein, dass sie es ihm nicht anvertrauen wollte? Er glaubte, ihr alles verzeihen zu können bis auf das plötzliche und unverständliche Ende ihrer gemeinsamen Pläne.

»Erzähl es mir einfach«, wiederholte er sanft. »Ich versuche, es zu verstehen. Denn du hast recht. Wenn wir nicht ehrlich zueinander sind, wird es nicht klappen.«

Sie nickte zögernd und fing dann an, von ihrem Arbeitsalltag zu berichten: Dass sie sich herumdrückte, Akten stahl und heimlich Fotos kopierte. Sie schilderte ihm, wie schwierig es war, sich Zutritt zum Konferenzraum zu verschaffen, wenn sich die Männer dort trafen, und wie sie dann all ihren Mut zusammennahm, weil sie die Informationen brauchte. Sie erklärte ihre Theorie, wie der Engel-Mörder in der Stadt sein Unwesen trieb, und sprach von dem Verschlag, den man für sie im Konferenzzimmer aufgebaut hatte und der nun verschwunden war. Doch sosehr er auch versuchte, sich zu konzentrieren, kehrten seine Gedanken immer wieder zum selben Thema zurück: Das hier sollte ihrer Ehe im Wege stehen? *Das?*

Inzwischen war sie bei Ibrahim Zahrani, seiner heimlichen Geliebten und ihren Bemühungen, ihm bei der Suche nach ihr zu helfen, angelangt.

»Ich wollte es dir sagen«, fügte sie rasch hinzu, als sie seine entsetzte Miene bemerkte. Er versuchte, seinen Gesichtsausdruck zu beherrschen, stellte aber fest, dass es vergeblich war. »Doch es handelt sich um gefährliche Informationen. Und offen gestanden war ich nicht sicher, was ich selbst davon halten sollte. Ich weiß, dass es falsch ist. Er hat einen großen Fehler gemacht. Aber die Frau ist verschwunden, und er brauchte eine Frau, die ihm beim Suchen half. Wir sind Kollegen. Und deshalb hat er mich darum gebeten.«

Dann berichtete sie ihm den Rest – er sei wegen Ehebruchs festgenommen worden, stehe nun unter sehr strengem Hausarrest und dürfe nicht einmal telefonieren. Deshalb sei sie ins Gefängnis gefahren, um Sabrias Geheimnis auf den Grund zu gehen, und habe die Erpressungen aufgedeckt.

Er wusste, dass er aufgebracht war. Die ganze Situation war unfassbar. Sie hatte Heimlichkeiten vor ihm gehabt und sich ungehörig verhalten. Doch im Moment empfand er nur eines, nämlich Wut, weil alles, was sie hatten aufbauen wollen, das ganze zarte Gebilde, womöglich in sich zusammenstürzen würde, und zwar wegen der moralischen Verkommenheit eines wildfremden Menschen. Es belastete ihn, dass sie ihm all das verschwiegen hatte. Aber was ihn noch mehr belastetete, war die Erkenntnis, dass sie ihm nicht vertraut hatte. Dass sie ihm Informationen über ihren Arbeitsalltag vorenthalten hatte. Dass sie sich vor seinem Urteil fürchtete.

Nun sah sie ihn an.

»Ich bin froh, dass du es mir gesagt hast«, meinte er. »Natürlich gefällt es mir nicht, dass du heimlich gemeinsame Sache mit einem Ehebrecher machst. Doch eine Frau wird vermisst, und du willst ihr helfen. Das ist sehr mutig von dir.«

»Ja, ich will helfen«, erwiderte sie. »Aber ich will auch in der Lage sein zu helfen.«

Sie schwiegen lange Zeit. Sie dachte: Ich will die Möglichkeit haben, all diese Dinge zu tun – mit Fremden sprechen, Geheimnisse mit Ehebrechern haben und Gefängnisbesuche machen. Ich will nicht, dass ich deshalb in deiner Achtung sinke. Er wusste nicht, was er sagen sollte.

Sie standen beide unter Schock. Eigentlich hätte es noch viel zu besprechen gegeben, doch allmählich wurde es spät, sodass ein unangekündigter Besuch bald ungehörig gewesen wäre. Also fädelte er sich wieder in den Verkehr ein.

Inzwischen war die Wohnung so verqualmt, dass Saffanah gerötete Augen hatte. Aus Rücksicht auf ihren Zustand hatte Ibrahim sein Werk der Selbstzerstörung auf den Balkon verlegt.

Am Nachmittag war entschieden worden, dass Jamilas Familie Anzeige erstatten würde. Man würde ihn wegen Ehebruchs vor Gericht stellen. Während die Ermittlungen gegen ihn liefen, war er vom Polizeidienst suspendiert. Nachdem sie ihm bereits die Eier abgeschnitten hatten, rotteten sie sich nun zusammen, um ihm auch noch den Kopf abzuhacken. Und warum? Wegen seiner Pheromone, seiner Instinkte, seines Geruchssinns. Dafür, wie das Herz in seiner Brust klopfte, wenn Sabria einen Raum betrat. All die Jahre hatte er sich still nach ihr verzehrt und nicht geglaubt, dass er auch nur den Hauch einer Chance bei ihr hatte. Er war an Jamila gekettet, und es gab kein Entrinnen. Bis zu dem Tag, als Sabria die Abteilung verlassen und er all seinen Mut zusammengenommen hatte. *Möchten Sie einen Spaziergang machen?*, hatte er gefragt. *Nur zum Kiosk. Lassen Sie uns eine Pepsi trinken.* Und sie hatte Ja gesagt.

Er wünschte, Zaki würde nach Hause kommen. Niemand wusste, ob Zaki wegen Saffanah verschwunden war oder deshalb, weil er vom

Verbrechen seines Vaters erfahren hatte. Ibrahim ging von Ersterem aus. Er hatte das Bedürfnis, seine Motive zu erklären, und zwar Zaki mehr als jedem anderen. Hamida war oben und versuchte, Jamila und ihren Bruder zu bändigen, doch selbst ihr war es nicht gelungen zu verhindern, dass sie die Anwälte riefen.

Er konnte es noch immer nicht fassen, dass sie es tatsächlich tun würden. Dass sie wirklich vorhatten, ihn zu verklagen. Sicher machte Jamila sich vor, dass sich ihr Zorn dadurch legen würde. Irgendwann hätte sie sich schon wieder beruhigt. Doch seit ihr Bruder sie aufhetzte, ging es nicht mehr um ihre Gefühle, sondern um Rahmans Ehre. Und was war mit den Kindern? Was würde es bei ihnen anrichten? Er befürchtete, dass sie letztlich ihm die Schuld geben würden. Nun, da der Eisblock seiner Ehe aufgetaut war, würde ein Strom des Hasses den Berg hinabstürzen, rein, kalt, dröhnend und mit tödlicher Wucht.

Er stand noch auf dem Balkon, als unten ein Land Rover stoppte. Katya und ihr Mann stiegen aus. Als er pfiff, schauten sie beide nach oben. Er bedeutete ihnen zu warten, ging hinein, nahm ein Stück Papier und kritzelte hastig eine Nachricht darauf, die er den beiden zuwarf. Katya fing sie auf und las sie.

Nayir fragte sich, warum sie ihm all das erst jetzt erzählte.

»Vielleicht brauche ich dich, um Ibrahim die Informationen über die Erpressungen zu geben«, hatte sie gesagt, kurz bevor sie in Ibrahims Straße einbogen. »Auf dem Revier hieß es, er sei in einem Zimmer eingesperrt und habe keinen Zugriff auf ein Telefon. Ich finde, das klingt ein bisschen extrem, aber ich habe keine Ahnung, was wirklich gespielt wird. Außerdem weiß ich nicht, ob in seinem Haushalt Geschlechtertrennung herrscht. Wahrscheinlich eher nicht, doch man muss auf Nummer sicher gehen. Wenn plötzlich eine Frau ohne männliche Begleitung bei ihm erscheint, könnte ihn das in eine noch peinlichere Lage bringen. Und dass ich seiner Familie nicht erzählen kann, was ich weiß, ist ja wohl klar.« Unsicher sah sie ihn an. »Ich brauche deine Hilfe.«

Brauchen. Das Wort lastete schwer auf Nayir. Sie brauchte ihn, und sie würde ihn noch lange Zeit brauchen. Und nun, noch unter Schock nach dem Gespräch im Auto, war er nicht sicher, ob das nicht zu viel für ihn war.

Sagen Sie meinem Bruder, dass ich eine Weile raus aus der Wohnung muss, hatte auf dem vom Balkon geworfenen Zettel gestanden. *Er wohnt nebenan.* Also waren sie zu Omar gegangen, hatten sich vorgestellt und ihm mitgeteilt, es handle sich um eine Polizeiangelegenheit. Sie verrieten ihm nicht, was für eine Polizeiangelegenheit es genau war, und Omar hakte auch nicht weiter nach. Katya zeigte ihm einfach den Zettel. »Ihr Bruder möchte, wenn möglich, die Wohnung verlassen«, fügte sie hinzu.

Omar begleitete sie zurück zu Ibrahims Haus und hinauf zum Dach, wo sie im Treppenhaus warteten. Dann kehrte er nach unten zurück. Sie hörten, wie er sich mit den Wachen stritt, sie sollten Ibrahim doch auf dem Dach sitzen lassen. Nur für eine Stunde. Er brauche frische Luft. Selbst Häftlinge hätten einmal täglich Hofgang.

Nach vielen Debatten, Telefonaten und bürokratischem Gezerre kam Ibrahim in Begleitung einer jungen Frau die Treppe hinauf. Sie war von Kopf bis Fuß verschleiert.

»Das ist meine Schwiegertochter Saffanah«, stellte er sie vor. »Sie braucht auch frische Luft.«

Als sie die Tür zum Dach öffneten, hallte ihnen das Geschrei von dreißig Kindern entgegen – Ibrahims Enkel und ihre Cousins ersten und zweiten Grades. All die Kinder, deren Eltern gerade eine Etage tiefer saßen, seine Frau trösteten und über sein Schicksal beratschlagten. Die Kinder nahmen ihre Ankunft nur kurz zur Kenntnis. Die Jungen spielten Fußball und kämpften um Tore, während die Mädchen juchzend Seil sprangen oder in geheimen Ecken die Köpfe zusammensteckten.

Die Erwachsenen ließen sich an der südlichen Mauer auf einem Teppich nieder. Neben einer kalten Wasserpfeife stapelten sich Kissen, schmutziges Teegeschirr und Aschenbecher. Ibrahim lehnte sich mit dem Rücken an die Mauer. Nayir und Katya nahmen ihm gegenüber

Platz, während Saffanah sich bückte und das Teegeschirr einsammelte, um es nach unten zu bringen.

Die Kinder interessierten sich nicht weiter für Ibrahim, doch die Gäste weckten ihre Neugier. Sobald Nayir und Katya saßen, pirschten sie sich heran. Anfangs waren sie nur zu viert. Ibrahim forderte das kleinste auf, sich auf seinen Schoß zu setzen. Seine übrigen Enkel, zwei, drei und vier Jahre alt, nahmen neben Ibrahim Platz und starrten Nayir an. Ibrahim erklärte, dass ihre Mutter, seine Tochter Farrah, für einige Wochen bei ihnen wohnte. Saffanah kehrte mit einer angezündeten Wasserpfeife zurück, die Ibrahim dankbar entgegennahm. Dann ging sie wieder nach unten.

Nayir betrachtete Ibrahim. Ihm erschien es unmöglich, dass ein Mann, der mit solchen Reichtümern – einer gewaltigen Verwandtschaft, wundervollen Enkelkindern und dieser idyllischen Familienszene – gesegnet war, seiner Frau den Rücken kehren und sie mit einer Arbeitskollegin betrügen konnte. Ja, vielleicht kriselte es ja in der Ehe und er hatte sich von einer Jüngeren und Schöneren angezogen gefühlt. Aber war es das wirklich wert, um eine der größten Sünden – und eines der schwersten Verbrechen – zu begehen? Nayir führte es auf Egoismus, einen leichtfertigen Überdruss an all den Dingen, die er hier hatte, und ein nicht unbeträchtliches Quäntchen Grausamkeit zurück. Allerdings konnte er bei Ibrahim weder Leichtfertigkeit noch Egoismus erkennen, nur eine tragische Verzweiflung.

Saffanah kehrte mit Tee für die Erwachsenen und Plätzchen für die Kinder zurück. Katya wirkte verlegen. Sie musste mit Ibrahim sprechen, wollte es aber nicht in Gegenwart der Kinder tun. Während sie versuchte, Small Talk zu betreiben, beobachtete Nayir die Kinder beim Spielen. Es geschah nicht oft, dass er Gelegenheit hatte, dazusitzen und Kindern zuzuschauen, ohne für einen Perversen gehalten zu werden. Allerdings konnte er in letzter Zeit nur noch an Kinder denken. Er sah sie überall. In Horden stürmten sie durch die Supermärkte, picknickten auf der Corniche, zwängten sich in Minivans oder jauchzten auf dem Jahrmarkt. Für ihn fühlte es sich an, als lüde Gott ihn in diese Welt ein: *Das wirst du auch bald haben.*

Die Aufregung und Vorfreude brannte in ihm. Er malte sich seine eigenen Kinder aus, wie sie aussehen, welche Namen sie tragen und welches Wesen sie haben würden. Doch er fragte sich, wie sie diese Kinder großziehen sollten. In den letzten Tagen war ihm klar geworden, dass er einen großen Anteil der Arbeit würde übernehmen müssen, weil Katya Tag und Nacht auf dem Revier war. Er würde derjenige sein, der sie von der Schule abholte, ihnen Essen kochte und sie zu Bett brachte. Das war zwar nicht die von Gott gewollte Ordnung, aber der einzig gangbare Weg. Und plötzlich hatte er das Bedürfnis, ihr das mitzuteilen: *Ich werde alles tun, was nötig ist, wenn du mir etwas wie das hier schenkst.*

Ibrahim hatte angefangen zu rauchen. Seine Enkelinnen wurden zappelig, und eines der Mädchen rückte näher an Nayir heran. Die anderen folgten, weil der Qualm der Wasserpfeife ihnen ins Gesicht wehte. Zwei ließen sich auf Nayirs Knien nieder. Die eine hatte eine Barbie in der Hand, die andere ein Spielzeug-Mobiltelefon aus Plastik, mit dem sie Nayir an der Fußsohle antippte, wahrscheinlich um festzustellen, wie er reagieren würde. Schließlich fasste eine den Mut, auf seinen Schoß zu rutschen. Als Ibrahim sie tadelnd ansah, schlug sie die Hände vors Gesicht. Dann warf sie einen Blick auf Nayir, erkannte, dass es ihn nicht störte, und machte es sich bequem. Anfangs wagte er nicht, sie zu berühren, aber als sie sich in seine Arme kuschelte, blieb ihm nichts anderes übrig.

»Ihr Vater ist in Dharan«, sagte Ibrahim, und Nayir verstand, was er meinte: *Sie vermissen einen Mann im Haus.*

Der Abendhimmel verfinsterte sich, die Lichter der Stadt leuchteten, es wurde dunkel im Viertel, und die Kohle in der Wasserpfeife brannte herunter. Die Kinder wurden müde und hörten endlich auf ihre Mütter, die immer wieder nach oben kamen und in der Tür zum Dach stehen blieben, um nach ihnen zu rufen: *Kommt, wir gehen.* Bis jetzt hatten die Kinder sie einfach ignoriert, wohl wissend, dass die Frauen das Dach nicht betreten würden, solange Nayir dort saß. (Allerdings schloss Nayir aus Ibrahims bedrückter Miene, dass sie auch ihn mieden.)

Die Mädchen gingen zuerst. Sie rutschten von Nayirs Schoß, sagten Gute Nacht und gehorchten ihrem Großvater, der sie ermahnte, immer auf ihre Mütter zu hören. Die Jungen hatten etwas mehr Aufforderung nötig.

Endlich waren sie allein auf dem Dach. Ibrahim legte den Schlauch der Wasserpfeife weg. »Jetzt können Sie mir sagen, was Sie mir mitzuteilen haben«, meinte er.

Katya warf einen Blick auf Saffanah.

»Sie ist in Ordnung«, fuhr Ibrahim fort. »Ich nehme an, dass es keine guten Nachrichten sind, sonst hätten Sie schon früher geredet.«

»So schlecht sind sie nun auch wieder nicht«, erwiderte Katya und erklärte, was sie im Frauengefängnis erfahren hatte. Ibrahim, der bis jetzt schicksalsergeben dagesessen hatte, merkte auf.

»Haben Sie sich die Videos im Netz angeschaut?«

»Ja«, antwortete sie und sah Nayir an. Sie hatte ihm im Auto nicht viel darüber erzählt, und da es ihr offenbar peinlich war, vermutete er, dass es sich um obszöne Filme handelte. »Das Problem ist nur, dass ich keinen der Männer erkenne«, sprach sie weiter.

»Ich muss sie mir selbst anschauen.«

Sie holte ihr Mobiltelefon heraus und machte sich eine Weile am Touchscreen zu schafffen, bevor sie es Ibrahim reichte. Er setzte sich auf, tastete automatisch nach der Lesebrille, die sich nicht in seiner Tasche befand, und hielt dann das Telefon auf Armeslänge von sich.

Schreckliche Schreie hallten aus dem kleinen Lautsprecher. Katya beugte sich vor, um die Lautstärke herunterzuregeln. Ibrahim bemerkte es kaum, denn er starrte gebannt auf den Bildschirm. Nayir konnte der Versuchung nicht widerstehen, selbst hinzusehen, obwohl er wegen des Winkels kaum etwas ausmachen konnte. Außerdem konnte er sowieso an nichts anderes denken, als dass Katya sich den Film angeschaut hatte. Katya hatte beobachtet, wie eine Frau von einem fremden Mann vergewaltigt wurde. In diesem Moment wurde ihm endgültig klar, welche grausamen Realitäten ihr Beruf mit sich brachte.

Ibrahim legte das Telefon auf seinen Schoß. Seine Schwiegertochter, die die ganze Zeit über in einer Ecke gesessen hatte, damit ja niemand sie in ein Gespräch verwickelte, musterte ihn nun eindringlich durch den sehr schmalen Schlitz in ihrer Burka.

»Erkennen Sie einen dieser Männer?«, fragte Katya.

»Ja«, erwiderte Ibrahim. Seine Hände zitterten, und er schien wie vom Donner gerührt. »Ja, in der Tat.«

34

Fouz Ubaid, der Heuchler, der so viel Zeit investiert hatte, um Inspector Zahrani zur Strecke zu bringen, saß kerzengerade da. Er hatte die Schultern gestrafft und die Hände ordentlich vor sich auf dem Tisch verschränkt. Es war still im Vernehmungszimmer. Er war allein, seit der Wachmann ihn vor zwei Stunden hier hineingeführt hatte.

Sie brauchten ihn nicht anzuklagen oder ihm einen Anwalt zu stellen. Doch Katya sah durch die Einwegscheibe, dass er bereits an seiner Verteidigung feilte. Wenn ein Mensch anfing, sein eigenes Fehlverhalten zu rechtfertigen, geschah etwas mit seinem Gesicht. Es war eine komplizierte Mischung aus Selbstgefälligkeit, Trotz, Berechnung und einem Hauch von Angst. Dass er versuchen würde, sich aus der Affäre zu ziehen, war durchaus möglich. Ja, gut, es gab Filmaufnahmen, in denen er ein junges Hausmädchen vergewaltigte. Sie war mit Seilen gefesselt, und als sie um Hilfe geschrien hatte, hatte er ihr den Mund zugeklebt. Also war es offensichtlich, dass die Frau nicht freiwillig mitgemacht hatte.

Und dennoch war genau das Ubaids erster Satz gewesen, als man ihn in diesen Raum gebracht hatte: »Sie wollte, dass ich das tue. Es war eine Vereinbarung auf Gegenseitigkeit.«

Mehr war nicht nötig gewesen, um den Justizapparat zu stoppen.

Der springende Punkt war nun also, ob die Frau gezwungen worden war oder nicht. Falls er die Wahrheit sagte und es sich um einen einvernehmlichen, wenn auch gewaltsamen Akt handelte, musste Ubaid höchstens mit zehn Jahren Gefängnis und tausend Peitschenhieben rechnen. Da er nicht verheiratet war, war kein Ehebruch im Spiel, sodass man ihn nur wegen »illegalen Geschlechtsverkehrs« anklagen konnte.

War es jedoch möglich zu beweisen, dass er die Frau zum Sex gezwungen hatte, würde die Anklage auf Vergewaltigung lauten, und das hieß öffentliche Hinrichtung durch Köpfen.

Allerdings war eine Vergewaltigung schwer nachzuweisen, insbesondere nach dem Fall in Qatif, der große Wellen geschlagen hatte. Eine Frau, die in der Stadt Qatif von einer Gruppe von Männern vergewaltigt worden war, war zusammen mit den Tätern bestraft worden. Ein Richter hatte nämlich entschieden, dass sie sich freiwillig mit ihren Vergewaltigern getroffen und somit gegen ein gesellschaftliches Prinzip verstoßen hatte: Eine Frau unterhielt keine Kontakte zu fremden Männern. Also hatte man alle Beteiligten wegen illegalen Geschlechtsverkehrs verurteilt. Da dieser Fall das Thema Vergewaltigung in die Öffentlichkeit gebracht hatte, fühlten sich die Männer inzwischen in dieser Hinsicht sogar noch sicherer. Wohl wissend, wie schwierig eine Vergewaltigung nachzuweisen war, konnten sie einfach behaupten, der Sex wäre einvernehmlich gewesen.

Nun lag der Schwarze Peter beim Ermittler, der beweisen musste, dass Ubaid seinem Opfer nachgestellt hatte, um es zu vergewaltigen. Katyas erster Gedanke lautete, dies müsse doch möglich sein, indem man vorbrachte, dass er immerhin mit diesen Videos erpresst worden war – *und die Erpresser tatsächlich bezahlt hatte*, was doch auf ein Schuldeingeständnis hinauslaufe. Aber als sie ihn nun beobachtete, wurde ihr klar, dass dieser Mann weiter versuchen würde, sich herauszuwinden. Er würde einfach behaupten, er habe bezahlt, weil das Filmmaterial peinlich sei, seiner Karriere geschadet hätte und es ja immerhin um illegalen Geschlechtsverkehr gehe. Eine Vergewaltigung sei es deshalb noch lange nicht.

Der Fall würde ohnehin nicht von der Mordkommission bearbeitet werden. Dort war man viel zu sehr mit dem Engel-Mörder beschäftigt, um eine namenlose Philippinerin zu suchen und Beweise gegen einen hochrangigen Beamten von der Abteilung für verdeckte Ermittlungen zu sammeln. Selbst wenn man die junge Frau fand und sie den Mut hatte, Ubaid der Vergewaltigung zu bezichtigen, würde sie begründen müssen, warum sie überhaupt mit ihm allein gewesen sei. Und wenn sie angab, er habe sie entführt, würde sie das wiederum beweisen müssen – und zwar mit greifbaren Indizien, was nahezu unmöglich war. Also würde Aussage gegen Aussage stehen.

Vielleicht hatte Ubaid das alles ja bereits gründlich durchdacht, doch es machte nicht diesen Eindruck. In seinem Verstand schien es noch zu arbeiten. Also beobachtete Katya ihn erwartungsvoll und in der Hoffnung, dass die Mordkommission es in der kurzen Zeit, die sie ihn noch in Gewahrsam hatte, schaffen würde, etwas aus ihm herauszupressen.

Kurz darauf öffnete sich die Tür, und Detective Mu'tazz kam herein.

Die Frauen in Katyas Labor sagten immer, Detective Khouri, auch Abu-Haitham genannt, sei der frömmste Mann auf dem Revier. Diesen Ruf hatte er sich dadurch erworben, dass er sich mehrfach geweigert hatte, in einen Streifenwagen zu steigen, in dem sich eine Frau befand, ganz gleich, wie sittsam verschleiert sie auch sein mochte. Er hatte außerdem die Angewohnheit, eine kurze Kamelpeitsche bei sich zu führen, wie sie auch die fanatischeren Angehörigen der Religionspolizei benutzten. Die Peitsche hing an seinem Gürtel neben dem Pistolenhalfter und war mit der Zeit in Mode gekommen. Einige seiner Kollegen, so auch Mu'tazz, hatten sich, als stille Solidaritätsbekundung mit Abu-Haithams strenger Frömmigkeit, ebenfalls eine zugelegt.

Mu'tazz war ebenso wie Abu-Haitham fest entschlossen, sich als der gläubigste aller Muslime zu präsentieren, nur dass er, anders als dieser, eine grausame Ader hatte. Er hatte zwar noch nie ein Wort mit Katya gewechselt, doch sie kannte die Gerüchte, die im Labor umgingen. Als sie ihn nun beobachtete, wurde sie von Widerwillen ergriffen. Er hatte ein breites, derbes Gesicht, Augen, die zu dicht unter den Brauen saßen, und einen großen Mund, an dem nichts Feinsinniges war. Wenn er diesen Mund öffnete, kam jedoch kein beeindruckendes Gebiss in Sicht. Er hatte hässliche gelbe Zähne mit breiten Abständen dazwischen und schwarzen Rändern. Ein gestutzter Bart umrahmte Oberlippe und Kiefer, was die Höhle in der Mitte jedoch nur betonte, anstatt von ihr abzulenken.

Er legte eine Akte auf den Tisch und schaute auf Ubai hinunter.

»Ganz gleich, zu welcher Entscheidung die Richter wegen der Vergewaltigung kommen«, begann Mu'tazz, »werden sie eine leichtere Strafe verhängen, wenn Sie mit uns kooperieren. Wir wissen, dass Sie Verbindung zu einer Frau namens Sabria Gampon haben und dass sie Sie erpresst hat. Wie Ihnen bekannt ist, wird sie seit zwei Wochen vermisst. Die Abteilung für verdeckte Ermittlungen will sie dringend finden.«

Ubaid starrte trotzig auf die Glasscheibe.

»Wir glauben, dass Sie eine Vorstellung davon haben, was aus ihr geworden ist.« Mu'tazz umkreiste Ubaids Stuhl und betrachtete ihn aus allen Richtungen. »Wenn Sie uns etwas zu sagen haben, würden wir es gerne jetzt hören.«

»Ich habe keine Ahnung.«

Mit einer blitzartig schnellen Bewegung, die auch Katya überraschte, versetzte Mu'tazz Ubaid einen Klaps auf den Hinterkopf. Offenbar empfand dieser das als Erniedrigung, denn er errötete. Mu'tazz ging weiter hinter ihm auf und ab. »Was war das gerade?«

»Ich habe keine Ahnung«, wiederholte Ubaid.

Mu'tazz schlug noch einmal zu, diesmal fester. Ubaids Kopf wurde fast bis hinunter auf die Tischplatte gedrückt.

»Was war das?«

Ubaid schwieg.

Peng! Mu'tazz schlug ihn noch heftiger. *Peng!* Nach jedem Mal wirkte Ubaid gedemütigter, wenn er wieder den Kopf hob. Der Schmerz trieb ihm die Tränen in die Augen.

»Sagten Sie gerade, Sie wüssten, wo Sabria Gampon ist?«

»Nein, ich …« PENG!

»Ich weiß es nicht!«

Mu'tazz' Miene war nichts zu entnehmen. Er machte sogar einen leicht gelangweilten Eindruck, als habe er so etwas schon öfter getan und könne sich das Ergebnis ausrechnen, weshalb es ihn eigentlich nicht sonderlich interessiere.

Peng-peng!

Plötzlich bekam Katya es mit der Angst zu tun. Warum war außer ihr niemand im Beobachtungszimmer? Sicher waren doch alle über dieses Verhör informiert. Wahrscheinlich hätte sie nicht herkommen sollen, nur für den Fall, dass jemand später Fragen stellte. So war es immer: Über die Folter wurde der Mantel des Schweigens gebreitet, und alle hielten zusammen. Sie stellte fest, dass sie Ubaid zwar leiden sehen wollte, doch dass sie die Szene an sich und Mu'tazz' eiskalte Gleichgültigkeit abstießen.

Mu'tazz nahm die Kamelpeitsche vom Gürtel und trat einen Schritt von seinem Opfer zurück. »Was haben Sie zu Sabria Gampon zu sagen?«

Ubaid schüttelte verzweifelt den Kopf.

KNALL! Die Peitsche traf seinen Rücken. Ubaid schrie auf. Sein Gesicht war schrecklich anzusehen.

»Was haben Sie dazu zu sagen?«

»Nichts!«

KNALL! KNALL! KNALL!

»Bitte hören Sie auf! Ich weiß nichts über sie!« Das waren die letzten Worte, die Katya hörte, bevor sie aus dem Zimmer hastete.

Den restlichen Vormittag arbeitete Katya im Labor. Sie wurde von Angst und Schuldgefühlen geplagt. Ständig versuchte sie, sich einzureden, dass Ubaid die Strafe verdient hatte. Dass Mu'tazz ihn – in schweigender Übereinkunft, auch ihrer eigenen – nur züchtigte, weil das Gesetz ihn ohnehin nicht angemessen bestrafen würde. Allerdings wurde sie das Bild von Mu'tazz' gleichgültigem Gesicht nicht los, wenn er zu einem neuen Schlag ausholte. Sie hatte gesehen, wie Männer einander schlugen. Doch Mu'tazz' Miene hatte eine abgrundtiefe Gefühllosigkeit ausgestrahlt, die ihr offen gestanden Angst machte. Nun war er für den Engel-Fall zuständig. Und so dringend sie den Mörder auch finden wollte, hatte sie keine Lust auf eine Zusammenarbeit mit Mu'tazz.

Dass der sie aus den Ermittlungen drängen wollte, war allzu offensichtlich. Er hatte nicht nur ihre Sachen aus dem Konferenzraum entfernt, sondern ihr auch die Akten der ungelösten Fälle weggenommen. Was übrig war, war absolut wertlos: zwei kleine Kartons mit ungelösten Fällen aus den Neunzigerjahren. Den nächsten Schock erlebte sie, als Zainab, ihre Vorgesetzte, ins Labor kam, um sie zu warnen.

»Sie machen mächtig Druck«, sagte sie. »Also dürfen wir nichts verschleppen. Sie haben gedroht, anderenfalls einige Laborantinnen zu feuern, und ich habe so ein Gefühl, dass Sie ganz oben auf der Liste stehen.«

Katya hätte gern erwidert, dass das doch albern sei. Sie warteten zwar noch auf die Ergebnisse der DNA-Tests, aber die meisten Spuren im Engel-Fall waren bereits untersucht worden oder wurden von den Männern in der unteren Etage bearbeitet. Inzwischen gab es im Labor fast nichts mehr zu tun, sodass sie angefangen hatten, den Rückstau von anderen Fällen abzutragen.

Ärgerlich ging sie nach unten in die Kriminaltechnik, wo Majdi und Osama gerade einige Beweisstücke testeten. Sie hatte schon öfter mit Osama zu tun gehabt und wusste, dass er ein liberal eingestellter Mann war, der ihr Interesse am Engel-Fall nicht ungehörig fand.

»Hallo«, meinte Majdi und zwang sich zu einem Lächeln. Katya war erleichtert. In den letzten Wochen war er so überarbeitet gewesen, dass er kaum aufgeblickt hatte, wenn sie hereinkam.

Osama wirkte bedrückt. »Was gibt es?«, fragte er.

»Ich wollte nur schauen, was sich im Engel-Fall tut«, erwiderte sie.

Beide Männer seufzten entnervt auf. »*Nichts*«, antwortete Osama. »Absolut nichts.«

»Was ist aus dem Verdächtigen geworden?«

Majdi schüttelte den Kopf. »Das Blut und die Haare im Rettungswagen haben sich als die eines Mannes entpuppt. Dann haben wir hrausgefunden, dass das Fahrzeug verkauft worden ist, weil es in einen Unfall verwickelt war. Einer der Sanitäter hat sich den Kopf gestoßen, als sich der Wagen überschlug, und Hajar hat sich offenbar das Saubermachen gespart.«

Osama lehnte sich an seinen Schreibtisch. »Im Wagen wurde nichts entdeckt, was Hajar mit einem der Morde in Verbindung bringt.«

»Im Taxi auch nicht«, ergänzte Majdi. »Wir haben es zentimeterweise abgesucht. Das Problem bei Taxis ist, dass es darin von Haaren und anderen Spuren nur so wimmelt. Bis jetzt stimmt nichts mit den Opfern überein. Und es sieht auch nicht danach aus, dass Hajar dort sauber gemacht hat – der macht überhaupt nichts sauber.«

»Hat man ihn laufen lassen?«, erkundigte sich Katya.

»Nein, noch nicht«, sagte Osama. »Mu'tazz hat sich noch nicht entschieden, und er führt jetzt das Kommando.«

»Ich weiß«, seufzte Katya. »Was wird er Ihrer Ansicht nach als Nächstes tun?«

»Bestimmt das, was er immer tut«, entgegnete Osama. »Sich hinsetzen und überlegen. Der Schnellste ist er ja nicht.«

»Manche Leute sind eben so«, sprang Majdi für ihn in die Bresche.

»Sie nicht«, meinte Osama.

»Nein, aber ich respektiere es, wenn Leute sich die Zeit nehmen, um darüber nachzudenken, was richtig ist. Manchmal ist es eben nicht so offensichtlich.«

»Ich finde, Sie irren sich«, widersprach Osama. »Er muss endlich einsehen, dass wir in einer Sackgasse stecken. Und je eher er das kapiert, desto rascher geht es mit diesem Fall voran.«

Am Mittwoch erschien ein Mann im Labor und stellte sich als Jalal Taleb, Ibrahim Zahranis Anwalt, vor. Wegen der neugierigen Blicke ihrer Kolleginnen bat Katya ihn hinaus auf den Flur.

»Ibrahim hat mich gebeten, heute herzukommen«, begann Taleb. »Ich sollte einige Akten suchen, die er in seinem Büro gelassen hat. Ich konnte nichts finden. Der Leiter der Mordkommission hat mir mitgeteilt, dass Ibrahims Büro nach seiner Verhaftung ausgeräumt wurde. Alle seine Akten seien in Kartons verpackt und zum Sortieren ins Archiv geschickt worden. Doch als ich dort war, konnte mir niemand etwas über diese Akten sagen.«

»Welche Akten braucht er denn?«, erkundigte sich Katya.

»Alte Fallakten aus der Abteilung für verdeckte Ermittlungen, bei denen eine Verbindung zu Sabria Gampon besteht. Ibrahim hält es für möglich, dass sie die anderen beiden Männer auf den Videos kennt oder durch ihre Arbeit in der Abteilung zumindest von ihnen gehört hat. Deshalb wollte er sich die Fälle unbedingt noch einmal anschauen.«

»Hat er mit seinem Bruder darüber gesprochen?«

»Ja. Sein Bruder hatte ihm die Akten ja besorgt und ihm gestern erzählt, sie seien nicht wieder an die Abteilung für verdeckte Ermittlungen zurückgegeben worden.«

»Das heißt, dass sie noch hier sind«, stellte Katya fest.

»Offenbar.«

»Und warum sagen Sie mir das?«

»Ibrahim meinte, wenn ich die Akten nicht finden könnte, sollte ich zu Ihnen kommen und Ihnen die Situation schildern. Es ist möglich, dass sie versehentlich bei einem anderen Inspector in dieser Abteilung gelandet sind. Ibrahim hat sie in derselben Schublade aufbewahrt wie die Akten zu den Serienmorden. Also verstecken sie sich vielleicht in irgendeinem Büro in der Mordkommission.«

Als Katya weiter nachfragen wollte, unterbrach Taleb sie mit einer Handbewegung. »Was wissen Sie bis jetzt über Ibrahims Fall?«

»Sie meinen die Anklage wegen Ehebruchs?«

»Ja.«

»Sehr wenig«, erwiderte sie. »Warum?«

Taleb seufzte. »Die Dinge entwickeln sich nicht so gut.« Er erklärte, Ibrahim sei durch eine gerichtliche Anordnung gezwungen worden, seine Beziehung zu Sabria genauer zu schildern. Dabei habe er das ansichts der Beweise gegen ihn einzig Mögliche getan: Er hatte behauptet, offiziell, aber heimlich mit ihr verheiratet zu sein. Sie hätten ein Dokument namens *misyar* unterzeichnet, eine von einem Scheich blanko unterschriebene Heiratsurkunde. Das galt zwar als ziemlich halbseiden, war aber nicht verboten.

Weiterhin habe Ibrahim vor Gericht ausgesagt, er habe in aller Stille geheiratet, weil seine Frau nichts davon erfahren sollte. Wenn er das hätte beweisen können, hätte ihm höchstens eine Anzeige von der Familie seiner Frau gedroht. Seine Frau hätte die Scheidung eingereicht, da er eine andere geheiratet hatte, ohne es ihr zu sagen. (In ihrem eigenen vor gut zwanzig Jahren aufgesetzten Ehevertrag wurde nicht näher ausgeführt, ob er verpflichtet sei, sie von seinen Plänen, sich eine Zweitfrau zu nehmen, in Kenntnis zu setzen.) Leider habe Ibrahim das Dokument nicht vorzeigen können, das belegte, dass er wirklich mit Sabria verheiratet war. Sie habe es in ihrer Handtasche gehabt, als sie verschwand, und er wisse nicht, was daraus geworden sei.

»Dann jedoch«, fuhr Taleb fort, »hat jemand von der Abteilung für verdeckte Ermittlungen den Richter darauf aufmerksam gemacht, dass Sabria bereits mit einem Mann namens Halifi verheiratet sei und dass die beiden nie geschieden worden seien. Wie Sie wissen, ist das Gesetz in Sachen Scheidung ziemlich flexibel. Manchmal findet sie sogar unter vier Augen statt und wird nie offiziell bekannt gegeben. Und so hat dieser Ermittler Halifi aufgespürt, und der hat bestätigt, ja, er sei seines Wissens nach noch mit Sabria verheiratet. Wir haben versucht, ihn als unglaubwürdig darzustellen, denn als die Polizei ihn fand, stand er unter Heroineinfluss. Doch das Gericht hat seine Aussage dennoch zu Protokoll genommen.«

»Das ist ja entsetzlich«, erwiderte Katya.

»Ja, und es kommt noch schlimmer. Auf meinen Vorschlag hin hat Ibrahim entgegnet, Sabria sei zu dieser Ehe gezwungen und von ihrem Mann misshandelt worden. Sie habe Halifi seit fünf Jahren nicht gesehen. Allerdings schien das den Richter nicht weiter zu stören. Eine Ehe sei eine Ehe, und solange sie nicht geschieden seien, sei sie noch Halifis Frau, wodurch Ibrahim zum Ehebrecher würde, selbst wenn er wirklich mit ihr verheiratet sei.«

»Und jetzt lassen Sie mich raten«, meinte Katya. »Nun behauptet man, Sabria hätte sie alle beide angelogen.«

»Genau«, antwortete Taleb. »Der Richter nimmt jetzt an, Halifi und Ibrahim könnten die Wahrheit sagen und Sabria habe ihnen etwas vorgemacht. Mit anderen Worten – sie habe Ibrahim geheiratet, ohne ihm von Halifi zu erzählen. Ich habe nicht widersprochen, weil es für meinen Mandanten das Günstigste ist. Doch er ist absolut in Panik, und zwar schon seit Anfang des Prozesses. Es war ein gutes Stück Arbeit, ihn überhaupt zu überzeugen, dass er nur so seinen Hals retten kann und dass Sabria, die verschwunden ist, um einiges weniger zu befürchten hat als er. Allerdings schwebt er nun in Todesangst, dass die Polizei sie aufspüren und wegen Ehebruches anklagen könnte. Ganz gleich, wie die Sache auch ausgeht, sie wird wegen irgendeines Verbrechens verurteilt werden.«

»Und deshalb hat er Sie zu mir geschickt«, meinte Katya. »Wir müssen sie finden, bevor die Polizei es tut.«

»So könnte man es auch betrachten«, sagte Taleb. »Er vertraut Ihnen mehr als sonst jemandem hier. Sie haben ihm bei der Suche nach Sabria sehr geholfen und scheinen sich Gedanken über ihr Schicksal zu machen. Ibrahim ist überzeugt, dass einer der Männer auf den Videos etwas mit ihrem Verschwinden zu tun hat. Sein Bruder hält ihn in Sachen Ubaid auf dem Laufenden. Die Polizei schließt Ubaid zwar noch nicht als Verdächtigen aus, hält ihn aber eher nicht für den Entführer, denn er hat immerhin nach ihr gefahndet.«

»Ich stimme Ihnen zu, dass wir diese Männer aufspüren müssen«, erwiderte Katya. »Aber was genau erwartet Ibrahim von mir? Soll ich das Büro des Chief durchwühlen?«

Taleb schürzte die Lippen. »Ich glaube nicht, dass er einen genauen Plan hat, nur die Gewissheit, dass Sie meistens kriegen, was Sie wollen.«

Katyas erste Entscheidung fiel spontan. Sie nahm ein Taxi und fuhr zum zweiten Mal ins Briman-Frauengefängnis. Wenn ihr jemand mehr über die Männer in den Videos sagen konnte, dann war das Carmelita Rizal.

Miss Rizal war wieder so freundlich, sie zu empfangen. Sie saßen im selben Besucherzimmer, diesmal ohne Rizals Sohn, der im Kindergarten spielte. Sie hatte Rizal aus einem Keramikkurs geholt. Ihr Kittel hatte Farbflecken, und sie roch nach feuchtem Ton.

Als Katya ihr Ibrahims Verteidigungsstrategie erklärte und hinzufügte, dass die Polizei inzwischen nach Sabria suchte, um sie wegen Ehebruchs vor Gericht zu stellen, erstarrte sie.

»Kennen Sie die Videos?«, fragte Katya.

Rizal schüttelte den Kopf. »Nein. Sabria hat mich nur gebeten, das Passwort für die Website aufzubewahren, für den Fall, dass es zu so einer Situation wie dieser kommen könnte. Sie hätte die Filme nie in ein Gefängnis mitgebracht, das können Sie mir glauben!«

»Sie müssen mir alles über die beteiligten Personen erzählen«, drängte Katya. »Es ist sehr wichtig, dass ich Sabria finde, bevor die Polizei es tut, und das ist vielleicht die einzige Methode.«

»Ich weiß nicht, wie ich Ihnen helfen kann«, entgegnete Rizal.

»Wären Sie so freundlich, sich die Videos jetzt anzuschauen, um zu sehen, ob Sie jemanden erkennen?«

Rizal erschauderte und schloss die Augen.

»Vielleicht ist es der einzige Weg, Sabria zu finden«, wiederholte Katya.

Zögernd streckte Rizal die Hand aus. Katya reichte ihr das Mobiltelefon, wartete ab und beobachtete, wie Rizals Gesicht sich rötete. Ihre Kiefermuskeln verspannten sich, und sie biss die Zähne zusammen. »Mein Gott, das ist ja Jessica!«, rief sie bei der zweiten Episode aus.

»Jessica?«

»Ja.« Rizal saß da wie vom Donner gerührt. »Jessica Camerone. Sie war eine Freundin von uns.«

Katya machte sich Notizen. »*War?*«

»Nun, wir haben sie vor einer Weile aus den Augen verloren. Ich zumindest.«

»Hat Sabria sie im Zusammenhang mit den Filmen hier erwähnt?«

»Nein, hat sie nicht.«

»Sind Sie sicher, dass sie es ist?«, erkundigte sich Katya.

»Ja, absolut.«

»Woher kannten Sie sie?«

»Wir haben alle bei demselben Mann gearbeitet. Halifi.«

»Wurde Jessica auch von ihm missbraucht?«

Rizal nickte. »Sie ist noch vor Sabria verschwunden. Damals ging es uns allen sehr schlecht. Erst später hat Sabria sie wiedergefunden. Sie hat mir alles über Jessicas neues Leben erzählt. Ich hatte keine Ahnung, dass sie auch dazugehört.«

»Was ist mit den Männern?«, fragte Katya. »Erkennen Sie einen davon?«

»Nein, leider nicht.«

»Ich brauche ihre Namen. Glauben Sie, Sabria hat diese Informationen irgendwo aufbewahrt?«

Rizal schüttelte den Kopf. »Ich weiß, dass sie nichts aufbewahrt hat, das sie im Zusammenhang mit den Erpressungen belastet hätte. Sie war sehr vorsichtig und hat nie etwas aufgeschrieben. Sie hat alles auf der Website gespeichert.«

»Auf der Website war nur dieses Video«, meinte Katya.

»Ich weiß!« Allmählich klang Rizal verzweifelt. »Ich wünschte, ich könnte etwas tun, aber ich habe keine Ahnung.«

»Gut«, entgegnete Katya mit Nachdruck. »Ihre Namen kennen Sie vielleicht nicht, doch Sie können mir sicher noch mehr sagen. Bestimmt hat Sabria irgendwann über diese Männer geredet. Auch wenn sie Ihnen keine Einzelheiten verraten hat, hat sie Ihnen möglicherweise andere Dinge anvertraut. Versuchen Sie, sich zu entspannen, und denken Sie nach. Hat sie je erwähnt, wie sie überhaupt von diesen Männern erfahren hat? Kannte sie sie vielleicht persönlich?«

»Nein, nein, sie ist ihnen nie begegnet. Sie kannte nur die beteiligten Frauen.«

»Und wo hat sie diese Frauen, außer Jessica, getroffen?«

»Unter der Sitteen Street Bridge, wie ich schon sagte.«

»Und was hat sie Ihnen über sie erzählt?«

Rizal blickte mit gequälter Miene zur Decke. »Sie hat erzählt, dass sie vergewaltigt worden seien, und zwar regelmäßig. Deshalb waren sie ja nach Sitteen geflohen.«

»Wie hat sie denn die Videos von den Frauen gemacht, wenn sie bereits weggelaufen waren?«

»Sie hat die Arbeitgeber aufgespürt und …« Rizal holte tief Luft, schloss die Augen und bekreuzigte sich. »Man könnte es so ausdrücken, dass sie eine verdeckte Agentin hingeschickt hat.«

Für einen Moment verschlug es Katya die Sprache. »Soll das heißen, sie hat die Frauen wieder ihren Arbeitgebern ausgeliefert? Die Frauen wussten schon im Voraus, dass sie vergewaltigt werden würden?«

»Nein«, erwiderte Rizal. »Sie hat eine fremde Frau in den Haushalt eines bekannten Vergewaltigers eingeschleust. Ich weiß, es ist trotzdem entsetzlich. Sie sind nur hingegangen, damit die Videos gedreht werden konnten.«

»Okay«, sagte Katya. »Und Jessica war eine dieser Agentinnen.«

»Ich bin nicht sicher«, antwortete Rizal atemlos. »Aber ja, wahrscheinlich schon.«

»Und was hatten diese Frauen davon?«

»Sabria hat sie bezahlt. Jede von ihnen hat einen festen Betrag bekommen, eine hohe Summe des erpressten Geldes. Keine Ahnung, wie viel es genau war. Außerdem hat sie ihnen versprochen, ihnen beim Verlassen des Landes zu helfen, was in den meisten Fällen noch wichtiger war als das Geld. Aber ich glaube, dass diese Frauen es auch getan haben, um anderen Frauen zu helfen. Um die Männer zu bestrafen. Das ganze Geld, das Sabrina mit den Erpressungen eingesammelt hat, wurde dazu verwendet, die Mädchen außer Landes zu schaffen.«

»Wie?«

»Sie haben gefälschte Dokumente gekauft und Beamte bestochen…«

Katya nickte. »Also wusste Sabria, wo diese Männer wohnen und wie man ein Hausmädchen bei ihnen einschleust. Dazu muss sie Beziehungen gehabt haben.«

»Ich kenne nicht alle Einzelheiten«, erwiderte Rizal. »Sie hat mit einer Agentur zusammengearbeitet, die Hausmädchen vermittelt, doch ich habe keine Ahnung, wie die heißt. Außerdem bin ich ziemlich sicher, dass die Agentur nichts von ihren Absichten wusste. Sabria ist eben ein Mensch, der alles erreichen kann, was sie sich in den Kopf gesetzt hat.«

»Erinnern Sie sich noch an Einzelheiten, was die Männer angeht?«

Rizal schüttelte den Kopf.

»Überlegen Sie. Da muss doch etwas sein. Nichts Genaues, nur ein vages Detail…«

»Ja, gut«, meinte Rizal mit zitternder Stimme. »Mir ist eingefallen, dass ein Ferienhaus im Spiel war. Einer der Kerle hatte ein Ferienhaus in

Ägypten. Ich kann nicht sagen, ob es derselbe Mann war, der auch zur Jagd ging. Einer war ein begeisterter Jäger und hatte Gewehre.«

»Wissen Sie, was er gejagt hat?«

»Ich bin nicht sicher, ich glaube, es waren Vögel.«

»Okay.« Katya lehnte sich zurück. »Sie sind mir eine große Hilfe. Sie wissen mehr, als Sie denken.«

»Es ist alles so durcheinander«, meinte Rizal. »Das mit den Einzelheiten meine ich. Als sie es mir erzählt hat, hat mich eigentlich nur interessiert, so schnell wie möglich hier rauszukommen. Ich habe nicht richtig zugehört. Und Namen hat sie nie erwähnt. Mein Gott, sie hat mir ja nicht einmal verraten, dass Jessica auch dabei ist. Wahrscheinlich hat sie befürchtet, ich könnte mich aufregen.«

»Diese Jessica …«, begann Katya.

»Kragentrappe!«, rief Rizal plötzlich aus. »So hieß der Vogel, denn der Kerl gejagt hat.« Katya notierte es. »Tut mir leid, dass ich Ihnen nicht mehr sagen kann.«

»Sie machen das sehr gut. Wo ist diese Jessica jetzt?«

Rizal seufzte zittrig auf und beschrieb ihr den Weg zu einem Haus in Andalus. »Vor dem Haus ist ein großer Garten, so erkennen Sie es. Sabria hat erzählt, dass sie dort gewesen ist. Ich wäre beinahe in Ohnmacht gefallen. Ich habe mir vorgenommen, dass ich dorthin gehe und Jessica suche, sobald ich hier rauskomme.« Sie gab Katya ihr Telefon zurück und lächelte. »Sie wird weinen, wenn sie meinen Sohn sieht.«

෨ 35 ෧

Al Saqr Al Jazeera war ein Laden am südlichen Ende der Falasteen Street, der Zubehör für die Falkenjagd führte. Der große Laden schimmerte im Licht der Straßenlaternen wie bräunlicher Wüstensand. Es war Mittwochabend. Katya und Nayir saßen im Land Rover, redeten, beobachteten das fensterlose Gebäude und warteten darauf, dass das Ischagebet endete. Da gerade das *adhan* aus dem Lautsprecher der Moschee an der Ecke hallte, würde es noch eine gute Viertelstunde dauern, bis der Laden wieder öffnen durfte – falls er das überhaupt tat. Nirgendwo war ein Schild mit Öffnungszeiten zu sehen. Vielleicht hatte er schon für das Wochenende geschlossen.

Erhebt euch zum Gebet. Erhebt euch zur Erlösung. Gott ist groß.

Sie hatten bereits versucht, Sabrias Freundin Jessica einen Besuch abzustatten. Wenn jemand die Männer von den Vergewaltigungsvideos identifizieren konnte, dann sie. Doch sie war nicht zu Hause. Während der Stunde, die sie gewartet hatten, hatte niemand die Wohnung betreten oder verlassen. Katya hatte ein schlechtes Gewissen, weil sie Nayirs Zeit so stark beanspruchte.

Hierherzukommen war seine Idee gewesen. Sie hatte ihm im Auto von der Kragentrappe erzählt. Katya wusste, dass die Jagd auf diese Vögel verboten war, doch laut Rizal hielt sich einer ihrer Verdächtigen offenbar nicht daran. Nayir glaubte, dass man ihnen in einem Laden mit Zubehör für die Falkenjagd vielleicht helfen würde, einen Wilderer zu stellen.

Er hatte ihr erklärt, dass es in gewissen wohlhabenden Kreisen noch immer üblich war, Kragentrappen auf die traditionelle Weise zu jagen: mit einem Falken. Die Kragentrappe war die Lieblingsbeute von Falknern, und obwohl die Art wegen zu starker Bejagung bedroht war, hatte er von reichen Scheichs und Geschäftsmännern gehört, die Trappen einführten und sie in privaten Jagdrevieren aussetzten, um die Tradition der Falkenjagd weiterzupflegen. Das war genau genommen nicht ungesetzlich, da sie die Beute aus Pakistan importierten und sie auf Privatgelände erlegten. Die königliche Familie, die selbst jedes Jahr Urlaub in Pakistan machte, um Trappen zu jagen, würde ganz sicher nicht einige wenige privilegierte Bürger bestrafen, nur weil sie eine der ältesten Traditionen des Landes am Leben erhielten. In ihren Augen war die Falkenjagd eine ehrenwerte, ja fast heilige Handlung, deren Aussterben eine ebensolche Katastrophe gewesen wäre wie das der Trappe selbst.

Katya vermutete, dass die Männer, die sie suchten, reich waren. Ansonsten hätten sich die Erpressungen schließlich nicht gelohnt. Sie hatte Standaufnahmen der beiden noch nicht identifizierten Männer mitgebracht, um sie Jessica zu zeigen. Aber vielleicht hatte Nayir ja recht. Jemand in einem Laden für Falkenzubehör würde sie möglicherweise erkennen.

»Sie haben sogar eigene Pässe«, erklärte Nayir.

»Die Falken?«

»Ja. Einige sind mehr als eine halbe Million Rial wert. Ihre Besitzer nehmen sie mit auf Reisen und wollen auf Nummer sicher gehen.«

»Das ist ja verrückt. Haben die Prinzen nicht alle ihre Privatjets? Die Vögel müssen ja wohl nicht durch den Zoll.«

»Einige wahrscheinlich schon.« Nayirs Augen funkelten belustigt, was sie nur selten bei ihm erlebte. Wieder einmal dachte sie eifersüchtig, dass die Dinge, die ihm wirklich Spaß machten, Teil einer Männerwelt waren.

»Ein guter Freund von mir veranstaltet monatliche Flüge nach Abu Dhabi«, fuhr er fort. »Dort gibt es das beste Falkenkrankenhaus der Welt und sogar ein Viersternehotel für die Vögel.«

Katya prustete los. »Warum jagen die Biester überhaupt noch Trappen, wenn sie mit Kaviar und Champagner verwöhnt werden?«

»Das Fleisch der Trappe gilt als sehr wirksames Potenzmittel. Männer jagen die Trappen schon seit sechstausend Jahren aus genau diesem Grund.«

Der Neid verwandelte sich in eine Art Sehnsucht. Sie fasste es nicht, wie beiläufig er das Wort »Potenzmittel« verwendete, und sie stellte sich vor, dass er in Gesprächen mit Männern ein völlig anderer Mensch wurde. Sie wünschte, sie könnte ihn öfter so unbefangen erleben.

»Glaubst du nicht eher, dass die Trappe schon so lange gejagt wird, weil sie der einzige Vogel ist, der draußen in der Wüste überleben kann?«, fragte sie. »Es ist ja nicht so, dass sie sich unter Hunderten von Vogelarten einen aussuchen könnten.«

Er schmunzelte. »Nun«, meinte er, »ich denke eher, dass die Trappe wegen ihres Verhaltens eine so beliebte Jagdbeute ist.«

»Warum das?«

»Sie verfügt über eine ganze Reihe schlauer Selbstverteidigungstechniken.«

»Und die wären?«

»Wenn die Trappe einen Falken kommen sieht, breitet sie sofort die Flügel aus und reckt den Schwanz. Eine Trappe ist ziemlich groß – etwa dreimal so groß wie ein Falke. Und mit ausgebreiteten Flügeln wirkt sie sogar noch einschüchternder. Sollte der Falke nicht aufgeben, startet die Trappe und fliegt direkt in die Sonne hinein, sodass der Falke geblendet wird. Und wenn das auch nichts nützt, stößt die Trappe ihren Darminhalt aus, was eine ziemlich abschreckende Wirkung hat.«

Katya lächelte. »Und die Jäger haben Spaß daran, das Spektakel zu beobachten.«

»Ja. Sie geben der Trappe sogar immer einen Vorsprung. Das macht es interessanter.«

»Warst du schon mal dabei?«

»Ja, ich war auf der Jagd.« Sein Schmunzeln verflog, und er wirkte zum ersten Mal niedergeschlagen. »Es ist wunderschön und einfach ein Jammer, dass wir es nicht mehr so tun dürfen, wie es richtig ist.«

Ein Wagen bog in den Parkplatz ein. Zwei Männer stiegen aus. Der eine schloss den Laden auf, der andere hatte einen Käfig mit einem Falken darin in der Hand, der eine Haube trug. Als sie Nayir bemerkten, begrüßten sie ihn. Katya bedachten sie nur mit einem kurzen Blick.

Der Ladeninhaber war ein Mann über vierzig. Nayir stellte ihn nicht vor. Er schien Asiate zu sein, vielleicht Pakistaner. Außerdem war er offenbar ein mürrischer Zeitgenosse, denn er sparte sich die Höflichkeitsfloskeln. »Kommen Sie rein«, sagte er. »Der Vogel braucht eine neue Feder.«

Der Vogel trug eine Haube und verhielt sich ruhig, als er in den Laden gebracht wurde. Katya folgte Nayir hinein.

Der Innenraum war groß, sodass das Warenangebot nicht reichte, um ihn auch nur zu einem Viertel zu füllen. Es gab Hauben, Sitzstangen, Handschuhe und einige teure Käfige und Transportboxen. Hinter der Theke hing eine beträchtliche Auswahl an Ortungssystemen an der Wand. Der restliche Laden war leer. Es dauerte einen Moment, bis Katya bemerkte, dass der Bereich abgetrennt war. Hinter einer Absperrung waren, einander gegenüber, zwei Reihen mit Sitzstangen angebracht. Es war eine Voliere.

Die Männer nahmen den Falken rasch, aber vorsichtig aus dem Käfig, entfernten die Haube und setzten ihn auf das eine Ende der Theke. Den Vogel schien es nicht zu stören. Dann holte der Ladeninhaber einen Eimer mit der Aufschrift »braun und weiß« vom Regal. Er enthielt etwa ein Dutzend Federn. Der Mann kramte darin, bis er die passende gefunden hatte.

»Was macht er da?«, flüsterte Katya.

»Ein Falke braucht alle seine Federn, um richtig fliegen zu können. Er hat eine verloren, also wird sie jetzt ersetzt. Ich glaube, sie kleben sie fest.«

Die Männer hatten offenbar Erfahrung auf diesem Gebiet. Der Ladeninhaber plauderte bei der Arbeit lässig mit Nayir. »Was kann ich heute für Sie tun, Mr. Sharqi?«

Nayir schob die Fotos der beiden Verdächtigen über die Theke. »Ich wollte wissen, ob Sie diese Männer kennen?«

Der Mann, der sich über den Falken gebeugt hatte, richtete sich auf, um die Fotos zu mustern. »Ja, den einen kenne ich. Warum?«

»Sie können uns vielleicht dabei helfen, einen Mörder zu finden«, erwiderte Nayir. Katya schwieg, überrascht, dass er gelogen hatte.

Allerdings merkte sie ihm an, dass er sich nicht wohl dabei fühlte. Der Ladeninhaber schien es nicht zu bemerken.

»Nun, den einen habe ich schon öfter gesehen. Er heißt Hakim al-Adnan«, antwortete er. »Er ist sehr reich und arbeitet für die staatliche Investmentagentur. Aber er wohnt hier in Dschidda. Er gehört zu den Leuten, die einen Privatjet besitzen. Mit so jemandem legt man sich besser nicht an.«

Er hatte auf das Foto des Mannes gezeigt, der Jessica vergewaltigt hatte.

»Ich bin von der Polizei«, sagte Katya. Als der Pakistaner sie missmutig ansah, befürchtete sie schon, wieder einen frömmelnden Fanatiker vor sich zu haben, doch offenbar war er bereit, sie anzuhören. »Dieser Besuch ist inoffiziell«, fuhr sie fort. »Wir könnten natürlich auch aufs Revier fahren, aber wir haben es ziemlich eilig. Kennen Sie vielleicht Mr. Adnans Adresse? Wir müssen ihm nur ein paar Fragen stellen.«

Der Pakistaner blinzelte ein paarmal und nickte dann. Nachdem er sich wieder über den Falken gebeugt und die neue Feder befestigt hatte, wischte er sich die Hände ab und verschwand im Hinterzimmer. Als Katya forschend Nayirs Gesicht musterte, war seiner Miene nichts zu entnehmen.

Kurz darauf kehrte der Ladeninhaber zurück. »Er hat keine Visitenkarte in unserer Kartei hinterlegt und nie etwas per Post bestellt. Also habe ich seine Adresse nicht.«

»Jagt er oft?«, erkundigte sich Katya.

»Oh ja, jeden Winter.«

»Wissen Sie vielleicht, wo?«

»Ich weiß nur, dass er ein Haus in der Nähe von Taif besitzt. Ich war einmal dort. Wenn Sie möchten, zeichne ich Ihnen die Wegbeschreibung auf. Weitere Informationen über ihn finden Sie sicher im Internet.«

Als sie wieder im Land Rover saßen, war Nayir in nachdenklicher Stimmung.

»Wie weit ist es bis Taif?«, fragte sie.

»Willst du da etwa jetzt hinfahren?«

»Vielleicht«, erwiderte sie.

Er blickte sie erstaunt an. »Es ist Nacht. Bei Dunkelheit sehen wir wahrscheinlich sowieso nicht viel. Und wird dein Vater nicht …?«

»Ich erzähle ihm einfach, es war dienstlich.«

»Wird er es nicht seltsam finden, wenn du so spät noch unterwegs bist?«

Sie schaute ihm in die Augen. »Wir heiraten bald, schon vergessen? Er vertraut dir.«

Nayir drehte sich zum Fenster um und schüttelte den Kopf. »Die Schnellstraße nach Taif ist gefährlich. Nachts sollte man da nicht herumfahren. Aber ich bringe dich morgen gern hin.« Er wandte sich wieder an sie. »Ich denke, wir sollten besser schauen, ob Jessica inzwischen zu Hause ist.«

»Der Falkner hat gerade den Mann identifiziert, der sie vergewaltigt hat. Also bringt es wahrscheinlich nichts, da noch mal auf der Matte zu stehen. Wir wissen ja, wer der Kerl …« Ihre Stimme erstarb.

»Was ist?«, fragte er.

Etwas wollte Katya einfach nicht aus dem Kopf: Sabria war sicher aus ihrer Wohnung entführt worden. Doch wie war einer der erpressten Männer an ihre Adresse gekommen? Sie war nirgendwo registriert. Ihr Visum war abgelaufen, die Adresse nicht mehr aktuell. Ibrahim und Rizal hatten beteuert, dass sie größten Wert auf Anonymität gelegt hatte. Jessica war die Einzige, die Sabria nahe genug gestanden hatte, um zu wissen, wo sie wohnte. Und Jessica war von al-Adnan vergewaltigt worden.

»Du hast recht«, sagte sie. »Fahren wir zu Jessica.«

Rizal hatte Katya keine Adresse – offenbar existierte keine –, sondern nur eine Wegbeschreibung gegeben. Etwa drei Häuserblocks östlich der al-Andalus Street gab es einen kleinen Lebensmittelladen, dessen Schaufenster mit Bougainvilleen bemalt war. Ein Stück weiter die Straße hinauf stand ein aufgegebener Hyundai, dem die Räder fehlten. Ganz in der Nähe befand sich ein zweistöckiges Mietshaus mit einem

Garten davor. Rizal hatte es sich gut eingeprägt, weil sie nach ihrer Entlassung unbedingt hierher wollte.

Inzwischen brannte in der Wohnung Licht. Katya und Nayir gingen durch den Garten, wo sie zu ihrer Überraschung auf einen Hund trafen, der beim letzten Mal noch nicht da gewesen war. Ein kleiner brauner Schnauzer trottete ihnen entgegen, kläffte etwa eine halbe Minute lang und trollte sich dann zwischen zwei Blumenkübel.

»Anscheinend ist jemand zu Hause«, stellte Katya fest.

Als sie an der linken Wohnungstür läuteten, machte eine junge Frau auf. Katya erkannte sie sofort von dem Video wieder.

»Jessica Camerone?«, fragte sie.

Die Frau nickte ängstlich. Wie Sabria und Rizal war sie eine Schönheit, wirkte aber erschöpft.

»Entschuldigen Sie die Störung«, fuhr Katya fort. »Ich bin von der Polizei und würde gerne mit Ihnen über eine Freundin sprechen.«

»Welche Freundin?«

»Sabria Gampon.«

Jessicas Hand umklammerte den Türrahmen.

»Darf ich reinkommen?«, fragte Katya.

Jessica warf einen zweifelnden Blick auf Nayir. »Ich warte draußen«, meinte er und wich zurück.

Katya trat in die Wohnung.

»Worum geht es?«, erkundigte sich Jessica und bot Katya einen Sitzplatz am Küchentisch an. Dann ließ sie sich ihr gegenüber nieder. Sie zitterte, und ihre Miene war argwöhnisch geworden.

»Sabria ist verschwunden«, erwiderte Katya. »Und zwar seit einem knappen Monat. Wissen Sie vielleicht, wo sie sein könnte?«

»Oh mein Gott.« Jessica schlug die Hand vor den Mund und schüttelte den Kopf. Katya wartete einen Moment und wiederholte dann ihre Frage.

»Ich weiß es nicht«, entgegnete Jessica leicht trotzig. »Warum kommen Sie damit zu mir?«

»Ich kenne die Videos«, erwiderte Katya. »Ich weiß, dass Sie von einem Mann namens Hakim al-Adnan vergewaltigt worden sind.«

»Das ist jetzt vorbei«, antwortete Jessica mit Nachdruck. »Ich habe es hinter mir gelassen.«

»Wie nah standen Sie Sabria?«, hakte Katya nach.

»Ach, ich weiß nicht. Ich kenne Sabria schon sehr lange.« Jessica stand auf und ging zur Arbeitsfläche. »Werfen Sie mir irgendetwas vor?«

»Ich habe Grund zu der Annahme, dass Mr. al-Adnan etwas mit Sabrias Verschwinden zu tun hat. Allerdings hat Sabria sehr zurückgezogen gelebt. Es wäre nicht leicht für ihn gewesen, an ihre Adresse heranzukommen.«

»Also glauben Sie, ich hätte sie ihm gegeben.« Jessicas Stimme wurde ein paar Töne höher.

»Sie haben zwei Möglichkeiten«, entgegnete Katya. »Entweder sagen Sie mir die Wahrheit und helfen mir, herauszufinden, was aus Sabria geworden ist, und dabei, diesen Mann vielleicht ins Gefängnis zu stecken. Oder ich nehme Sie fest und bringe Sie aufs Revier. Dort kann man Sie zwingen, mit der Sprache herauszurücken. Und ich glaube, wir beide wissen, dass Sie im Fall einer Verhaftung mit einer Anklage wegen unzüchtigen Verhaltens rechnen müssen.«

»Ich wurde vergewaltigt!«, rief sie aus.

»Das ist vor Gericht nur sehr schwer zu beweisen«, gab Katya zurück. »Aber wenn Sie ehrlich zu mir sind, werde ich Sie nicht verhaften.«

»Nein«, protestierte Jessica. »Sie werden mich trotzdem verhaften. Und alle Informationen, die ich Ihnen gebe, werden vor Gericht verwendet, oder? Und dann werden die noch mal mit mir reden wollen, um sich alles bestätigen zu lassen. In diesem Fall muss ich gegenüber einem Richter zugeben, dass ich vergewaltigt wurde. Nein.«

»Sie müssen nicht vor Gericht«, erwiderte Katya. »Ich brauche bloß die Informationen. Nur so können wir Sabria finden.«

Jessica stand, die Arme starr an den Körper gepresst, vor der Arbeitsfläche.

»Als Sabria Sie geschickt hat, um das Video aufzunehmen«, fuhr

Katya fort, »hat sie Ihnen pauschal einen Betrag bezahlt. War es viel Geld?«

»Nicht wirklich. Ich wusste, was sie da tat. Sie hat Geld von diesen Männern erpresst und behauptet, sie würde es an Frauen verteilen, die Hilfe brauchen. Doch dann habe ich bemerkt, dass sie selbst gar kein so schlechtes Leben führt. Sie hat nicht gearbeitet und hatte trotzdem eine hübsche Wohnung. Es ging ihr gut, während ich zwei Jobs brauche, nur um mir ein Zimmer leisten zu können. Es wohnen noch vier Frauen hier. Es ist ein wenig knapp, verstehen Sie?«

»Also haben Sie sie um mehr Geld gebeten?«

»Sie hat sich geweigert.«

»Und was geschah dann?«

»Immerhin war ich es, die vergewaltigt worden ist.«

»Also ist es nur verständlich, dass Sie glaubten, noch mehr von dem Geld verdient zu haben«, antwortete Katya. »Haben Sie al-Adnan selbst kontaktiert?«

Jessica überlegte einen Moment. »Ich habe eine Abmachung mit ihm getroffen. Ich habe ihm versprochen, viel weniger zu verlangen als Sabria.«

»Wie haben Sie sich mit ihm in Verbindung gesetzt?«

»Ich bin Sabria ins Chamelle Center gefolgt und habe dann die Frauen beschattet, die sie zur Geldübergabe geschickt hat.«

»Das müssen Sie mir genauer erklären.«

»Sie hat sich dort mit diesen Frauen getroffen. Sie waren für die Geldübergaben zuständig, nahmen das Geld von den Männern entgegen, die sie erpresst hat, und brachten es ihr.«

»Und wie genau funktionierte das?«

»Die Männer hatten Anweisung, das Geld ihren Fahrern zu geben. Da die meisten dieser Typen verheiratet waren, beschäftigten sie einen Fahrer für ihre Ehefrau. Die Fahrer gaben die Geldpäckchen den Frauen, und die brachten sie zu Sabria ins Chamelle Center. Dort hat sie auch Geld an die Frauen verteilt, die welches brauchten.«

»Also sind Sie ihr eines Tages gefolgt.«

»Es hat eine ganze Woche gedauert«, entgegnete Jessica. »Immer wieder bin ich den Mädchen zu den Übergabeplätzen nachgefahren und anschließend den Fahrern nach Hause, bis ich al-Adnan gefunden hatte. Seit er mich vergewaltigt hatte, war er umgezogen, weshalb ich keine Ahnung hatte, wo er inzwischen wohnte. Jedenfalls habe ich seinen Fahrer angehalten und ihm einen Zettel mit einer Nachricht für al-Adnan gegeben, in der ich ihm mein Angebot unterbreitet habe. Ein paar Tage später hat al-Adnan sich bei mir gemeldet und angenommen.«

»Doch damit er sicher sein konnte, dass Sabria ihn nicht bei der Polizei anschwärzen konnte, mussten Sie die Kopien der Aufnahmen vernichten oder eine Abmachung mit ihr treffen«, stellte Katya fest.

»Nein. Ich bin einfach zu ihr gegangen und habe ihr mitgeteilt, dass ich ihm ihre Adresse verraten würde, wenn sie nicht aufhört, ihn zu erpressen. Aber ich habe es nicht getan! Sie müssen mir einfach glauben. Ich war zwar wütend wegen des Geldes, doch ich hätte sie nie den Wölfen zum Fraß vorgeworfen. Sie war meine Freundin.«

»Wie viel hat al-Adnan Ihnen bezahlt?«

Jessica verzog das Gesicht. »Gar nichts.« Sie setzte sich wieder an den Tisch.

Katya wusste, dass sie log. Es ergab keinen Sinn. »Warum hat sich al-Adnan an Sabria gehalten und nicht an Sie?«, fragte sie. »Sie müssen eine Abmachung mit ihm getroffen und ihm die Adresse verraten haben.«

»Nein!«, protestierte Jessica.

»Und warum wussten die Fahrer nicht, wohin die anderen Frauen gingen? Sie hätten Sabria jederzeit schnappen können.«

»Keine Ahnung«, stammelte Jessica. »Wahrscheinlich waren die Frauen vorsichtig.«

»Waren Sie vorsichtig?«

Jessica schwieg.

»Meiner Ansicht nach hat es sich folgendermaßen abgespielt«, begann Katya. »Sie haben sich mit al-Adnan verabredet und ein Geschäft mit ihm gemacht. Er hat Ihnen etwas Geld bezahlt, und dafür haben Sie ihm gesagt, wo er Sabria finden kann.«

»Nein, nein! Sie irren sich. Er hat mir nichts bezahlt, und ich habe ihm auch nicht verraten, wo sie ist. Ja, ich hatte mich mit ihm verabredet. Und da wurde mir klar, dass ich einen Fehler gemacht hatte. Ich wollte sein Geld nicht mehr. Als ich ihn auf der anderen Seite des Parkplatzes sah, habe ich beschlossen, nie wieder ein Wort mit ihm zu wechseln. Also bin ich weg. Ich war mit dem Taxi gekommen und habe den Fahrer gebeten, loszufahren. Ich habe gar nicht mit al-Adnan gesprochen.«

»Wo sind Sie danach hin?«

Jessica betrachtete seufzend ihre Hände. »Ins Chamelle.« Ihre Stimme zitterte. »Ich wusste, dass Sabria dort sein würde.«

»Also sind Sie auf direktem Weg zurück ins Chamelle. Die Männer hätten Ihnen folgen können.«

»Daran habe ich nicht gedacht«, antwortete Jessica. Eine Träne lief ihr über die Wange. »Keine Ahnung, ob sie mich überhaupt bemerkt haben. Ich meine … ich weiß nicht … ich habe ja nicht mit ihnen geredet.«

»Warum sind Sie zurück ins Chamelle?«

»Als ich Sabria von der Sache erzählt habe, hat sie mir mehr Geld angeboten, aber ich habe vor lauter Wut abgelehnt. Und nach der Sache mit al-Adnan war ich nicht nur wütend, sondern hatte Angst. Mir war klar, dass ich lieber Geld von ihr annehmen als etwas mit ihm zu tun haben wollte.«

Katya nickte. »Was war mit Sabria? Haben Sie sie im Chamelle gesehen?«

»Ja.« Jessica seufzte zittrig auf. »Sie sagte, sie würde mir das Geld in einer Woche geben. Als ich sie angerufen habe, ging sie nicht ran. Ich dachte, dass sie mich meidet. Ich hatte ja keine Ahnung …«

»Also war das Treffen im Chamelle Center Ihre letzte Begegnung mit ihr?«

»Ja, vor etwa einem Monat.«

»Vermutlich sind al-Adnans Männer Ihnen vom Parkplatz zum Einkaufszentrum gefolgt.«

»Aber es ist ein Einkaufszentrum nur für Frauen«, wandte Jessica ein.

»Die brauchten bloß eine Burka überzuziehen«, entgegnete Katya. »Haben Sie und Sabria das Einkaufszentrum gemeinsam verlassen?«

Jessica nickte. Die Tränen flossen nun schneller. Sie senkte den Kopf, und Katya sah zu, wie sie ihr Hemd durchnässten.

❦ 36 ✢

Am Donnerstagmorgen ging Katya früh ins Labor. Es war Wochenende, das Gebäude war menschenleer. Sie schaltete den Computer ein und gab den Suchbegriff Hakim al-Adnan ein. Der pakistanische Falkner hatte recht gehabt, was den Namen betraf. In der Datenbank der Regierung befand sich ein Foto von al-Adnan, das der Standaufnahme aus dem Video entsprach. Bevor er seinen derzeitigen Posten bei der staatlichen Investmentagentur angetreten hatte, war er Steuerexperte beim Innenministerium gewesen. Seine Privatadresse in Dschidda wurde auch aufgeführt.

Später am Vormittag standen Katya und Nayir vor einer mit kunstvollen Schnitzereien verzierten Holztür. Sie war antik und bildete einen scharfen Kontrast zu der modernen verputzten Villa.

Ein Diener machte auf. Er trug die Kleidung eines Butlers, die aus einem weißen Hemd mit Manschettenknöpfen, einem schwarzen Sakko, einer Krawatte und sogar weißen Handschuhen bestand. Sein kurzes Haar war ordentlich frisiert, und als er das Wort ergriff, hatte seine Stimme einen unangenehm näselnden Klang.

»Kann ich Ihnen helfen?«

Katya lächelte höflich. »Ja«, erwiderte sie. »Ich bin Reporterin bei *Arab News* und arbeite gerade an einem Artikel über Mr. Hakim al-Adnan und seine Rolle bei der Wiederbelebung des traditionellen Falknerhandwerks. Deshalb wollte ich ihm noch ein paar abschließende Fragen stellen.«

Der Butler bedachte Nayir mit einem herablassenden Blick. »Tja, ich bedauere, aber Mr. al-Adnan ist nicht da«, verkündete er.

»Entschuldigen Sie die Störung«, sagte Katya. »Er hat mich aufgefordert, jederzeit vorbeizuschauen. Ich habe es nur bis jetzt nicht geschafft.«

Der Butler schwieg.

»Wissen Sie, wann er zurückkommt?«, erkundigte sie sich.

»Ich fürchte, frühestens in einem Monat.«

»Aha, ich verstehe«, meinte Katya und versuchte, nicht auf Nayir neben ihr zu achten, der immer nervöser wurde. Sie log nicht gerne so frech, wenn er dabei war, und offenbar gefiel es ihm auch nicht. »Ich habe ihn vor etwa einem Monat interviewt. Damals sagte er, er wollte zu seinem Haus in Taif, doch ich habe vergessen, ihn zu fragen, wann er abreist. Es tut mir wirklich leid.«

»Er ist vor einem Monat nach Taif gefahren«, bestätigte der Butler.

Katya überlegte. Seit Sabrias Verschwinden war fast genau ein Monat vergangen.

»Ich finde es ein wenig seltsam«, fügte der Butler mit einem spöttischen Blick hinzu, »dass er Sie nicht eingeladen hat. Schließlich geht er dort auf die Falkenjagd.«

»Oh, das hat er«, erwiderte Katya rasch. »Ich habe nur seinen Zeitplan durcheinandergebracht und nicht gewusst, dass er so lange bleiben würde.«

Der Butler schürzte die Lippen. »Er verbringt mehr Zeit dort als hier.«

»Aha. Dann entschuldigen Sie die Störung. Danke für Ihre Hilfe.«

Der Butler nickte.

Als sie wieder im Auto saßen, war Katya sicher, dass ihre Wangen gerötet waren.

»Er wusste, dass du lügst«, stellte Nayir fest.

»Wenigstens habe ich die Informationen, die ich brauche«, entgegnete sie. »Al-Adnan ist in derselben Woche nach Taif gefahren, in der Sabria verschwunden ist. Wenn er sie entführt hat, hat er sie möglicherweise dorthin verschleppt.«

Nayir nickte und warf ihr einen fragenden Blick zu. »Ich hätte nichts dagegen, das herauszufinden.«

Nayir hatte recht gehabt. Die Taif Escarpment Road war mörderisch. Kurz nach al-Hada verwandelte sich die Schnellstraße in Serpentinen und überwand in nur sieben Kilometern mehr als zweitausend Höhenmeter, wobei einige Haarnadelkurven zu bewältigen waren. Inzwischen waren sie in den Bergen, wo Paviane in den Höhlen auf der einen Seite der Straße Deckung suchten, während sich auf der anderen eine Berglandschaft aus sandfarbenen Felsgipfeln erstreckte. Offenbar hielten die anderen Autofahrer die zweispurige Straße für eine Rennstrecke und überholten den Rover rücksichtslos. Die Aussicht war zwar atemberaubend, doch es ging erschreckend steil in die Tiefe. Katya klammerte sich an ihrer Armlehne fest und betete lautlos, während Nayir sie wohlbehalten in die Stadt fuhr.

Die Skizze des Falkners lotste sie zu einer Teerstraße am Stadtrand. Diese führte höher hinauf in die Berge und ging unvermittelt in eine Staubpiste über, die sich in ein tiefes Tal erstreckte. Unter ihnen, umrahmt von einem Flussdelta und im Schutz der Berge, befand sich eine üppig grüne Rasenfläche, auf der eine einzige weiße Villa stand. Als sie weiterfuhren, lag Rosenduft in der Luft.

Die Straße endete an einem Tor, wo sie von einem Wachmann empfangen wurden. Er stellte keine Fragen, sondern winkte sie einfach mit einem freundlichen Nicken durch. Die Gastfreundschaft der Bergbewohner, wie Katya vermutete.

Allmählich wurde sie nervös. Sie war nicht sicher, wie sie einen wohlhabenden und mächtigen Mann wie al-Adnan zur Rede stellen sollte. Warum hatte sie niemandem im Büro gesagt, dass sie ihn identifiziert hatte? Sie hätte ihn zumindest Ibrahim gegenüber erwähnen sollen. Doch sie wollte Sabria finden, ohne dass die Polizei davon erfuhr.

Sie stoppten vor der Villa und warteten.

Kurz darauf bog ein junger Mann, der ein braunes Gewand trug, um die Hausecke. Er lächelte und winkte ihnen zur Begüßung zu. Der Mann hatte kurzes Haar, sonnengebräunte Haut und riesige Hände, schüttelte Katya ebenso unbefangen die Hand wie Nayir und stellte sich als Yusuf, Aufseher über die Rosenplantage, vor.

»Wir freuen uns immer über Besuch«, sagte er. »Woher kommen Sie?«

»Dschidda«, antwortete Nayir.

»Ach, das ist eine malerische Strecke.« Ansonsten wollte er nur ihre Namen wissen und fragte, ob sie die Nacht in der Villa verbringen wollten, denn die letzten Nächte seien kalt gewesen, und auf dem Campingplatz sei es nicht so gemütlich wie im Frühjahr.

»Eigentlich«, erwiderte Katya, »wollten wir mit Hakim al-Adnan sprechen. Wir sind von der Polizei von Dschidda und würden ihm gern ein paar Fragen stellen.« Sofort machte Yusuf ein entsetztes Gesicht. »Er könnte uns bei unseren Ermittlungen helfen«, fügte Katya hinzu.

»Mr. Adnan ist nicht da«, sagte Yusuf. »Er ist auf Geschäftsreise und kommt erst nächste Woche wieder. Es tut mir ja so leid.«

»Mir auch«, entgegnete Katya.

»Und dafür sind Sie so weit gefahren!«, rief Yusuf aus. »Bitte setzen Sie sich und trinken Sie einen Tee. Bitte.« Er winkte sie auf die Terrasse der Villa, wo im Schatten einer Pergola ein kleiner Tisch und mehrere Stühle standen. »Wenn Sie die Zeit erübrigen können, würde ich Ihnen gerne die Gärten zeigen. Schließlich sind Sie den ganzen weiten Weg aus Dschidda gekommen.«

Nach dem Tee ließen sich Katya und Nayir durch die Villa und die Gärten führen. Taif war für seine Rosenöle berühmt, die man weltweit zur Herstellung von Luxusparfüms verwendete. Begeistert wie ein kleiner Junge schilderte Yusuf in allen Details seine kostbaren Pflanzen und seinen erbitterten Kampf gegen eine Familie zerstörungswütiger Stachelschweine.

»Kennen Sie Mr. Adnan gut?«, fragte Katya schließlich, als sie durch den Garten schlenderten.

»Ja«, erwiderte Yusuf zögernd. »Er ist der beste Arbeitgeber, den man sich wünschen kann. Ich habe großes Glück, einen Beruf ausüben zu können, den ich liebe.«

»Sie sagten, er sei auf Geschäftsreise?«

»Ja.«

»Liefert er Rosenöl an den Rest der Welt aus?« Als sie lächelte, grinste Yusuf zurück.

»Er hat tatsächlich gerade erst eine Lieferung nach Mekka gebracht«, antwortete er. »Er fährt zweimal im Jahr hin, im April und im Oktober, um *attar* an die heilige Ka'aba zu spenden.«

Seit Katyas Hadsch waren bereits einige Jahre vergangen. Doch sie erinnerte sich, dass *attar* dazu verwendet wurde, um den hoch aufragenden Stein am südlichen Ende der Ka'aba zu parfümieren. Laut Hadith wurden alle Sünden ausgelöscht, wenn man diesen Stein berührte.

»Das ist sehr wohltätig von ihm.« Als sie Nayir ansah, stellte sie fest, dass Adnans angebliche Großzügigkeit ihn nicht beeindruckte.

Inzwischen hatten sie das Ende des Gartens erreicht. Eine Reihe von Rosenbüschen war entfernt worden, sodass die nackte Erde freilag. Sie war üppig, schwarz und lehmig und wurde von einem dünnen, an einem Gerüst befestigten Stoffbaldachin vor der Sonne geschützt.

Rechts davon reckten drei Reihen junger Büsche die Zweige ins Licht.

Plötzlich musste Katya an ihren Traum denken, an Blut und Blütenblätter und böse Efreet, die ihren Körper in der Erde vergruben. Es stand ihr klar und deutlich vor Augen. Sie drehte sich zu Nayir um, der zu spüren schien, dass etwas nicht stimmte, allerdings ohne zu ahnen, was es war.

»Wann wurden diese Büsche gepflanzt?«, fragte sie.

»Nun, wir haben sie Anfang des Sommers eingesetzt. Manche von ihnen sind nicht so gut gediehen.«

Sie steuerte auf einige Büsche zu, die ihr ein wenig kümmerlich erschienen.

»Bitte gehen Sie nicht zu nah ran«, sagte Yusuf.

Katya achtete nicht auf ihn.

»Verzeihung, *Sa'eedi*.« Yusufs Tonfall war schärfer geworden.

»Wurden diese Büsche vor Kurzem ausgegraben und neu eingepflanzt?«

Yusuf verzog ärgerlich das Gesicht. »Nein, wurden sie nicht.«

»Ich brauche eine Schaufel.«

»*Was?*« Als er auf sie zutrat, folgte Nayir ihm.

Zu ihrer Überraschung stellte Katya fest, dass sie ihren eigenen

Herzschlag laut in den Ohren hörte. Sie wurde von kalter Furcht ergriffen. »Wann genau haben die Probleme angefangen?«, fragte sie mit zitternder Stimme.

»*Sa'eedi*, ich muss Sie bitten, von da wegzubleiben.«

»*Wann genau?*«, beharrte Katya.

Yusuf wandte sich in Richtung Haus und fing an, nach dem obersten Gärtner zu rufen.

»Unter diesen Büschen könnte eine Leiche vergraben sein.«

Yusuf wirbelte erschreckt zu ihr herum.

Der oberste Gärtner kam aus dem Haus auf sie zumarschiert. Er wurde von zwei jungen Männern begleitet, von denen einer eine Schaufel bei sich hatte. Eine Viertelstunde und ausgedehnte Diskussionen waren nötig, bevor sie sich an die Arbeit machten. Sie entfernten die Erde vorsichtig von den Pflanzen und häuften sie ordentlich am Rand des Beetes auf. Den ersten Rosenbusch zogen sie mit derselben Ehrfurcht aus dem Boden, wie Katya sie aus Dokumentarfilmen über archäologische Ausgrabungen kannte. Der pakistanische Falkner war mit dem verletzten Falken weniger zartfühlend umgegangen.

Nachdem sie den ersten Busch in eine mit Erde und Wasser gefüllte Schubkarre gesetzt hatten, gruben sie tiefer. Katya ging unruhig auf und ab. Am liebsten hätte sie sich hingekniet und mit bloßen Händen zu buddeln angefangen. War es nur ein Traum oder Wirklichkeit? Eine Furcht, die der Teufel ihr ins Herz gepflanzt hatte? Ihre Arme zitterten so, dass sie sie um den Leib schlang.

Die Schaufel traf auf ein Hindernis. Weich und dennoch unnachgiebig. Plötzlich fielen zwei Männer auf die Knie und schoben die Erde mit den Händen weg. Ohne nachzudenken, kniete Katya sich neben sie. »Vorsichtig, lassen Sie mich das machen.« Die Erde war kühl und feucht. Noch nie hatte sie so eine Erde gesehen. Und als ihre Finger etwas berührten, ertastete sie Haut, Kleidung und die Starre des Todes. Rasch wischte sie die letzte Erdschicht weg. »*Ya Allah, na'uzhu bi Allah.*«

Es war der Fuß einer Frau. Ihre hellrot lackierten Zehennägel ragten aus dem Boden.

37

Es war kurz nach zwölf, und das freitägliche Zuhrgebet endete gerade. Inzwischen hatte Ibrahim das ständige Fernsehen gründlich satt. Und genauso satt hatte er es, dass Saffanah am anderen Ende des Sofas kauerte, in den Fernseher starrte, ohne etwas zu sehen, und nur aufstand, um zu beten, weshalb er beschloss, endlich reinen Tisch zu machen.

»Wer ist der Vater?«, fragte er.

Obwohl sie sofort wusste, wovon die Rede war, antwortete sie nicht und zuckte nicht einmal die Achseln.

»Mich interessiert nur, woher du ihn kennst.«

Sie waren allein. Constance war oben, um ihre Rolle als Spionin im Fall Jamila wahrzunehmen. Aqmar war bei der Arbeit. Und Zaki ging ihm aus dem Weg.

»Schau«, sprach er weiter. »Du kannst mich nicht schockieren. Und ich verspreche dir, dass es unter uns bleibt.«

Da Saffanah offenbar keine Lust hatte, darüber zu reden, wandte er sich wieder dem Fernseher zu. »Beim Arzt«, sagte sie plötzlich, als kurz darauf eine Werbeunterbrechung begann.

»Verzeihung?«

»Ich habe ihn beim Arzt kennengelernt. Er hat in der Praxis gearbeitet.«

Ibrahim wich ihrem Blick aus, weil er sicher war, dass sie sonst wieder verstummen würde. »Warum warst du denn beim Arzt?«

»Um mich vor der Hochzeit untersuchen zu lassen.«

Offenbar bedeutete das, dass ihre Mutter sie zum Frauenarzt geschleppt hatte, um sich zu vergewissern, dass ihr Jungfernhäutchen noch intakt war. Als wenn es Zaki interessiert hätte, ob seine Frau in der Hochzeitsnacht aufs Laken blutete.

»War er ein Arzt?«, fragte Ibrahim.

»Nein, ein Sekretär.«

»Weiß er, was jetzt mit dir los ist?«

Sie schüttelte den Kopf und drehte sich wieder zum Fernseher um. Dabei nahm sie den Zipfel ihres Kopftuchs und wickelte ihn sich über Mund und Nase, eine beiläufige Geste, die er schon oft bei ihr gesehen hatte, nur dass es diesmal verängstigt wirkte.

Also hatte sie sich in einen Jungen in der Praxis ihres Arztes verliebt, und sie hatten miteinander geschlafen. Er fand es interessant, dass es geschehen war, nachdem sie in die Hochzeit mit Zaki eingewilligt hatte.

»Wo hast du …?« Sobald er es ausgesprochen hatte, wurde ihm klar, dass er zu weit gegangen war. Sie erstarrte und saß genauso reglos da wie die Wand hinter ihr.

In den Nachrichten wurde noch immer über ein vor Kurzem in Dubai missbrauchtes Hausmädchen berichtet. Er versuchte, nicht an Sabria und nicht daran zu denken, wie wütend sie solche Vorfälle gemacht hatten. Als er zuletzt von Katya gehört hatte, war diese gerade einer Spur nachgegangen. Einer der Männer aus den Videos könnte ein Trappenjäger sein.

Als der Sender das Foto des Hausmädchens zeigte, ging er hinaus auf den Balkon, um eine Zigarette zu rauchen.

Nach einer Weile kehrte er zurück und sah sich noch eine halbe Stunde lang die Nachrichten an. »Im Einkaufszentrum. In einer Toilette«, sagte Saffanah plötzlich mit leiser Stimme.

Er wandte sich zu ihr um. »Der Herrentoilette?«

Sie nickte.

»Hat er dir etwas versprochen?«

Sie sagte nichts. Allerdings entfaltete sich der Rest der Geschichte in seinen Gedanken wie ein gewaltiger Wandteppich, der Szenen aus dem Leben junger Frauen darstellte. Solchen, die vom Pfad der Tugend abgewichen waren. Das aufgeregte Herzklopfen, weil man überhaupt mit einem Jungen gesprochen hatte. Die Angst, erwischt zu werden, wenn man die eigene Mutter anlog und sich ins Einkaufszentrum davonstahl. Das Abenteuer, ihm auf der Herrentoilette in eine Kabine zu folgen. Und dann, nach so vielen Jahren der Verschleierung, der Schreck, den es bedeutete, entkleidet zu werden. Die Verwirrung eines jungen Mädchens, das halb nackt mit einem Fremden zusammen war, der sich vermutlich täppisch und gedankenlos verhielt und nichts als seine eigene Befriedigung im Sinn hatte.

»Er hat versprochen, mich zu heiraten«, erwiderte sie.

Ibrahim ertappte sich dabei, dass er den Atem anhielt. »Und dann?«

Sie starrte in den Fernseher und hatte die Hände auf dem Schoß ineinander verkrampft. »Wir hatten noch eine Verabredung. Aber er ist nicht gekommen.«

Ibrahim lehnte sich zurück und betrachtete die Decke. Es gab nichts mehr zu sagen. Sie hatte bereits ihre Lektion gelernt, wie grausam die Menschen sein konnten. Und dass es keine Möglichkeit gab, diesen Kerl zu zwingen, die Verantwortung zu übernehmen.

»Weißt du, eigentlich hast du ja Glück gehabt«, meinte er. »Sei mir jetzt nicht böse, aber wenigstens bist du den Burschen los.«

Ihr entschlossen vorgerecktes Kinn verriet ihm, dass das Gespräch vorbei war.

Schlagartig fiel ihm ein, dass sie mindestens im vierten Monat sein musste. Man sah es ihr nicht an, weil sie selbst im Haus die lange schwarze Abaya trug, die ihre Figur verhüllte. Er selbst hatte es vor einem knappen Monat erfahren, und da war sie sicher bereits im dritten Monat gewesen, da sie vor der Hochzeit mit Zaki Sex mit dem Kindsvater gehabt hatte. Endlich wurde ihm klar, was er eigentlich schon viel früher hätte schlussfolgern müssen: Es war zu spät. Sie konnte das Baby nicht mehr als Zakis ausgeben.

Er dachte an Sabria, doch anders als bei Saffanahs Schicksal gelang es ihm nicht, ihr Verschwinden positiv umzudeuten.

Zehn Minuten später klopfte es. Die Tür ging auf, Omar kam herein und machte die Tür wieder hinter sich zu. Ibrahim stand auf. Er spürte sofort, dass etwas im Argen lag.

»Was ist passiert?«, fragte er.

»Setz dich«, erwiderte Omar. »Wir müssen reden.«

»Was ist los?«

»Setz dich.«

Doch Ibrahim weigerte sich. Saffanah richtete sich auf.

Omar stieß einen tiefen Seufzer aus. »Sie haben sie gefunden.«

»Wen?«

»Sabria.«

»Oh mein Gott, wo ist sie?«

Omars Gesichtsausdruck verriet alles. Ibrahim ließ sich aufs Sofa sinken. Saffanah drehte sich zu ihm um.

»Oh mein Gott, nein«, sagte Ibrahim.

»Es tut mir leid«, antwortete Omar.

Ibrahim spürte ein gewaltiges Zerren, als würde er von innen nach außen gestülpt. Die nächste halbe Stunde erschien ihm wie ein Traum. Sein Bewusstsein registrierte alles in Form von Momentaufnahmen. Er umklammerte seine Knie. Rang nach Atem. Um ihn herum wurde es schwarz. Gedämpfte Stimmen. Saffanah beugte sich über ihn und hielt seine Hand. Omar telefonierte. Constance weinte und schlug die magere, blasse Hand vor den Mund. Und währenddessen explodierte die gewaltige Wucht des Wissens, dass Sabria tot war, wie eine Supernova, die sich schon monatelang am Nachthimmel aufgebaut hatte. Sie würde nie zurückkehren, und alles, was er geliebt, wofür er Opfer gebracht und was ihm jemals Hoffnung gegeben hatte, war nun aus und vorbei.

ප 38 ෆ

Katya hob kurz den Gehörschutz an. »Wessen Pistole ist das?«, fragte sie.

»Ubaids Dienstwaffe«, erwiderte Majdi.

Katya beobachtete, wie er mit der Waffe in einen Geschossfang zielte und sorgfältig drei Schüsse abfeuerte. Auf der anderen Seite des Kastens stand Inspector Osama Ibrahim und verschränkte die Arme vor der Brust. Er sah aus, als hätte er ein scheußliches Wochenende hinter sich.

»Der wird doch nicht so dumm gewesen sein, seine eigene Dienstwaffe zu benutzen«, sagte sie.

»Man kann nie wissen«, antwortete Osama.

»Können Sie mich trotz Gehörschutz verstehen?«

Er nickte.

»Wahrscheinlich werde ich alt«, murmelte sie. Sie setzte die Ohrenschützer wieder auf, als Majdi die zweite Waffe testete. Auf dem Tisch lagen vier Pistolen. Die erste gehörte Ubaid, die anderen drei Hakim al-Adnans Leibwächtern.

»Haben Sie schon mit Adnan gesprochen?«, erkundigte sich Katya.

»Nein«, antwortete Osama. »Es ist besser, wenn wir das hier zuerst erledigen.«

Man hatte Adnan in Mekka festgenommen, wo er gerade die Ka'aba umrundete. Die Polizei hatte respektvoll gewartet, bis er damit fertig war, und ihm dann mitgeteilt, man habe einige Fragen an ihn. Inzwischen saß er im Vernehmungszimmer.

Auch seine drei Leibwächter waren in Haft. Sie waren die einzigen Menschen in Adnans näherem Umfeld, die Waffen trugen. Adara hatte eine Kugel aus Sabrias Brust entfernt, und Katya hatte in der Rosenplantage zwei Geschoßhülsen entdeckt, und zwar ganz in der

Nähe der Stelle, wo Sabria vergraben gewesen war. Man hatte sie aus nächster Nähe mit einer Handfeuerwaffe im Kaliber .22 erschossen. Eine Kugel in den Kopf, eine zweite ins Herz.

Eigentlich war ja die Abteilung für verdeckte Ermittlungen für den Fall zuständig. Doch da man nun eine Leiche hatte, war es Angelegenheit der Mordkommission. Chief Riyadh hatte Osama den Fall zugeteilt.

Offenbar hatte einer von Adnans Leuten Sabria auf dem Gewissen. Und sie war auf Adnans Grundstück gefunden worden. Die Frage war nur, wie Adnan sie aufgespürt hatte. Sabria war nirgendwo registriert gewesen. Ihr Visum war abgelaufen, die Adresse stimmte nicht mehr. Laut Ibrahim und Rizal hatte sie höchsten Wert auf Anonymität gelegt. Es war wichtig für die Ermittlungen, in Erfahrung zu bringen, wie Adnan nicht nur die Identität der Erpresserin, sondern auch noch ihre Adresse entdeckt hatte. Majdi feuerte die Probeschüsse aus der vierten Pistole ab, bevor er Schutzbrille und Gehörschutz ablegte. »Ich untersuche jetzt die Geschosshülsen«, meinte er.

»Wann haben Sie die Ergebnisse?«, erkundigte sich Osama.

»Geben Sie mir eine halbe Stunde.«

Carmelita Rizal hatte sich ausgeweint. Nun saß sie mit tränennassem Gesicht und zitternd da. Auf ihrem Schoß ballten sich Papiertaschentücher, und neben ihr auf dem Sofa stand eine grellbunte Schachtel, die Nachschub enthielt. Katya empfand die seltsame Beklommenheit, die vermutlich die meisten Polizisten verspürten, wenn sie Zeugen wurden, wie Menschen wegen des Verlusts eines geliebten Menschen zusammenbrachen. Sie fragte sich, wie Nayir wohl reagieren würde, wenn jemand ihm die Nachricht von ihrem Tod überbrachte. Sie konnte sich nicht vorstellen, dass er weinen wurde. Er würde sein Leid, wie so viele andere Dinge, abspalten und tief in sich vergraben.

Katya hatte erklärt, dass die aus der Pistole von einem der Leibwächter al-Adnans abgefeuerten Kugeln laut Majdi mit den Geschosshülsen neben Sabrias Leiche übereinstimmten. Also hatte al-Adnans Leibwächter sie getötet. Sie hatte Rizal auch von der Rosenplantage und ihrem unerklärlichen Verdacht erzählt, dass Sabrias Leiche dort vergraben sein könnte. Es war noch immer seltsam, über ihren kalten Schweiß und das verstörend drängende Gefühl zu sprechen. Am schwersten war es ihr gefallen zu erläutern, welche Rolle Jessica, wenn auch ohne es zu wollen, in der Angelegenheit gespielt hatte. Katya ahnte, dass Rizal auf diese Weise schlagartig zwei gute Freundinnen auf einmal verloren hatte.

»Eines steht fest«, sagte Rizal und wischte sich übers Gesicht. »Wenn ich hier rauskomme, kehre ich zurück auf die Philippinen. Lieber verhungere ich dort. Hier habe ich niemanden außer meinem Sohn.«

»Wenn Sie Hilfe brauchen, um ein Ausreisevisum zu bekommen, melden Sie sich bei mir.«

»Ja, danke, ich glaube, das wird nötig sein«, erwiderte Rizal. »Wissen Sie, Sabria hat auch gefälschte Ausreisevisa besorgt. Wahrscheinlich sollte ich Ihnen das nicht erzählen, doch es spielt ja keine Rolle mehr, oder?«

Katya schüttelte den Kopf.

»Ich werde das Gefühl nicht los, dass sie zwar sehr mutig, aber auch leichtsinnig gehandelt hat. Außerdem hat sie das grundsätzliche Problem nicht gelöst. Wahrscheinlich brauchte sie einfach die Aufregung. Sie wollte sich wie eine Heldin vorkommen. Doch es war nur ein Tropfen auf den heißen Stein. Die Situation wird sich nicht ändern, solange die Gesetze nicht geändert werden. Angeblich sind die Saudis nicht verpflichtet, uns zu schützen, weil wir ja nicht zu ihnen gehören. Nur, dass wir, verglichen mit ihnen, in der Überzahl sind und auch die meiste Arbeit machen.« Sie schwieg einen Moment und faltete ein nasses Papiertaschentuch zusammen. »Und deshalb werde ich gehen. Es ist mir egal, ob ich in Manila verhungere. Wenigstens verhungere ich dann zu Hause.«

39

Am Sonntagmittag saß Katya am Computer, als sich die Tür öffnete und Charlie den Kopf hereinsteckte. Bei Katyas Anblick lächelte sie.

»Schön, dass du hier bist«, sagte sie. Mit zwei Papiertüten voller Akten in der Hand kam sie herein. Katya stand erstaunt auf. »Ich habe es endlich geschafft, Riyadh davon zu überzeugen, dass es noch viel zu tun gibt. Das sind alle ungelösten Fälle mit weiblichen Opfern aus den letzten fünf Jahren – mit Fotos!«

Katya kriegte den Mund nicht mehr zu. »Weiß Mu'tazz Bescheid?«

»Keine Ahnung, und es ist mir auch egal«, entgegnete Charlie wegwerfend. »Ständig rede ich auf diese Typen ein, dass sie nach Übereinstimmungen suchen sollen, weil unser Mörder offenbar in seine kleinen Spielchen und Geheimbotschaften verliebt ist, aber du kannst es dir ja denken.« Als sie den Kopf hob, war sie vom Schleppen der schweren Akten rot im Gesicht. »Ich habe den Verdacht, dass sie gar nicht hören wollen, was ich zu sagen habe. Also habe ich mir gedacht, dass die mir mal den Buckel runterrutschen können. Das schaffen wir auch ohne die.«

Katya schmunzelte über ihre Hartnäckigkeit. »Schön, dass du gekommen bist. Setz dich.«

Charlie zog sich einen Bürostuhl heran und ließ sich an der Schmalseite von Katyas Schreibtisch nieder. Die anderen Frauen im Labor warfen ihnen neugierige Blicke zu, doch Katya achtete nicht auf sie.

Charlie hatte recht, die Akten enthielten wirklich Fotos. Allerdings standen sie jetzt vor dem Problem, dass es so viele waren und dass jedes als ein Buchstabe im Alphabet gedeutet werden konnte.

Eine Stunde später öffnete Katya ihre Schreibtischschublade und holte das mitgebrachte Mittagessen heraus. Charlie lachte. »Lass mich raten – Sesampaste, Karotten, Brezeln und Käsestangen?«

Leicht verschnupft breitete Katya ihre Schätze auf dem Schreibtisch aus.

»Vergiss den Apfel und die Cola light nicht«, meinte Charlie.

Katya reichte ihr den Apfel. »Da wir ihn nie teilen, möchte ich, dass du ihn heute isst.«

»Das geht nicht, schon vergessen? Dann habe ich nämlich ein schlechtes Gewissen, weil du ihn nicht isst.«

»Ach, ja, daran habe ich gar nicht gedacht.«

Also blieb der Apfel wieder zwischen ihnen liegen, und sie vertilgten gemeinsam den Rest.

Da der Schreibtisch zu klein und zu vollgestellt für Katyas Tatortkarten war, hatte sie diese seitlich an ihren Computer und an das schmale Stück Wand daneben geklebt. Der Stadtplan zeigte die Stellen, wo die Leichenteile im Osiris-Fall gefunden worden waren. Auf der Karte von der Wüste war zu sehen, dass es sich bei dem Massengrab um ein einfaches Sechseck neben einer einsamen Landstraße handelte. Katya hatte ein weiteres Hexagon auf ein Stück Transparentpapier gezeichnet und es, mit einem großen Fragezeichen darauf, über einen weiteren Stadtplatz gelegt. Die einzige Markierung darauf stand für den Fundort von Amina al-Fouads Hand.

»Ich frage mich, was die Männer wirklich von der Sache halten«, sagte Katya und wies auf die aufgeschlagenen Aktenmappen.

»Wahrscheinlich sind sie froh, dass wir ihnen die Idiotenarbeit abnehmen«, antwortete Charlie und fügte, ein wenig ernster, hinzu: »Meiner Ansicht nach halten sie es für möglich, dass Amina zu einer größeren Mordserie gehört. Allerdings ist es in ihren Augen nicht so wahrscheinlich, dass sie im Moment ihre Zeit dafür investieren wollen.«

»Amina al-Fouad muss etwas damit zu tun haben.«

»Lass dich nicht verunsichern«, meinte Charlie. »Riyadh streitet ja nicht ab, dass eine Verbindung bestehen könnte. Das ist wegen der abgetrennten Hände doch offensichtlich. Er behauptet nur, dass sie ein Einzelfall ist, also dass es keine weiteren Entsprechungen gibt.« Charlie zeigte auf die Karten. »Aber ich finde, dass du möglicherweise richtig liegst, und deshalb bin ich hier, um dir bei der Suche nach dem dritten Apfel zu helfen.« Sie wies wieder auf die Karten.

»Es ist ein Hexagon«, erwiderte Katya.

»Schon, doch wenn es einen Stiel hätte, wäre es ein Apfel.«

Katya schmunzelte und aß weiter. Aber plötzlich war da ein vager Gedanke, der sie nicht mehr losließ. *Apfel.* Sie betrachtete noch einmal die Karten. Sie sahen wirklich aus wie Äpfel. Drei Äpfel.

Sie legte die Karotte weg.

»Was ist?«, fragte Charlie.

»*Ya majnoun.* Ich …« Rasch drehte sie sich zum Computer um, öffnete den Browser und startete eine Suchanfrage. Sofort erschien »Die Geschichte der drei Äpfel« auf dem Bildschirm. »*Al-hamdulillah!*«, rief sie aus. Die Internetzensoren waren eben nicht schnell genug, um jede Version abzufangen, die im Netz erschien.

Es handelte sich um eine Geschichte aus *Tausendundeine Nacht*. Sie hatte sie als Kind gelesen und erinnerte sich noch gut an den Anfang, obwohl die Handlung recht kompliziert war. Der Kalif Harun al-Raschid, der an einer ganz besonders schweren Ausprägung von Schlaflosigkeit litt, war eines Nachts durch die Straßen gewandert und dabei einem Fischer begegnet, der einen guten Eindruck auf ihn gemacht hatte. Also hatte er dem Fischer angeboten, ihm zweihundert Dinare für seinen Fang zu zahlen, ganz gleich, was ihm in dieser Nacht auch ins Netz gehen sollte. Der Fischer war natürlich sofort einverstanden, warf sein Netz aus und zog eine gewaltige Kiste an Land, die der Kalif in seinen Palast bringen ließ. Als er sie öffnete, entdeckte er darin die Leiche einer Frau.

Soweit Katya wusste, nahm diese Geschichte eine Sonderrolle ein, weil sie die einzige war, in der eine Frau getötet wurde und in der sich jemand tatsächlich auf die Suche nach dem Mörder machte.

Von Charlie ungeduldig beobachtet, las sie die Geschichte. Nach einigen Absätzen schlug Katya die Hand vor den Mund.

»Was ist denn?«, fragte Charlie.

Katya erzählte ihr, worum es in dem Märchen ging. »Ich zeige dir, was der Kalif in der Kiste vorfindet. Einen Moment.« Sie wandte sich wieder dem Computer zu, suchte die Geschichte auf Englisch und blätterte sie durch, bis sie an der richtigen Stelle angelangt war. »Hier müsste es sein.«

Charlie beugte sich vor und las:

Als sie die Kiste öffneten, fanden sie einen Korb von Palmblättern, mit roter Wolle zugemacht. Als sie den Korb öffneten, sahen sie ein Stück von einem Teppich darin, und als sie diesen aufhoben, erblickten sie einen Mantel, viermal zusammengelegt, und unter diesem ein junges Mädchen, rein wie Silber, aber in neunzehn Stücke zerhauen.

Charlie schnappte nach Luft. »Soll das ein Scherz sein?« Sie las die Passage noch einmal. »Sie war in neunzehn Stücke zerteilt?«

»Ja«, erwiderte Katya. »Ich fasse es nicht, dass mir das nicht schon früher eingefallen ist.«

Charlie lehnte sich zurück. »Das ändert alles.«

»Was soll das heißen?«

»Dass er kein religiöser Fanatiker mehr ist. Wir dachten, die Neunzehn stünde für eine magische Zahl aus dem Koran, weißt du noch?«

»Ja, stimmt.«

»Und jetzt hat sich die Bedeutung verändert. Die Neunzehn könnte eine Anspielung auf diese Geschichte sein. Ich meine, wie viele Frauen werden in euren Märchen hier in der Gegend in neunzehn Stücke zerhackt? Kommt das häufig vor?«

»Nein, ich kenne sonst keines. Genau genommen handelt es sich hier um den einzigen Mordfall in *Tausendundeine Nacht*. Ja, es sterben auch andere Figuren, aber nur in dieser Geschichte steckt ein Verbrechen dahinter. Und jemand ermittelt. Ich glaube, es ist die einzige Geschichte dieser Art im ganzen Buch.«

»Gütiger Himmel.« Charlie saß da wie vom Donner gerührt.

»Das ist der Bezug zum Osiris-Fall«, stellte Katya fest.

»Ja.«

»Meiner Ansicht nach müssen da drei Äpfel sein. Und wir haben erst zwei gefunden.«

Charlie nickte. »Und wie geht die Geschichte weiter?«

Sie lasen sie beide in ihrer eigenen Sprache. Die Geschichte war genauso umständlich und altertümlich, wie Katya sie im Gedächtnis hatte: Ein Mann macht eine dreißig Tage lange Reise, um drei Äpfel für seine kränkelnde Frau aufzutreiben. Nach vielen Irrungen und Wirrungen bringt er die Frau aus Eifersucht um und muss dann tragischerweise feststellen, dass sie ihm treu gewesen ist wie Desdemona und dass ein hinterhältiger Sklave ihn belogen hat.

Katya und Charlie saßen eine Weile schweigend da.

»Ich finde, dass wir den religiösen Aspekt nicht völlig außer Acht lassen sollten«, verkündete Charlie schließlich.

»Ich stimme zu. In beiden Fällen hat der Täter ein religiöses Zitat hinterlegt.«

»Es ändert nur unser Bild von ihm«, erwiderte Charlie. »Ist es eigentlich hier erlaubt, *Tausendundeine Nacht* zu lesen? Was halten strenggläubige Menschen von diesem Buch? Es ist doch ein wenig pikant, oder?«

»Ja. Man darf es nicht lesen.«

»Ist es verboten?«

Katya nickte. »Es ist uns nicht gestattet, es zu lesen, aber wir tun es trotzdem. Viele Leute sind stolz darauf. Es ist ein Teil unserer Geschichte, so wie Shakespeare bei euch.«

»Aber die religiösen Führer haben es verboten?«

»Ja.«

»Es ergibt also keinen Sinn, dass unser Mörder ein religiöser Fanatiker ist und gleichzeitig *Tausendundeine Nacht* liest«, sagte Charlie.

»Richtig«, bestätigte Katya. »Es ergibt keinen Sinn.«

»Okay, was hältst du von dieser Idee?«, begann Charlie. »Wir wissen nicht, wer das Opfer im Osiris-Fall ist – und es besteht die Möglichkeit, dass der Engel-Mörder die Frau gar nicht umgebracht hat. Er hat nur ihre Körperteile in der ganzen Stadt verstreut. Vermutlich hat das bei ihm irgendeinen Trieb befriedigt. Mit dem Töten hat er erst später angefangen. Und dann hat er neunzehn Morde begangen. Wenn er 1989 ein Teenager oder Anfang zwanzig war, hat er die ersten Opfer aus der

Wüste mit etwa dreißig ermordet, was dem klassischen Profil eines Serienkillers entspricht. Sie begehen den ersten Mord meist, wenn sie um die dreißig sind. Da er seit zehn Jahren mordet, können wir davon ausgehen, dass er inzwischen ungefähr vierzig ist. Das ist eine Information, die wir gestern noch nicht hatten.«

»Okay«, erwiderte Katya.

»Wie lautete das Zitat aus dem Osiris-Fall noch mal?«, erkundigte sich Charlie.

»›Wir haben alle Dinge nach einer Ordnung erschaffen.‹«

Charlie nickte. »Und das ist das Thema, das ihn am meisten beschäftigt – Ordnung. Meiner Ansicht nach ist das seine Methode, nicht die Kontrolle über sich zu verlieren und seine Taten zu rechtfertigen. Sag mal, gibt es im Islam eine Tendenz, auf festen Strukturen zu bestehen?«

Katya zuckte die Achseln. »Ich glaube nicht … dass sie einen besonders hohen Stellenwert haben.«

»Gut«, antwortete Charlie. »Aber was ist dann mit eurer Kunst? Ich meine, die komplizierten Mosaike und so. Die sind doch sehr geometrisch.«

»Ja, du hast recht. Und auch der Tag hat eine Struktur, wegen der fünf Gebete, die sich nach dem Sonnenstand richten.«

»Okay«, meinte Charlie. »Nehmen wir einmal an, er hat die Körperteile im Osiris-Fall verstreut, weil er die Kiste als Anspielung auf *Tausendundeine Nacht* erkannt hat. Das heißt, dass er verhältnismäßig gebildet ist. Er kannte die Geschichte und kam sich sehr schlau vor, als er die Gliedmaßen in Apfelform verteilt hat. Mein Gott, wahrscheinlich wartet er schon seit Jahrzehnten darauf, dass es endlich jemand bemerkt. Und später, als er selbst zu morden anfängt, wiederholt er dieses Muster mit den Opfern in der Wüste. Erst jetzt hat er wirklich seinen Ausdruck gefunden. Er versucht, der Welt eine bestimmte Ordnung aufzuzwingen. Nicht nur seinen Opfern und ihrer Begräbnisstätte. Ich glaube, dass er eine moralische Ordnung einsetzen will – und da kommt die religiöse Komponente ins Spiel.«

»Was meinst du damit?«

»Er sucht sich hauptsächlich Ausländerinnen aus. Mit den Augen eines strenggläubigen Muslims betrachtet, könnte man diese Frauen als unsittlich bezeichnen. Sie wohnen unter einem Dach mit fremden Männern. Und die meisten sind keine Muslimas, richtig? Sie stammen von den Philippinen und aus Sri Lanka.«

»Einige könnten Muslimas sein«, erwiderte Katya. »Aber der Großteil vermutlich nicht.«

»Sie helfen bei der Kindererziehung, oder? Also üben sie einen gewissen Einfluss auf muslimische Kinder aus, obwohl sie keine Muslimas sind und sich nicht so streng an die Regeln halten wie saudische Frauen.«

»Ja.« Katya nickte. »Allmählich verstehe ich.«

»Gibt es hier Vereinigungen, die gegen die vielen ausländischen Hilfsarbeiter protestieren? Ich muss da an den Ku-Klux-Klan denken, den wir in Amerika haben. Das ist eine Gruppierung, die eine Gesellschaft nach ihren Vorstellungen erzwingen will und dafür auch rassistische Gewalttaten begeht. Derartige Geheimbünde könnten für Leute wie unseren Mörder attraktiv sein. Habt ihr so etwas hier?«

»Nein.« Katya runzelte die Stirn. »Die meisten finden es gut, dass wir diese Leute haben. Saudis halten es nämlich für unter ihrer Würde zu arbeiten. Das soll bitte jemand anders erledigen.«

Charlie seufzte. »Stimmt, das habe ich irgendwo mal gehört.«

»Und was ist mit Amina?«, fragte Katya.

Charlie lehnte sich zurück. »Ich glaube, wir beide denken, dass er uns eine neue Botschaft vermitteln will. Wir kennen sie nur noch nicht.«

Katya zermarterte sich das Hirn, wie diese wohl lauten mochte. Der Mann war ein Verrückter, angetrieben von seiner eigenen kranken Deutung der Welt. Ein Henker. Ein Engel, der die Hölle hütete. Die Botschaften waren die einzige Gemeinsamkeit zwischen seinen Morden und dem Osiris-Fall. Er war nicht nur von Ordnung besessen, sondern hatte auch in Worten und Buchstaben eine Ausdrucksform für seinen Wahn gefunden. Also konnte er eindeutig lesen und schreiben – vielleicht war er sogar ein Kalligraf. Doch was nützte ihnen diese Erkenntnis? Sollten sie jeden Künstler und Schriftsteller in Dschidda überprüfen?

Allmählich war sie der Verzweiflung nahe. Der Fall wurde von Tag zu Tag komplizierter und wartete mit immer neuen Hinweisen auf, die wieder zu wochenlanger Fleißarbeit führen würden.

»Wirf nicht das Handtuch«, sagte Charlie. »Wir kriegen ihn. Wir müssen nur eingrenzen, wer am Tag des Diebstahls Zugriff auf die Osiris-Kiste hatte.«

»Schon gut«, entgegnete Katya. »Das hätte jeder am Hafen sein können.«

»Ja«, antwortete Charlie mit einem finsteren Lächeln. »Doch wahrscheinlich war es einer der Jungen, die mit Colonel Sa'ud auf dem Boot waren.«

40

Katya war hundemüde. In der letzten Nacht hatte sie nur drei Stunden geschlafen, und auch das unruhig, weil ihr so viel im Kopf herumging. Schlaf brachte keine Erlösung, sondern war nichts als ein dunkles Loch, in dem sich ihre Ängste weiter vermehrten. Sie stand vor dem ersten Ruf zum Gebet auf und trank ihren Kaffee im Auto, während Ayman und sie im Stau steckten und fast an den Dieselabgasen eines Lasters erstickten, den sie einfach nicht überholen konnten. Sie war froh, dass Ayman heute wortkarg war.

Sie saß an ihrem Schreibtisch und stierte stumpf auf den Computer, als Zainab hereinkam. Ihre Vorgesetzte war eine strenge und herrschsüchtige Frau und gehörte zu denen, die niemals im Büro ihr Gesicht bedeckt hätten. Die Kolleginnen tuschelten manchmal, dass ihr Mann bei dieser Visage ohnehin keine Angst vor Nebenbuhlern zu haben brauchte. Katya gab nur ungern zu, dass sie vermutlich recht hatten. An diesem Morgen war Zainabs Miene noch finsterer als sonst, und sie hatte die Brauen zusammengezogen, sodass ihre winzigen Augen beinahe nicht mehr zu sehen waren.

Während zwei von Katyas Kolleginnen gerade eintrafen, ihre Handtaschen über die Stuhllehnen hängten und über berufliche Themen plauderten, trat Zainab an Katyas Schreibtisch.

»Die Abteilung muss Mittel einsparen«, sagte sie leise, »und ich fürchte, dass wir in Zukunft auf Ihre Mitarbeit verzichten müssen.«

Katya starrte sie fassungslos an und traute im ersten Moment ihren Ohren nicht.

»Es ist mir gelungen, die Vorgesetzten zu überzeugen, Sie nur vorübergehend freizustellen. Also handelt es sich lediglich um eine Suspendierung …«

»Warum?«, fragte Katya. Sie klang zorniger als beabsichtigt.

»Nur, bis das Budget neu geplant ist.«

»Das ist doch albern«, protestierte Katya. Sie hatte kalte Hände und hörte, dass ihre Stimme zitterte. Obwohl sie sich innerlich wie betäubt fühlte, reagierte ihr Körper wie von allein. »Ich bin hier die leitende Laborantin mit der längsten Dienstzeit. Müssen die anderen etwa auch gehen?«

Zainab musterte sie finster. *Bitte zwingen Sie mich nicht, Sie abzumahnen.* »Wie ich bereits sagte, dauert es nur so lange, bis die Budgetfragen geklärt sind. Nehmen Sie es nicht persönlich.«

Aber es war persönlich. Sogar sehr. Sie beobachtete, wie Zainab die Aufgaben neu verteilte. Da die Gespräche im hinteren Teil des Raums andauerten, hatten ihre Kolleginnen vermutlich nichts gehört. Allerdings war Katya sicher, dass es ihr ins Gesicht geschrieben stand. Sie erhob sich, drängte sich an Zainab vorbei und eilte hinaus.

Katya marschierte den Flur entlang in die Damentoilette. Da es keine Papierhandtücher mehr gab, wischte sie sich das Gesicht am Umhang ab und ging schnurstracks zu Chief Riyadhs Büro. Die Tür war geschlossen, und es brannte kein Licht. Nicht einmal seine Sekretärin war da. Vermutlich war es noch zu früh, obwohl Stimmen, Gelächter und die Signale der Aufzüge durchs Gebäude hallten. Auf dem Weg nach unten zu Majdi traf sie Adara.

»Da bist du ja«, sagte Adara. »Ich habe von der Suspendierung gehört.« Sie zog Katya in eine Nische neben dem Trinkbrunnen. »Abu-Musa hat es mir erzählt.«

»Und woher wusste der das?«, fragte Katya. Dass ihr Tonfall verächtlich klang, kümmerte sie kein bisschen.

»Keine Ahnung, aber er hat deinen Fall benutzt, um mich zu warnen. Wenn ich aus der Reihe tanze, wie er es ausgedrückt hat, könnte ich die Nächste sein.«

»Dreckskerl.«

Adara zog die Augenbraue hoch. *Was sonst?* »Ich vermute, dass es nicht von Chief Riyadh ausging, sondern von Mu'tazz. Er ist über deine Rolle in der Affäre Zahrani informiert und feuert dich wegen ungehörigen Verhaltens, um es einmal höflich zu sagen.«

»Das werde ich nicht zulassen«, entgegnete Katya.

Adara blickte den Flur entlang zur Tür von Mu'tazz' Büro. Sie war zwar geschlossen, aber drinnen brannte Licht. »Leg besser deinen Schleier an«, erwiderte sie.

Katya schob sich an ihr vorbei und marschierte den Flur entlang. Sie sparte sich sowohl den Schleier als auch das Anklopfen, sondern öffnete einfach die Tür und trat ein.

Mu'tazz saß an seinem Schreibtisch und schrieb mit einem langen, eleganten Stift einen Bericht. Seine Konzentration, seine anmutige Haltung und seine offensichtliche Freude an der Arbeit verflogen schlagartig, als er den Kopf hob und Katya sah. Er legte den Stift weg.

»Ich möchte wissen, warum ich suspendiert bin«, sagte sie.

»Da müssen Sie mit Chief Riyadh sprechen«, entgegnete er. Seine Stimme war ruhig, und er fixierte ihr Gesicht.

»Nein«, erwiderte sie. »Er ist nicht da, und ich will es jetzt wissen. Das kam doch von Ihnen.«

Er blinzelte und senkte den Blick. »Wir wissen, dass Sie Ihre Kompetenzen überschritten und nicht die Arbeit getan haben, für die wir Sie eigentlich eingestellt haben«, antwortete er.

»Das ist Schwachsinn.«

Ein Lächeln huschte über seine Lippen.

»Ich war es, die das erste Schema entdeckt hat«, fuhr sie fort. »Ich war es, die Tag und Nacht die Akten durchgearbeitet hat, um ein weiteres zu finden. Ich bin auf den Fall Osiris gestoßen, den Sie Inspector Zahrani verschwiegen haben. Und inzwischen bin ich überzeugt, dass die beiden Fälle miteinander zusammenhängen.«

Seine Gelassenheit schwand zusehends. Sie erklärte ihm die Verbindung zur »Geschichte der drei Äpfel«.

»Aller Wahrscheinlichkeit nach hat der Engel-Mörder die Frau in der Kiste nicht selbst getötet«, fügte sie hinzu. »Doch vermutlich war er es, der die Körperteile in Form eines Sechsecks in der Stadt deponiert hat. Er war gebildet genug, um die Anspielung auf die Geschichte aus einem verbotenen Buch zu erkennen, und hat später beschlossen, dass noch zwei Äpfel hermüssen, damit die Sache auch aufgeht. Es dürfte nicht allzu schwer sein, die Verdächtigen unter die Lupe zu nehmen, die am fraglichen Tag mit Colonel Sa'ud auf dem Boot waren. Ich weiß, dass Sie bereits mit ihnen gesprochen haben.«

»Soweit mir bekannt ist«, entgegnete Mu'tazz abweisend, »sind Sie keine Ermittlerin.«

»Ich hätte gern noch ein wenig Zeit, um mir alle Akten anzusehen«, fuhr sie fort. »Ich möchte herausfinden, ob es in der Stadt ein drittes Hexagon aus Leichen gibt. Vielleicht geht es bereits seit einer Weile so, und diese Akten sind unser einziger Hinweis. Meiner Ansicht nach ist dieses Muster aufzuspüren der beste Weg, Amina al-Fouad zu retten.«

»Tut mir leid«, sagte Mu'tazz und griff wieder zum Stift. »Da müssen Sie mit Chief Riyadh sprechen.«

»Ich gehe nicht, bevor wir nicht den Mörder haben.«

Wie sollte sie seine Miene deuten? War er wider seinen Willen beeindruckt? »Sie haben zwei Tage Zeit, Ihren Schreibtisch zu räumen«, sagte er lässig.

Auf dem Rückweg nach oben spürte Katya ein heftiges Klopfen in der Brust. Sie flüchtete sich ins Damenklo, schloss ab, setzte sich auf eine Toilette, die jedes Mal spülte, wenn sie sich bewegte, und schlug die Hände vors Gesicht. Durchatmen.

Ein pochender Kopfschmerz baute sich auf. Sie ging zum Waschbecken und wusch sich das Gesicht. Keine Papierhandtücher. Sie wischte sich das Gesicht am Umhang ab und marschierte den Flur entlang ins Labor, wo sie sich an ihren Schreibtisch setzte. Sie öffnete einen Bericht in ihrem Computer und starrte auf den Bildschirm. Es dauerte ein paar Minuten, zu einer Entscheidung zu gelangen, und als es so weit war, nahm sie ihre Handtasche vom Haken und ging hinaus.

41

Der Wachmann an der Pforte hatte die anstrengende Angewohnheit, jedes Mal die vollständige Begrüßungsformel herunterzuspulen, wenn Mu'tazz an ihm vorbeikam. *Salam alaikum wa rahmatullahi wa barakatuh.* »Wie schön, dass Sie aus der Mittagspause zurück sind, Lieutenant Colonel.«

Yasser Mu'tazz hatte für Begrüßungsformeln ebenso wenig übrig wie für all die anderen Höflichkeitsfloskeln: bitte, danke, Gott sei Dank. Deshalb würdigte er den Wachmann keiner Antwort, sondern ging weiter in sein Büro und schloss die Tür.

Schon vor langer Zeit war ihm klar geworden, dass er am besten allein und in Ruhe arbeitete. Recherchen am Computer oder in einer Bibliothek oder das Blättern in alten Akten in den hintersten Winkeln eines Archivs. Der menschlichen Seite seines Berufs hatte er nie etwas abgewinnen können. Es war erstaunlich, was einem ein kleiner Stapel Papier so alles verriet. Inzwischen war er ziemlich gut darin, sich aus nackten Tatsachen ein Bild von anderen Menschen zu machen. Es war ausgesprochen befriedigend, ja fast eine Kunst.

Auf ganz ähnliche Weise war es möglich, alle Gefühle, die ein Wort umfasste, durch die Form der Buchstaben auszudrücken, aus denen es sich zusammensetzte. Erst letzte Nacht hatte er ganze zwei Stunden damit verbracht, das Wort *fitna* zu gestalten. Früher einmal war es ein Begriff aus der Metallbearbeitung gewesen, der sich auf das Entfernen von Belägen bezog. Doch inzwischen stand es für Chaos und Qual. Und irgendwann hatte sich die Bedeutung hin zur Beschreibung der zerstörerischen Reize einer Frau verschoben. Es war eines der Wörter, in denen es keine Abstände gab. Es bestand nur aus einer einzigen Linie, in der Hebungen und Senkungen ineinander verschmolzen. Alle Punkte, die für Buchstaben standen, waren darüber verstreut wie

Zuckerstreusel auf einem Eclair. Es war so leicht, Wörter elegant aussehen zu lassen. Doch dieses hier schrie nach Zerstörung. Mit der schwärzesten Tinte hatte er ein klobiges, hässliches Wort auf weißes Pergament geschrieben. Die Punkte erinnerten an Pockenmale, die Linie selbst an eine Narbe. Er hatte das Papier aufgeschlitzt, sodass die Tinte auf den Schreibtisch troff und den Rest des Pergaments sowie ein danebenliegendes Buch beschmutzte. Und dann hatte er alles liegen gelassen. Das einzig Ärgerliche war, dass niemand sein Kunstwerk bewunderte.

Nach dem Gespräch mit Colonel Sa'ud vor drei Wochen hatte sich Mu'tazz auf die Suche nach den Jungen vom Boot gemacht. Und er hatte alle gefunden und befragt – bis auf zwei: Ali Dossari und Mohammed Wissam.

Die, mit denen er gesprochen hatte, hatten alle wasserdichte Alibis für den Tag von Amina al-Fouads Verschwinden, weshalb er sie ausschließen konnte. Allerdings schienen sich Dossari und Wissam in Luft aufgelöst zu haben. Seit den frühen Neunzigern gab es keine Aufzeichnungen mehr über die beiden. Keine Pässe, keine Ausweise, keine Führerscheine (obwohl Letzteres natürlich nicht gesetzlich vorgeschrieben war). Keine Heirats- oder Sterbeurkunde. Die letzten Fotos der Jungen stammten noch aus der Jugendstrafanstalt – Wissam hatte ein schmales Wieselgesicht, Dossari einen seltsamen melonenförmigen Kopf und Segelohren. Laut Visumsbehörde hatte Wissam, der Ägypter war, in den späten Achtzigern drei Jahre lang als Hilfskoch in einem kleinen Restaurant in Dschidda gearbeitet. Mu'tazz spürte den Wirt auf und erfuhr, dass Wissam vor fünfzehn Jahren nach Alexandria zurückgekehrt war. Der Wirt hatte ihn seitdem nicht mehr gesehen.

Mit Dossari war es eine andere Sache. Er war ein Staatsbürger, und obwohl es möglich war, dass auch er das Land verlassen hatte, wäre das bei den Meldebehörden aktenkundig geworden. Es gab nicht einmal Unterlagen darüber, dass er je einen Pass beantragt hatte. Mu'tazz hatte sogar beim Innenministerium angerufen und um Informationen gefleht. Die Mabahith, die Geheimpolizei, führte Akten über Menschen und wusste vielleicht etwas über Dossari. Dossari hätte ja auch ein Agent der Mabahith oder des Muchabarat sein können. Doch Mu'tazz'

Kontaktmann im Ministerium hatte ihm klipp und klar geantwortet, sie hätten weder Aufzeichnungen über diesen Mann noch sei er für sie tätig. Mu'tazz schloss daraus, dass er untergetaucht war und seinen Namen geändert hatte.

Also versuchte er es auf anderem Wege. Er war noch immer überzeugt, dass Dossari damals, 1989, die Kiste aus dem Lagerhaus am Hafen gestohlen hatte. Als die ersten Leichenteile in der Stadt aufgetaucht waren, hatte sich die Polizei sofort an Dossari gehalten. Er war im Osiris-Fall festgenommen worden, doch das Geständnis hatte einen erzwungenen Eindruck gemacht, und die Beweise hatten nicht für eine Verurteilung ausgereicht. Damals war er achtzehn gewesen, und irgendwann hatte man ihn laufen lassen. Dazu wäre man gesetzlich zwar nicht verpflichtet gewesen, doch der damalige Polizeichef war ein nachsichtiger Mann.

Mu'tazz' eigene Nachforschungen zum Thema Serienmörder hatten erbracht, dass diese Leute schon früh grausame Züge und mangelndes Einfühlungsvermögen an den Tag legten und in der Schule oder auch manchmal bei der Polizei wegen Straftaten wie Brandstiftung und Tierquälelerei auffielen. Und genau deshalb war Dossari auch an jenem Tag auf dem Boot gewesen. Er war verurteilt worden, weil er den Esel eines Nachbarn getötet hatte. Allerdings hatte er das Tier nicht nur umgebracht, sondern sein Hinterteil mit Zigaretten verbrannt, ihm die Augen ausgestochen, ihm Ohren, Schwanz und Geschlechtsteile abgeschnitten und ihn anschließend gehäutet – und das alles, während der Esel noch lebte. Damals, in den Achzigern, wären die meisten Eltern mit einem solchen Jungen schnurstracks zum Exorzisten gegangen. Natürlich musste er gereinigt werden, brauchte aber dennoch einen guten Arzt, den nur das Resozialisierungsprogramm der Polizei ihm bieten konnte. Also hatte man ihm einen Psychotherapeuten namens Dr. Saleh zugeteilt.

Als Mu'tazz nach Saleh suchte, stellte er fest, dass dieser bei einem Hausbrand im Jahr 1992 ums Leben gekommen war.

Er gab keine dieser Informationen an Ibrahim weiter, weil damit niemandem geholfen gewesen wäre. Stattdessen hatte er einem der jüngeren Männer, Shaya, hinter vorgehaltener Hand mitgeteilt, er habe seine eigenen Vorstellungen vom Ablauf dieser Ermittlungen und müsse einen Jungen aus einem zwanzig Jahre alten Fall finden. Shaya hatte zwar versprochen, die Augen offen zu halten, schien sich aber nicht wirklich für Dossari zu interessieren. Und offenbar war er auch nirgendwo auf den Namen gestoßen, denn sonst hätte er Mu'tazz ja Meldung gemacht. Mu'tazz hatte keine Ahnung, was Ibrahim in seiner Dienstzeit so trieb – außer Razzien unter der Sitteen Street Bridge zu veranstalten und, ziemlich unverhohlen, mit den Mädchen vom kriminaltechnischen Labor zu poussieren.

Er fühlte sich elend, seit er mit diesem Fall betraut war. Nun war er dafür verantwortlich, das Team zu koordinieren und gleichzeitig Hunderten von Bürokraten überall in der Stadt regelmäßig in den Hintern zu treten. Er hatte keine Zeit zum kreativen Denken mehr. Nein, dafür waren jetzt andere zuständig, die mit ihren tollen Ideen zu ihm kamen, um ihm zu zeigen, wie schlau sie waren, und dafür zu sorgen, dass ihre Vorschläge auch in die Tat umgesetzt wurden. Unterdessen blieb die Fleißarbeit an ihm hängen. Ganz davon abgesehen, dass es ihm in seiner Bescheidenheit zutiefst widerstrebte, im Mittelpunkt zu stehen.

Riyadh hatte ihm versprochen, dass es nur vorübergehend war. Also hatte er zugestimmt und gab sich Mühe, sich nicht zu beklagen. Außerdem strengte er sich an, nicht die Beherrschung zu verlieren oder einen heimlichen Hass auf alle seine Kollegen zu entwickeln. Stattdessen konzentrierte er sich darauf, seine Pflicht zu tun. Wenn es eines gab, wovon er überzeugt war, dann, dass Gott einem beistehen würde, solange man auf dem rechten Weg blieb. Gott würde helfen. Man musste nur auf seine Zeichen achten.

Majdi hatte ein großes Foto des Begräbnisplatzes in der Wüste gemacht, wo die Frauen, geformt wie Buchstaben, lagen. Das Foto nahm fast den ganzen Schreibtisch ein, sodass kaum noch Platz für Lampe und Telefon blieb. Nach Miss Hijazis Entdeckung hätte Mu'tazz sich ohrfeigen können. Da er so viel Zeit damit verbracht hatte, über den Fall nachzugrübeln, Fotos zu betrachten und Berichte zu lesen, hätte er den Zusammenhang eigentlich selbst bemerken müssen. Eigentlich war es doch sein Spezialgebiet, Dinge auf Papier zu erkennen. Aber er hatte es übersehen, dummer Idiot. Er tröstete sich damit, dass eine Perversion wie diese selbstverständlich seine Vorstellungskraft überstieg, und vergab sich den Schnitzer. Dann machte er sich wieder daran, die Fotos zu sichten.

Zwei Dinge lagen auf der Hand. Erstens hielt sich der Killer offenbar für einen Künstler. Einen modernen wie dieser Baldaccini, der sich nicht mit Leinwänden und Farbe begnügte, sondern mit seinen künstlerischen Visionen öffentliche Orte wie Kreisverkehre, Gebäude oder den Brunnen im Roten Meer beglückte. In diesem Fall war es die Wüste gewesen. Also gehörte der Killer offenbar zu diesen aufgeblasenen Großkotzen, die, wenn man sie nicht stoppte, eines Tages Wolken zu Phallussen formen, ganze Wälder abholzen oder nackte Frauenkörper malen würden. Gott sei Dank, dass die Regierung solchen Elementen einen Riegel vorschob.

Zweitens war dieser Mensch auf gar keinen Fall fromm, auch wenn die Leute seine Botschaften als religiös und ihn selbst als Fanatiker einstuften. Nein, er war genau das Gegenteil: ein Ketzer. Mu'tazz hätte ein ganzes Monatsgehalt darauf verwettet, dass der Mörder dem Glauben schon vor langer Zeit abgeschworen hatte. Wenn der Fundort in der Wüste seine Leinwand war, handelte es sich, ganz abgesehen von den eindeutig grausamen Morden, aus einem wichtigen Grund um Blasphemie: Die menschliche Gestalt wurde abgebildet. Und mit jeder Abbildung des menschlichen Körpers wagte man sich gefährlich nah an die Götzenverehrung heran, weshalb sie verboten war. So war es, seit es den Islam gab.

Also suchten sie nach einem Mörder, der Künstler und Gotteslästerer war, so einfach lag die Sache.

Vor einer Woche hatte er angefangen, die Kunstakademien, Galerien und Metallwerkstätten abzutelefonieren. Ganz sicher hatten sich in dieser Stadt genügend ungläubige Künstler in ihren Löchern verkrochen. Allerdings gab es bestimmt nicht viele, die ausreichend von sich selbst überzeugt und krank im Kopf waren, um so etwas zu tun. Doch

Leute wie diese neigten dazu, sich wichtigzumachen, und genau darauf zählte Mu'tazz. Er vertraute in Gott. Den ganzen Tag ging ihm ein Gebet im Kopf herum: *Gelobet sei Allah. Er wird dir ein Zeichen geben, und du wirst es erkennen.*

Mit einem Seufzer schlug er eine Akte auf und machte sich an die Arbeit.

42

Amina al-Fouads Haushalt legte Zeugnis vom Diensteifer ihrer Hausmädchen ab. Alles war blitzblank, und weder die gebohnerten Steinböden noch die sauberen weißen Möbel wiesen irgendwelche Spuren der vielen Kinder auf, die hier lebten.

Ein Hausmädchen öffnete die Tür. Das Gesicht der Frau war vor Trauer verhärmt, und als Katya erklärte, sie sei von der Polizei, füllten sich ihre Augen mit Tränen. Sie forderte Katya zum Eintreten auf, führte sie ins Wohnzimmer und bat sie um einen Moment Geduld.

Katya stand in dem stillen Raum und versuchte, ihre Gedanken zu ordnen, bevor die Einzelheiten von Aminas Welt auf sie einstürmen würden. Der Mörder hatte es auf Einwanderinnen abgesehen. Amina war die Ausnahme. Sie war eine saudische Hausfrau mit sechs Kindern und einem überbehütenden Ehemann, der behauptete, dass sie ohne seine Erlaubnis nie das Haus verlassen habe. Und wenn sie es doch tat, suchte sie ausschließlich Einkaufszentren nur für Frauen auf. Falls sie wirklich nur dieses eine Mal in einem Einkaufszentrum für beide Geschlechter gewesen war, um ein Geburtstagsgeschenk für ihre Nichte zu erstehen, war es ziemlich unwahrscheinlich, dass sie dort ihrem Mörder in die Arme gelaufen war und dass er es geschafft hatte, sie spontan zu entführen. In Einkaufszentren wimmelte es von Menschen. Es hätte doch jemandem auffallen müssen.

Der Mörder hatte es gern, wenn alles seine Ordnung hatte und einem Plan folgte. Vielleicht war er ja zornig, weil die Polizei seinen geheimen Begräbnisplatz entdeckt hatte. Doch ganz gleich, wie wütend er auch über den Lauf der Welt gewesen sein mochte, fiel seine Reaktion darauf stets systematisch aus. Vermutlich hatte er Amina vor der Entführung beobachtet. Und obwohl sie nicht seinem Opfertypus entsprach, hatte ihn irgendetwas an ihr dazu gebracht, sie zu verschleppen. Aber was?

Das Hausmädchen kehrte zurück, entschuldigte sich und stellte sich als Joy vor. Es sei niemand zu Hause außer ihrer Kollegin Maria, die gerade das Essen zubereite. Die Kinder seien unterwegs oder in der Schule, der Vater sei bei der Arbeit. Alle, so sagte sie, gäben sich Mühe, die Hoffnung nicht zu verlieren. Amina hätte das so gewollt.

»Ich würde Ihnen gerne ein paar Fragen stellen«, erwiderte Katya.

»Die Polizei hat schon mit Abu-Jamal gesprochen«, antwortete Joy, womit sie Aminas Ehemann meinte.

»Ich glaube, dass es da Dinge gibt, die Abu-Jamal ihnen nicht über seine Frau sagen konnte«, meinte Katya taktvoll.

»Oh nein«, protestierte Joy. »Amina war eine gute Mutter und Ehefrau. Sie hätte nie Geheimnisse vor ihrem Mann gehabt.«

Sie standen noch immer im Wohnzimmer, und allmählich fragte sich Katya, ob man ihr je einen Sitzplatz und etwas zu trinken anbieten würde. Das, so dachte sie, hätte Amina wahrscheinlich getan.

»Diese Informationen werden nicht in einen offiziellen Bericht einfließen«, erwiderte sie. »Sie verstehen doch. Als Frau bin ich nicht verpflichtet, den Ermittlern alles weiterzugeben.«

Joy schien ein wenig lockerer zu werden.

»Ich bin sicher, dass Abu-Jamal uns alles erzählt hat, was uns helfen könnte, seine Frau zu finden«, fuhr Katya fort. »Aber gibt es da vielleicht etwas, das er uns nicht sagen konnte, weil er es möglicherweise nicht weiß?«

Joy presste die Lippen zusammen. Sie gab sich erstaunlich schnell geschlagen. »Kommen Sie ins Schlafzimmer.«

Sie gingen den Flur entlang ins Elternschlafzimmer. Das Bett war mit einer geblümten Steppdecke, zwei teuren Kissen und einem Überwurf aus Chenille versehen. Die verschiedenen Kommoden und Wandbehänge waren in demselben Rosa und Pastellgrün gehalten. Joy ging durch einen Türbogen in einen Wandschrank und kehrte mit einem Staubwedel zurück. »Ich habe Sie hierher gebracht, weil ich nicht möchte, dass Maria uns belauscht«, flüsterte sie. »Sie ist schon länger hier als ich und hängt sehr an der Familie, wenn Sie verstehen, was ich meine.«

Katya trat an die Kommode und sah Joy beim Abstauben zu.

»Ich weiß nicht, ob es Ihnen weiterhilft«, fuhr Joy fort. »Aber Amina ist viel ausgegegangen. Ihre Kinder sind inzwischen alle in der Schule, und sie hat es nicht den ganzen Tag allein zu Hause ausgehalten. Normalerweise hat sie ihre Cousine besucht, allerdings nicht immer. Manchmal war sie einfach nur im Einkaufszentrum. Sie war sogar allein in dem ganz großen – wie heißt es noch mal? Red Sea Mall?«

»Hat sie Ihnen für gewöhnlich gesagt, wo sie hinwollte?«, erkundigte sich Katya.

»Ja«, antwortete Joy. »Wissen Sie, Maria hat sie überwacht und Abu-Jamal Bericht erstattet. Ich mache so etwas nicht.«

»Können Sie mir erzählen, wo sie hingefahren ist, bevor sie verschwand? An irgendeinen Ort, wo sie Männern hätte begegnen können?«

Joy verdrehte die Augen. »Tja, sie hat sich wenn nötig ein Taxi genommen, aber nur, wenn Maria ihren freien Tag hatte. Ich weiß, dass die Polizei sich danach erkundigt hat. Ihrem Mann hat sie es nicht verraten. Ich glaube nicht, dass er etwas dagegen gehabt hätte, dass sie ins Einkaufszentrum fuhr. Das Problem war nur, dass sie ein Taxi brauchte, weil ihr Sohn in der Schule war und sie deshalb nicht fahren konnte.«

Als im Flur ein Geräusch ertönte, ließ Joy den Staubwedel fallen. »Bleiben Sie hier«, flüsterte sie und ging zur Tür hinaus.

Katya sah sich um. Aminas Kleiderschrank war nicht sehr üppig bestückt, doch die Sachen waren teuer. Sie konnte es sich gut vorstellen. Eine Frau aus der oberen Mittelschicht, deren Kinder eine Privatschule besuchten. Ein Ballkleid für Hochzeiten. Eine Designerjeans. Sie war ein wenig konservativ. Katya trat aus dem Wandschrank und schlenderte im Zimmer umher.

Das Bücherregal in der Ecke enthielt keine Bücher, nur ein paar Zeitschriften und eine herzförmige Schachtel mit Glasperlen, die vermutlich von einem aufgegebenen Bastelprojekt stammten. Auf den restlichen Regalbrettern standen Familienfotos in teuren Rahmen aus Gold und Silber. Der Wandschrank ihres Mannes auf der anderen Seite des Raums war klein und ordentlich aufgeräumt. Schwarze Anzüge. Nadelstreifen. Yves Saint Laurent. Eine Hälfte des Schranks hing voller weißer Gewänder und ordentlich gebügelter Kopfbedeckungen. Darunter eine Reihe Schuhe.

Die Hausmädchen hielten alles sauber. Doch Amina hatte für Sterilität gesorgt. Es versetzte Katya einen Stich ins Herz. Wer fühlte sich denn in einer Wohnung wohl, wo kein einziges Kleidungsstück auf dem Boden herumlag? Aber nicht doch. Kein alter Karton auf dem Wandschrankboden? Die übertriebene Ordnung in der ganzen Wohnung störte sie so, dass sie wohl den Ehemann des Mordes verdächtigt hätte, hätte der nicht ein wasserdichtes Alibi gehabt.

Was geschah mit einer Frau, die gezwungen war, den ganzen Tag zu Hause herumzusitzen, während ihre Kinder in der Schule waren, das eine Hausmädchen ihrem Mann über ihr Verhalten Bericht erstattete und das andere sich von ihrer altgedienten Kollegin einschüchtern ließ? Wenn alles, bis hin zu den passenden Rollos, gleichförmig gestaltet war? Bekam man da kein Gefühl der Enge in der Brust? Katya hatte es schon wenige Minuten nach dem Betreten des Hauses gespürt. Den Fluchtinstinkt. Sich die Kleider vom Leibe reißen. Sich das Haar zerwühlen und sich die Schuhe schmutzig machen. Wie hatte Amina diese gekünstelte blitzblanke Fassade nur ausgehalten?

Katya betrachtete die Gegenstände auf der Kommode. Eine Haarbürste. Ein Foto von Aminas Kindern in Schuluniform. Noch ein Foto, das Amina und ihren Mann zeigte. Hinter einem kleinen Sichtschutz stand eine Schatulle, die von Gold und Perlen überquoll. Die Schmuckstücke schienen ordentlich arrangiert worden zu sein – vermutlich von Joy. Doch allein die Menge an Schmuck und die Tatsache, dass die Schatulle offen war, konnte eine Reaktion auf so viel Sterilität sein.

Joy kehrte, ziemlich verärgert zurück, und schüttelte den Kopf.

»Darf ich Sie noch etwas fragen?«, sagte Katya. »Hat Amina je Kunstwerke in Auftrag gegeben?«

»Nein.«

»Auch keine Kalligrafien?«

»Nein, nicht wirklich. Ach, doch, da wäre etwas!« Sie legte den Staubwedel weg und öffnete die oberste Kommodenschublade, wobei einige Dutzend Geschenkschatullen für Schmuck in Sicht kamen. Jede hatte etwa die Größe einer Brieftasche und war von der Art, wie man sie bei fast jedem Juwelier kaufen konnte.

»Sind die voll?«, fragte Katya.

»Ja.« Joy lachte auf. »Das ist ihre letzte Neuerwerbung.« Sie griff nach einer roten Schatulle und klappte sie auf. Darin befand sich eine ziemlich konventionelle Garnitur, bestehend aus sechs Ringen, sechs Paar Ohrringen und einem Armband mit Glücksanhängern. Vom Deckel der Schatulle hingen einige Halsketten in unterschiedlicher Länge herab. Schatullen wie diese enthielten für gewöhnlich zueinanderpassende Schmuckstücke, zumeist mit den gleichen Steinen. Diese Garnitur bestand aus schlichtem Gold. In jedes Stück war in einer wunderschönen Schrift der Name »Amina« eingraviert.

So etwas besaß jede Frau. Wenn auch nicht ihr voller Name darauf stand, dann wenigstens ihre Initialen. Doch diese Stücke unterschieden sich dadurch, dass der Name nicht einfach nur geschrieben, sondern zu Ornamenten geformt war – ein Vogel, eine Lilie. Selbst in einen der winzigen Ringe hatte der Künstler ihren Namen zu einem makellosen Kreis angeordnet. Bloß in der Mitte der Kette war nur ein einziger Buchstabe zu sehen: »A«.

Schlagartig schoss Katya ein Gedanke durch den Kopf, und sie hatte Mühe, ruhig zu bleiben und ihn festzuhalten. Die Schrift. Kalligrafie. Amina. Der Buchstabe »A«.

Der erste Buchstabe, dachte sie. *Er fertigt ein kalligrafisches Bild an. Alphabetisch …*

»Wo hat sie das her?«, fragte Katya.

»Wunderschön, was? Ich weiß nicht mehr genau. Lassen Sie mich überlegen …«

»Darf ich?« Katya nahm die Schatulle und bog das Samtfutter zurück. Darunter befand sich ein kleines Stück Stoff, auf das der Name des Juweliers aufgestempelt war. Rayhan Jewelers.

»Rayhan Jewelers. Wo ist das?« Eine Suche mit dem Smartphone ergab, dass sich der Laden im Jamjoom Center befand. Ihr wurde flau im Magen.

»Wann hat sie das gekauft?«

»Vor einem guten Monat.«

Katya stürmte hinaus, ohne sich zu verabschieden.

43

Das Jamjoom Center unweit des King's Fountain in der Falasteen Street war ein beigefarbener Betonklotz, der im Schatten eines dunkelblauen Büroturms aus Glas und Chrom stand. Die gesamte Anlage nahm vier Häuserblocks ein und befand sich im Besitz der Familie Jamjoom, deren Patriarch, Scheich Ahmad, in seinen achtzig Lebensjahren alle möglichen Posten vom Wirtschaftsminister bis hin zum Vorstandsvorsitzenden der staatlichen Fluggesellschaft bekleidet hatte. In den Achtzigern war das Einkaufszentrum sehr in Mode und das größte seiner Art im ganzen Land gewesen. Inzwischen jedoch wirkte es verglichen mit Dschiddas Supermalls ein wenig altmodisch. Vor Kurzem war der Supermarkt Carrefour ausgezogen, und da die Anzahl der Besucher drastisch abgenommen hatte, war die desolate Stimmung allgegenwärtig.

Kurz vor dem Abendgebet betraten Katya und Nayir das Gebäude durch den Haupteingang und blieben an dem Glaskasten mit dem Lageplan stehen. Der Boden in der Vorhalle war gerade frisch gebohnert worden, sodass sich die Deckenbeleuchtung grell darin spielte. Rayhan Jewelers befand sich zwischen einer Parfümerie und einem Laden für Videospiele, wo hordenweise johlende und kreischende Kinder herumliefen, während ihre vermummten Mütter Mühe hatten, sie alle im Auge zu behalten.

Vor dem Juweliergeschäft blieben sie stehen und spähten hinein. Es war ein bescheidener Laden, ein wenig klein und schäbig, aber sauber, mit zwei Schaufenstern an der Vorderfront und einer langen Theke, die in U-Form entlang der Wände verlief. Hier gab es keine lächelnden jungen Verkäuferinnen. Nur ein Mann stand an der Theke und sprach mit einer Kundin.

Katya tat, als begutachte sie die Auslage, und pirschte sich dabei näher an die Tür heran, um den Inhaber zu beobachten. Er lehnte sich mit einem Arm auf die Vitrine und wirkte müde und gelangweilt. Als die Frau etwas sagte, griff er in die Vitrine und holte einen kleinen Ring heraus, den er auf die Theke legte. Sie nahm ihn.

Die Ladeninhaber warf einen Blick auf Katya, woraufhin sie rasch den Kopf abwandte. Nayir musterte den Schmuck im Schaufenster.

»Gefällt dir einer dieser Ringe?«, fragte er.

»Nicht wirklich.« Sie fuhr fort, den Inhaber zu beobachten. Die Frau legte den Ring zurück auf die Theke, und er verstaute ihn wieder in der Vitrine. Als die Frau sich verabschiedete und sich zum Gehen anschickte, richtete er sich auf. Er war ein sehr hochgewachsener, schlanker, ja, magerer Mann mit einem großen runden Kopf. Katya hörte ein dumpfes Geräusch. Es kam von seinem Handgelenk. Nun, da er aufrecht stand, sah sie, dass er eine Prothese trug, die beim Abstützen gegen die Glastheke gestoßen war.

Von Angst und Aufregung ergriffen, wirbelte sie herum.

»Was ist?«, erkundigte sich Nayir.

Sie steuerten wieder auf den Eingang zu. Katya bedauerte, dass sie Nayir nicht erklärt hatte, was sie hier wollte. Aber sie hatte einfach nicht die Kraft gehabt, sich seinen Fragen zu stellen. Bei dem Wort »Juwelier« hatte er nur an die Hochzeit gedacht. Als sie ihr Telefon aus der Tasche kramte, fiel es herunter. Nayir hob es auf. Ein Blick zurück zum Laden sagte ihr, dass der Inhaber inzwischen in der Tür stand und sie beobachtete. Sie erkannte etwas Raubtierhaftes und Argwöhnisches in seinen Augen. Er kehrte in den Laden zurück.

Sie riss Nayir das Telefon aus der Hand und rief das Revier an.

»Verbinden Sie mich mit Mu'tazz.«

Das dauerte eine Minute. Unterdessen stellte sie fest, dass der Inhaber das Metallgitter herunterzog, um seinen Laden für die Gebetszeit zu schließen. Nun war er darin verbarrikadiert.

»Mu'tazz.«

»Hier ist Katya Hijazi. Ich glaube, ich habe den Mörder gefunden.«

Sie konnte nicht feststellen, ob sein Schweigen ablehnend oder abwartend gemeint war.

»Auf welche Grundlage stützen Sie diese Behauptung, Miss Hijazi?«

»Er arbeitet im Rayhan-Jewelry-Laden im Jamjoom Center und hat ein Schmuckset für Amina Fouad graviert, das sie kurz vor ihrem Verschwinden gekauft hat. Ich bin gerade vor Ort. Der Ladenbesitzer ist etwa eins neunzig groß und hat einen seltsam geformten Kopf und große Ohren.«

»Wie groß?« Inzwischen klang Mu'tazz interessiert.

»Sie stehen wirklich stark ab. Außerdem fehlt ihm eine Hand. Er trägt eine Prothese.«

»Wir haben eine Mannschaft ganz in der Nähe«, erwiderte er.

Sie war aufrichtig erstaunt, dass Mu'tazz so rasch nachgab.

»Ich schicke sie sofort ins Jamjoom.«

»Er hat den Laden gerade zur Gebetszeit geschlossen«, fügte sie hinzu, »aber es könnte einen Hinterausgang geben.«

»Sie tun nichts, bis die Polizei da ist«, entgegnete Mu'tazz barsch.

Im nächsten Moment hörte sie Sirenen. Sie konnten es noch nicht sein.

Die Leitung war tot. Sie steckte das Telefon zurück in ihre Handtasche und stellte fest, dass Nayir sie verdattert anstarrte.

»Entschuldige, dass ich es dir nicht erzählt habe.«

»Du bleibst hier, wo andere Leute dich sehen können«, sagte er. »Ich schaue nach, ob es einen Hinterausgang gibt.« Mit diesen Worten war er verschwunden.

Sie stand da und wagte nicht, sich zu rühren. Aber sie musste näher heran, um festzustellen, ob er noch da war. Als sie sich vorsichtig heranpirschte, sah sie, dass das Licht hinter der Theke abgeschaltet war. Nur die Vitrinen waren beleuchtet. Der Laden war leer.

Ohne nachzudenken, steuerte sie auf einen weiter entfernten Eingang zu. Nayir hatte das Gebäude verlassen. Wenn sie den östlichen Eingang nahm, konnte sie um die Ecke biegen und ihm entgegen gehen.

Draußen dämmerte es, doch auf dem Parkplatz brannten die Laternen. Sie bemerkte Nayir sofort. Er trabte an der Vorderfront des Gebäudes entlang. Katya hielt auf ihn zu und suchte dabei mit Blicken den Parkplatz und die vielen Privateingänge zum Gebäude ab. Der Parkplatz war belebt. Gruppen junger Männer lungerten in ihren Autos herum, hörten Musik und machten einen gelangweilten Eindruck. Eine Großfamilie stieg in einen Minivan. Einige Mitarbeiter des Einkaufszentrums scharten sich um einen Aschenbecher.

Plötzlich eine Bewegung.

Nayir hatte ihn erkannt und rannte quer über den Parkplatz. Katya raffte ihre Abaya und stürmte hinterher. Als der Juwelier feststellte, dass Nayir ihn verfolgte, sprintete er los. Er war schneller als sie beide. Seine langen Beine bewegten sich wie Kolben, und er wurde nicht von einem langen Gewand behindert. Etwa hundert Meter von Katya entfernt, hastete er in östlicher Richtung über den Parkplatz – die Distanz zu Nayir war ein wenig größer. Selbst wenn sie sich noch so ins Zeug legte, würde sie ihm nicht den Weg abschneiden können.

Katya rannte, so schnell sie konnte. Sie ließ die Handtasche fallen und raffte ihre Röcke bis weit über die Knie. Auf halbem Wege zwischen ihr und ihrer Beute stand eine Gruppe junger Männer.

»Dieb!«, schrie sie.

Die Jungen hatten keine Aufforderung nötig. Als sie sahen, auf wen sie zeigte, setzten sie sich in Bewegung.

»Der mit dem grünen Hemd!«, kreischte sie, aber sie hatten schon verstanden.

Rufe hallten über den Parkplatz.

»Dieb!«

»Haltet ihn!«

Einer der jungen Männer packte ihn. Zu spät fiel Katya ein, dass der Juwelier bewaffnet sein könnte. Es kam zu einem Handgemenge. Der junge Mann stürzte zu Boden. Er hatte Blut am Hemd. Doch ein zweiter folgte ihm, und drei weitere kamen von der anderen Seite. All diese Jungen, die ihr Leben auf Parkplätzen von Einkaufszentren vertrödelten und auf eine Gelegenheit warteten, ihren Mut zu beweisen. Einen Dieb festzuhalten, der eigentlich ein Mörder war. Eine Frau vor Schande zu bewahren. Die Gesellschaft zu zivilisieren, wenn die Polizei versagte. Sie stürzten sich auf ihn wie ein Rudel wilder Hunde, schleuderten ihn zu Boden, fielen über ihn her und zerrten an seinen

Gliedmaßen. Es war ein wilder und wunderschöner Anblick. Katya hatte ganz vergessen, wie menschliche Gerechtigkeit aussah und wie es war, wenn ein Mann, der sich über Unschuldige hergemacht hatte, zur Strecke gebracht wurde.

༄ **44** ༅

Tawfiq Zhouri fuhr nun schon seit fünf Jahren Nachtschichten beim Roten Halbmond. Er war immer froh, wenn es sich beim ersten Einsatz des Abends nicht um den üblichen Verkehrsunfall mit Todesfolge handelte. Diesmal wurde er in die Nähe des Jamjoom bestellt, und zwar in ein altes, majestätisches, allerdings von außen ein wenig schäbiges Haus, das sich zwischen hohe Wohnblocks duckte, sodass man es leicht übersah.

Als sie acht Minuten später eintrafen, stellten sie fest, dass bereits sechs Streifenwagen vor Ort waren. Zwei Polizisten führten sie ins Haus. Tawfiq, der immer der hintere Mann an der Trage war, wurde sofort von Beklommenheit ergriffen.

Von der Vorhalle aus betrachtet, schien es ein ganz normales Haus zu sein. Ein wenig spartanisch eingerichtet vielleicht, aber sauber und ordentlich. Die Luft, die die Treppe hinaufdrang, roch nach Bleiche und Krankenhaus-Desinfektionsmittel, wahrscheinlich der Grund, warum ihm ein wenig übel wurde, als sie nach unten ins Souterrain gingen.

Der Raum war kahl und grell erleuchtet. Ein Betonboden, weiße Steinwände, eine Reihe Edelstahlschränke und eine gewaltige Gefriertruhe am anderen Ende des Raums. Die Einrichtung, in Kombination mit dem Geruch und dem Neonlicht, erinnerte ihn an einen Autopsiesaal.

In der hintersten Ecke befand sich eine kleine Kammer, die ganz und gar aus Plexiglas bestand. Polizisten scharten sich darum, und als er näher kam, sah er die Frau in der Kammer. Sie lag bewusstlos auf dem Metallboden. Neben ihrem Kopf erkannte er einen Abfluss, dem unverkennbarer Blutgeruch entstieg. Der Geruch schien direkt aus dem Gully zu kommen. Neben der Frau stand ein am Boden festgeschweißter Stuhl. Anscheinend hatten die Polizisten sie von dem Stuhl losgebunden, denn von jeder Armlehne hing eine geknackte Handschelle herab. Um ihre Beine war ein Metallkabel gewickelt, das die Polizisten nun entfernten.

»Sie lebt«, sagte einer.

Tawfiq und sein Kollege legten sie auf die Trage und hasteten mit ihr zum Krankenwagen, angetrieben nicht nur vom kritischen Zustand der Patientin, sondern auch von ihrem eigenen Wunsch, diesen Ort so schnell wie möglich zu verlassen.

Tawfiq stieg hinten ein, um dem dritten Kollegen zur Hand zu gehen, und begann, Decken über die Frau zu breiten. Sie stand unter Schock. Er fragte sich entsetzt, was ihr wohl zugestoßen sein mochte, und die Schreckensbilder, die auf ihn einstürmten, mischten sich auf abscheuliche Weise mit dem Bleichegeruch aus dem Keller, der ihm noch immer in der Nase hing. Er hatte das Gefühl, mit etwas Bösem in Berührung gekommen zu sein, dem er noch nie zuvor begegnet war, und begann, ein Gebet gegen schwarze Magie zu flüstern. *Oh, Allah, ich gebe mich in Deine Hände. Ich wende mich an Dich und vertraue Dir meine Belange an, damit Du mich behütest und meinen Glauben stärkst, vor mir, hinter mir, rechts von mir, links von mir, über mir, unter mir, und das Böse von mir fernhältst mit Deiner Stärke und Macht, denn, wahrlich, es gibt keine Stärke und keine Macht außer der Deinen ...*

୫ 45 ଓ

Ali Dossari rückte nur sehr sparsam mit den Informationen heraus. Ein Teilchen des Rätsels pro Tag, für gewöhnlich nach einem neunstündigen, nervenzehrenden Verhör. Allmählich hatten die Detectives genug davon, doch Katya hatte den Verdacht, dass Dossari dieses Spiel immer weitertreiben würde, selbst wenn Mu'tazz beschließen sollte, zur Peitsche zu greifen. Schließlich hatte er nichts zu verlieren.

Aus den im Haus sichergestellten Unterlagen wie Krankenakten und juristischen Dokumenten hatte man sich bereits ein recht gutes Bild von dem Mann gemacht. Außerdem waren Kunden seines Juweliergeschäfts und Nachbarn befragt worden. Doch was sie noch brauchten, war das Geständnis: *Ja, ich habe diese Frauen umgebracht.*

In dem angespannten Schweigen, das im Vernehmungszimmer herrschte, rätselten die Männer über seine fehlende Hand. Komisch, dass einem Juwelier die Hand fehlte. Hatte er seine eigenen Waren gestohlen? Nein, er hatte seinen Kunden stets erklärt, es bedeute nur, dass er wisse, woran man einen Dieb erkenne. Die Leute im Jamjoom respektierten ihn. Er verhielt sich ein wenig seltsam und sprach nur im Flüsterton. Ein Unfall mit Nitrat in seiner Kindheit habe seinen Kehlkopf geschädigt. Er wirkte dadurch sanft und liebenswürdig.

In seiner Garage war ein weißer SUV von GMC entdeckt worden. Im Kofferraum fanden sich große Magnetstreifen, von der Art, wie man sie an Autotüren befestigte. Diese hier trugen das Emblem eines nicht existierenden Taxiunternehmens. Man stieß auch auf ein defektes Taxameter und eine Karte, die ihn als Mitarbeiter dieses erfundenen Unternehmens auswies.

Gestern hatte man eine wichtige Information aus ihm herausgeholt: Er hatte den SUV als Taxi getarnt benutzt, um Frauen unter der Sitteen Street Bridge aufzulesen. Er habe eine Schwäche für philippinische Mädchen, sagte er. Wenn er ihnen einen Rabatt angeboten hätte, seien sie ja so gern zu ihm ins Taxi gestiegen. Falls er genug von der Sitteen Street Bridge gehabt habe, habe er asiatische Restaurants in verschiedenen Teilen der Stadt aufgesucht. Auf die Frage nach May Lozano lächelte er nur selbstgefällig und erwiderte, bei ihr sei Überzeugungskraft nötig gewesen.

Man konnte sich nicht vorstellen, wie es ihm gelungen war, sie auf einer belebten Straße unbemerkt zu »überzeugen«, doch sobald man nachhakte, schwieg er verstockt und ließ sich nichts mehr entlocken.

Die Frau in seinem Keller war nicht Amina al-Fouad. Amina war tot, und er weigerte sich zu sagen, wo er sie versteckt hatte. Der Raum war zwar gereinigt worden, doch die Polizei entdeckte die andere Hand in der Tiefkühltruhe. Er hatte sie nach dem Tod abgetrennt. Reste ihres Blutes wurden im Abfluss der kleinen Plexiglaskammer sichergestellt, wo sie vermutlich auch gefangen gehalten worden war.

Die Frau, die bei Ankunft der Polizei im Keller gewesen war, hieß Bassma Gilani. Sie hatte noch beide Hände. Sie war eine Saudi und noch sehr jung – erst siebzehn. Ihre Eltern waren verständigt worden, und eine Durchsuchung ihres Zimmers förderte eine Schmuckschatulle zutage, wie Amina sie besessen hatte. Bassmas Vorname bestätigte Katyas Theorie, dass Dossaris neues Projekt darin bestand, Frauen auf der Grundlage ihres Namens in alphabetischer Reihenfolge zu töten. Sie vermutete, dass er Amina bereits irgendwo verscharrt hatte, und zwar in kerzengerader Körperhaltung – der Form eines »A«.

In seinem Keller standen zwei große Gefriertruhen. In der ersten hatten die Ermittler Aminas andere Hand gefunden, in der zweiten achtzehn weitere Hände. Die Laboruntersuchungen waren zwar noch nicht abgeschlossen, doch Katya zweifelte keine Minute daran, dass die DNA dieser Hände mit der der Opfer aus der Wüste übereinstimmen würde. Der Täter hatte nach jedem Mord eine der Hände als Totem behalten – bis auf eine Ausnahme. May Lozanos Hände waren beide im Massengrab entdeckt worden. Anstelle ihrer Hand wurde in der Gefriertruhe nur ein kleiner Ring entdeckt. Dossari hatte beide Hände von Lozano gebraucht, um die Aussprachezeichen unter dem vorletzten Buchstaben seiner Botschaft in der Wüste zu formen, und so stattdessen den Ring als Totem behalten.

Lieutenant Daher hatte mit dem Ring Lozanos Arbeitgeber aufgesucht, die ihm bestätigt hatten, sie habe diesen einen Monat vor ihrem Verschwinden gekauft. Sie erinnerten sich an den Ring, weil er mit einem Peridot, ihrem Geburtsstein, verziert war. Vor dem Kauf habe sie nichts über Geburtssteine gewusst, doch da Grün ihre Lieblingsfarbe gewesen sei, habe sie sich sehr über diese Erkenntnis gefreut. Der Ring stamme von einem Juwelier im Jamjoom Center.

Katya hatte den Verdacht, dass der Mord an Lozano für Dossari einen Wendepunkt bedeutet habe. Sie war das einzige Opfer aus der Wüste, das er in seinem Juweliergeschäft kennengelernt hatte. Und sie gehörte zu den letzten Opfern dieser Gruppe. Vielleicht hatte ihn dieser Mord erst auf den Gedanken gebracht, sich seine Opfer unter seinen Kundinnen auszuwählen. Und nachdem er festgestellt hatte, dass ihn niemand mit Lozanos Verschwinden in Verbindung brachte, war er beim Planen seiner nächsten Mordserie noch kühner zu Werk gegangen. Er hatte sich die Frauen an einem Ort ausgesucht, der in direktem Zusammenhang mit ihm stand, was eindeutig riskanter war, als sie einfach auf der Straße aufzulesen. Außerdem erklärte es, warum sich sein Opfertyp geändert hatte. Nun tötete er keine Einwanderinnen mehr, sondern saudische Frauen. Wahrscheinlich deshalb, weil wohlhabende Saudis in seinem Laden einfach häufiger auftauchten.

Doch ganz gleich, wie stark die Indizien auch gegen ihn sprachen, ganz gleich, was die Untersuchungen von DNA und Fingerabdrücken auch ergaben, und ganz gleich, ob man in seinem Keller eine gefangene Frau gefunden hatte, die Detectives brauchten ein Geständnis. Das Gesetz verlangte es so. Und Dossari machte ihnen die Sache nicht leicht.

Jeder, der auch nur fünf Minuten im Beobachtungszimmer verbrachte, um den Mann anzuschauen, war überzeugt, dass es in Dschidda keinen Richter gab, der ihn nicht verurteilen würde. Richter waren indes nachsichtiger, wenn der Angeklagte Reue zeigte. Vielleicht bekam ein Verurteilter dann Valium, bevor man ihm den Kopf abschlug, um ihn in seinen letzten Minuten zu beruhigen. Doch Dossari schien das nicht zu interessieren. Offenbar hatte er Freude an dem doppelten Vergnügen, den Befragern den letzten Nerv zu rauben und gleichzeitig die Spannung und das Interesse an seinen Verbrechen zu steigern. Charlie, die einige Zeit mit Katya im Beobachtungszimmer saß, meinte mit finsterer Miene, Dossari sei anscheinend stolz auf sein Werk.

Im Jahr 1996 hatte er unter dem Namen Zeddy al-Munir eine Silberschmiede im Suk von al-Bado eröffnet. Drei Jahre später hatte er eine Leiche aus der städtischen Pathologie gestohlen und war erwischt worden, als er sie im Kofferraum seines Autos transportierte. Es war die Leiche eines neunjährigen Mädchens gewesen, das an Leukämie gestorben war. Die Familie des Opfers war sehr einflussreich und hatte in ihrer Empörung über seine Tat dafür gesorgt, dass er für diesen Diebstahl streng bestraft wurde. Und so hatte der städtische Henker ihm die Hand abgehackt.

Um der gesellschaftlichen Ächtung aufgrund dieser Strafe zu entgehen, hatte er seinen Namen zu Asif Dakheel geändert und noch einmal von vorn angefangen. Unter seinem neuen Namen hatte er ein Ladenlokal im Jamjoom Center angemietet und ein Juweliergeschäft eröffnet, was nicht so lukrativ war, aber ein zuverlässigeres Einkommen abwarf. Seitdem betrieb er dort sein Unternehmen.

Vor zehn Jahren hatte er sicher eine Menge zu tun gehabt, dachte Katya. Er hatte Rayhan Jewelers gegründet, sein erstes Opfer Amelia Cortez getötet und erkannt, wie einfach es war, Einwanderinnen verschwinden zu lassen. Ihrer schieren Anzahl und der Schwierigkeit wegen, sämtliche Visumsverstöße und nach dem Hadsch unterlassenen Abreisen zu verfolgen, kümmerte sich die Polizei normalerweise nicht sehr gründlich um solche Fälle. Also war Dossaris Mordserie ein Jahrzehnt lang unbemerkt geblieben.

Während Katya ihn nun beobachtete, spürte sie, wie tiefe Abscheu von jeder Zelle ihres Körpers Besitz ergriff. Als sie zu Gott betete, brannte eine stille Bitte in ihr: *Wenn Du mich hörst, erfülle mir diesen Wunsch. Entferne diesen kranken Menschen aus dieser Welt und schleudere ihn in die tiefsten Tiefen der Dschahannam.*

Katya verließ das Beobachtungszimmer, als Mu'tazz hereinkam, um Dossari zu befragen. Sie wollte nicht Zeugin einer weiteren Prügelszene werden, um nicht vielleicht sogar Mitleid für den Mörder zu entwickeln. Doch als sie hinausging, trat auch Mu'tazz wieder aus dem Vernehmungszimmer. Er blätterte in seinen Akten, als hätte er etwas vergessen.

Mu'tazz sah sie im Flur und blieb stehen. Seit dem Telefonat im Einkaufszentrum hatten sie nicht mehr miteinander gesprochen.

»Ich danke Ihnen für Ihre Arbeit, Miss Hijazi.«

Während sie ihm direkt ins Gesicht blickte, konnte er ihr nicht in die Augen schauen, sondern sprach mit einem unsichtbaren Punkt oberhalb ihres Kopfes.

»Ihre Suspendierung ist zurückgenommen«, fuhr er fort, »doch natürlich wird es noch eine gründliche Untersuchung geben.«

Sie konnte ihn noch immer nicht ausstehen, aber wenn sie bei der Mordkommission bleiben wollte, musste sie mit ihm zurechtkommen.

»Danke«, erwiderte sie.

Mu'tazz machte kehrt und marschierte den Flur hinunter.

Ibrahim und Saffanah saßen vor dem Fernseher, als der Wachmann die Tür öffnete und Osama erschien.

»*Salam alaikum*«, sagte Osama. Sein Gesichtsausdruck erinnerte Ibrahim an den seines Bruders vor ein paar Tagen. »Ich bin hier, um Sie zum Gericht zu bringen«, fuhr Osama fort. »Ihr Anwalt möchte, dass Sie sich formlos vor dem Richter äußern. Es könnte ein paar Stunden dauern.«

Da Sabria nun tot war, würde es für Jamilas Familie schwierig werden, den Prozess gegen ihn zu gewinnen. Aber sie ließen trotzdem nicht locker. Ibrahims Anwalt hatte ihm versichert, er brauche sich keine Sorgen zu machen. Ohne Augenzeugen, die eine sexuelle Beziehung mit Sabria bestätigten, würde es keine Todesstrafe geben. Dennoch würde der Prozess eine Demütigung für ihn sein, und genau das war es, was Jamila und ihre Familie erreichen wollten.

Sofort stand Saffanah auf. Seit sie über den Vater ihres Kindes gesprochen hatten, wich sie ihm nicht mehr von der Seite. Sie schliefen sogar im Wohnzimmer auf einander gegenüberstehenden Sofas. Wenn er nachts aufwachte, sah er ihr Gesicht im flackernden Licht des Fernsehers. Sie öffnete dann stets die Augen, als hätten ihre Rhythmen sich nach dem stundenlangen Sitzen im selben Zimmer miteinander verwoben und als spüre sie, wenn er wach wurde. Sie betrachtete ihn schweigend eine Weile. Ihr Blick hatte etwas Herausforderndes, doch er konnte nie feststellen, ob es die Angst war, dass er ihr Geheimnis verraten könnte, oder ob sie ihm wortlos Kraft vermitteln wollte, damit er wieder einschlief und sich für den bevorstehenden Kampf wappnete. Im nächsten Moment drehte sie sich um und schlief weiter.

In diesen dunklen, weihevollen Nachtstunden erinnerte er sich an Sabria. Daran, wie er aufgewacht war und festgestellt hatte, dass sie ihn ansah und geduldig wartete, bis er die Augen aufschlug, damit sie sich in einer anderen Position an ihn schmiegen und eine bequeme Körperhaltung finden konnte, um weiterzuschlafen. Noch immer hatte er den fruchtigen Duft ihrer Haut in der Nase. Er hatte zu Gott gesprochen, dem Gott, an den er glaubte, und ihn um Nachricht, Klarheit und Rat gebeten. Doch Gott antwortete nur mit qualvollen Träumen von dunklen Orten, die ihn mit noch mehr Trauer erfüllten.

Ibrahim zog die Schuhe an und nahm seine Jacke vom Haken hinter der Tür. Unterdessen hatte sich Saffanah vor Osama aufgebaut, wie um ihn zu warnen, sie auf keinen Fall zurückzulassen.

»Vielleicht solltest du nicht …«, begann Ibrahim.

»Ich komme mit«, entgegnete sie.

Da Osama schwieg, folgte Ibrahim dem Detective zum Auto. Saffanah heftete sich an ihre Fersen. Lieutenant Shaya erwartete sie im Wagen und schien sich zu freuen, seinen ehemaligen Vorgesetzten zu sehen. Er winkte ihnen durch die Windschutzscheibe zu und bedachte Saffanah mit einem neugierigen Blick, bevor sie davonbrausten.

Ibrahim war überrascht, als sie auf der Medina Road nach Süden fuhren, also in die falsche Richtung. Doch er sagte nichts. Wenn Osama den Weg nicht kannte, würde er ihn nicht verbessern. Saffanah saß wortlos neben ihm und starrte aus dem Fenster.

Als Ibrahim die immer weiter ausfernden Vorstädte, das Gewirr aus Wohnblocks, Bürotürmen und Lagerhäusern, betrachtete, überraschte es ihn, wie schön das alles plötzlich auf ihn wirkte. Eine chaotische, wirre und heruntergekommene Stadt aus Beton schoss so schnell aus dem Boden wie Unkraut, und dennoch hatte das Durcheinander eine gewisse Würde. Sicher, so dachte er, gab es hier Tausende von Männern wie ihm, deren Vergehen schwer genug waren, um ihr Leben, ihre Karriere und ihre Familie zu vernichten. Und sicher hatten diese Männer trotzdem einfach weitergemacht, genau wie ihre Familien. In diesem Labyrinth war für alles Platz.

»Was wird jetzt aus Ubaid?«, fragte Ibrahim.

Osama warf ihm im Rückspiegel einen Blick zu. »Er hat niemanden umgebracht.«

»Ich weiß«, erwiderte Ibrahim. »Ich weiß, dass er sie nicht umgebracht hat. Es war dieser andere Kerl, Adnan. Aber Ubaid muss Bescheid gewusst haben. Die ganze Zeit, in der ich dachte, dass er hinter mir her ist, hatte er es in Wirklichkeit auf sie abgesehen.«

»Vielleicht.«

»Da gibt es kein *vielleicht*«, entgegnete Ibrahim. »Sobald er gehört hat, dass sie verschwunden ist, hat er versucht, ihr ein Verbrechen anzuhängen. Das habe ich gespürt. Er hat es sicher gewusst. Oder wollen Sie mir weismachen, es war ein Zufall, dass ausgerechnet der Mann, den sie erpresst hat, mit der Suche nach ihr beauftragt wurde?«

»Man glaubt, dass Ubaid und Adnan sich kannten«, räumte Osama ein. »Sie gehörten demselben Falknerverein an. Möglicherweise waren sie sogar zusammen auf der Jagd. Allerdings haben wir keine Beweise dafür, dass sie jemals miteinander über die Erpressung gesprochen haben. Es steht alles noch auf tönernen Füßen.«

»Ach, verschonen Sie mich!«

»Würden Sie es jemandem auf die Nase binden, dass Sie erpresst werden?«

»Klar. Vielleicht. Hören Sie, Miss Hijazi hat mir erzählt, Sabria wäre diesen Männern dank ihrer Kontakte unter der Sitteen Street Bridge auf die Schliche gekommen. Sie hat Frauen gesucht, die von ihren Arbeitgebern missbraucht worden sind, und ist so auf die Erpressungsopfer gestoßen. Aber Ubaid war die Ausnahme. Sie hat in der Abteilung für verdeckte Ermittlungen mit ihm zusammengearbeitet. Vermutlich war sie daher über seine Neigungen im Bilde.«

»Mag sein«, entgegnete Osama. »Deshalb muss er aber noch lange nicht gewusst haben, dass sie die Erpresserin war.«

Ibrahim lehnte sich zurück. »Also zurück zu meiner Frage: Was passiert jetzt mit Ubaid?«

Osama knirschte mit den Zähnen. »Er behauptet noch immer, es wäre keine Vergewaltigung, sondern einvernehmlicher Sex gewesen. Und wenn wir die Frau aus diesem Video nicht finden, können wir ihm nicht das Gegenteil beweisen. Sie kennen das ja.«

»Am liebsten würde ich ihn persönlich umbringen.«

»Das wäre aber gar nicht gut für Ihre Karriere«, antwortete Osama.

Zu Ibrahims Überraschung bogen sie in eine Seitenstraße ein, die parallel zur Makhzoumi verlief und sie zur Television Street in Ghulail brachte. Die berüchtigte Straße der Autowäscher, wo an jeder Ecke Afrikaner mit Eimern und Lappen standen, den Vorbeifahrenden zuwinkten und nicht auf das – zugegebenermaßen nicht zu erkennende – Polizeifahrzeug achteten. Die meisten dieser Männer waren Illegale und hatten ein gutes Auge für Gesetzeshüter. Einige verdrückten sich dann in Seitengassen, doch die meisten gingen einfach ungerührt weiter ihrer Arbeit nach. Obwohl hier das Chaos zu regieren schien, hatten einige wenige Bosse die Zügel fest in der Hand, eine wahre Autowaschmafia, die aber wenigstens so freundlich war, *zakat* zu bezahlen, also zehn Prozent ihres Verdienstes an Bedürftige zu spenden.

Als sie zur Mahjar Street fuhren, stellte Ibrahim fest, dass sie auf das King Abdul Aziz Hospital zusteuerten.

»Was ist los?«, rief er Osama zu.

»Nur ein kurzer Zwischenstopp«, erwiderte dieser.

Sie fuhren die ruhige, von Schatten spendenden Palmen gesäumte

Straße entlang, überquerten einen von üppig grünen Hecken umgebenen Parkplatz und hielten vor der Steinfassade des Krankenhauses. Osama wies Shaya an, das Auto zu bewachen, und bedeutete Ibrahim und Saffanah, ihm zu folgen.

Überrascht und mit einem zunehmend mulmigen Gefühl stieg Ibrahim aus. Saffanah heftete sich an seine Fersen. Es war ein Krankenhaus für Angehörige der Nationalgarde und ihre Familien. Er konnte sich nicht vorstellen, was sie *hier* wollten. Sie gingen hinter Osama her zu einer Seitentür, an einer Sicherheitskontrolle vorbei und einen langen Flur hinunter. Osama führte sie durch ein Labyrinth, das in einem kleinen Raum endete. An der Tür stand eine Frau mit Schleier und Umhang. Sie öffnete die Tür.

Ibrahim trat ein. Der Raum war leer.

Osama nahm einen gefalteten Zettel und einen Schlüsselbund aus der Tasche. »Nehmen Sie die.«

»Was ist das?«

»Die Schlüssel gehören zu einem Auto, das an der Seite des Gebäudes parkt. Und das hier ist eine Karte, damit Sie wissen, wo Sie hinfahren sollen.«

»Ist das ein Scherz?«

Osama schüttelte den Kopf. »Im Handschuhfach des Autos werden Sie Geld, einen falschen Pass und eine Kreditkarte finden. Sie fahren zum Hafen. Dort wartet ein Boot, das Sie außer Landes schaffen wird. Im Boot sind auch Kleider zum Wechseln.«

»Das könnte Sie Ihren Job kosten.«

»Nicht, wenn Sie sich nicht erwischen lassen.«

»Ich komme mit.« Saffanahs Stimme war zwar leise, ließ die Männer aber innehalten.

»Nein.« Ibrahim drehte sich zu ihr um. »Ich fahre nirgendwohin. Wir fahren nirgendwohin. Wir gehen jetzt wieder nach Hause.«

»Ich muss aber weg«, wandte sie ein.

»Du kannst nicht ...« Er hielt inne, wohl wissend, wie albern sein Einwand klang. Natürlich musste sie weg. Sie trug den Beweis für einen Ehebruch unter dem Herzen, und bald würde man es ihr ansehen.

»Sie kann mitkommen«, sagte Osama. »Behaupten Sie einfach, sie sei Ihre Frau. Dann braucht sie keinen Pass.«

»Ich mache dir einen Vorschlag«, meinte Ibrahim zu Saffanah. »Ich bringe dich zum Hafen und sorge dafür, dass du an Bord gehen kannst.«

»Was?« Ihr Tonfall war scharf geworden. »Ich kann nicht allein weg.«

»Sie hat recht«, bestätigte Osama.

»Sie halten sich da raus.« Als er sich wieder an Saffanah wandte, fehlten ihm plötzlich die Worte. *Du solltest hierbleiben? Und die Anschuldigungen und Strafen auf dich nehmen, die dich erwarten?*

Sie drehte sich zu Osama um. »Wohin fährt das Boot?«

»Ägypten«, antwortete er.

Ohne einen Moment zu zögern, richtete sie wieder das Wort an Ibrahim. »Ich muss gehen.«

»Saffanah …«

»Es ist meine einzige Chance.« Sie blickte zwischen Osama und Ibrahim hin und her.

Offenbar bemerkte Osama, dass er weich wurde. Er winkte sie zum Fenster. »Dann also los, bevor die uns erwischen.«

Saffanah sprang zuerst, Ibrahim folgte. Bis zu dem Gebüsch unter ihnen war es nicht weit. Er sagte sich, dass er sie nur zum Boot bringen würde. Das Herz klopfte ihm bis zum Halse, und seine Sinne waren zum Zerreißen angespannt. Er hielt Ausschau nach Bewegungen im Gebüsch. Als er sich wieder zu Osama umdrehte, war dieser verschwunden.

Sie schlichen an der Hauswand entlang bis zu einem geparkten Auto, das halb versteckt hinter der Hecke stand. Ibrahim reichte Saffanah die Karte.

Er hatte Mühe, sich auf die Straße zu konzentrieren. Bruchstückhafte Informationen drangen auf ihn ein. Saffanah sprach abgehackt. Hier links. Dort rechts. Sie hatte sich angeschnallt.

Als sie am Hafen ankamen, wurden sie von Katyas Ehemann erwartet. Sein Boot war gut sichtbar mit dem Emblem der Küstenwache versehen. Ibrahim fiel es wie Schuppen von den Augen. Natürlich konnte er sie nicht allein fahren lassen. Er musste sie außer Landes bringen und zumindest dafür sorgen, dass sie irgendwo eine Unterkunft fand. Hastig scheuchte Nayir sie an Bord und hinunter in die Kajüte, wo niemand sie sehen würde. Saffnah ging, ohne zu zögern, voran.

Sie saßen auf einem kleinen Einbausofa. Als das Boot in unruhige Gewässer geriet, lief Saffanah ins Bad, um sich zu übergeben. Ibrahim hielt sich an den Sitzpolstern fest, kämpfte mit dem Brechreiz und versuchte, nicht daran zu denken, was er alles zurückließ.

Ali Dossari wurde auf dem Parkplatz der Juffali-Moschee in Dschidda geköpft. Da der Prozess auf so großes öffentliches Interesse gestoßen war, hatten Polizei und Ministerium beschlossen, die Hinrichtung an einem Freitag nach dem Mittagsgebet stattfinden zu lassen, wenn alle damit rechneten. Außerdem hatte sich das Innenministerium für eine ganz besondere Form der Bestrafung entschieden. Nachdem der Henker Dossari geköpft hatte, hatte der Arzt – der der Hinrichtung beiwohnte, um zu bestätigen, dass der Verurteilte beim Köpfen tatsächlich gestorben war – Anweisung, den Kopf wieder anzunähen. Der Arzt hatte einige Übung darin, da manche Familien das vor der Beisetzung verlangten. Nachdem das erledigt war, wurde die Leiche mitten auf dem Parkplatz an einen Pfahl gebunden und verblieb dort den Rest des Tages unter polizeilicher Bewachung, damit die Menschen nicht vergaßen, was mit denen geschah, die besonders grausige Verbrechen verübten.

Solche »Kreuzigungen« kamen selten vor. Es war vielleicht die zweite in dreißig Jahren. Doch das Ministerium hatte sie eigens gebilligt. Und während die Menschenrechtsorganisationen Zeter und Mordio schrien, konnte man im Koran die Rechtfertigung nachlesen.

Die Bestrafung für diejenigen, die Allah und Seinen Gesandten bekämpfen und Verderben auf Erden anrichten, ist, dass sie getötet oder gekreuzigt oder dass ihre Hände und Füße wechselseitig abgetrennt werden ... Dies ist für sie die Schmach im Diesseits. Und im Jenseits ist für sie übergroße Peinigung bestimmt.

Am Abend wurde Dossaris Leiche abgenommen. Man führte die letzten Rituale und Waschungen an ihm durch, zitierte die passenden Verse und begrub ihn auf dem städtischen Friedhof. Denn obwohl viele sagten, dass er mit seinen Taten den Islam geschändet und es nicht verdient habe, ein Muslim genannt und nach islamischer Sitte beerdigt zu werden, hielt sich der Staat an die Vorschrift, dass selbst Mörder Muslime seien und im Tod mit einer gewissen Würde behandelt werden müssten.

46

Katyas Hochzeit entpuppte sich als die größte, die sie je besucht hatte. Nachdem ihr Vater seiner Schwester im Libanon am Telefon mitgeteilt hatte, er sei in Sorge, dass »nur hundert Gäste« erscheinen könnten, hatte Tante Nour zum Aufmarsch geblasen und eine Armee von Hijazis aus der gesamten Levante zusammengetrommelt. Cousins, von denen Katya noch nie gehört hatte, reisten sogar aus Gaza an. Und die, die sie kannte, brachten ihre gesamten Familien und Schwiegerfamilien mit. Sie hatte keine Ahnung, wie sie alle die Reise nach Dschidda finanziert hatten, doch sie war gerührt, denn immerhin hatten sie sich die Mühe gemacht, dafür zu sorgen, dass auf ihrer Hochzeit das angemessene Gewimmel fröhlicher Gäste herrschte.

Während der ersten Hälfte des Banketts saß sie in einer Ecke des Festsaals auf einem Thron, der der Königsfamilie würdig gewesen wäre, empfing die Frauen und nahm ihre Glückwünsche entgegen. Offenbar war jede dritte Anwesende, die sie traf, »Soundso, eine Freundin von Facebook«. Allmählich wurde klar, dass man in dem Bemühen, den Saal vollzubekommen, so viele Bewohnerinnen Dschiddas wie möglich herbeigeschleppt hatte, auch wenn es sich nur um Internetfreundinnen handelte. Doch die Frauen waren guter Stimmung und schienen sich zu amüsieren.

Erst als Katya von ihrem Thron aufstand und gefolgt von einem Schwarm jüngerer Cousinen durch den Raum schlenderte, wurde ihr klar, dass die Gäste sie mit einer nicht besonders schmeichelhaften Ehrfurcht beäugten. Sie trugen ungläubige Mienen zur Schau, und Katya schnappte genug von dem Getuschel auf, um zu verstehen, warum sie sich wunderten: Wie hatte es eine Frau ihres Alters geschafft, einen so wohlhabenden Mann an Land zu ziehen? Denn genau das wurde über Nayir gemunkelt. Immerhin hatte sein Onkel alles bezahlt.

Daraus schloss man natürlich, dass Nayir reich war wie ein Prinz und dass Katya, die weder eine ungewöhnliche Schönheit noch in einem begehrenswerten Alter war, vermutlich den Glücksvorrat eines ganzen Lebens aufgebraucht hatte, um sich einen Mann in seiner gesellschaftlichen Stellung zu angeln. Katya sparte sich die Mühe, den Gästen ihre Illusionen zu rauben.

Sie fragte sich, wie es wohl Nayir erging. Der Festsaal der Männer befand sich auf der gegenüberliegenden Straßenseite. Laut Tante Nour, die sich auf dem Laufenden hielt, indem sie Abu stündlich auf dem Mobiltelefon anrief, war der Festsaal bereits zweimal von einer bestimmten Gruppierung der Religionspolizei heimgesucht worden, deren wichtigstes Anliegen es war, für geschlechtergetrennte Hochzeiten zu sorgen. Nach Abus Ansicht war die *Mutawwa* einfach nur auf kostenloses Essen und ein Stück von der Torte aus.

Nach vier Stunden machte Tante Nour sie in der Menschenmenge ausfindig und teilte ihr mit, es sei nun Zeit für den Bräutigam, sich zu zeigen, damit dreihundert Frauen den zukünftigen Ehemann begutachten konnten. Katya wurde in eine Ecke der großen Bühne geführt, die mit einem Laufsteg und blinkenden rosafarbenen und violetten Lichtern ausgestattet war. Tante Nour ließ mit einem Seufzer den Blick über die Menge schweifen.

»Es sind ja wirklich nette Mädchen«, meinte sie, »aber letztlich, Katya, mein Kind, kann es dir völlig egal sein, was sie denken.«

Nayir stand vor dem großen schwarzen Vorhang. Dieser war dick und schwer und rührte sich trotz des Luftzugs kein bisschen. Er hing von der Decke zehn Meter über ihm herab und verbreitete gleichzeitig Geborgenheit und Bedrohung. Hinter dem Vorhang, unsichtbar und nur gedämpft zu hören, befand sich ein Raum voller Frauen. Alle kehrten auf ihre Plätze zurück und wurden allmählich still, um auf seinen Auftritt zu warten. Wie ein alberner Dressman würde er an den Sitzreihen vorbeischreiten, ihnen sein Gesicht zeigen und sie, *insha'Allah*, überzeugen, dass er ein guter, gesunder, seriöser, ehrbarer und starker Mann war, der Katyas Liebe verdiente.

Es war auch schon vorgekommen, dass dieses Defilee, Hand in Hand mit der Braut den Laufsteg entlang, mächtig schiefging. Er hatte von hämisch kichernden und anzüglich johlenden Frauen und auch von Buhrufen gehört. Außerdem von Männern, die gestolpert und gestürzt waren. Doch was ihn am meisten beunruhigte, war das Wissen, dass in wenigen Minuten dreihundert Frauen sein verängstigtes Gesicht mustern würden.

Er hörte ein Rascheln am Rande des Vorhangs. Jetzt kamen sie ihn holen. Jedes Atom seines Körpers war von dem Wunsch erfüllt, sich umzudrehen und die Flucht zu ergreifen. War das wirklich nötig? Wenn er einfach zur Hintertür hinausging, würde ihn niemand verfolgen. Er würde später wiederkommen, in einer oder zwei Stunden, wenn sein Gesicht und seine Hände nicht mehr tropfnass waren. Ein Kinderspiel, nur dass er sich nicht von der Stelle rühren konnte. Seine Füße waren wie aus Stein, sein Körper schien aus aufeinander getürmten Felsbrocken zu bestehen. Nur eine Bewegung, und alles würde in sich zusammenstürzen. Im nächsten Moment teilte sich der Vorhang, und Katya erschien.

Sie war strahlend schön. Nicht einmal der Anflug von Lampenfieber in ihrem Blick hatte eine Chance gegen das Lächeln, das ihr Gesicht zum Leuchten brachte. Sie nahm seine Hand und drückte sie.

»Bist du bereit?«

Sie hatten zwar schon am Vortag offiziell geheiratet, aber nicht die Nacht zusammen verbracht. Die Hochzeit war noch nicht vorbei. Das hier war der letzte Schritt, und es überraschte ihn, dass er sich als der schwierigste von allen entpuppte.

»Du willst nicht«, sagte sie.

War er wahnsinnig? So viele Jahre hatte er sich danach gesehnt, verheiratet zu sein, eine Ehefrau, Kinder und eine Schwiegerfamilie zu haben, mehr Angehörige, als sein Onkel ihm als Junggeselle bieten konnte. Das war die Schwelle zu einer Welt, die er bis jetzt nicht hatte betreten dürfen. Einer Welt, in der es die Stimme einer Frau, ihren Körper und ihre Berührungen gab. Einer Welt der Küchen und Schlafzimmer und des Kindergeschreis. Und endlich stand sie ihm offen.

»Doch«, erwiderte er. »Ich bin bereit.«

»Es dauert nur ein paar Minuten«, meinte sie.

»Okay.«

Nun würde er etwas tun, das er noch nie zuvor getan hatte und vermutlich auch nie wieder tun würde. Aber er sagte sich, dass er es wollte, dass er es immer gewollt hatte, auch wenn es sich im Moment anders anfühlte. Ohne ein weiteres Wort zog er den Vorhang weg.

Eine Wand aus Lärm schlug ihnen entgegen. Das Publikum jubelte laut und applaudierte. Nayir trat auf die Bühne und hielt Katyas Hand. Als sie nervös auflachte, drückte er ihre Finger. Sie ließen den Beifall über sich hinwegbranden und standen da, wie erstarrt, glücklich und ängstlich und geblendet von den funkelnden Lichtern.

»Fesselnd und voller überraschender Wendungen.«

Cosmopolitan

Sabine Durrant
Ich bin unschuldig
Thriller

Pendo, 352 Seiten

€ 14,99 [D], € 15,50 [A], sFr 21,90*
ISBN 978-3-86612-361-8

Von einem Tag auf den anderen wird Gaby Mortimers Leben zum Albtraum. Als sie beim Joggen die Leiche einer jungen Frau entdeckt, ruft sie natürlich sofort die Polizei – und ist kurz darauf die Hauptverdächtige in einem brutalen Mordfall. Niemand will ihr glauben, dass sie die Tote nie zuvor gesehen hat, und immer mehr Indizien sprechen gegen sie. Gaby steht plötzlich mit dem Rücken zur Wand und lässt nur langsam den Gedanken zu, dass ihr Mann mehr weiß, als zugibt …

Leseproben, E-Books und mehr unter www.pendo.de

»Der Meister des Spionage-thrillers kehrt zurück.«

Washington Post

Daniel Silva
Das Attentat
Thriller
Pendo, 432 Seiten
€ 19,99 [D], € 20,60 [A], sFr 28,90*
ISBN 978-3-86612-371-7

Gabriel Allon hat Zuflucht hinter den schweigsamen Mauern des Varikans gefunden und beginnt gerade mit der Restauration eines Caravaggio, als der Privatsekretär des Papstes ihn in den Petersdom ruft: Unter der prächtigen Kuppel liegt eine tote Frau – und das Geheimnis, das sie mit in den Tod genommen hat, könnte die Welt in einen Konflikt apokalyptischen Ausmaßes stürzen …

pendo

Leseproben, E-Books und mehr unter www.pendo.de